Couverture inférieure manquante

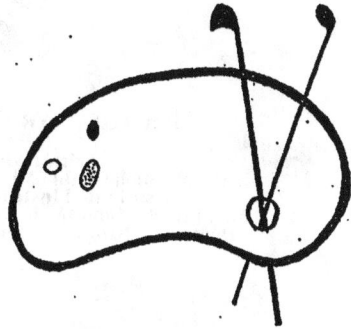

DEBUT D'UNE SERIE DE DOCUMENTS
EN COULEUR

BIBLIOTHÈQUE SOCIOLOGIQUE INTERNATIONALE

PUBLIÉE SOUS LA DIRECTION DE M. RENÉ WORMS

Secrétaire Général de l'Institut International de Sociologie

XLVII

lexique de terminologie

LES

PRINCIPES SOCIOLOGIQUES

DU

DROIT PUBLIC

PAR

RAOUL DE LA GRASSERIE

Lauréat de l'Institut de France
Correspondant du Ministère de l'Instruction publique
Associé de l'Institut International de Sociologie
Membre du Comité de la Société de Sociologie de Paris
Docteur en Droit, Juge honoraire au Tribunal civil de Nantes

PARIS (Vᵉ)

V. GIARD & E. BRIÈRE

LIBRAIRES-ÉDITEURS

16, Rue Soufflot et 12, rue Toullier

—

1911

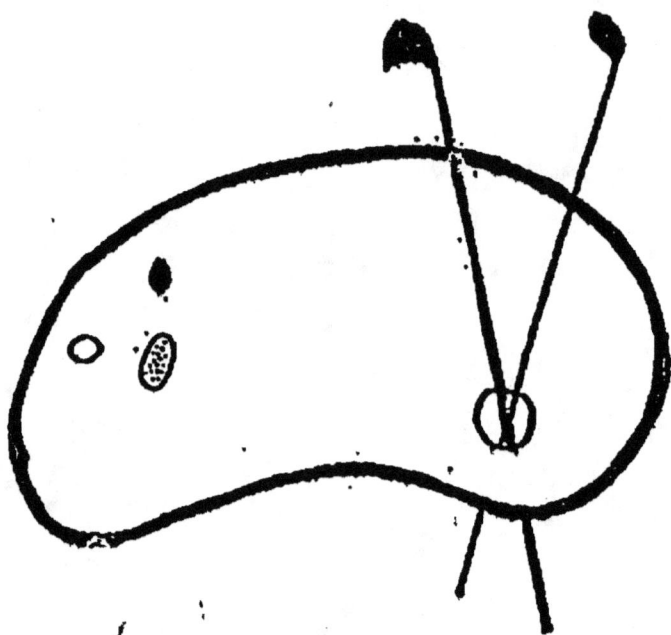

FIN D'UNE SERIE DE DOCUMENTS
EN COULEUR

LES

PRINCIPES SOCIOLOGIQUES

DU

DROIT PUBLIC

OUVRAGES DE M. RAOUL DE LA GRASSERIE

DANS LA BIBLIOTHÈQUE SOCIOLOGIQUE INTERNATIONALE

———

Des Religions comparées au point de vue sociologique
Un vol. in-8°, 1898. Prix : **7** francs

Les Principes sociologiques de la criminologie
Un vol. in-8°, 1901. Prix : **8** francs

Les Principes sociologiques du Droit civil
Un vol. in-8°, 1906. Prix : **10** francs

———

BIBLIOTHÈQUE SOCIOLOGIQUE INTERNATIONALE
PUBLIÉE SOUS LA DIRECTION DE M. RENÉ WORMS
Secrétaire Général de l'Institut International de Sociologie

XLVII

LES
PRINCIPES SOCIOLOGIQUES
DU
DROIT PUBLIC

PAR

RAOUL DE LA GRASSERIE

Lauréat de l'Institut de France
Correspondant du Ministère de l'Instruction publique
Associé de l'Institut Internatonal de Sociologie
Membre du Comité de la Société de Sociologie de Paris
Docteur en Droit, Juge honoraire au Tribunal civil de Nantes

PARIS (Vᵉ)

V. GIARD & E. BRIÈRE

LIBRAIRES-ÉDITEURS

16, Rue Soufflot et 12, rue Toullier

1911

INTRODUCTION

Nous entreprenons aujourd'hui, après avoir
recherché dans de précédents ouvrages les principes sociologiques du droit civil et du droit criminel, de mettre en relief ceux du droit public ;
c'est un vaste et important sujet qui touche, en
outre, à toutes les questions politiques si vivement
soulevées de nos jours ; il fait pénétrer, plus profondément encore que les précédents, non seulement dans la sociologie, mais aussi dans la psy-
chologie humaine. Ce champ infini est d'ailleurs
rempli de détails qui, quelques-uns, ne sont que
juridiques et même contingents ; il faudra donc
nous borner, et quoique le triage soit parfois
difficile, nous restreindre à ce qui est proprement
sociologique.

En effet, il existe entre la sociologie du droit
et le droit lui-même une différence essentielle
qu'il faut mettre de suite en vedette. Le droit est
la constatation des règles imposées par l'autorité, l'usage ou la convention législative, pour
régler les rapports entre les citoyens respective-
ment, entre les citoyens et l'État, entre les États eux-
mêmes, qu'on les considère au moment actuel,

dans tel pays ou dans tel autre, ou aux diverses époques de l'histoire ; c'est une suite de faits juridiques, isolés, contemporains ou successifs ; c'est une discipline, mais ce n'est pas une science. La sociologie du droit, au contraire, est une science véritable : c'est la recherche des lois naturelles et persistantes qui résultent par induction de ces faits et qui par leur nécessité et leur universalité constatées, et aussi par leur genèse certaine, constituent la science. C'est celle que nous avons essayé d'établir en droit civil et criminel, et que nous allons tenter d'instituer en droit public.

Le droit public fait antithèse, dans la sphère des relations juridiques, au droit privé. Ce dernier consiste dans les règles des relations, soit entre les citoyens du même État (droit civil), soit entre ceux d'États différents (droit international privé). Le premier établit les règles qui régissent la formation et l'existence de l'État (droit constitutionnel), les rapports entre lui et les citoyens (droit administratif), ceux entre les États (droit international), enfin les limites et les rapports entre le droit individuel et le droit social (droit individuel contre droit public). Or, les divisions de la sociologie doivent nécessairement se calquer sur celles du droit lui-même.

La sociologie du droit public, comme le droit public, comme tous les droits, peut s'étudier à trois points de vue différents : ou en son état actuel, plus exactement à un moment unique, avec ou sans comparaison entre les différents pays, c'est le point de vue statique ; ou dans l'ensemble du

passé et du présent, en envisageant la succession
à la fois dans le temps et dans la causalité, c'est
le point de vue dynamique ; ou dans l'ensemble
du passé, du présent et de l'avenir, en considérant
ce dernier comme le prolongement logique des
deux époques précédentes, c'est le point de vue
scientifique, lequel s'approche de la sociologie
appliquée, puisqu'il recherche, non arbitrairement,
mais logiquement, les réformes à introduire ; c'est
de cette manière que le droit de l'avenir peut être
scientifique, lui aussi.

Mais c'est le droit lui-même seul qui s'étudie au
point de vue purement statique, car si l'on considère le droit d'un pays à un moment donné, cette
étude ne produit guère que du droit proprement
dit, c'est-à-dire la connaissance de la loi et des
coutumes ou de la jurisprudence y équivalant, et
peu ou point de sociologie juridique. Pour que
celle-ci naisse de la connaissance statique, il faut
qu'elle s'étende aux lois des différents peuples et
qu'une comparaison surgisse ; ce n'est qu'alors
que nous découvrons les lois naturelles de la
société et leur sériation.

Aussi, faudrait-il, au point de vue de la sociologie, établir cette trilogie exacte : sociologie
du droit *comparé* ou *géographique*, sociologie
du droit *dynamique* ou *historique*, sociologie du
droit *scientifique* ou *logique*, en d'autres termes,
du *présent*, du *passé* et de *l'avenir*. Cela indique
toute l'importance du droit comparé qui ne le
cède pas au droit historique.

A chacun de ces points de vue successivement,

il faut distinguer dans la sociologie du droit, comme dans le droit même, ce qui a pour but la détermination d'un droit, ce qui a pour but sa preuve et ce qui vise à sa sanction. Un droit, en effet, a d'abord besoin d'être déterminé dans sa genèse, dans sa consistance, dans ses effets, en supposant qu'il existe ; puis, s'il est dénié, il faut en faire la preuve ; enfin le voici déterminé et prouvé ; ce n'est pas tout, si l'adversaire résiste, il faut l'exécuter de force contre lui, et, s'il contrevient, il faut l'en punir ; c'est la sanction, l'achèvement du développement du droit. Cette distinction se comprend d'elle-même. Dans le droit privé, par exemple, la preuve du droit se fait devant les tribunaux au moyen de procès ; dans le droit public international, elle se fait, hélas ! encore, par la guerre, comme autrefois en droit privé, par le duel judiciaire. Mais comment peut-il y avoir lieu à preuve dans le droit constitutionnel qui n'implique pas de rapports entre des citoyens ou des États ? Il s'agit alors de la preuve de l'observation de cette constitution elle-même par les moyens réguliers admis par la constitution et vérifiés par des juridictions spéciales.

Ces trois droits, déterminateur, probateur, sanctionnateur s'établissent, se prouvent et se sanctionnent, non seulement par tel ou tel moyen et de telle ou telle manière ou avec tels ou tels effets, — c'est le fond même du droit, — mais aussi, pour y parvenir, on emploie telle ou telle forme ; cette forme est la procédure. Par exemple, en droit privé, la distinction entre le fond et la forme est

bien nette et bien connue ; le fond est contenu
dans le Code civil et la forme dans le Code de
procédure. De même, en droit criminel, le fond
est au Code pénal, la forme au Code d'instruction criminelle. En droit public, le fond du droit
électoral consiste dans les conditions de majorité,
d'éligibité, de groupement, la forme dans les opérations électorales. D'ailleurs, il n'y a pas seulement de procédure quant à la preuve, il y en a
une aussi quant à la détermination et quant à
la sanction.

Une autre division apparaît en ce qui concerne
la genèse du droit ; elle coïncide en partie et peut
former une sous-division du droit dynamique.
Le droit est d'abord engendré par une cause involontaire ou tout au moins matérielle. La plupart
des empires se fondent par la force, la conquête. De
même, en droit privé, c'est l'occupation, la possession qui a les premiers honneurs, et même, lorsqu'on évolue au delà, on en conserve des vestiges, on les emploie encore comme symboles.
Puis la genèse, de naturelle et violente, devient
de plus en plus volontaire et pacifique ; c'est sur
bien des points l'état actuel, quoiqu'il y ait de terribles survivances, la guerre par exemple. On
peut croire d'abord que c'est le point de la plus
haute élévation et qu'au delà du volontaire, il
n'y a plus rien ; c'est une erreur. Non seulement
la volonté est plus ou moins libre, mais elle peut
mal vouloir ; ce n'est pas le bien suprême ; la loi
a souvent le devoir de mieux vouloir à la place de
l'individu. Combien se refuseraient aux mesures

d'hygiène, si on les consultait? Et aux mesures de justice?

Au-dessus de la violence et du fait matériel, au dessus du consentement, il y a donc une genèse supérieure du droit, qui est la justice et l'utilité vues de plus haut.

Toutes les distinctions ci-dessus sont applicables aux différents droits, au droit public comme au droit privé.

Il y en a qui semblent s'appliquer plus particulièrement au droit public, celle-ci, par exemple : le droit public national ne comprend pas seulement celui de la nation elle-même, mais aussi celui de plus petites nations incorporées dans la grande et qui lui sont concentriques. Après avoir établi la sociologie du droit public national sous sa double forme, le constitutionnel et l'administratif, on pourra passer à celle du droit public provincial et à celle du droit public communal ; de même, dans le droit international, on devra passer de l'étude des relations entre États autonomes à celle des relations entre États hiérarchiquement subordonnés, puis à celle des relations entre États fédéralement coordonnés. Cette distinction n'est cependant pas entièrement étrangère au droit privé qui connaît aussi les unités concentriques de l'individu, de la famille et de l'association.

Telles sont les grandes divisions. Il semble utile d'en établir ici le tableau en raccourci, successivement dans le droit privé, et dans le droit public.

Droit privé. — C'est le droit entre citoyens d'un même État ou entre citoyens de divers États ; l'un est le droit privé, l'autre le droit international privé.

Droit privé proprement dit. — Il faut distinguer entre le déterminateur, le probateur et le sanctionnateur, tant au fond qu'en la forme.

Droit privé déterminateur. — 1° *L'individu.* Les droits consistent en une sorte de droits constitutionnels, qui ne sont pas nés de rapports entre citoyens, mais leur préexistent, ceux à la vie, à la liberté, à l'intégrité corporelle, à l'honneur, à la propriété, dans sa forme au moment de l'évolution. Ces droits consistent en ceux nés de relations entre individus, soit de relations matérielles soit de relations contractuelles. — 2° *La famille.* Droits résultant du mariage, de la filiation, de l'hérédité *ab intestat* ou testamentaire. 3° *L'association privée.* Le tout, au fond et en la forme, celle-ci consistant en formalités de constitution et de publicité.

Droit privé probateur. — *a)* Preuve du droit, 1° Preuve actuelle, par aveu, par témoignage, par la loi, prescription légale. 2° Preuve préconstituée. *b)* Preuve de la violation du droit. Le tout au fond et en la forme, celle-ci conforme au Code de procédure civile et au Code de procédure criminelle.

Droit privé sanctionnateur. — Consistant en peines et en dommages-intérêts ; en général, peines contre les infractions relatives à la constitution même de l'individualité, dommages-intérêts pour les intérêts moindres, les peines faisant l'objet du Code pénal. Le tout au fond et en la forme, celle-ci constituant le droit pénitentiaire.

Droit privé international. — Mêmes divisions. C'est le même droit modifié par l'interposition d'un État étranger.

Le tout successivement envisagé à l'état statique, à l'état dynamique, à l'état scientifique.

Voici, parallèlement, le tableau des divisions en droit public ou, plus exactement, celui des divisions du droit national et celui des divisions du droit international public.

Droit national. — Le droit est à la fois *constitutionnel* et *administratif* ; le premier correspond aux droits individuels *constitutifs* de la personne en droit privé, mais se développant davantage ici, d'où :

a) Droit public *constitutionnel.* — Il faut distinguer entre le droit de la nation ou de l'*État*, ceux de la *province*, de la *commune* et des unités intermédiaires.

1° L'*État* ou la *nation*, distinction entre le déterminateur, le probateur et le sanctionnateur, entre le fond et la forme.

Le *déterminateur* comprend l'origine du pouvoir politique et l'opposition ou la rencontre de ses différentes sources, les diverses fonctions et le principe de leur division, les différents facteurs et le principe de leur division, la distribution entre les diverses classes sociales, les formes différentes du gouvernement, le gouvernement direct et l'indirect, la constitution des grands corps politiques de l'État et les rapports entre eux, ainsi que ceux avec le chef de l'État, la constitution des grands corps de l'État non politiques ; les divers procédés de genèse du pouvoir par sélection ou élection ; le tout au fond et en la forme ; celle-ci comprend les procédures parlementaires.

Le *probateur* comprend les conflits entre les grands corps de l'État, ceux entre les différentes fonctions sociales, les juridictions ; le tout au fond et dans la forme.

Le *sanctionnateur* comprend la force publique nécessaire à l'exécutif, les peines en droit politique, les expropriations, pour cause d'utilité politique, de droits individuels.

Le tout envisagé successivement aux points de vue statique, dynanique et scientifique.

2° La *province* ou le département, même division.

3° La *commune*, même division.

4° Les unités *intermédiaires* entre les deux.

5° Les unités *excentriques* à l'État, les colonies.

b) Droit public *administratif*. 1° L'*État* considéré en *lui-même*, prêt à entrer en contact avec les citoyens *ut singuli*; 2° les *intermédiaires* par lesquels l'État entre ainsi en relations, et leurs moyens de sélection ; 3° les *relations* réalisées entre l'État et chaque citoyen et consistant dans les services publics à fournir par l'État, les ressources à fournir par les citoyens et enfin l'application par l'État des ressources aux services ; dans le fond et dans la forme.

Le droit *probateur* consiste, pour les rapports entre les fonctionnaires et l'État, dans les contestations relatives à leur sélection et à leur avancement et dans les juridictions qui en décident ; pour les rapports entre l'État et les citoyens, dans les moyens de preuve du droit établi devant les tribunaux administratifs ; dans le fond et dans la forme.

Le droit *sanctionnateur* consiste dans la sanction disciplinaire entre les fonctionnaires et l'État, dans les peines de droit commun entre les fonctionnaires et les citoyens, dans les peines spéciales prononcées par des juridictions spéciales, conseils de guerre, etc. entre l'État et les particuliers.

Le tout considéré successivement aux états statique, dynanique et scientifique.

2° La *province*, la *commune* et les autres unités concentriques, d'une part, et les fonctionnaires et les citoyens, de l'autre. Mêmes conditions.

. Droit *international* public. — Il faut distinguer les rapports entre nations autonomes, entre nations dont l'une est dépendante de l'autre, entre nations fédérées ou interdépendantes.

1° Rapports entre États autonomes.

Le droit *déterminateur* concerne la constitution de l'État, non plus à *l'intérieur*, mais à l'extérieur, les différents *intermédiaires* entre les États, et les rapports pacifiques entre ces États par traités ou autrement ; dans le fond et dans la forme, celle-ci constituant la diplomatie.

Le droit *probateur* comprend les préliminaires pour éviter la *guerre*, notamment l'arbitrage actuel ou préconstitué, puis la guerre elle-même, ou duel judiciaire, encore en vigueur et transporté sur le terrain international, avec ses règles différentes, suivant qu'il s'agit de guerre terrestre, maritime ou aérienne.

Le droit *sanctionnateur* comprend ce qui concerne les représailles, l'invasion, la conquête et ses suites, les indemnités et cessions de territoire.

Le tout envisagé aux points de vue statique, dynamique et scientifique. Ici, le second comprend la guerre telle qu'elle était autrefois pratiquée, et le troisième l'abolition de la guerre et de la paix armée par des moyens topiques.

2° Rapports des États en dépendance.

Divers cas de protectorat, de neutralisation, d'intervention habituelle.

3° Rapports entre États interdépendants.

Il s'agit des États fédérés.

4° Rapports entre le pouvoir temporel et le pouvoir spirituel dans les pays et les temps où ce dernier a une existence sociale.

Enfin, *droit public* et *droit individuel* en concours ou en conflit.

Cette rubrique comprend : 1° les droits individuels irréductibles de l'individu, de la famille et de l'association; 2° les emprises du droit public sur le droit individuel; 3° les emprises du droit individuel sur le droit public.

Tel sera le *plan* de notre livre et de ses divisions.

La sociologie, comme nous l'avons dit, suit

exactement les contours de ce cadre du droit, mais le but et les résultats en sont différents. Toute matière juridique n'est pas féconde au même degré en observations sociologiques. C'est dans le droit constitutionnel, qui est en œuvre un droit politique, qu'elles sont les plus nombreuses et les plus importantes; aussi lui avons-nous donné un plus grand développement. Elles sembleraient, par contre, devoir être très restreintes dans le droit administratif qui se perd parfois dans le détail; cependant, elles y sont souvent encore nombreuses.

Nous citons quelques exemples qui, en montrant la différence entre le droit public et sa sociologie, prouveront, en même temps, l'universalité de beaucoup de principes sociologiques qui en découlent.

Une loi sociologique très singulière, c'est celle qui démontre, dans des institutions sociales de la plus haute importance, qu'elles ne sont point le résultat d'un but sociologique envisagé, mais d'abord, non du hasard, il est vrai, comme elles en ont l'apparence, mais d'un processus tout mécanique, d'une cause efficiente. C'est ainsi que le gouvernement parlementaire n'avait point été voulu, ainsi que cependant sa structure compliquée et un peu artificielle semblerait l'indiquer. Comme chacun le sait, il nous vient d'Angleterre par imitation, mais dans ce pays de son éclosion, il s'est formé lentement et d'une manière sourde et aveugle à travers des siècles. Il en est de même de son gouvernement représentatif et de la dualité des Chambres. Celle-ci n'est qu'un produit non

voulu de l'histoire, elle résulte d'un heureux acci-
dent; puis, à voir ses avantages, une sorte de sélection sociale l'a fait persister. A son tour, le gouvernement de cabinet eut pour origine le Conseil du roi,
que celui-ci se bornait à consulter, puis, ce Conseil
le représenta au Parlement, et enfin il acquit un
pouvoir propre, distinct de celui du souverain et
par suite de rapports incessants, devint sous la
dépendance de l'Assemblée, en vertu de ce principe
de moindre effort qui faisait négliger au roi le plein
exercice de son autorité. Enfin, en divers pays, la
Chambre Haute a pris, sous l'empire des circonstances, des buts très divers qui sont: 1° la représentation d'une aristocratie; 2° celle du système
fédératif; 3° une pondération jugée nécessaire et
un équilibre dans le travail législatif avec une
tendance conservatrice. Ce sont les causes téléo-
logiques, si différentes des causes efficientes.

Une autre loi, non moins importante et que toute
l'histoire pourrait illustrer, est celle qui a été
découverte par Vico, à savoir que l'évolution
procède d'une manière, pour ainsi dire, en forme de
spirale. C'est-à-dire qu'après s'être éloignée beaucoup de son point de départ, elle semble enfin y
revenir, comme si, suivant le proverbe antique,
il n'y avait rien de nouveau sous le soleil; mais ce
n'est qu'une illusion ; en réalité, il y a bien retour
sur l'une des coordonnées sociales, mais non sur
l'autre ; elle tourne en spirale et non comme dans
un cercle; le progrès accomplit bien sa révolution
par un tour uniforme, mais en montant toujours.
La sociologie du droit public en offre de nombreux

et frappants exemples. Ainsi, le gouvernement direct est bien à l'origine de toutes les démocraties; ce n'est que peu à peu que le gouvernement représentatif s'en dégage de plus en plus, mais il est un moment où un écart trop grand se fait alors entre le représenté et le représentant; ce dernier réduit l'autre presque au néant, l'acte générateur du pouvoir une fois accompli. Il faut, sous peine de fausser le système, revenir à sa source, mais ce n'est plus le même gouvernement direct, c'est le gouvernement référendaire, tout à fait différent du premier, quoique procédant du même principe. Il en est de même pour l'indivision primitive de la propriété, restée d'abord collective entre les mains de l'État, puis transformée en propriété individuelle : un tour de roue la ramène partiellement au principe ancien, mais modifié ; cette roue s'élève et de nombreux systèmes cherchent maintenant en ce sens une solution.

Une loi, bien connue d'ailleurs sous le nom de celle de la division du travail, trouve une réalisation toute particulière dans le droit public ; tous les gouvernements des peuples civilisés s'en inspirent de plus en plus. C'est ce que Montesquieu appelait, un peu improprement, il est vrai, la division des pouvoirs. Cette division est double ici : il y a celle des fonctions sociales, à savoir : celle de légiférer, de juger et d'administrer qui ne doivent pas se confondre et qui ne doivent pas être remplies, au moins dans les mêmes parties, par les mêmes personnes ; il y a, d'autre part, celle des facteurs sociaux, à savoir : les facteurs actifs, les facteurs

délibérants et les facteurs techniques. Enfin, soit
pour les fonctions, soit pour les facteurs de l'œuvre
sociale, il y a souvent division des personnes, par
exemple, lorsque les corps délibérants sont eux-
mêmes géminés. Dans les États rudimentaires,
tout cela est, au contraire, confondu, de manière
à produire l'arbitraire et l'absolutisme.

Un autre principe, qu'un sociologue distingué
a mis en lumière, c'est celui de l'imitation. On peut
l'observer dans plusieurs phénomènes du droit
public.

Le régime représentatif, le jury, le gouvernement de cabinet, partis de l'Angleterre, ont fait
le tour de l'Europe, en vertu de ce principe, après
avoir été adoptés par la France, pays qu'on imite
le plus souvent. Ils n'y fussent probablement jamais
nés. De même, si nous votons la représentation
proportionnelle, ce sera l'invasion d'une institution belge, et si nous pratiquions la tolérance religieuse et politique qui a été quelque peu pros-
crite, elle nous viendrait des États-Unis.

Un principe qui nous provient du darwinisme,
c'est celui de la concurrence vitale et de la lutte ;
on l'a invoqué à propos de la guerre, et, certes, ceux
qui l'admettent, avaient, parmi d'autres motifs,
quelque idée de le pratiquer. Il se réalise aussi, non
d'individu à individu, car celui qui survit peut fort
bien être le plus faible et le plus mal séligé, mais de
nation à nation le vainqueur y est plus robuste,
au moins physiquement, que le vaincu. Du reste,
la lutte, même si elle n'existait plus entre nations,
persisterait entre classes sur le terrain économique,

et peut y créer une concurrence utile. Mais la
sociologie du droit public nous enseigne que cette
lutte n'a pu l'être, dans la société que transitoire-
ment et qu'elle tend à disparaître ; que la solidarité
a produit, et même auparavant l'intérêt, des résultats meilleurs et elle vérifie ainsi l'idée d'Auguste
Comte qui fait passer le genre humain, par une
loi dynamique, du militarisme au mercantilisme et
de celui-ci à l'industrialisme sociologique.

Certains phénomènes sociaux, et cette loi sociale
qui s'explique difficilement n'en est pas moins certaine, ont une double cause et d'autres un double
effet. C'est ainsi que l'élection n'est pas seulement
un instrument de sélection, mais aussi, en même
temps, un instrument de représentation, quoique
certains affirment à tort que ce n'est qu'un instrument de sélection et que, la sélection produite,
l'électeur n'a plus de prise sur son produit. Mais
nous verrons que les faits démentent ce système et
que le droit constitutionnel ne peut en expliquer
plusieurs sans ce double fonctionnement. De
même, le gouvernement de la monarchie qui est
considéré comme une institution aristocratique,
peut cependant avoir pour facteur une démocratie ;
c'est ce qui arrive, lorsqu'elle se réalise dans
l'empire. Au contraire, des institutions similaires
peuvent n'avoir ni les mêmes inconvénients ni les
mêmes avantages. C'est ce qui a lieu quand il
s'agit du plébiscite et du referendum : l'un est subjectif et peut engendrer la tyrannie, l'autre est
objectif et réalise une démocratie plus complète.
Cependant, tous les deux consistent en un vote

direct populaire, par oui ou par non, ou, ce qui est similaire, par la simple mention d'un nom propre.

Certaines formes de gouvernement sont diamé-tralement contraires : par exemple, la monarchie et la république. Il semble qu'aucune démarca-tion n'est plus nette que celle entre un monar-chiste et un républicain. Et cependant ce n'est parfois qu'une apparence. Des dégradations de chaque nuance peuvent les rapprocher tellement que, n'était la force des mots, on pourrait passer de l'une à l'autre insensiblement. Cela se produit au moyen du gouvernement constitutionnel, du parlementaire surtout. Il arrive un point où rien de réel ne distingue plus un roi d'un président de la République.

De même, quoi de plus différent que l'État uni-taire et l'État fédéral ? Le fédéralisme est un besoin de certains peuples ; il est antipathique à d'autres, même ayant la même forme de gouvernement ; et cependant, les transitions sont infinies entre toutes ces unités. Prenons le département tel qu'il existe en France. Est-il rien de plus antifédéral ? C'est un tronçon de province, intentionnellement détaché : on l'avait privé d'abord de la moindre autonomie : ses Conseils même étaient nommés par l'État; puis, on l'a peu à peu détaché ; il choisit ses conseillers, ceux-ci deviennent permanents au moyen d'une commission ; on déconcentre, ou décentralise, voici le département presque libre ; on va l'alléger de sa tutelle administrative ; dès lors, il est question de le laisser grandir, en raison de son âge ; c'est ce qu'il fait, et le voici devenu de la taille d'une province ; de la province à l'État confédéré, il y a plusieurs pas à franchir ; il les franchit ; ces unités prennent plus de force, elles ont leur diète, leur parlement, se fédéralisent ; les voici toutes égales sous une organisation fédérale ; c'est ainsi que, comme dans la nature, il n'y a pas de saut dans l'évolution sociologique, mais il n'y a pas non plus d'espace infranchissable.

Telles sont quelques-unes des lois sociologiques qui résultent de l'examen du droit public ; nous nous arrêtons, nous n'avons voulu que donner des exemples. Les unes, d'ailleurs, sont statiques, les autres dynamiques ; ces dernières sont peut-être plus frappantes.

Ce serait une œuvre immense que de les colliger toutes. Il suffira, pour que le présent livre ait été utile, qu'il en ait mis en lumière un nombre assez grand pour éveiller l'attention et pour convier, sur ce champ infini et si fécond, à de nouvelles et plus profondes recherches.

RAOUL DE LA GRASSERIE.

Rennes, 1er octobre 1910.

PREMIÈRE PARTIE

SOCIOLOGIE DU DROIT PUBLIC CONSTITUTIONNEL

PREMIÈRE SECTION

SOCIOLOGIE DU DROIT CONSTITUTIONNEL DE L'ÉTAT

CHAPITRE PREMIER

SOCIOLOGIE DU DROIT CONSTITUTIONNEL DÉTERMINATEUR A L'ÉTAT STATIQUE, ENVISAGÉ QUANT AU FOND. — SOCIOLOGIE DES DIFFÉRENTES CLASSES SOCIALES ET DE LEUR PART AU POUVOIR PUBLIC.

Il ne paraît pas nécessaire de rappeler que ce n'est pas le droit constitutionnel, dans le détail de ses institutions fort nombreuses et complexes, que nous devons étudier ici, car ce champ serait trop vaste, mais seulement ses principes sociologiques, fort nombreux encore, que nous voulons observer. Nous y consacrerons un chapitre assez étendu, parce que leur importance est considérable, et qu'ils sont la clef de tout le droit public.

Nous devons, tout de suite, remarquer que le droit constitutionnel plonge de toutes parts dans le droit administratif, et que la répartition faite entre eux par la doctrine et la pratique est fort défectueuse. C'est ainsi que, dans la Constitution française, on ne constitue l'*exécutif* que dans la personne du chef de l'État seulement et d'une façon fort laconique, passant sous silence et les ministres, cependant beaucoup plus

politiques que lui, et son Conseil d'État, et qu'on omet totalement le troisième pouvoir, le pouvoir judiciaire. Il y a là
certainement une erreur que nous signalons. Il en résulte
qu'on hésite entre la donnée sociologique et la donnée juridique, pour donner à ces Corps leurs vraies places.

Nous examinerons successivement dans la présente section le gouvernement direct : 1° les différentes classes sociales; 2° les sources contraires du pouvoir ; 3° les différentes formes de gouvernement ; 4°. dans chacune de ses.
formes, le direct, le représentatif et le mixte ; 5° l'unicité ou
la division de chaque pouvoir quant à son personnel, ses
fonctions et les agents de ses fonctions ; 6° la constitution,
les attributions des grands Corps de l'État ; 7° l'indépendance et l'interdépendance de ces grands Corps ; 8° les
conflits entre eux ; 9° la situation spéciale du Corps judiciaire ; 10° celle du Conseil d'État ; 11° la genèse des pouvoirs constitués.

D'autre part, nous distinguerons, comme partout, le fond
et la forme ou procédure. Il s'agira ici de la , procédure
législative.

A. — LE FOND

Nous commençons par la consistance des différentes classes.
sociales, quoiqu'un État ne soit pas officiellement eugénique ou prolétarien, mais seulement monarchiste ou républicain, parce que les classes sont la fondation profonde sur
laquelle se construit tout l'édifice politique, et que ce sont elles.
qui exercent leur influence permanente, bien plus considérable que celle des édifices qui dépassent le sol et que
d'ordinaire cependant on aperçoit seuls. L'expérience prouve
comment la forme républicaine peut fort bien s'allier à des.
idées ou à des institutions qui n'en ont que l'apparence et que
démocratie et *république* sont deux choses différentes. C'est
une vérité qui doit ressortir avant tout ; ce sont les classes.
sociales qui construisent et détruisent tout le reste.

Sociologie des différentes classes sociales

On confond très souvent, sans s'en apercevoir, les diverses classes et les formes du gouvernement, assimilant la république à la démocratie et la monarchie à l'aristocratie. Sans doute, les affinités sont nombreuses, mais des cas nets font ressortir la différence. Une des républiques les plus célèbres dans l'histoire a été des plus aristocratiques ou, si l'on veut, bourgeoises ; ce fut celle de Venise, et si une monarchie fut démocratique, par excellence, ce fut bien celle des tyrans des petites cités de la Grande Grèce dans l'antiquité, de l'Italie au moyen âge qui s'inauguraient par le massacre de tous les riches. Il faut donc se garder d'idées vagues et préconçues. N'y a-t-il pas eu aussi des républiques théocratiques, témoin Genève, sous Calvin ?

Cependant, l'histoire des classes sociales n'en reste pas moins liée à celle des formes de gouvernement et, pour bien comprendre celles-ci, il faut connaître celles-là. Ce qui paraît politique, au premier abord, n'est souvent qu'une question de classes. Les antagonismes des classes sont fondamentaux ; plus que les autres, ce sont eux qui entretiennent l'agitation sociale et qui sont sis dans les profondeurs, tandis que les querelles politiques restent à la surface.

Les classes sociales peuvent se résumer en deux : l'aristocratie d'un côté, le prolétariat de l'autre ; les gras, les maigres, comme on disait à Florence ; en dernière analyse, les riches, les pauvres.

Dans les républiques anciennes, et plus tard, en beaucoup de pays, il y en eut trois : l'aristocratie, le prolétariat et l'esclavage.

Mais, il y a des dédoublements ; l'aristocratie est de plusieurs espèces, elle comprend : 1° celle de naissance ou la noblesse, ou les eugéniques ; 2° celle d'argent, ou bourgeoisie, ou ploutocratie ; 3° celle d'intelligence, ou des intellectuels.

Avant d'aller plus loin, il faudrait rectifier une terminologie vicieuse. On nomme aristocratie la classe des eugéniques et des riches, tandis que ce mot signifie, non leur
classe, mais leur *domination* ; cela peut amener à des erreurs.
On doit dire, non pas, par conséquent, pour désigner cette
classe : aristocratie, mais, par exemple, *aristie*, en supprimant *cratie*, qui implique un mode de gouvernement. Si
l'aristie, ou classe aristique, consiste dans la noblesse du
sang, on dira *l'eugénisme* ou classe eugénique ; si elle consiste dans la richesse, on dira la *chrématie* ou classe chré-
matique ; si elle consiste dans l'intelligence, on dira l'*intellec-
tualisme* ou classe intellectuelle. De même, le mot *démocratie* devra être remplacé par *démotie*, ou classe *démotique*.
S'il s'agit des classes infimes, le mot *ochlocratie* cédera sa
place au mot *ochlatie* ou classe ochlatique. Nous emploierons
ces dénominations nouvelles et plus exactes, toutes les fois
qu'il n'en résultera pas d'obscurité. Les mots *archi* et *cratie* seront réservés pour exprimer la souveraineté donnée à
l'une de ces classes ; on dira alors, comme auparavant : aristocratie, ploutocratie, démocratie. Quant à la monarchie,
c'est un gouvernement, et non une classe ; elle conservera
simplement son nom. Le gouvernement direct dans la démocratie portera le nom d'*orthocratie*. Quant à l'esclavage qui
a formé une partie inférieure de la démocratie, nous lui don-
nerons le nom de *doulotie* ; il n'a jamais engendré de forme
de gouvernement. On pourrait distinguer aussi les *archies*
des *craties* ; le mot *aristocratie*, par exemple, signifierait
que l'*aristie*, est en prédominance, comme autrefois en
France, où c'était cependant la monarchie qui régnait, tandis que le mot *aristarchie*, ou *oligarchie*, signifierait que
la monarchie est partagée entre plusieurs personnes, par exemple, entre deux consuls.

Il y a aussi des subdivisions plus détaillées, entre les
classes. Celle des intellectuels ou *phrénotie* comprend, en effet,
successivement la *théotie*, ou classe des prêtres, et la *gnostie*,

ou classe des savants. Si de la classe on passe à la prédominance, on a la *théocratie* et la *gnostocratie*. S'il y avait véritable règne, les termes seraient *théarchie* et *gnostarchie*.

Cette terminologie proposée, ajoutons tout de suite qu'en
raison de sa nouveauté qui pourrait surprendre, nous ne
l'emploierons pas en général ; nous avons seulement voulu
fixer les expressions et les idées. Étudions maintenant scio-
logiquement les différentes classes. Nous réunirons à cette
étude celle des mêmes envisagées comme prépondérantes ou
comme appelées à gouverner, quelle que soit la forme du gouvernement, pour ne pas trop diviser notre travail.

La démotie avec la démocratie est la plus simple ; elle correspond *stricto sensu* au prolétariat ; elle n'a d'autres biens
que ses enfants qu'elle apporte à l'État et son salaire quotidien. Si du peuple on passe à la couche inférieure, à la popu-
lace, elle prend le nom d'ochlocratie ou ochlatie. Mais, dans
le suffrage universel, elle comprend tout le monde, c'est l'*holo-
tie*, l'*holocratie* ; elle est prise alors *lato sensu*. Cependant,
en réalité, si l'on vote par tête et non par classe, elle a forcément toujours la majorité, puisqu'elle est plus nombreuse
que les autres classes réunies. C'est bien la *démocratie* véritable.

La démotie se divise de plusieurs manières ; elle a aussi
plusieurs étages : 1° d'une part, sous beaucoup de rapports, le
paysan et l'ouvrier (démocratie urbaine et rurale ou agraire) ;
le paysan est beaucoup moins avancé en politique et en instruction ; il l'est plus en idée égalitaire, les *landsgemeinden*
germaniques en sont la preuve, l'habitude, la nature des travaux en sont la cause ; 2° le civil et le militaire, le second
jouit d'un prestige pour le premier ; la conversion de la
république romaine en empire est due à l'influence de l'armée ; de même, en France, la création des deux empires
du siècle dernier, de là aussi le *pronunciamientos* ; 3° le
laïque et le clergé, il s'agit du bas clergé qui est sorti du
peuple ; 4° les lettrés et les non-lettrés.

En descendant la verticale, la démotie comprend : 1° celle *normale* que nous venons d'indiquer, et 2° celle *anormale*. Cette dernière renferme : 1° l'étranger, à certaines phases resté tout à fait hétérogène, et qui sous le nom d'aubain se plaçait au-dessous du serf ; 2° les races persécutées comme le Juif (persécution récente en Russie), le tzigane ; au-dessous encore 3° les sans-travail et surtout les vagabonds ; 4° les condamnés ; 5° les prostituées.

Nous verrons, dans le cours de cet ouvrage, l'ascension insensible de la démotie, d'échelon en échelon, pour la conquête des droits civils d'abord, puis des droits politiques. Cette évolution a lieu aussi, dans l'ordre psychologique, par l'instruction répandue.

Sa conquête des droits économiques est postérieure aux autres. Quant à son ascension au pouvoir, elle est liée presque partout au développement du gouvernement républicain, sans pourtant qu'il y ait une solidarité absolue. Il est remarquable, sous ce rapport, que l'évolution semble avoir lieu en spirale. Dans ses constats chez tous les peuples, Létourneau croit que l'état républicain a préexisté à l'état monarchique. Il est certain, d'après plusieurs indices, que la démocratie semble avoir précédé ; à l'origine, on trouve, en effet, partout, des assemblées populaires délibérantes, des *landsgemeinden*, où se pratique le gouvernement direct. Le *mir* russe a la même organisation. Mais, au-dessus et en même temps, l'oppression par l'aristocratie ou la monarchie s'organisa, et la voix populaire fut étouffée. Depuis, le peuple s'est peu à peu affranchi et par étapes il est parvenu au suffrage universel, lequel, quelle que soit la forme du gouvernement, lui donne le dernier mot.

Au-dessous de la démotie, et même de ses couches inférieures, on trouve une autre classe tout à fait distincte, car la démotie ou prolétariat la méprise elle-même : c'est celle des esclaves ou doulotie. Elle n'existe plus chez nous, ni maintenant chez aucun peuple civilisé ; mais il y a une cinquantaine d'années, elle était encore pratiquée aux Etats-Unis, au moins parmi les esclavagistes. Dans l'antiquité, elle fut universelle. L'esclave n'avait aucun droit, même civil, à plus forte raison de l'ordre politique. Il est toujours resté tel.

A l'opposite, l'aristie, avec ses trois divisions successives : *l'eugénisme*, la *chrématie* et la *phrénotie*, autrement dit : la noblesse, la bourgeoisie et les intellectuels. Dans l'histoire, c'est l'ensemble des classes qui, à un moment donné, sont les meilleures (*aristos*) c'est-à-dire les plus utiles au point de vue social. D'abord, on a besoin de ceux qui se battent le mieux, qui, dans ce but, sont les plus entraînés, non pas seulement par leur éducation militaire individuelle, mais par une éducation héréditaire, comme de vrais chevaux de sang le sont à la course : c'est l'aristie nobiliaire. Mais cela ne suffit pas toujours : il faut aussi se défendre, voire attaquer avec l'aide de Dieu, c'est-à-dire du sorcier, puis du prêtre, représentant alors l'aristie de l'intelligence ; de là, le rôle concomitant d'une partie de l'aristie, à savoir de la théotie. Au fond de l'aristie de ces deux sortes, il y a donc une sélection, soit *physique*, soit *divine*. Souvent, l'aristocratie se condense de plus en plus et met à sa tête un monarque. Ainsi, rendue plus puissante, elle lutte contre la théotie qui tend à la dominer et à devenir une théocratie. Quelquefois, au contraire, il y a entre elles une union intime et la théotie tend à entraîner la monarchie dans son orbite, au moyen du sacre. On peut appeler, à cette époque, l'une, l'aristie du corps, et l'autre, celle de l'esprit. D'autre part, l'aristocratie se fixe, devient terrienne, et c'est alors qu'elle prend le plus de puissance, elle est désormais féodale ; celui qu'elle reconnaissait comme chef, le monarque, va bientôt être étouffé. Elle a acquis, la joignant à l'eugénisme, la richesse.

Mais, lorsque l'activité diminue, la sélection héréditaire s'efface et se perd, et il y a *dégénérescence*. En même temps, la richesse mobilière entre en parallèle avec l'immo-bilière, or, elle est aux mains d'une autre classe. Enfin, la fonction sociale militaire n'est plus aussi indispensable. C'est le tour de l'utilité de la production, de la richesse générale. Le meilleur n'est plus celui qui guerroie le mieux, mais celui qui peut par ses capitaux produire le plus de valeurs, c'est la classe de la chrématie, de la plouto-cratie, de la bourgeoisie qui apparaît comme aristie nou-velle: l'aristie de l'argent. Mais un nouveau besoin social s'est produit, encore plus urgent, c'est celui de la science, des inventions, de la capacité intellectuelle. C'est le moment de l'aristie des savants, de la *gnostie*, sans quoi le capital lui-même ne peut plus produire assez de richesses. Il marque l'heure présente et probablement l'avenir. Seule-ment, il a à lutter surtout contre son rival en phrénotie : la théotie se prolonge encore de nos jours ; elle a des alliés dans l'eugénisme; la gnostie en a dans la démotie; la chré-matie reste neutre ou se déplace sans cesse; l'équilibre entre toutes ces classes s'établit, mais est fort instable.

Cette lutte entre la classe de la gnostie, l'aristie intel-lectuelle nouvelle, et la théotie, aristocratie intellectuelle ancienne, en d'autres termes, entre la science et la religion, sur le terrain social, la science entraînant à sa remorque le pouvoir civil et la démocratie, et la lutte autrefois entre ces deux aristocraties, celle théocratique et celle aristocratique appuyée sur la monarchie, ont été et sont encore très vivaces, si bien que dans nos campagnes, même aujourd'hui, c'est le cléricalisme et l'anticléricalisme qui passionnent le plus les esprits. Il est donc essentiel de décrire en ce moment la théocratie qui s'incarne dans une classe spéciale : le clergé. Aux yeux des croyants, le pouvoir spirituel égale et dépasse le pouvoir temporel, car il s'applique non plus à la vie ter-restre de quelques années, mais à celle d'outre-tombe ; pour le non-croyant seul, l'individu s'absorbe dans la société et se borne dans le temps. Entre les deux, une zone neutre,

celle du doute. Même pour beaucoup de ceux qui repoussent
la foi, le pouvoir spirituel est souvent ressuscité par une nécessité sociale ; la preuve en est non seulement dans la religion
comtiste, mais dans le rôle social qu'Auguste Comte lui
confère. La théocratie ne s'attache d'ailleurs à aucune forme
de gouvernement. C'est la théocratie vis-à-vis de tous les
autres pouvoirs auxquels on pourrait donner le nom géné-
rique d'*anthropocratie* ; elle se superpose aux diverses
branches de celle-ci.

Tantôt, d'ailleurs, il y a symétrie et dualité parfaite : un
pays, par exemple, a un double souverain : l'un temporel,
l'autre spirituel ; tantôt, les deux se confondent, soit au
profit du premier, soit à celui du second ; tantôt enfin, il y
a simple influence réciproque ; il peut exister une indépendance absolue, suivant la fameuse formule : « l'Église libre
dans l'État libre » ; enfin, l'un peut vouloir exclure l'autre
par ses persécutions.

La théocratie absolue où le spirituel absorbe le temporel,
n'est pas rare ; le pontife est ici une incarnation de Dieu et
il est monarque ; c'est ce qui a lieu au Thibet dans le
lamaïsme ; c'est un bouddha vivant qui, à partir de 1640,
avec l'aide des Mongols, réunit les deux pouvoirs ; il se réin-
carne à sa mort dans son successeur ; il en est de même au
Boutan ; Dieu lui-même peut régner plus directement
encore en rendant des oracles ; parfois, il inspire de purs
laïques, car, chez les juifs, Moïse, Josué ne sont pas des
prêtres, ni des prophètes non plus, mais ce n'est qu'une
nuance diverse de théocratie. Plus souvent, le chef de la
religion n'est que le représentant humain de Dieu, mais il
a les deux pouvoirs ; c'est ce qui advint pour Mahomet et
ses successeurs dans l'islamisme. Plus souvent encore, il y a
dualisme marqué, avec supériorité du spirituel. C'est ainsi
que, dans l'Inde, le chef civil est un kshatrya, tandis que le
chef religieux, un brahmane ; de même, en Égypte, le pharaon
était distinct, mais sous la domination des prêtres, qui lui

envoyaient l'ordre de mourir. Le Japon offrait un exemple net
du dualisme théocratique dans le mikado, souverain spirituel
et le taikoun ou seigneur souverain temporel, le premier
siégeant à Tokio, la ville sainte, et le second à Yeddo ; c'est
même le chef temporel qui a succombé en 1867. Dans
l'Éthiopie, c'était le clergé qui faisait l'élection des rois, lesquels n'étaient que le bras séculier et il leur intimait, s'il
le voulait, l'ordre de se tuer. Faut-il citer, au moyen âge,
cette dualité si connue, du pape et de l'empereur, à partir
de Charlemagne, suivie d'une lutte si éclatante chez ses
successeurs, entre le sacerdoce et l'empire? Et dans les simples
royaumes, le dualisme entre le pape, situé en dehors du territoire, et chaque roi qui ne veut plus être le bras séculier ?
Alors le pape l'excommunie et le dépose. Hugues Capet est
choisi par les évêques et n'ose prendre son titre de roi
qu'après son sacre. C'est, en effet, par le sacre que l'Église
fait son emprise la plus nette sur le pouvoir temporel.

Telle est la théocratie complète. Lorsqu'elle ne participe
plus, d'une manière égale ou supérieure, au pouvoir temporel,
elle exerce cependant une influence énorme, notamment sur
les points suivants formant des privilèges à son profit et qui
plus tard sont cotés comme des usurpations : 1º le clergé
forme un des grands Corps de l'État, une classe, et délibère
comme tel ; 2º les lois de l'Église sont sanctionnées par l'État
au moyen des peines temporelles ; 3º l'Église possède des
immunités ; 4º elle a des biens ou des revenus spéciaux ;
5º elle convertit certains contrats ou actes de la vie civile en
sacrements et les taboue ; 6º elle obtient le monopole de
l'assistance publique et de l'instruction ; 7º elle fait intervenir la divinité dans les litiges par les ordalies et le serment.
Ce n'est pas seulement dans le christianisme que cet état se
produit. En France, le clergé constituait un des trois ordres
appelés aux États généraux avec la noblesse et le tiers état.
Il était, en outre, entré dans la féodalité. Dans l'Inde, il
forme une caste, celle des Brahmanes ; chez les Juifs, c'est

la tribu spéciale des Lévites : au Pérou, celle des Incas ; les prêtres égyptiens forment aussi un ordre. Dans la plupart des pays, il a fait partie de la Chambre-Haute, et de l'autre parfois, soit comme électeur, soit comme éligible ; il en est même membre de droit. Ses avantages pécuniaires sont à l'unisson. Au Pérou, en Égypte, il possédait le tiers des terres ; en Europe, plus de la moitié. Il ne devait ni le service militaire, ni l'impôt, avait droit à une juridiction spéciale et possédait le droit d'asile.

Tout cela est bien connu, et nous nous contentons de le relater ici, en son lieu et place. Mais la réaction n'a pas été moins forte, et, de tout temps, le clergé fut soumis à de violentes persécutions de la part du pouvoir temporel.

La doulie a disparu avec l'esclavage ; déjà, celle du monde antique s'était métamorphosée dans le servage et le salariat, et les anciens esclaves se confondent dans la classe du peuple ; mais, en fait, le travail usinier vient ressusciter en partie l'ancienne doulie, au moins, le servage ; le mineur est attaché à la mine, le cheminot à la voie ferrée, l'ouvrier à son atelier, comme autrefois le serf à la glèbe. Il demande à sortir de cet état, il forme une vaste classe que la politique intéresse peu, mais qui s'absorbe dans l'économique et qui, par les grèves, semble se préparer à une révolution d'une autre espèce.

L'oppression, la lutte, l'accord momentané entre les classes forment les plus grands événements de l'histoire moderne ; la lutte des classes est devenue le mot d'ordre et le résumé d'une doctrine contemporaine : la doctrine socialiste ; de même que la lutte pour la vie, entre les espèces et les individus a été celui du darwinisme dans la science biolologique.

Aucun progrès ne s'accomplirait, dit-on, sans cette lutte et d'ailleurs elle est inévitable ; il ne peut intervenir que des trêves, des points d'arrêt consacrés par certains traités. L'histoire semble donner raison à cette théorie, mais elle semblerait donner raison aussi à l'existence perpétuelle des guerres entre nations. En effet, dans l'histoire universelle, nous ne voyons qu'une série de guerres entre les peuples et, à l'intérieur de chacun d'eux, des luttes entre les classes. Cette lutte ne cesse que lorsque, pour un temps, l'une a écrasé les autres, ou lorsque la guerre étrangère est trop vive. L'aristie, d'abord, ne luttait pas contre la démotie, car celle-ci était écrasée d'avance, ne pouvait même pas respirer, mais celle de naissance luttait contre l'aristocratie religieuse qui menaçait de l'asservir, puis contre la ploutocratie qui menaçait de la submerger. A son tour, et de nos jours, la ploutocratie est en lutte violente contre la démocratie, et cette lutte prend, par moments, les proportions d'une guerre civile. Des excitations avivent ces luttes, en voulant creuser davantage l'abîme entre les classes.

Est-ce le dernier mot de l'évolution et de la science ? Faudra-t-il assister toujours à cet attristant spectacle ? Nous ne le pensons pas. La lutte entre les classes a pu être utile au progrès; nous ne croyons pas qu'elle le soit toujours, ni qu'elle soit nécessaire. Au contraire, elle pourra être avantageusement remplacée par l'accord, l'harmonie entre elles, et celle-ci sera la cause d'un progrès bien supérieur. Les distances ne seront plus aussi abruptes. Elles le sont moins tous les jours entre l'aristocratie et la bourgeoisie riche : le sang et l'argent s'y échangent presque couramment. D'autre part, la distance entre la petite bourgeoisie et le peuple s'aplanit par le commerce. Ce sont des écluses. Elles s'ouvrent et se ferment continuellement. La démocratie qui s'enrichit n'est plus démocratie ; l'aristocratie qui s'appauvrit trop, n'est plus guère aristocratie ; la faim qui survient ou qui s'apaise opère les plus nombreuses conversions. Tel est le résultat mécanique. Il prépare le résultat volontaire. Celui-ci viendra sans doute, d'autre part, de la solidarité humaine qui sera plus avantageuse que la lutte.

Nous avons insisté sur l'établissement des classes sociales,

parce que c'est sur elle que tout se fonde, et que, souvent à
tout le reste : organes du pouvoir, formes du gouvernement,
que nous allons décrire, on attribue une importance qui
n'est rien en comparaison de la sienne.

CHAPITRE I-I

C'est ici que la dissidence la plus forte existe entre les esprits, si du moins on prend l'ensemble du temps ; car si l'on choisit une seule époque, presque toujours l'une des deux origines supposées n'a pas été encore soupçonnée ou a presque disparu du souvenir.

Le pouvoir peut avoir *deux origines diamétralement con-traires* : il vient d'*en haut* ou d'*en bas*, de la *divinité* ou de la *nation*, c'est le *droit divin* ou la *souveraineté nationale*.

D'abord, c'est le droit divin et le droit divin seul. Comment l'autorité à laquelle nous devons obéir serait-elle en nous? Nous nous connaissons trop, nous nous méprisons trop, par conséquent, pour avoir une telle idée. Pour obéir, il faut respecter, et on ne peut respecter qu'un supérieur, Dieu d'abord, le plus élevé de tous. Ce concept de l'autorité a été le seul pendant de longs siècles. Cependant, comment affir-mer et surtout prouver que Dieu soit intervenu ou qu'il ait séligé l'homme le plus digne et en même temps se soit choisi un représentant? Quand il parle par un oracle, à la bonne heure! Mais cela est rare. Cependant il a d'autres moyens de s'exprimer. D'abord le sacre donné par ses pontifes; dans des temps de croyance, c'est péremptoire : Dieu ne l'aurait pas

permis, s'il eût voulu un autre mandataire. Mais cette consécration n'est même pas nécessaire ; la sélection résulte du fait
seul que la divinité a créé ce *surhomme* et l'a muni de la
force et de la *chance* nécéssaires pour faire valoir ses droits.
Bonaparte avait son étoile, et cela pouvait le rendre plus
divin, malgré son peu de religion, que le sacre qu'il avait
ambitionné et obtenu. Voilà le *droit divin*, dans un large
sens, opposé au *droit humain*. C'est le même droit divin
qui profite aux conquérants et, en général, aux arrivistes.
Ceux qui ont l'amour de l'autorité et de la hiérarchie le
reconnaissent avec un certain plaisir, quelle que soit sa cruauté
même envers eux. Toute autorité vient de Dieu, a dit saint
Paul quelque part. Même celle de Néron ! Sans doute !
Non seulement c'était le sentiment réel, mais il était, comme
on le voit, nettement formulé. Cela ne doit pas trop nous
étonner, car nous en trouvons des exemples dans la nature.
Le cheval n'est-il pas conduit par un cavalier et non par un
autre cheval ? Il en est de même de tous les animaux, pour
lesquels le dieu c'est l'homme. Il en est ainsi chez nous.
L'enfant ne doit-il pas, par une hiérarchie naturelle, obéir au
père ? Comprendrait-on que, dans la famille, l'autorité fût
décernée au suffrage universel ? L'autorité est au plus intelli-
gent, au meilleur, au plus durable, et, par conséquent, doit
venir le plus possible de la divinité.

Cette théorie trouve, chez les peuples modernes, peu de
partisans. Tout d'abord, la foi est très affaiblie et Dieu mis
en doute. Comment alors pourrait-il agir du haut de son
néant ? S'il existe, s'occupe-t-il de nous? S'il intervient, quel
est le signe ? Si ce signe est dans le pontife, ce pontife n'est-il
pas un homme ? Son droit, la réalisation de son droit sont,
l'un comme l'autre, invérifiables. Ce n'est pas sur une hypothèse qu'un droit peut trouver une assise solide.

Aussi, a-t-on essayé d'étayer ce principe d'autorité d'en
haut, en le modifiant, et sur d'autres raisons, par exemple,
sur un droit de possession; celui qu'on a précisément invoqué

ailleurs pour baser la propriété, mais, dans ce cas, la présomption ne vaut que comme présomption de preuve; elle prouverait simplement que le peuple a consenti, mais ne ressortirait plus alors au droit divin. Un autre argument plus sérieux est celui de l'exemple que nous venons de donner de la hiérarchie cosmique où le supérieur n'est jamais élu par l'inférieur; enfin, motif pratique, l'autorité venue d'en haut est plus grande et plus facilement obéie, elle est aussi plus stable.

Le droit divin s'est perpétué dans l'hérédité qui en est le complément ordinaire, car la divinité, dans sa volonté plus constante, ne consacre pas seulement une personne, mais une famille entière: Dieu ne se dérange de son impassibilité que pour des siècles.

L'idée du droit divin mène généralement un gouvernement monarchique, surtout absolu.

La seconde source du pouvoir est le *droit humain* et *consenti*, c'est la souveraineté nationale; ce pouvoir ne vient plus d'en haut, mais d'en bas, c'est-à-dire d'à côté de nous et de nous-même. Inconnu des monarchies orientales qui se basent sur le droit divin identique au droit de la force, il a été pratiqué par les républiques grecque et romaine, à partir de la chute des royautés, c'est-à-dire de très bonne heure. On ne l'avait pas bien dégagé théoriquement. Puis, il est resté dans l'ombre. L'empire romain, après en être issu et s'en être autrefois détaché, s'est rattaché par ses apothéoses au principe divin. Au moyen âge, ce dernier a régné complètement, sauf dans certains États italiens où il a paru par intermittences. Tout le moyen âge a de nouveau arboré le droit divin, et ce droit règne encore de nos jours, seul ou combiné avec le droit humain, partout où la monarchie avec l'hérédité demeure, sauf une certaine exception que nous indiquerons. C'est Jean-Jacques Rousseau qui, le premier, a formulé nettement le principe de la souveraineté nationale, laquelle, depuis, pure ou mélangée, a pénétré

partout. Il l'a fait dans le *contrat social,* comme conséquence de ce contrat, tous les hommes d'un Etat se seraient
réunis et seraient convenus d'aliéner chacun de leur liberté
ce qui serait nécessaire pour fonder cet Etat, et la société
humaine aurait été purement consciente et voulue, comme
est le lien d'une société de commerce entre les intéressés.
Dans cette forme, cette théorie qui avait causé beaucoup
d'enthousiasme a été abandonnée depuis. Il serait cependant injuste de la rejeter, il faut seulement lui faire subir
deux modifications : 1° la convention ne s'est point placée
très probablement à l'origine de l'évolution ; le droit divin,
soit comme droit théocratique, soit comme droit de la
force, a dû précéder ; 2° presque à aucune époque, sauf la
contemporaine, cette convention n'a été expresse, elle a
seulement été tacite. Elle a maintenant un triomphe complet
dans toutes les républiques qui pratiquent le suffrage universel.

La souveraineté nationale est-elle la cause légitime et la
cause exclusive du pouvoir? Cela nous semble hors de
doute. D'abord, elle ne repose plus sur aucune hypothèse,
même vraisemblable, mais sur la nature même de l'homme.
C'est l'intéressé qui doit veiller à ses intérêts et à ses
droits, qui doit contrôler tout ce qui les concerne, qui
doit choisir ceux qui le représentent. Si les moutons
votaient, ils ne voteraient pas pour les loups, ils auraient
parfaitement raison, tandis que les loups leur sont imposés
par le darwinisme et par toute doctrine se fondant sur la
divinité ou sur la nature inexorable. Le système du droit
divin lui-même, pour se soutenir, est obligé d'emprunter à
celui-ci son consentement tacite. On peut cependant faire
les objections suivantes : 1° la souveraineté nationale, qui est
le total des souverainetés des nationaux, peut-elle lier l'un
par l'autre? D'aucuns ont prétendu qu'elle ne le pouvait pas,
en raison de l'autonomie individuelle, et ont établi un *liberum veto* ; or, dans ce cas, il n'y a pas de gouvernement

possible ; la Pologne en a été une preuve historique ; 2° si
les uns lient les autres, on aboutit au régime majoritaire,
qu'admettait, en effet, Rousseau et qui est oppressif ; nous
verrons qu'on concilie en établissant la représentation proportionnelle ; 3° les plus inférieurs sont en grande majorité ;
il est inélégant que les supérieurs soient liés par des inférieurs ; c'est l'invasion de nouveaux barbares et cette démocratie conduit à l'ochlocratie ; 4° le lien ne saurait être perpé-
tuel, ou alors la souveraineté du peuple se suicide elle-
même ; c'est ce qu'elle avait fait à l'avènement de l'empire
romain et dans nos plébiscites impériaux français. Toutes ces
critiques ne portent pas, elles indiquent seulement des inconvénients réels, auxquels on peut remédier, ce que nous
ferons au fur et à mesure.

La souveraineté nationale, si l'on ne s'arrête pas à ce qui
est formel et légal a, en réalité, deux expressions distinctes :
l'une nette et officielle, l'autre diffuse et virtuelle. La première est bien connue : c'est la souveraineté qui se manifeste
soit par le gouvernement direct en assemblée populaire,
soit par le gouvernement représentatif ; elle a pour organe
ordinaire un Parlement, et s'il y a confluence du droit divin
et du droit populaire, elle est réglementée par une constitution ; elle n'existe pas en tous pays. L'autre est seulement
officieuse et n'a pas des organes toujours déterminés,
quoique le plus habituel soit la presse : c'est l'opinion
publique. Celle-ci, quoiqu'elle ne rentre pas dans la catégorie stricte du droit, est tout à fait souveraine ; elle est au-
dessus même du suffrage et des autres instruments de souveraineté, car elle les juge et en dénonce les vices ; rien n'échappe
à son empire et, souvent l'opinion publique est audessus
de la souveraineté nationale elle-même. Elle est dans la
politique ce que la coutume est dans le droit. Sa force
s'étend tous les jours davantage au moyen de la presse, qui
est pour elle à la fois une expression et une impulsion. Ceux
mêmes qui voudraient renier une Constitution, comme

le tzar vis-à-vis de la Douma, ne peuvent entièrement braver
l'opinion.

Telles sont les deux grandes sources du pouvoir : le droit
divin, la souveraineté nationale. N'y a-t-il pas de principe
intermédiaire, ou les deux ne peuvent-ils pas se réunir en un
confluent ?

De système intermédiaire, il ne peut pas y en avoir de
logique : le pouvoir ne peut venir d'en haut et de nous-même
à la fois ; mais il peut y avoir confluent entre les deux
chez les nations qui ont admis d'abord l'un, puis l'autre,
sans repousser le premier. C'est ce qu'on peut appeler le
pouvoir constitutionnel.

Les Constitutions sont nombreuses dans l'histoire des
peuples, expresses ou tacites. Cependant elles ont aussi souvent manqué ; on n'en rencontre point dans les monarchies
absolues. En quoi seraient-elles nécessaires ? Le souverain
ne peut se lier avec son peuple qui est néant, et moins encore
le néant envers lui. D'autre part, dans les démocraties pures,
il n'en est pas besoin non plus ; les républiques d'Athènes et
de Rome n'en possédaient pas. De nos jours, s'il y en a
aux États-Unis et en Suisse, c'est que, dans certains des
cantons de celle-ci, la démocratie n'est pas pure et qu'il
faut bien que les représentants cèdent alors devant les
représentés d'après certaines règles. Mais elles sont indispensables lorsque le droit divin et le droit populaire règnent en
même temps. Chacun d'un bout, pour ainsi dire, tire et ils
se rencontrent. Il advient aussi que le droit divin, concurrent de la souveraineté du peuple, est représenté, non pas
par une monarchie, mais par une aristocratie. Alors, même
avant qu'il y ait réclamation du droit populaire, le droit
divin sent qu'il est nécessaire de lui concéder au moins une
charte, non encore synallagmatique, mais à titre gracieux.

En France, la coexistence du droit populaire se révéla
d'une manière rudimentaire et instinctive dans la convocation des États Généraux. En 1814, le roi du droit divin

promulgua une charte octroyée. Mais c'est en Angleterre
surtout que cette coexistence est reconnue et réglée entre les
deux droits. Tandis que, chez nous, les États Généraux
excluaient le peuple, au moins en grande partie, car le roi
ne convoquait directement que les seigneurs ecclésiastiques
et laïques, et les autres n'apparaissaient que comme députés
des villes privilégiées, toute la nation en Angleterre, était
représentée au Parlement. Dans ce Parlement lui-même,
grâce à sa division en deux Chambres, les deux éléments se
polarisaient ; les représentants du droit divin allaient à la
Chambre des lords, ceux de la souveraineté nationale à la
Chambre des communes, de manière à composer le Parlement avec ses deux parties solidaires. Dans tous les pays
s'est formée peu à peu cette coexistence du droit divin représentée à la fois par le souverain et la Chambre des Seigneurs
nommée par lui ou séligée par la naissance et la souveraineté nationale représentée par la Chambre des députés. Il
semble alors que les origines du pouvoir soient mises sur le
même pied, puisqu'il faut leur accord pour qu'une loi soit
définitive.

Tel est le droit constitutionnel, comprenant à la fois le
pouvoir issu du droit divin et celui issu de la souveraineté
nationale. Il est difficile, sans doute, que les deux aient toujours une égale part ; le gouvernement penchera d'un côté ou
de l'autre et il en résultera, tantôt des déchirements, tantôt
un balancement utile.

A qui est confiée la garde officielle de cette constitution
convenue entre deux pouvoirs antagonistes et souvent hostiles ? Qui a le pouvoir de faire cette Constitution et de la
changer ? Ces questions sont diversement résolues.

Lorsque la Constitution est tacite, elles restent en suspens
et il n'y a guère moyen de les résoudre que par une révolution. C'est ce que l'histoire a démontré. Il en est de même,
lorsque les termes sont trop ambigus dans la constitution
expresse, et qu'une des parties contractantes prétend l'inter-

prêter seule. C'est ce qui advint lors des ordonnances de Charles X qui avaient violé cette constitution ambiguë et ce qui donna lieu à la révolution de Juillet.

Lorsque la Constitution est expresse et bilatérale, on a dû trouver des moyens légaux de la garantir, tant en la sanctionnant qu'en refusant l'application des lois et des actes divers qui lui seraient contraires. Nous verrons, au titre de la sanction, les peines proprement dites appliquées en pareil cas et la procédure de leur application ; car il s'agit d'annuler ce qui lui est contraire, soit d'une façon générale, soit dans une espèce. Si ces moyens n'existaient pas, la Révolution serait le seul remède.

Le premier moyen est entre les mains des grands Corps de l'État représentatifs de la nation. Si l'acte contraire émane du chef de l'État, ce moyen consiste dans sa responsabilité personnelle et constitutionnelle ; sa déchéance est prononcée, on le fait en dressant une accusation contre lui qui porte le nom d'*impeachment* dans le droit anglais. La question se complique dans le régime parlementaire où soit le roi, soit le président, règne et ne gouverne pas. Il ne peut faire aucun acte valable sans le contreseing d'un ministre et l'on ne peut contraindre ce ministre à le donner.

Dans ces conditions, il semble bien que la responsabilité, solidaire ou non, ne saurait atteindre que ce dernier. Va-t-on cependant les rendre responsables tous les deux ? Les pays divers ne sont pas d'accord sur ce point. La Constitution française de 1875 ne rend responsables que les ministres ; elle excepte seulement le cas de haute trahison.

Dans ce dernier, le souverain est responsable, mais *pénalement*, les ministres le sont *parlementairement*. C'est la Chambre qui accuse et le Sénat qui juge et applique la déchéance. Au contraire, en 1852, c'était le souverain qui était directement responsable et il l'était devant le peuple. En Angleterre, le roi est irresponsable ; cela tient à l'idée du droit divin ; sa personne est *tabou*, il ne répond même pas de ses délits de droit commun ; les ministres sont responsables. Au contraire, aux États-Unis, le président est responsable lui-même, mais cette responsabilité n'a presque jamais été invoquée.

Le second moyen, mais rarement employé, c'est de créer un Corps spécial, précisément investi de cette surveillance. C'était le rôle du Sénat d'après la Constitution de l'an VIII, et celui-ci s'arrogeait même le droit de modifier ; ce fut aussi celui du Sénat conservateur, sous Napoléon III. En réalité, c'est une attribution qu'il n'exerçait point et qui servait seulement de prétexte pour posséder un Corps délibérant apparent.

Le troisième qui est en usage, c'est celui inauguré par les États-Unis : c'est le pouvoir judiciaire qui a seul le droit de juger de l'inconstitutionnalité, en le déclarant formellement, non cependant en annulant la loi, mais en refusant de l'appliquer pour ce motif, et cela est en vigueur, non seulement pour la fédération, mais à l'intérieur de chaque État. Il en était ainsi, d'ailleurs, auparavant déjà dans les colonies anglaises, et comme les États-Unis avaient été l'une d'elles, c'est peut-être l'origine de ce principe. Celui-ci a passé de là dans les constitutions, du Mexique, de l'Argentine, du Brésil, de la Colombie, de l'Equateur, de Costa Rica et de la Bolivie. En Europe, le système contraire prévaut, non seulement en France dès la Révolution, mais en Belgique, en Italie et en Suisse.

Il est très injuste et fort dangereux qu'aucune autorité ne soit établie pour veiller à la Constitution, car cela seul peut devenir une cause légitime de Révolution. Le pouvoir judiciaire semble bien ici le juge naturel, comme de tout litige. Quant à la responsabilité, c'est un remède extrême qui fonctionne trop tard. Cependant la constitutionnalité jugée par les juges, c'est la méconnaissance de la distinction des pouvoirs considérée comme fondamentale ; le juge

peut ainsi indirectement abolir la loi. Lui-même dépend de
l'exécutif par l'avancement. Il serait à la fois trop dominé et
trop dominant.

C'est sans doute un pouvoir judiciaire et non un autre
qui doit statuer sur un pareil litige, mais un autre pouvoir
judiciaire que la magistrature, cette fois tout à fait indépendant et en même temps, par son caractère éphémère, incapable de dominer ni le législatif, ni l'exécutif, nous avons
nommé le jury. Celui-ci, dissous aussitôt qu'il a jugé, tiré
au sort parmi les citoyens, suivant nous, seulement parmi
ceux qui possèdent un certain degré d'instruction, épuré des
partis extrèmes par un droit de récusation péremptoire, nous
semble le seul juge indépendant et impartial qui puisse
juger sans inconvénient de la constitutionnalité.

Ce sera toujours une question simple, si elle est
portée directement devant lui ; et si elle est connexe à un
procès pendant, dont ce jury serait déjà saisi, point ne sera
besoin d'en former un nouveau. Ce sera le jury non plus
criminel, ni correctionnel, mais constitutionnel.

Nous avons vu comment l'accord entre les deux pouvoirs,
celui né de l'aristocratie, de l'hérédité, de la sélection naturelle ou divine, d'une part, et celui né de la souveraineté
nationale de l'autre, peut s'accomplir au moyen d'une Constitution tacite ou expresse, et comment cet accord peut être
sanctionné. Il nous reste à savoir comment la Constitution
qui en est le résultat peut être établie, modifiée ou abrogée.

Il semble *a priori* qu'une convention ne peut avoir lieu
que par le consentement mutuel des deux contractants, ici
du pouvoir venant d'en haut et de celui venant du peuple ;
qu'il ne peut être modifié et détruit que de la même façon ;
tout au plus, sous un régime représentatif, pourrait-on
admettre que chacun contracte, non lui-même, par représentant, mais alors, vu l'importance de l'affaire, avec un pouvoir spécial. Il n'en est pas tout à fait ainsi dans le droit
constitutionnel des différents peuples, lorsqu'ils s'expriment

nettement à ce sujet, car souvent ils restent dans un certain vague. Ce qui est surtout ambigu, c'est le point de savoir si la représentation ordinaire, établie par la loi, suffit sans clause spéciale pour faire les Constitutions, ou les modifier ou les abroger, ou s'il ne faut pas une représentation *ad hoc*, ou enfin si la nation ne doit pas se réunir alors dans ses comices et décider elle-même par un vote.

En France, dès avant la Révolution, les théoriciens n'étaient pas d'accord sur ce point; ils s'en occupaient comme ils s'occupent d'un contrat social, car celui-ci n'est que la Constitution envisagée d'une façon abstraite. Vattel, dans son *Droit des gens*, vint soutenir qu'il faut le consentement unanime de tous, se conformant sur ce point à l'idée de Rousseau, puis admettant la majorité, avec la faculté pour les dissidents de se retirer, ce qui prouve combien son opinion était peu ferme. Siéyès professait que la nation n'est jamais liée, peut toujours changer, et que ses repré-sentants le pouvaient ainsi, sans aucune forme de procès. Enfin, avec Rousseau, d'autres ont pensé que la nation pou-vait toujours changer, mais dans les formes par elle-même précédemment imposées ; cela nous semble erroné. Il faut faire, suivant nous, une distinction : si l'on admet la légiti-mité des deux sources contraires du pouvoir, il y a contrat, et ni le souverain, ni le peuple ne peuvent le modifier, sans le consentement mutuel. Si l'on admet la souveraineté popu-laire, le peuple peut modifier à tout moment, et sans être tenu par des délais ou des formes préexistantes. C'est aussi par les représentants qu'elle a nommés que la nation peut agir, mais nous pensons que des représentants législatifs ne suffisent pas, qu'il faut des représentants spéciaux.

Cette nécessité de suivre les mêmes formes que celles précédemment édictées, ainsi que celle de ne pouvoir réviser que par des représentants spéciaux sont généralement recon-nues ; seulement, on édicte souvent que les représentants légis-latifs suffisent, s'ils se groupent ou fonctionnent d'une autre

manière; c'est ainsi qu'en Belgique, il faut que le Parlement soit au préalable soumis au renouvellement ; en
France, il faut que les deux Chambres se réunissent en
congrès; ailleurs, qu'il y ait une majorité plus forte que la
majorité ordinaire; partout, le constitutionnel se distingue
du législatif. En Angleterre, au contraire, cette distinction
disparaît et le Parlement suffit à tout. Il en est de même
en Prusse, en Italie. Dans l'histoire du droit français, il
faut remarquer que l'Assemblée législative voulut convoquer
une assemblée spéciale, la Convention, dans ce but. Au
contraire, après le 18 brumaire, c'est par les deux Conseils
législatifs seuls que la constitution fut changée ; la déchéance
du premier Empire fut prononcée de la même manière. Sous
le second Empire, la constitution fut soumise à un plébiscite, et plus tard, en 1870, lors de l'Empire libéral, il en fut
de même. En 1875, le peuple ne fut pas appelé dans ses
comices et l'Assemblée nationale décida seule. On sait
comment maintenant est organisé le Congrès.

Voilà les deux pouvoirs de nature contraire, celui d'autorité, celui de souveraineté nationale, mis d'accord dans la
confection et la conservation d'une Constitution stipulée d'un
commun consentement. Grâce à cette Constitution, chacun
d'eux va remplir les fonctions qui lui sont dévolues. Il les
exercera tantôt isolément, tantôt en commun, suivant les
circonstances, mais, en tout cas, chacun conserve son autonomie et un équilibre parfait va en résulter. Est-ce toujours
bien possible? Chacun ne va-t-il pas tendre, au moins, à affaiblir l'autre, à lui tirer de ses attributions ou à les rendre
fictives ? Il n'y a aucun doute : il y aura des tiraillements.
Lorsque la charte est octroyée, sans doute donner et retenir
ne vaut, mais c'est cependant ce qui a lieu : le souverain se
repent d'avoir trop concédé. C'est ce qui est arrivé à
Louis XVI pour la Constituante, au tzar pour la Douma.
Si la Constitution est convenue, c'est, au contraire, le peuple
grandissant qui, par son Parlement, cherche à réduire

la puissance du pouvoir exécutif. Toute l'histoire parlementaire est pleine de ces vicissitudes. Mais ce n'est pas le moment de nous y arrêter. Nous nous en occuperons lorsque nous décrirons les rapports entre le Parlement et le chef de l'Etat.

On ne comprend guère généralement que la coexistence des deux pouvoirs antagonistes soit possible, celui du gouvernement de droit divin et celui de droit national ; et c'est cependant le seul cas où il y ait gouvernement constitutionnel proprement dit, c'est-à-dire contrat. Comment cette coexistence est-elle réalisée, et lorsqu'un des deux pouvoirs existe seul, comment peut-il y avoir contrat ? C'est à ces deux questions qu'il faut répondre.

Nous avons déjà répondu à la première plus haut, en disant que, si ce concours n'est guère logique peut-être, il est cependant concevable, la nation pouvant avoir un droit de contrôle, si elle n'en a pas d'autre, et le souverain, une fonction d'exécution, s'il n'en a d'autre à son tour. La réponse à la seconde est celle-ci : sans doute, si le droit national existe seul, il n'a pas de pacte à faire avec un autre et, par conséquent, pas de Constitution ; mais alors, il intervient un pacte entre lui et ses représentants qui vont agir désormais comme personnes distinctes ; c'est alors une limitation de mandat et une division de ce mandat, plutôt qu'un pacte proprement dit : tant de retenu par le peuple, tant de conféré au Sénat, tant à la Chambre, tant au chef de l'Etat, pour tel temps et avec telles conditions. Mais ce n'est pas tout, si l'on quitte les principes pour s'attacher au fait, on s'apercevra que le président de la république est encore l'ombre d'un roi constitutionnel, de même que celui-ci est l'ombre d'un roi absolu ; on l'environne d'une même vénération superstitieuse. S'il n'est plus un étalon conservé *ad hoc*, c'est presque la seule différence entre le président et le roi dernière manière. Tous les deux règnent sans gouverner, sont entretenus à grands frais, n'ont aucune mission

sociale à remplir, jouent surtout, vis-à-vis de l'étranger, le
rôle de maître des cérémonies et se distinguent à peine du
chef du protocole; mais, ce qui montre la survivance, le président est encore un fétiche social, on le loge dans un palais,
on le sort de temps à autre et on le promène en procession,
comme le Saint laïque qui provoque encore des ovations et
qu'on accueille par des discours, sinon par des litanies ; le
monarque n'a plus guère, d'ailleurs, au-dessus de lui, que sa
réputation de guérir les écrouelles. On conçoit alors que,
même dans la constitution républicaine, il semble contracter,
contracter comme le faisait jadis le monarque.

Il ne faut pas confondre le gouvernement constitutionnel
avec le gouvernement parlementaire, confusion qui se fait
quelquefois. La Constitution est un pacte entre les deux
sources contraires du pouvoir. Le Parlement, comme nous
le verrons, est essentiellement, dans l'une de ces deux natures
d'État, la substitution du régime indirect ou représentatif au
régime direct des assemblées populaires. Cela peut être
constitutionnel et non parlementaire, lorsque, par exemple, le
souverain héréditaire a fait un pacte avec la nation dont il
se prétend le délégué ou le co-contractant, se réservant de
proposer ses lois à son approbation, sans intermédiaire.

On peut en citer comme type le second Empire en France,
mais le fait est rare, et, le plus souvent, le gouvernement
constitutionnel est en même temps parlementaire. C'est le
Parlement qui forme le point de confluence des deux pouvoirs antagonistes.

Le gouvernement peut devenir constitutionnel dans un
autre sens, mais plus restreint, lorsque la souveraineté populaire existe seule, et qu'il s'agit non plus de passer un pacte
entre la représentation par les Chambres et le peuple délé-
guant, mais de régler les rapports des provinces dans une
fédération. Nous retrouverons ces Constitutions ailleurs;
ici, il s'agit de celle qui régit les pays monarchiques où
les deux pouvoirs de sources différentes se combinent.

CHAPITRE III

SOCIOLOGIE DES DIFFÉRENTES FORMES DE GOUVERNEMENT

La définition des formes de gouvernement, indépendante des distinctions de classe et de celles de sources du pouvoir, s'entrecroise cependant ou s'accorde avec elles, et repose sur une idée quantitative. Ces trois formes sont : la *monarchie*, l'*oligarchie* et la *république* ou *pantarchie* ; la première vise à l'*unicité*, la seconde à la *multiplicité*, mais restreinte, la troisième à la *totalité*. Les deux premières conviennent mieux sans doute à la classe de l'aristocratie, et la dernière à celle de la démocratie, celles-là au droit divin et celle-ci à la souveraineté nationale, mais il n'y a pas lien nécessaire.

Les différences entre ces formes sont trop connues, pour que nous insistions beaucoup ici. Le monarque représente l'*action* et la *concentration* dans toute sa force ; c'est presque toujours, à l'origine, un ancien ou un actuel chef de guerre dont le commandement en chef et absolu s'impose. Il en résulte de grands avantages de décision, de promptitude et de suite dans la conduite. Tandis que les autres délibèrent, il peut agir. D'autre part, la succession régulière et héréditaire garantit contre les troubles; celui, résultat des élections, disparaît. Si l'hérédité produisait toujours un homme capable, honnête et actif, le monarque l'emporterait sur tous ; certains grands rois en sont la preuve. Seulement, un danger existe, il tend à se croire infaillible, est enclin aux conquêtes et précipite le pays dans les aventures. Il satisfait à l'esprit humain qui est idolâtre.

L'oligarchie n'a pas cet inconvénient ; le pouvoir est dirigé par des mains capables et ne manque plus d'un certain contrôle ; mais les personnes qui la composent sont trop disposées à agir dans leur propre intérêt.

La pantarchie est certainement plus juste dans ses deux formes : gouvernement direct et gouvernement indirect. Elle a moins d'action concentrée que la monarchie et change trop souvent de *leader*, mais elle se précipite moins vite dans les guerres étrangères ; par contre, elle veut entreprendre à la fois trop de réformes sociales ; elle a aussi à entretenir trop de dirigeants à ses frais ; elle devient dangereuse lorsqu'elle n'admet plus toutes les classes à concourir au gouvernement du pays et qu'elle se résout dans son propre élément inférieur, l'ochlocratie.

La monarchie peut être théocratique, lorsqu'elle est aux mains d'un mandataire présumé de Dieu ou de ses pontifes ; aristocratique, lorsqu'elle repose sur la sélection héréditaire ou sur l'élection de la classe aristocratique seule ; démocratique lorsqu'elle est élective, soit dans une élection populaire qui donne un pouvoir viager, soit dans un plébiscite qui donne un pouvoir transmissible héréditairement, un droit dynastique ; dans ce dernier cas, il s'agit de l'empire, bien distinct de la royauté. C'est sur ce principe que se sont fondés l'Empire romain, et chez nous, ceux des deux Bonaparte.

La république, à son tour, peut être théocratique : par exemple, celle de Genève sous Calvin, ou aristocratique : celle de Venise, ou démocratique : celles réglées par le suffrage universel.

Nous verrons que monarchie comme république peuvent être représentatives ou non-représentatives.

Le cas le plus curieux de ces séries croisées, c'est certai-

nement la monarchie démocratique. Il semble, au premier
abord, qu'il y ait incompatibilité complète entre ces deux
systèmes. Cette apparence disparaît si l'on observe que
tous les termes d'une des séries peuvent s'accoler à tous
ceux de l'autre. En logique, d'ailleurs, il n'y a pas impossi-
bilité. Sans doute, si le peuple confiait à un individu et à sa
descendance, un pouvoir absolu et inamissible, on pourrait
dire qu'il y a un suicide défendu ; c'est ce qui avait lieu
sous le second Empire en France, et encore le monarque
était-il alors stipulé responsable devant le peuple français.
C'était au moins une clause résolutoire. On peut dire qu'elle
est sous-entendue. Alors, la monarchie démocratique (l'empire) est une élection, en qualité de monarque, faite par le
peuple, sous réserve de son droit de commise, c'est-à-dire de
reprendre le pouvoir pacifiquement ou révolutionnairement
suivant les cas, dans l'hypothèse de violation du contrat.
L'histoire confirme cette donnée, car l'empire a été souvent
arraché aux empereurs romains et remis à d'autres. On
voit qu'il diffère ainsi essentiellement de la royauté confiée
par Dieu, et que son représentant terrestre seul pouvait
faire perdre.

La monarchie et la république ne peuvent se confondre,
mais elles peuvent s'approcher de très près par le régime
parlementaire dont nous parlerons tout à l'heure, et qui est
presque le même sous la monarchie et la république. Ce
régime est la réalisation la plus ordinaire et la plus adéquate
de la confluence du droit divin et du droit populaire dont
nous avons parlé, quoiqu'il en soit distinct.

L'oligarchie est une forme de gouvernement moins
connue ; on la confond souvent avec l'un des deux extrêmes.
Elle se produit lorsque le pouvoir suprême, au lieu d'être
confié à un seul, l'est à un certain nombre limité. Il correspond presque toujours à une classe aristocratique. C'est
ainsi que l'Angleterre, lorsque la puissance royale a été
vaincue par la féodalité des Pairs, est devenue, en fait, beau-

coup plus une oligarchie qu'une royauté. A Lacédémone aussi, le gouvernement étant aux mains d'une race peu nombreuse et dont le nombre ne pouvait augmenter, était oligarchique. Dans les villes italiennes du moyen âge, ce fut souvent une oligarchie qui régna.

Il ne faut pas confondre ce cas avec celui que nous rencontrerons plus loin, où le pouvoir suprême a été divisé dans le but de l'affaiblir.

Nous venons d'indiquer comment chaque forme de gouvernement peut être aristocratique, théocratique ou démocratique, mais, question différente, n'y a-t-il pas des gouvernements mixtes entre la monarchie et la république ?

Oui, ce gouvernement existe, quoique assez rarement employé; c'est la monarchie élective; dans ce cas, la royauté est viagère et non héréditaire. Le droit divin est donc écarté, il n'existe que le droit populaire, mais celui-ci veut l'avantage qui résulte de l'action concentrée en un souverain. Elle se distingue à la fois de la royauté parlementaire qui est mixte entre les deux sources du pouvoir et non entre les deux formes, et l'Empire qui est une démocratie monarchique; ici, c'est entre les deux formes que l'hybridité existe. L'histoire en fournit des spécimens à Venise, dans la Hongrie et la Pologne.

CHAPITRE IV

SOCIOLOGIE DU RÉGIME DIRECT, DU REPRÉSENTATIF ET DU RÉFÉRENDAIRE

Il nous faut faire ici la même distinction entre le pouvoir d'autorité et le pouvoir de souveraineté nationale. L'un comme l'autre, soit qu'il n'y en ait qu'un, soit qu'il y en ait deux et qu'ils collaborent, peuvent s'exercer directement soit par le chef, soit par la nation, ou indirectement par leurs représentants.

Un roi absolu, en effet, ou un empereur peuvent agir eux-mêmes, ne suivre que leur volonté, soit qu'ils la proposent, soit qu'ils l'imposent, suivant les régimes, ou bien, au contraire et obligatoirement, choisir simplement pour un temps et jusqu'à révocation par eux, les personnes qui pourront seules, pendant ce temps, agir pour eux, sans qu'eux-mêmes le puissent. Cette délégation forcée de l'autorité du chef a lieu en fait dans le régime parlementaire ; autrement, le roi a bien des ministres, mais ce ne sont que des conseillers, c'est lui qui décide. Au contraire, dans la plupart des pays parlementaires, le chef de l'État ne peut signer un seul acte valable sans contreseing d'un de ses ministres et ce n'est pas lui-même qui est responsable de l'acte fait, c'est le ministre. La représentation est forcée et sans ce ministère il ne pourrait être admis à fonctionner. Si les ministres déplaisent au Parlement, il ne peut les maintenir, il doit les choisir conformément au vœu présumé de la Chambre; autrement, il n'est plus un roi, ni un président, véritablement constitutionnels. La représentation de son côté est forcée. Au contraire, s'il est absolu ou si, sans l'être, il ne veut pas être représenté ni agir lui-même, par exemple, sous le second Empire, s'il veut que ses ministres ne soient que des porteurs de sa volonté personnelle, le gouvernement est direct de sa part.

Du côté de la souveraineté populaire, soit qu'elle règne seule, soit qu'elle soit en concours avec un monarque, il existe la même distinction. Le peuple peut gouverner lui-même, sans charger personne de ce soin pour lui, faisant seulement exécuter par d'autres, mais délibérant et décidant lui-même, dans son assemblée, sur le *forum :* c'est le gouvernement *direct ;* ou il veut seulement élire ceux qui le représenteront, délibéreront et décideront eux-mêmes ; c'est le gouvernement *indirect* ou *représentatif.*

Enfin, le peuple agit de cette seconde manière, mais il entend rester le maître définitif ; il élit des personnes qui délibéreront et décideront provisoirement pour lui, mais qui, ensuite, devront demander sa ratification par un vote ultérieur et définitif : c'est le régime moitié direct, moitié indirect, le régime mixte, celui du referendum.

La succession historique est nette. On a commencé par le gouvernement direct, on est passé à l'indirect ou représentatif, puis, de là, non partout encore, au référendaire.

Le premier stade est le gouvernement direct. Dans l'antiquité, c'est d'abord celui de toutes les républiques de la Grèce et de celle de Rome. Le peuple délibérait sur le forum, c'est de là que partaient les lois et les plébiscites, soit que le peuple dominât, soit que ce fussent les patriciens. On distinguait trois *leges,* les curiates, les centuriates et les plébiscites. Dans les premières, le vote avait lieu par curie et, dans chaque curie, par tête, les plébéiens en étaient exclus ; dans la seconde les plébéiens étaient admis,

mais chaque centurie avait une force votale égale et cependant, celles des plus riches contenaient beaucoup moins de
personnes, de sorte que le vote était encore aristocratique ;
enfin, dans les troisièmes, le peuple seul votait d'abord, puis
les patriciens y furent admis, chacun comptait par tête,
ou plus exactement par tribus, mais les tribus étaient purement topographiques et comprenaient tout le monde. Dans
tous les cas, c'était la nation ou l'une de ses fractions qui
décidait elle-même sur le forum; il en était de même à
Athènes sur l'agora. Le gouvernement direct s'est retrouvé
chez les nations modernes et surtout au moyen âge, presque
partout, au moins en matière communale, comme nous le
verrons. Il a persisté en France jusqu'en 1789. Ce qui
nous occupe en ce moment, c'est son emploi en matière
nationale ou fédérale ; nous ne le trouvons plus qu'en Suisse
et en matière cantonale, non en matière fédérale, dans quatre
cantons : Appenzell, Glaris, Uri, Unterwalden (nous renvoyons
pour les matières communales, où le cas est plus fréquent,
au chapitre de la commune). Autrefois, il avait été en vigueur
à Gersau, Zug et Glaris. Dans ces quatre cantons, le pouvoir exécutif est exercé par un Conseil d'État, nommé par
l'Assemblée Générale et dont le Landamman est le chef :
quant au Grand Conseil, il ne fait que préparer les lois,
celles-ci sont votées par l'assemblée populaire, la *landsgemeinde*. Cette assemblée vote non seulement les lois législatives, mais aussi les lois constitutionnelles. C'est la majorité
absolue qui décide et le vote a lieu sur la place publique.
La réunion se place au moins à chaque dernier dimanche
d'avril. Tout projet est soumis d'abord au Grand Conseil,
mais si celui-ci reste inerte, tout citoyen a le droit de le porter
devant l'assemblée. On voit que le gouvernement direct si
usité dans l'antiquité, est devenu tout à fait une exception :
mais nous le trouverons plus loin fréquemment, mélangé
avec le gouvernement direct ; nous le rencontrerons, aussi pur
encore, en matière communale.

Le second stade de la représentation populaire qu'on retrouve maintenant partout, c'est le gouvernement représentatif bien connu, et qui est en même temps parlementaire. Il s'établit au moyen de l'élection, par les divers modes que nous décrirons à un chapitre ultérieur. Le résultat est un Parlement soit unique, soit divisé en deux Chambres, suivant les cas. C'est celui qui régit l'Angleterre depuis fort longtemps, la France depuis 1889, et les autres pays plus tard à son instar, tout dernièrement, la Russie, sous le nom de Douma et la Turquie, dernier refuge de l'absolutisme.

Le parlement, issu de la souveraineté nationale, peut être envisagé en lui-même ou dans ses rapports avec le pouvoir d'autorité superposé. C'est sous une rubrique spéciale que nous l'étudierons sous ce dernier point de vue.

Enfin, le troisième stade de la représentation consiste à l'unir avec le gouvernement direct, en partant de ce principe que les actes peu importants seront décidés par le Parlement, les plus graves doivent être d'abord étudiés par celui-ci, puis soumis au vote populaire par la voie du referendum ; qu'en outre un certain *quorum* de citoyens aura le droit de demander le referendum pour les autres et même d'exercer pour tous le droit d'initiative ou celui de veto.

Ce gouvernement était, chez nous, préconisé par Rousseau qui n'admettait l'œuvre des assemblées délibérantes que comme simple projet. Voici un passage saillant : « toute loi que le peuple en personne n'a pas ratifiée, est nulle ; ce n'est point une loi. Le peuple anglais pense être libre, il se trompe fort ; il ne l'est que pendant l'élection des membres du Parlement ; sitôt qu'ils sont élus, il est esclave, il n'est rien. » Montesquieu était d'avis contraire. De même, Sieyés, Pétion, au contraire, proposent de soumettre au peuple les lois arrêtées par le veto du roi. Les Constitutions de 1793 et de l'an III furent soumises au vote populaire. Il en fut de même de la Constitution de l'an VIII. Les plébiscites survinrent pour approuver l'établissement du Consulat et celui de l'Empire. L'acte constitutionnel de 1789 devait être soumis aussi au vote populaire. Le gouvernement direct ou plutôt mixte, en matière de Constitution, s'éclipse sous la Restauration, le gouvernement de Juillet, la Révolution de 1848; il réapparaît sous le deuxième Empire. Le vote populaire ratifia le coup d'État de décembre et vota la Constitution de 1852; cette Constitution décida que toute modification fondamentale serait soumise au peuple, les autres devant être approuvées seulement par un sénatus-consulte. La modification de l'Empire libéral de 1870 fut votée ainsi. Depuis, le gouvernement plébiscitaire a totalement disparu.

Aux États-Unis, avant l'indépendance, ce fut non seulement le gouvernement mixte, mais le décret par assemblée populaire qui fut souvent en usage; puis, le système mixte lui succéda, enfin le système représentatif; deux États seulement soumirent l'Union au vote populaire : le Massachussets et le New-Hampshire. A partir de l'Union, un mouvement se fit en sens contraire et tous les États admirent le vote populaire en matière constitutionnelle. Il faut un referendum : 1° pour une révision totale de la constitution préparée par une assemblée constituante ou convention : cette assemblée soumet au vote, d'abord, le projet de changer de constitution, puis la constitution nouvelle; 2° pour une modification ou amendement : il n'y a plus alors besoin d'une assemblée spéciale; il faut que le projet soit adopté par deux législatures successives, ou par une majorité plus forte que la majorité absolue; le peuple ratifie ensuite.

Quant au referendum législatif, il intervient aussi dans plusieurs États, mais d'une manière restreinte. Il y en a de rendus obligatoires par les Constitutions et d'autres ordonnés seulement par les législatures des États. Les premiers s'appliquent au changement de siège de gouvernement, aux lois ordonnant des emprunts, à celles créant des banques d'émission, ou des taxes au profit de l'État au-dessus d'un certain taux. Les seconds ont lieu assez fréquemment. Le referendum législatif n'est jamais employé en matière fédérale, ni pour les lois ni même pour les Constitutions. Cependant, pour celles-ci, il faut une approbation, mais non par le peuple, seulement par les législatures des États.

Le gouvernement mixte est fort usité en Suisse, soit en matière fédérale, soit en matière cantonale (nous verrons qu'en matière communale, il est plus étendu). C'est bien d'ailleurs dans le domaine communal qu'il a pris naissance, pour s'étendre au delà. Il est fort intéressant à étudier. On croirait qu'il doit être souvent inconscient, et quand il est conscient, qu'il est fort subversif, ou au moins téméraire. C'est le contraire que l'expérience a prouvé. Il est plutôt conservateur à l'excès, surtout lorsque la loi proposée a des conséquences fiscales onéreuses. Il en est, sous ce rapport, du vote du peuple, comme de celui des femmes. Voici l'appréciation de Curti qui a siégé vingt ans au Conseil national en Suisse : «Le referendum, en Suisse, a été fécond en résultats ; il a donné à l'opinion publique une plus grande influence sur l'ensemble de la vie publique, alors que les Conseils ne sont que trop disposés, quand ils peuvent agir de leur propre autorité, à se transformer en une classe particulière, en une caste, plus préoccupée de ses propres intérêts que de l'intérêt général. Les votations populaires remettent en mémoire aux parlementaires, leurs devoirs ; elles les invitent à rechercher de nouveau le contact avec le peuple. »

En Suisse, la racine est dans le gouvernement direct de la *Landsgemeinde*, sauf dans quelques cantons ci-dessus cités ; il fut remplacé par le gouvernement indirect, par les conseils représentatifs, puis, par un retour sur lui-même, il aboutit au referendum. Il faut distinguer entre les matières fédérales et les cantonales, et aussi entre les législatives et les constitutionnelles. En matière fédérale constitutionnelle, le peuple a l'initiative, pourvu que la révision soit demandée par

5o.ooo citoyens; le vote a lieu par oui ou par non, et s'il est affirmatif, le conseil fédéral est renouvelé en entier pour préparer la révision qui est soumise, à son tour, au vote du peuple et des cantons. L'initiative peut venir aussi d'un des deux Conseils fédéraux ; on procède alors de la même manière. De même, si les Conseils sont d'accord, il faut toujours la moitié des citoyens et des États. S'il s'agit d'une loi ou d'un décret fédéral, les cantons représentés par leurs autorités ont le droit d'initiative ; en outre, le referendum peut être demandé par 3o.ooo citoyens ou par 8 cantons. Au bout de quatre-vingt-dix jours, la loi devient exécutoire En matière cantonale, cela varie suivant les divers cantons, mais ces droits se rapprochent des droits fédéraux. Le referendum s'applique en général à toutes les lois; il ne s'applique pas toujours à tous les décrets, mais seulement à ceux d'une portée générale et qui n'ont pas été déclarés urgents; ailleurs, il est limité, en matière financière, aux décisions qui entraînent une dépense d'un certain minimum. Cependant, Fribourg, le Valais et le Tessin excluent le referendum cantonal. D'autre part, à Bâle, à Schaffouse, Soleure et Zurich, le droit d'initiative existe pour toutes les lois ; à Berne, Soleure et Zurich, les lois votées par le Grand Conseil doivent être soumises nécessairement au vote. Enfin, à Berne et Schaffouse, les citoyens peuvent réclamer la dissolution du Grand Conseil.

C'est en 1802 que s'introduisit le referendum constitutionnel; cette Constitution fut votée par le peuple. Celle législative n'apparut qu'en 183o, d'abord à Saint-Gall, sous forme de veto. Le veto a été l'introducteur du referendum, mais il en diffère en ce que les abstentions étaient considérées comme des approbations ; il s'applique à une loi déjà votée, tandis que le referendum à un simple projet.

En 1874, le referendum fut étendu davantage par la nouvelle constitution.

Il faut distinguer, dans le referendum : 1° le droit d'initiative, c'est le peuple qui présente la loi ; 2° celui de *velo*, puis de désapprobation ou d'approbation, ce sont les Conseils qui ont alors l'initiative. C'est l'initiative populaire qui est apparue la dernière. Une autre distinction est le referendum : 1° en matière fédérale; 2° en matière cantonale. Une autre est le referendum pour les constitutions et celui pour les lois. Une autre, enfin, celle entre le facultatif et l'obligatoire. Pour le premier, il faut qu'il soit demandé par un certain nombre de citoyens.

En Angleterre, le referendum n'existe pas, mais on le rencontre dans certaines colonies ou, au moins, on l'y a provoqué souvent. Il l'a été aussi en France.

Tel est le referendum ; il a été amené par des abus du principe représentatif et parlementaire. Nous verrons plus loin qu'il existe en beaucoup d'autres pays, mais seulement en matière communale.

Quels sont donc ces abus ? Ils ont été souvent relevés et, par moments, ce régime tombe, après des scandales, dans une disqualification complète, même en France, où l'on y revient toujours cependant, passant l'éponge sur le passé, mais n'espérant pas mieux. Il est certain cependant, que la consultation directe du peuple dissipe beaucoup de malentendus, perce les intrigues, empêche la corruption qui agit sur un milieu restreint, et rompt les coalitions formées de partis; c'est le grand air substitué à l'atmosphère de chambre. Celle-ci, comme dans tout local renfermé, devient viciée. Nous indiquerons ces vices, mais nous ne le pourrons bien qu'après avoir vu l'action et la réaction des deux pouvoirs, de l'autorité et du peuple, aux prises ensemble. Cependant, la France répugne au referendum ; elle en a fait de mauvaises expériences, notamment lors du plébiscite libéral de l'Empire et encore plus lors de celui qui l'a consolidé et qui a causé tant de désastres; elle ne veut pas recommencer. Elle le craint tant qu'elle interdit, après l'avertissement boulangiste, les candidatures multiples.

Elle confond, d'ailleurs, le *plébiscite*, élément *subjectif* qui
concerne les *personnes*, avec le *referendum*, élément *objectif*
qui concerne les *choses*. Enfin, on reproche à un tel
régime: 1° de conduire à des innovations téméraires; 2o de
fatiguer par un vote très fréquent; 3o d'émaner d'incom-
pétents. Ces reproches ne sont pas mérités. Le premier
s'est refuté par l'expérience; de même le second, car, en
Suisse, les abstentions sont peu nombreuses, enfin le
peuple est compétent pour les questions graves qu'il comprend
bien. Cependant, la presse fait chez nous grand emploi de
ces enquêtes sur diverses questions, lesquelles ne sont
autres qu'un referendum, et notre loi elle-même dans l'enquête de *commodo* et *incommodo* et en d'autres cas, n'en fait-
elle pas souvent usage ? Mais, dans notre pays, on subor-
donne tout, beaucoup trop, aux contingences. Il est certain
que le parti dit de la droite et qui est en minorité, a préconisé,
ces temps derniers, cette institution pour balancer un
Parlement hostile; il en résulte que la majorité le repousse.
Il se passe ici le même phénomène que pour la représentation des minorités et le provincialisme. Nous verrons,
cependant, plus loin, les essais assez nombreux du referendum communal.

CHAPITRE V

Sociologie de l'unicité ou de la division de chaque pouvoir, quant au personnel, quant au travail social et quant aux organes de ce travail.

Nous n'entendons pas ici le mot : *absolu* par opposition au *représentatif*, quoique, parfois, le sens pousse à y aboutir. Un exemple fera comprendre cette idée : Auguste ne devint peu à peu empereur romain, que grâce à la réunion successive de toutes les dignités sur sa tête ; auparavant, le pouvoir était divisé, il le cumula, devint absolu, il fut le dépositaire global du pouvoir. Dans nos monarchies occidentales, comme dans nos républiques occidentales actuelles, c'est la division qui l'emporte.

Il peut y avoir division de trois manières :

La première division concerne le personnel gouvernemental, soit le personnel provenant du droit divin, soit celui provenant du droit populaire ;

La seconde concerne les diverses fonctions sociales qu'il s'agit de séparer l'une de l'autre ;

La troisième a trait aux divers organes de ces fonctions qu'il faut garnir dans chacune d'un rôle différent :

A. — *De la division du personnel gouvernant*

Il s'agit du pouvoir réalisé dans des personnes ; il peut l'être dans une ou dans plusieurs ; il peut y avoir plusieurs rois, par exemple, ou un seul, à la tête de l'État. De même, le Parlement représentatif peut former une Chambre unique ou deux Chambres. Cela a une très grande importance, car ce qui est divisé a moins de force que ce qui est réuni, mais, par contre, présente moins de dangers.

Le chef de l'État a eu, plus que les autres, une grande puissance, même depuis qu'il ne possédait plus le pouvoir absolu et surtout despotique et discrétionnaire. Il avait le prestige, restant quasi-divin, et inspirait de l'amour et de la terreur. Il devait cette force à cette unicité. Pour l'affaiblir, on songea d'abord à le dédoubler, puis à le remplacer par deux, trois personnes, cinq ou plus. L'histoire en offre de nombreux exemples. A Lacédémone on voulait l'aristocratie oligarchique, mais celle-ci craignait la tyrannie. Suivant une légende, on avait reconnu, comme rois, les fils jumeaux d'Aristodème, Eurysthène et Proclès, et leurs descendants continuèrent de régner ensemble pendant neuf siècles. A Athènes, après les rois, il y eut un archonte héréditaire comme les rois, mais sa puissance étant trop grande, il fut remplacé par sept archontes qui n'étaient nommés que pour dix ans. A Rome, les rois le furent non par un consul, mais par deux. Lors de la Révolution française, après avoir éprouvé la dictature de Robespierre et avant de retomber sous celle de Bonaparte, on résolut de diviser le pouvoir; c'est ce qui eut lieu sous le Directoire, lequel se composait de cinq membres nommés par le Corps législatif et dont on choisit un nouveau membre chaque année. Plus tard, le consulat se composa de trois consuls, dont Bonaparte. La Suisse n'a pas de président proprement dit de la république; elle a craint aussi son trop grand pouvoir; il est nommé pour une année par le conseil fédéral et non rééligible. La Confédération a pour président une présidence de sept membres nommés pour trois ans par l'Assemblée fédérale; il en est de même dans chaque canton. A Berne, la présidence cantonale n'appartient pas à un seul, mais à neuf membres ayant, il est vrai, un président, mais celui-ci ne possédant pas un pouvoir propre. Il en est de même à Zurich et à Genève ; c'est exactement le système du Directoire. Le pouvoir actif, celui qui était l'image de la royauté et dont on pouvait craindre les usurpations, se trouve ainsi comme décapité.

De la même façon, l'autre pouvoir, celui de la nation, peut affaiblir, non lui-même, mais ses représentants, en les divisant non plus en plusieurs personnes, mais en plusieurs Corps ; il est même relativement rare qu'il n'y en ait qu'un. A Rome, en dehors du peuple exerçant le pouvoir direct, il n'existait qu'un seul Corps, le Sénat, mais il n'était pas représentatif de la monarchie. A Athènes, c'est le gouvernement direct qui régnait. A Sparte, il était tempéré par un Corps représentatif, le Sénat, nommé à vie par le peuple, mais ce corps aussi était unique.

Dans les États modernes, le corps unique n'apparaît que rarement. Pourtant, sous la Révolution, telle est la situation pour l'Assemblée constituante, la Législative et la Convention, mais l'idée des deux Chambres avait été proposée dès l'origine Un Sénat devait être nommé à vie par le roi et, à ce sujet, en 1791, une discussion très vive eut lieu; l'unicité fut adoptée à une grande majorité, parce qu'on craignait l'institution d'une Chambre aristocratique, même élective, et, d'ailleurs, il fallait pour gouverner dans les conjonctures une grande énergie que cette division aurait affaiblie. Il en est de même en 1793 ; le Corps législatif est unique, mais il ne fait que proposer les lois qui sont soumises au vote populaire. La Constitution de l'an III divise pour la première fois le personnel représentatif chargé des mêmes fonctions ou de fonctions analogues, entre le conseil des Cinq Cents et celui des Anciens, ne différant que par le nombre et l'âge, le rôle de l'initiative; il faut noter que le pouvoir exécutif était divisé en même temps. La constitution de l'an VIII distribue le pouvoir législatif entre le Tribunat, le Corps législatif et le Sénat conservateur ; les attributions de ce dernier sont spéciales, mais les deux premiers se partagent réellement le législatif ; cependant, le Tribunat ne fait que préparer et discuter ; l'exécutif est divisé en même temps entre les trois consuls. La Charte de 1814 divise entre la Chambre des pairs nommée par le roi, et celle des députés élue ; celle de 1830 est conforme. La Constitution de 1848 revient à une Assemblée nationale unique. La Constitution de 1852 partage entre le Corps législatif et le Sénat, mais celui-ci a des attributions tout à fait distinctes, relatives à la constitutionnalité. En 1870, on revient encore au système d'une assemblée absolument unique, mais la constitution de 1875 divise de nouveau en deux Chambres similaires. Depuis le Parlement est resté *bicaméral*.

En Angleterre, la division en Chambre des lords et en Chambre des députés est devenue classique avec leur organe différent, mais la même mission. De même, en Suède, la première Chambre se composait de membres élus par les conseils municipaux et les assemblées provinciales et la dernière était élue par le suffrage direct et le suffrage à deux degrés. En Norvège, le Parlement se composait aussi de deux Chambres, la seconde ou *folkesthing* résultant du choix de tous et qui choisit à son tour le quart d'entre ses membres, pour composer la Chambre haute ou *odelsthing*, le tout réuni formant le *landsthing*. En Danemark, il y a aussi deux Chambres, la Chambre basse ou *folkesting* élue par le suffrage universel et la Chambre haute ou *odelsthing*, nommé par le suffrage à deux degrés. La Belgique a aussi sa Chambre des représentants et son Sénat, ce dernier composé possède, comme chez nous, de membres plus âgés, moins nombreux, mais nommés par les mêmes collèges que les députés. Il en est de même en Hollande. L'Italie a aussi ses deux Chambres : celle des députés et le Sénat, celui-ci nommé par le roi ou séligé par les fonctions remplies ; de même, l'Espagne avec ses Cortès et le Portugal. La Russie, a aussi, depuis l'insti-

tution de la Douma, deux chambres: la Douma et le Conseil
de l'Empire. La Roumanie, par imitation, sans doute, possède
sa Chambre des députés, tandis que la Serbie n'a qu'une
Chambre unique, la Skouptchine ; il en est de même de la Bulgarie qui n'a non plus qu'une Chambre. La Grèce n'a aussi
qu'une seule Chambre, celle des députés. L'Autriche en a
deux, celle des seigneurs et celle des députés ; de même, la
Hongrie : la Chambre des députés et celle des magnats. La
Suisse, dans sa Confédération possède deux Conseils, mais qui
ont une signification toute différente : le Conseil national et le
Conseil des États, ce dernier dépendant du lien fédéral et le
représentant, cependant s'occupant des mêmes matières. Dans
chaque canton, il n'y a, au contraire, qu'un seul Parlement
en une seule Chambre, puisque le principe fédéral n'est
plus en jeu: c'est le Grand Conseil. L'Allemagne, dans sa
fédération, présente une organisation analogue dans son
Reichstag et dans son Conseil fédéral ou *Reichsrath ;* chaque
État particulier, par exemple la Bavière, a sa Chambre des
seigneurs et sa Chambre des députés. Aux États-Unis, on
trouve les deux Chambres: celle des députés et le Sénat avec
son caractère fédératif, on les rencontre aussi dans chacun des
États ; plusieurs, la Pensylvanie, la Georgie et le Vermont sont
d'abord restés à l'unicité; mais cette situation a disparu.
Par imitation, la dualité a été adoptée dans les républiques
du centre et du sud de l'Amérique ! Le Mexique, l'Équateur,
le Pérou et la Bolivie avaient essayé auparavant l'unicité.
Les colonies anglaises ont aussi deux Chambres. Il en est de
même dans le Dominion du Canada, sauf trois provinces:
l'Ontario, le Mantoba et la Colombie britannique. Par
imitation, le Japon, dans sa constitution de 1889, a institué
aussi deux Chambres.

La dualité dans le parlement est donc un fait presque universel et dont les exceptions sont chassées par l'évolution.

Il importe d'en rechercher la signification. Une telle situation tient à plusieurs idées différentes. En effet, elle résulte

de l'institution d'un Sénat ou Chambre Haute. Quand le
besoin de celle-ci se fait-il sentir ? C'est d'abord lorsque la
société est divisée nettement en plusieurs classes, comme
presque partout à l'origine; alors, l'une des Chambres est
destinée à la représentation de l'aristocratie, l'autre à celle
de la démocratie ; le départ est net; ce sont deux forces spéciales à faire valoir. Plus tard, dans les États fédératifs, le
Sénat a représenté, non plus l'aristocratie, mais le lien fédéral, c'est-à-dire les différents États, comme États. Dans les
deux cas cependant, il ne se borne pas à l'ordre d'idées aristocratique, ni à l'ordre d'idées fédéral, mais examine toutes
les lois à tous points de vue. Enfin, comme en 1852, le Sénat
est établi dans un seul but, celui de la constitutionnalité et il
n'examine qu'à ce point de vue. On voit combien son origine est multiple. Cependant, le tout se fond dans un
ensemble de caractère conservateur. L'aristocratie, en effet,
l'est plus que la démocratie, l'autonomie relative de
chaque État que la fusion de tous les citoyens, le constitutionnel que le pur législatif. Parfois, ce caractère résulte
seulement de ce que les sénateurs sont plus âgés et élus
diversement ; ces conditions elles-mêmes peuvent disparaître
et, cependant, un certain conservatisme demeure par le fait
seul de la division du Parlement en deux Chambres. L'une
pourra repousser le projet admis par l'autre ou le modifier par
antagonisme et même pour faire simple acte de vitalité.
Lorsque l'admission a été hâtive, c'est un bienfait, mais c'est
aussi un retard excessif et préjudiciable, même un veto.
Aussi, en France, le Sénat a-t-il été en butte aux objurgations
du public, jusqu'à ce que des élections nouvelles l'aient mis
peu à peu à flot. C'est le même système qu'on avait employé
pour les monarques: on avait divisé la monarchie pour l'affaiblir. On a divisé dans le même but le Parlement avec sa
puissance formidable.

B. — *De la division des fonctions sociales*

C'est un principe analogue à celui, dans l'ordre économique, de la division du travail. Cette dernière a des résultats
inestimables. Grâce à elle, le travail est beaucoup mieux con-
fectionné : c'est le motif *objectif* ; chacun y apporte ainsi son
aptitude propre. Il y en a un autre *subjectif*, spécial à la
politique : c'est que chaque participant n'aura point ainsi une
influence excessive qui pourrait aller jusqu'au pouvoir
absolu. Quand tout est réuni dans les mains d'un même Corps
social gouvernant, les libertés publiques sont en grand péril.
La précaution, ci-dessus décrite, de diviser le personnel
dans ce but, a déjà été fort utile ; celle-ci ne l'est pas moins.

C'est ce qu'on appelle généralement la *division des pouvoirs*, mais ce mot est fort inexact. On sait que, dans cette
division, il s'agit surtout de séparer le législatif, l'exécutif et
le judiciaire, suivant la formule classique de Montesquieu.

Eh bien ! le législatif, par exemple, n'est pas un pouvoir,
c'est un *travail*, le *travail de légiférer*, c'est une *fonction*,
un travail dans la sphère publique. Nous rétablissons la terminologie exacte. Autrefois, en France, toutes les fonctions
étaient réunies ou leur séparation mal définie, c'est ce qui
constituait le pouvoir absolu. Il ne l'est plus aujourd'hui,
dans ce sens qu'il n'est plus sans limite et dans cet autre
qu'il n'est plus tout entier entre les mains du même. Le
roi de France était le chef de l'exécutif, mais c'était lui aussi
qui exerçait la fonction législative, sans le concours d'aucune
assemblée, et moins souvent, il est vrai, il exerçait en son
Conseil une partie de la justice, comme justice retenue. Le
peuple, dans son gouvernement direct sur le *forum*, avait fait
de même ; il légiférait, il administrait et jugeait, il faisait
et défaisait sa Constitution qui n'était que son règlement ;
c'est qu'alors son pouvoir était absolu aussi. Il en était de
même à Athènes et à Rome au commencement.

Ce n'est qu'à une époque avancée de l'évolution que cette séparation s'est accomplie et avec difficulté. En son temps, Montesquieu avançait une nouveauté hardie. Elle est devenue, étant très juste, un des principes reconnus par tous les pays occidentaux. Nous verrons cependant qu'il s'est glissé des empêchements que nous décrirons sous une rubrique spéciale.

Quels sont donc ces fonctions sociales principales qui doivent être soigneusement séparées l'une de l'autre ?

Il y en a deux pour lesquelles il n'existe aucun doute : c'est la législative vis-à-vis de l'exécutive. Non seulement elles ne doivent pas être cumulées entre les mêmes mains, mais elles sont incompatibles entre elles. Faire une loi et l'exécuter sont deux choses essentiellement distinctes. Les deux aptitudes sont différentes. D'ailleurs, personne n'aurait assez de temps pour le tout, le ferait hâtivement et mal. On aurait ainsi trop de puissance. Mais une controverse est née en ce qui concerne la fonction de juger. Est-ce que ce n'est pas exécuter la loi dans un certain sens, n'est-ce une exécution suivie d'une seconde ? Peut-être en casuistique, et aussi quand on veut affaiblir l'autonomie judiciaire ; non, d'après le sens commun et intime. Le juge du droit, d'ailleurs, exécute peut-être, mais non le juge du fait. Cependant, cette idée de la réduction à deux pouvoirs est plus souvent admise. Il n'y aurait qu'une sous-division, une simple cloison entre le judiciaire et l'exécutif.

Pour nous, nous pensons que la division tripartite est seule la vraie ; seulement elle est incomplète. D'autres fonctions, suivant nous, prennent aussi la première place dans le mécanisme de l'État : il s'agit d'abord de la fonction constituante et de la fonction fédérale.

La fonction constituante consiste à convenir d'un pacte entre le pouvoir d'autorité et le pouvoir populaire, pour régler leurs rapports et leurs attributions respectives, et, lorsqu'il n'existe que le pouvoir populaire, à régler les rapports entre représentés et représentants ; il s'agit de faire non plus des lois proprement dites, mais des pactes sociaux, un contrat social, comme dit Rousseau.

La fonction·fédérative consiste à former, à modifier, à délier le lien entre plusieurs provinces et à en fixer les conditions.

Ces deux fonctions ne sont pas exercées par les mêmes personnes que les trois précédentes, et il ne doit pas y avoir confusion. Le constituant, s'il ne s'exerce pas directement par le peuple, doit émaner d'une Chambre spéciale et non de la législative ordinaire ; le fédéral a partout aussi un organe approprié.

Il y a même lieu d'ajouter une sixième fonction, celle qui consiste à agir vis-à-vis de l'étranger, ou au dehors, soit pour la paix, soit pour la guerre, soit pour les alliances, soit pour la colonisation : ce sont les relations extérieures. Elles ont toujours été parfaitement distinctes des autres. C'est, au milieu de son autorité affaiblie, la seule sérieuse raison d'être d'un Président de république. Il est essentiellement représentatif, c'est sa fonction propre. Il ne faut pas oublier que, dans d'autres pays, l'Allemagne par exemple, il a le pouvoir de déclarer seul la guerre ; le concours du Parlement n'est nécessaire que pour voter les subsides et lorsqu'après coup il ne peut guère refuser. Un gouvernement étranger, d'ailleurs, n'aime pas à trouver devant lui un parlement ; il lui faut le pouvoir incarné en chair et en os. Nous appellerons cette fonction : la fonction externe. Une particularité caractéristique, c'est que, sous les régimes les plus démocratiques, le chef de l'État a le droit de garder le secret devant le parlement jusqu'à ce qu'il estime qu'il peut le rompre sans danger sur le Livre Jaune.

La fonction de contrôle est bien distincte des autres. Elle existe dans toutes les branches du gouvernement et de l'administration. Dans celles-ci, on peut citer les fonctionnaires supérieurs de chacune, chargés de vérifier la gestion des inférieurs et, au-dessus, la Cour des Comptes. Ici, il s'agit d'un contrôle politique. Il se base sur le principe suivant : un parti politique, ou une classe dominante, pour ne pas abuser de son pouvoir, doit être constamment sous la surveillance d'une autre. Si le dominant est une aristocratie ou une monarchie, le surveillant, celui qui critique, doit être un fonctionnaire ou un délégué de la démocratie ; il doit faire valoir les intérêts de celle-ci, en est le défenseur. Si le dominant est une démocratie, le surveillant doit arrêter la puissance du nombre dans ses caprices redoutables aussi par une sorte de *velo*. C'est ce que l'histoire établit. Chez les Romains, on trouve de bonne heure, vis-à-vis des patriciens et des consuls issus de leur classe, un fonctionnaire plébéien chargé de la défense du peuple, c'est le tribun. Il a laissé son nom à tous les orateurs populaires. Son rôle fut toujours des plus actifs; il ressemble à celui que le Parlement exerce chez nous par ses interpellations si fréquentes. C'est le même contrôle qui, dans notre ancien droit de toute-puissance royale, apparte- nait déjà, en matière financière, aux États Généraux. Par contre, dans les gouvernements démocratiques, pour mettre un frein à la partie démocratique des gouvernements, l'aristo- cratie instaura la censure. C'est ainsi que, chez les Romains, deux magistrats, les censeurs, avaient pour mission, non seu- lement de dénombrer les citoyens et d'en régler les classes, mais de veiller au maintien des mœurs et de faire passer, par déchéance, d'une classe dans l'autre. A Athènes, une ins- titution similaire existait contre la démocratie pure ; le tirage au sort donnait certaines magistratures à l'élection, mais des fonctionnaires, à ce préposés, vérifiaient les erreurs du sort ou de suffrage par la docimasie.

Chez nous, à l'époque actuelle, l'exercice du droit de con- trôle par les interpellations, forme un vaste chapitre de l'activité parlementaire. Le pouvoir exécutif est sous celui du parlement. Mais un autre pouvoir, non officiel, mais d'une grande énergie, l'opinion publique, s'exerçant surtout par la voie de la presse, sert de contrôle suprême, non seulement au pouvoir parlementaire et politique, mais à tous les autres; rien n'échappe à cette surveillance, juste ou erronée, mais toujours, tôt ou tard, efficace. Elle s'exprime aussi par un autre organe approprié : le jury.

Il y aurait donc, suivant nous, sept hautes fonctions sociales qui doivent rester séparées : le *législatif*, l'*exécutif* ou *administratif*, le *judiciaire*, le *constituant*, le *fédéral*, l'*externe*, le *contrôle*.

Nous verrons, sous la rubrique suivante, que la division ne s'arrête pas là et que le législatif, par exemple, est exercé par plusieurs organes différents qui collaborent, mais dont chacun prend sa part distincte :

Depuis que les gouvernements occidentaux sont devenus constitutionnels, cette répartition se fait couramment. Le législatif est, pour la grande partie, la fonction du Parlement; le judiciaire, celle des tribunaux; l'exécutif, celle du roi ou du président avec ses mandataires; le constitutionnel, celle d'un corps spécial ou de l'ensemble national, le fédératif celle du Conseil des États ; l'externe, celle du monarque ou des ministres ; enfin le contrôle, celle des assemblées et de la presse.

C'est seulement dans les époques de trouble que cette distinction n'est plus suivie. Par exemple, en cas d'état de siège, la fonction judiciaire passe au chef de l'armée ou à ses tribunaux qui font partie de l'exécutif. Le chef de l'État (décrets-lois du second Empire) rend des décrets, lois ayant force de loi. La nation légifère, juge et exécute. Le législatif fait des Constitutions.

Même en temps normal, la Constitution n'est pas telle que toute confusion soit évitée. Le chef de l'État, par délégation du législatif, il est vrai, fait des règlements qui sont des lois véritables; le Parlement, lorsqu'il règle son budget ou qu'il autorise les emprunts des communes, fait de la pure administration.

Enfin, dans beaucoup de Constitutions, les diverses fonctions ci-dessus ne restent point indépendantes : il y a entre elles, non seulement des rapports, mais des enchevêtrements continuels ; elles entrent l'une dans l'autre, et c'est ce qui constitue le gouvernement parlementaire ou de cabinet. C'est là le plus intéressant. Nous renvoyons, à ce sujet, à la rubrique des rapports entre les grands Corps de l'État.

Il nous reste à établir ici les subdivisions de ces sept grandes fonctions sociales.

La législative ne consiste pas seulement à voter une loi ou à l'abroger, mais aussi à l'interpréter d'une manière fixe et à la préparer. Nous verrons que, pendant une certaine période, l'interprétation législative a été détournée de sa place et confiée à l'exécutif, au Conseil d'État.

Le judiciaire ne consiste pas seulement à juger le fait, mais à interpréter la loi dans l'espèce et à décider de sa compétence. Nous verrons que le jugement de la compétence a été souvent confié à un tribunal administratif : le Conseil d'État.

L'exécutif ou administratif consiste d'abord à exécuter, puis à agir de son initiative en administrant et ensuite en gouvernant. Nous verrons que certains actes d'administration, emprunts, impôts, ont été transportés au législatif.

Nous devons ici examiner quelles sont, dans les législations positives, les conséquences pratiques de la division des fonctions appelée communément la divison des pouvoirs. Nous verrons, fait curieux, qu'elle est quelquefois tellement forte, que par une réfraction totale elle aboutit à la confusion des fonctions elles-mêmes.

Nous devons aussi noter que cette division si nette devait s'atténuer bientôt, comme nous le verrons dans un chapitre, en interférence continue entre les fonctions, par le mécanisme parlementaire, de manière à causer une demi-confusion.

Un des premiers résultats, c'est de laisser sans contrôle

la vérification de la constitutionnalité d'une loi, s'il n'est pas
créé cependant dans ce but un corps spécial ; conférer, par
exemple, au corps judiciaire, comme on le fait aux États-
Unis, le droit de déclarer telle loi contraire à la constitution
et de refuser de l'appliquer, est certainement libéral et utile,
mais c'est une violation certaine de la division des fonctions.
En France, on ne l'a pas voulu et on a ainsi respecté la
séparation, mais, en même temps, laissé une situation sans
issue. La séparation a été mieux observée, lorsque, comme
dans la Constitution de 1851, on a chargé un Sénat de
cette vérification, en supposant qu'il n'ait pas, en même
temps, d'attribution législative. Au contraire, une violation
de la séparation du législatif et du constitutionnel existe
chez nous, quand nous faisons réviser la constitution par les
deux Chambres réunies en Congrès.

La séparation du législatif et de l'exécutif est tout à fait
assurée dans le pays où le pouvoir exécutif n'a pas le droit
d'initiative des lois, mais le Parlement seul ; mais ces pay
sont peu nombreux. Le droit d'initiative et celui de *veto*
accordés au chef de l'État sont des brèches à la séparation absolue.

Un des effets les plus énergiques de la séparation des fonctions, c'est certainement le fait de la juridiction administrative et c'est, en même temps, la confusion la plus grave. Il
y a là un curieux phénomène psychologique. Mais, il a
son commencement dans le point de savoir s'il existe dans
le fait soumis un simple acte de puissance publique et
d'action ou un acte dans lequel l'État agit comme une personne morale. C'est à ce point de vue que nous devons
d'abord considérer.

Lorque l'État agit comme puissance publique, dans l'intérêt vrai ou prétendu de tous, il ne descend point dans
l'arène avec les simples citoyens, il reste au-dessus de tous
comme une providence, qui peut se tromper, mais comme
une providence. Si on peut le faire descendre à chaque ins-

tant de son piédestal, il perd toute sa force utile. Sans
doute, le législatif peut l'interpeller à titre de contrôle, mais
non chaque simple citoyen. S'il en était autrement, le judiciaire deviendrait le juge, le maître de chacun de ses actes,
et alors l'exécutif, l'actif, serait déchu en détail ; il n'y aurait
plus répartition des pouvoirs. Pour l'empêcher, la loi a
créé, en cas de contestation, des juridictions administratives
(Conseil de préfecture, Conseil d'État, ministres) auxquelles
seules on doit avoir recours. La légitimité des tribunaux
administratifs semble ainsi établie. Mais, dans le détail,
le principe n'est pas suivi, et la compétence administrative
s'étend beaucoup au delà. .

Il s'agit donc de savoir quelles sont les règles qui fixent
l'étendue et la compétence administratives. Cette tâche est
difficile en pure logique, et le droit positif est loin d'avoir
suivi les limites naturelles. On distingue et on comprend
deux catégories : 1º les actes administratifs ; 2º les contrats
administratifs. Les premiers sont des actes de puissance
publique qui ne touchent pas les droits particuliers, par
exemple, les nominations des fonctionnaires ; ou bien des
actes de nature juridique, par exemple, fixant les obligations
des citoyens, dans l'intérêt général, par exemple, la répartition des contributions, le recrutement militaire ; ou les faits
dommageables, résultant de l'exécution des services publics,
par exemple, des travaux publics. Il y a dans tous ces
cas, quoiqu'il y ait eu controverse pour ce dernier, un acte
unilatéral et général de la part de l'administration, qui semble
justifier. Mais voici venir les faits qui constituent un contrat entre l'État et un citoyen : le contrat administratif. Il
semblerait bien que l'État va devenir un citoyen collectif,
et que, comme les autres, il va comparaître devant les
tribunaux ordinaires. Il n'en est rien et il va s'ouvrir un
autre compartiment de la justice administrative. Voici, par
exemple, une concession de mines, de travaux publics, des
engagements volontaires dans l'armée, autant de contrats : eh

bien ! la juridiction administrative s'y applique encore. Ce n'est pas tout, elle va au delà. L'État vend ses immeubles, à un particulier : là, il agit bien comme tout le monde ; cependant il peut réclamer encore l'autorité judiciaire. Où est la limite? Elle est souvent fort difficile à découvrir. Il est à craindre que l'État qui s'appelle lion n'en prenne la part. Bien plus, c'est un acte administratif jusqu'à présent qui est en jeu, mais il peut ne pas y en avoir du tout ; est-ce que le tribunal ordinaire ne va pas devenir compétent? Non, pas toujours. Il suffit qu'il ait dû y en avoir un, et que le citoyen, en provoque l'existence qui lui est refusée, la compétence administrative s'applique encore ; c'est ce qui a été décidé par une loi du 17 juillet 1900, la partie lésée par une inaction de l'administration, après un délai à partir de sa réclamation, peut se pourvoir devant le Conseil d'État et non ailleurs.

On voit combien la cloison est mince ; elle est loin d'être étanche ; l'endosmose est continuelle. Aussi, a-t-il fallu créer, pour statuer sur le conflit incessant, une juridiction spéciale, le tribunal des conflits, composée moitié de conseillers d'État, moitié de conseillers de cassation, tribunal mixte dont la composition est raisonnable.

Mais ce qui est plus que singulier, et certes on ne peut dire là qu'il y ait eu séparation des pouvoirs, c'est que, pendant une très longue période, le conflit entre le judiciaire et l'administratif ait été jugé par le Conseil d'État, seul tribunal administratif. C'est ce qu'avaient fait la Constitution de l'an VIII et la loi du 5 nivôse. Cet état de choses continua jusqu'à la Constitution de 1848 qui établit le tribunal mixte. Mais, en 1852, on rétablit le Conseil d'État juge et partie, jusqu'à ce qu'une loi de 1872 rétablit le tribunal mixte.

Tel est le droit en France. Le point de départ est évident : c'est celui de la séparation des pouvoirs ; le point d'arrivée est évident aussi : c'est celui de leur confusion.

Il est une idée simple, qui devait, en admettant cette compétence, lui servir de limite : c'est que toutes les fois que le litige prenait sa source dans un contrat entre l'État et un citoyen, ou dans un, acte de l'État ne résultant pas d'une mesure administrative générale, la compétence spéciale devait cesser.

Mais, même avec cette limite qui enlèverait la plus grande partie du contentieux administratif actuel, est-ce qu'il n'y aurait pas d'autres cas, où il ne se justifie plus ? Il s'agit d'un litige pour la répartition de l'impôt ; la réclamation d'un citoyen s'analyse en un litige contre tous les autres ; ce n'est pas l'administration qui est intéressée.

Enfin, est-il admissible, même en thèse, qu'il y ait des tribunaux administratifs ? Est-ce que le jugement par les tribunaux ordinaires ne serait pas possible, sans confusion des fonctions, puisque le tribunal judiciaire seul a pour attribution de juger, et non l'autre ? On objecte qu'il pourrait annuler un acte administratif. Mais s'il le faisait, ce serait alors le cas vrai du conflit pour jugement inconstitutionnel.

Il ne reste plus à invoquer contre l'unité de juridiction que le motif pratique de l'incompétence des magistrats ordinaires. Mais il serait facile d'exiger d'eux une aptitude qui, en effet, n'existe pas, en leur imposant des études spéciales. D'autre part, sans doute, la science administrative du Conseil d'État est incontestée, mais en est-il de même des tribunaux administratifs ?

Quel est le bilan de la législation étrangère sur cette matière ?

L'Autriche, la Prusse, la Bavière, l'Italie et l'Espagne, de même que certains cantons suisses, possèdent, comme nous, des tribunaux administratifs, mais, d'autre part, la Belgique, la Hollande, l'Angleterre et les États-Unis ne connaissent que les tribunaux ordinaires. La Belgique en conserve des vestiges pour les réclamations en matière de contributions, d'élections et de listes électorales, mais c'est alors la députation du conseil provincial qui en est chargée. En

Hollande, la compétence administrative est réduite aux élections, aux contributions, au recrutement. Dans la Grande-Bretagne, ces exceptions n'existent même pas.

Une autre conséquence de la séparation des pouvoirs, celle-ci non plus réelle, mais personnelle, consistait dans la garantie constitutionnelle fondée par la loi de 1790 : aucun administrateur ne pouvait être traduit devant les tribunaux ordinaires pour raison de ses fonctions, sans l'autorisation de ses supérieurs hiérarchiques donnée par le Conseil d'État, mais cette institution a été abrogée en 1870. Pourtant, auparavant, on la considérait comme intangible, aussi bien que la juridiction administrative. Mais la poursuite n'est pas possible quand elle entraîne l'appréciation d'actes administratifs.

C. — De la division des organes sociaux

Autant la rubrique précédente est classique, autant la présente est peu connue : Il s'agit des organes spéciaux aptes à accomplir, dans chacune des fonctions sociales, un rôle adéquat, parce qu'il a pour cela une compétence naturelle. Pour bien le comprendre, transportons-nous dans la mentalité humaine. On disait autrefois qu'elle se divisait en trois facultés : l'intelligence, la volonté, la sensibilité ; sans doute, ces entités n'existent pas comme entités, mais la division doit se maintenir comme fonctions : celle de comprendre, celle de vouloir, celle de sentir. On croirait qu'elles sont chacune l'œuvre de facteurs différents. D'ailleurs, toutes ces facultés concourent : s'il s'agit de comprendre, l'intelligence n'agit pas seule, la volonté contribue aussi par l'attention et le sentiment, en sensibilisant les abstractions. Quand il s'agit de vouloir, la volonté ne le fait qu'éclairée par l'intelligence et attirée par le sentiment.

Les mêmes phénomènes se passent en sociologie.

Voici, par exemple, la fonction législative. Est-il exact que
ce soit le Parlement qui la remplisse entièrement ? Non, car
son œuvre serait presque toujours mauvaise. Il le fait sans
doute quand la proposition émane de son initiative, n'est
étudiée que dans ses bureaux, mais, le plus souvent, ce n'est
pas ainsi que les choses se passent. C'est le gouvernement
qui fait la proposition et a l'idée première : il la fait élaborer
par des corps techniques ; quant au Parlement, qui est la
nation en raccourci, il représente le sens commun et pratique
le besoin et le désir, l'instinct de tous qui attend cette loi
nouvelle et, en même temps, le sens intime, le bon sens qui n'est
que le sentiment en dernière analyse. La fonction législative
est donc loin d'être le fait d'un seul. Comme il paraît à
plusieurs points de vue, elle est le résultat de la collaboration de trois organes sociaux : l'organe actif ou gouvernemental, l'organe intellectuel (Conseil d'État, ou autre technique et savant) et l'organe sensitif, celui du parlement
représentant le peuple avec ses instincts.

Il en est de même de la fonction judiciaire, elle est remplie à la fois ou successivement par trois organes différents.
Au criminel, c'est d'abord l'action qui a l'initiative : la
poursuite exercée chez nous par le ministère public, et
ailleurs par tous les simples citoyens, enfin partout par la
personne lésée. C'est ensuite, en supposant la collaboration
avec un jury, la magistrature, la science technique, celle
de la loi, et pratique, celle qui résulte de l'expérience qui est
représentée par la magistrature de carrière. C'est enfin le
sens commun, l'instinct et le sentiment qui sont le fait des
jurys. Si le jury n'existe pas, c'est qu'il manque réellement
un organe pour cette fonction.

La fonction administrative comporte le concours des
mêmes organes. Il semble que c'est l'élément de l'action
qui soit tout ici, représentée par le chef de l'Etat, les
ministres et les préfets. Il y a bien d'autres fonctionnaires
qui, ceux-là sont techniques, éclairent l'action, ce sont les

divers bureaux des ministères et les administrations. Enfin,
l'organe du bon sens, de l'impression, du sentiment, paraît à
son tour, c'est le Parlement qui administre, lorsqu'il vote
l'impôt, le contingent militaire et exerce la tutelle administrative. Faut-il pousser plus loin cette distribution? Qui
ne voit que la fonction administrative ou extérieure n'est
pas l'œuvre du chef de l'État seul et de la diplomatie, puisque
la paix et la guerre, les traités doivent être ratifiés par le
Parlement, et qu'ils sont préparés par les conseils techniques.

Dans la fonction constitutionnelle, c'est encore le gouvernement, pouvoir actif et de volonté, qui propose, le Parlement qui discute, le peuple et ses comices qui approuvent.

Comme on le voit, les grands corps sociaux qui doivent
concourir à ces fonctions et qui en sont les organes essentiels, sont : 1º un organe actif : le chef de l'État et tous les
fonctionnaires d'ordre politique qui en dépendent; 2º des
organes scientifiques et techniques qui sont le Conseil d'État
et les administrations techniques et pratiques; 3º le Parlement avec son rôle de sens commun et instructif. Chacun
prend sa part dans chacune des fonctions législatives, administratives, judiciaires, constitutionnelles, fédératives ou
externes. Le tout constitue une grande part du *sensorium*
social; c'est la partie officielle de ce sensorium.

CHAPITRE VI

SOCIOLOGIE DE LA CONSTITUTION ET DES ATTRIBUTIONS DES
GRANDS CORPS POLITIQUES DE L'ÉTAT, DE LEUR INDÉPEN-
DANCE ET DE LEUR INTERDÉPENDANCE, DE LEURS EMPRISES
RÉCIPROQUES SUR LE PARLEMENTARISME.

Ce qui précède nous indique déjà quels sont les grands
Corps nécessaires. Dans la réalité, ils existent, partout ou
presque partout. En France, ils se trouvent dans : 1° le Chef de
l'État, ses ministres, ses agents diplomatiques; 2° le Conseil
d'État et les administrations publiques ; 3° le Parlement avec
ses deux Chambres ; plus au fond, le peuple, source de ces
pouvoirs. C'est maintenant plutôt l'œuvre du droit administratif et constitutionnel que de sa sociologie, d'en poursuivre
la description; nous venons d'en faire la répartition logique.

Cependant, il est utile d'indiquer leurs grandes attributions qui sont l'application de ce qui précède. On verra
qu'elles sont variées, variété qui étonne d'abord.

Le président de la République, chez nous, a des attributions
constituantes, d'autres législatives, d'autres purement exécutives, et en outre, les gouvernementales et les administratives ; il en est, du reste, de même des ministres qui ne font
que le représenter.

Dans l'ordre constituant, il a le droit d'initiative en
matière de révision, il l'a aussi en matière législative; il peut
communiquer avec la Chambre par des messages lus par

un ministre; ceux-ci peuvent se faire entendre ou se faire
accompagner par un Commissaire, pour la discussion ; enfin,
ce qui est très important, il jouit d'un veto suspensif. A
diverses époques antérieures, il avait eu un veto plus complet; celui attribué à Louis XVI a été célèbre; si le Parlement ne vote, la seconde fois, qu'à la simple majorité, la
loi est promulguée. La même disposition existe aux Etats-
Unis, mais, lors de la seconde délibération, la loi doit
réunir, dans chaque Chambre, les deux tiers des voix. Dans
la sphère de l'exécution, il promulgue et publie la loi ; il
jouit d'un droit beaucoup plus important, celui de rendre
des décrets réglementaires pour l'exécution des lois, et de
faire des règlements d'administration publique, ce qui est en
réalité une attribution législative; il n'est pas rare que le
Parlement lui-même l'en charge, le substituant à soi-même.
Dans la sphère gouvernementale, il dispose de la force
armée, proclame l'état de siège, lorsque les Chambres sont
absentes, peut convoquer les Chambres ou les ajourner
et, enfin, sur l'avis conforme du Sénat, peut dissoudre la
Chambre des députés. Il jouit du droit personnel de grâce.
Enfin, c'est lui qui est le maître, quand il s'agit au moins
des relations extérieures.

La Chambre des députés et le Sénat n'ont pas seulement
des attributions législatives, mais aussi des constituantes, des
gouvernementales, des administratives, des judiciaires. Dans
la première sphère, le Parlement a le vote et la discussion de
la loi, son initiative, le droit d'amendement, son interprétation, son abrogation ; chaque Chambre peut tenir avec
l'autre des conférences parlementaires. Dans la sphère constitutionnelle, le Parlement a l'initiative et la décision de la
révision, à condition de réunir ses deux Chambres en un Congrès. En matière gouvernementale, il déclare la guerre et
l'état de siège, approuve certains traités, ainsi que les cessions et attributions de territoire; enfin il exerce un contrôle
sur le gouvernement par divers moyens, comptes à rendre

des ministres, questions, interpellations, enquêtes parlementaires. Dans la sphère administrative, il déclare d'utilité publique les grands travaux, modifie les circonscriptions et crée les communes, règle le budget de l'État. Dans la sphère judiciaire, la Chambre met en accusation, et le Sénat juge le président de la République et ils connaissent des attentats contre la sûreté de l'État, même des ministres. Le Sénat a l'attribution spéciale de donner son avis au président de la République sur la dissolution de la Chambre.

Quant aux attributions du judiciaire, qui du reste n'a pas la situation d'un grand corps de l'État, il consiste simplement à juger. C'est à tort que le Corps judiciaire, ou tout au moins le sommet, la Cour de cassation, n'a pas sa place parmi ces grands Corps, non plus que maintenant le Conseil d'État qui est le corps technique par excellence.

Les grands Corps de l'État compris ou à comprendre dans la loi constitutionnelle devraient être : 1° la Présidence de la République avec ses ministres ; 2° le Parlement avec ses deux Chambres ; 3° le Conseil d'État ; 4° la Cour de cassation. Le rôle inférieur donné au Conseil d'État provient de ce qu'il n'a plus son rôle officiel dans la confection de la loi, et celui de la Cour de cassation, de ce que beaucoup ne considèrent pas le judiciaire comme un troisième pouvoir.

On voit combien il y a d'attributions cumulées sur le même chef, et que la distinction des fonctions, si elle était seule, ne pourrait plus s'expliquer ; elle s'éclaire, si l'on tient compte, comme nous le faisons sous la rubrique précédente, de la division des organes combinée avec l'autre.

Nous avons pris pour exemple la France ; il serait trop long de faire des comparaisons utiles avec les autres pays ; sous certains régimes, par exemple, sous celui de l'Empire de 1852, les divisions étaient plus nettes, le Parlement ne partageait pas l'initiative avec le chef de l'État. En Allemagne, l'Empereur peut déclarer la guerre sans aucun concours Les droits du président des États-Unis sont nettement séparés de ceux de la Chambre ; par contre, il doit agir souvent de concert avec le Sénat. Les applications varient, mais les principes sont ceux ci-dessus.

Les grands Corps de l'État : roi, empereur ou président et ministres, Chambre des députés, Sénat, Corps judiciaire, Conseil d'État collaborent, comme nous l'avons vu, aux hautes fonctions sociales, mais, quelle que soit d'ailleurs la forme du gouvernement, en supposant d'ailleurs qu'il s'agit d'un régime constitutionnel, car sous un régime absolu ce concours n'existe pas, cette collaboration peut s'accomplir de deux façons très différentes : ou bien chacun agit seul et, pour ainsi dire, chez soi, faisant son propre travail et communiquant ensuite sa tâche terminée, de manière à ce qu'il n'y a guère qu'une collaboration successive dont les raccords sont ensuite tout mécaniques et l'action isolée ; ou bien, à chaque instant, des rapports s'établissent entre chacun des organes, cependant sans qu'il y ait confusion, de manière à ce qu'ils s'accordent réciproquement, en général, avec prédominance du Parlement.

Sous la Constitution impériale en France de 1852, les rôles sont très bien partagés ; aucun ne peut empiéter sur l'autre, mais ils ne peuvent collaborer. L'empereur a des ministres qu'il prend où il veut, qui ne dépendent que de lui ; ils soutiennent cependant les projets à la Chambre comme de simples orateurs et encore alors n'ont-ils pas de portefeuille. Il a seul l'initiative des lois, les fait préparer par le Conseil d'État qui n'agit que pour son compte. Le Corps législatif ne peut que voter la loi ou la rejeter ; il n'a pas le droit d'amendement ; aucun Corps n'entrera ensuite en discussion avec lui. Seulement, la loi votée passera ensuite au Sénat. Celui-ci ne pourra que juger de la constitutionnalité, question fort différente. Le projet voté reviendra ensuite à l'Empereur qui l'approuvera, puisque c'est lui qui l'a proposé et qu'aucun amendement n'a pu le défigurer. Si

ses ministres n'ont pas réussi et que le projet ait été rejeté,
ils n'en conserveront pas moins leur portefeuille, car ils
ne dépendent que de lui. Voilà pour le législatif. Quant à
l'exécutif, l'Empereur est le maître absolu dans sa sphère. Il
nomme à tous les emplois, fait les traités, déclare la guerre.
Enfin, le judiciaire est empêché de toute usurpation par le
conflit déféré au Conseil d'État.

C'est le régime d'indépendance parfaite de chacun des
organes sociaux. Sans lien véritable entre eux, il y a séparation complète des pouvoirs, en assurant la prééminence
au pouvoir dit exécutif. Mais cette indépendance assure en
même temps la prééminence à l'organe actif. Une seule brèche
est faite à cette indépendance, mais au profit du pouvoir
exécutif : il a le droit de dissoudre le Corps législatif.

Au contraire, le concours de l'exécutif et du législatif
peut être incessant, l'un s'emboîter sans cesse dans l'autre,
et l'interdépendance devenir continue.

Il en résulte ce qu'on appelle un gouvernement parlementaire de cabinet. Ce système a été créé par l'Angleterre ;
il est en ce moment en pleine floraison en France. Chez nous,
dans la confection des lois, il y a un concours incessant du
législatif et de l'exécutif, lequel souvent est aussi législatif
que l'autre, tandis que l'autre devient aussi exécutif que le
premier.

L'extrême division des pouvoirs amène à leur confusion.

La loi est préparée plus généralement par le pouvoir exécutif, ainsi improprement nommé, qui est, à la fois, celui
de l'exécution et celui de l'initiative. Il fait préparer ses
projets par le Conseil d'État ou par ses administrations et
les présenter par ses ministres. Ceux-ci comparaissent seuls
devant le Parlement pour les soutenir, mais ils ne sont pas
les seuls à avoir ce droit. Les projets peuvent aussi émaner
de l'initiative parlementaire. Après une élaboration dans les
commissions, intacts ou amendés, ils apparaissent devant
l'assemblée ; là, ils sont amendés, rejetés ou admis, puis ils

sont soumis au Sénat ; de là, ils reviennent : s'ils sont
modifiés, un accord intervient; s'il n'intervient pas, le
projet devient caduc. Le Président de la République doit
le sanctionner, mais auparavant peut demander une délibération nouvelle. En cas de désaccord entre les deux Chambres, il peut dissoudre le parlement ou laisser le projet périr.
Tel est le mécanisme proprement dit.

Ce n'est pas tout ; si la loi est rejetée, le président, ou
plutôt le ministère, peut poser la question de confiance,
c'est dire que, si elle n'est pas votée, il se retirera. Cette
menace n'est jamais vaine, ou ce serait un acte de déloyauté.
Elle est exécutée, et alors le président de la République doit
constituer un nouveau ministère, suivant les données de ce
vote.

Même en dehors de ce cas, le parlement ne se borne pas
à voter les lois, ni à les rejeter ; il doit guider la politique
générale, et il remplit ce rôle par des interpellations sur
cette politique, interpellations qui par leurs résultats peuvent
faire tomber le ministère.

Telles sont ses attributions officielles, mais il en possède
d'autres officieuses. C'est ainsi que, quoique ne nommant
pas les fonctionnaires, il peut les critiquer au point de vue
politique.

Il peut critiquer aussi les actes diplomatiques, la politique
étrangère du Ministère.

Quant au rôle respectif du chef de l'État et des ministres,
ce sont ces derniers seuls qui agissent politiquement, tant
qu'ils sont au pouvoir. Le chef de l'État doit s'effacer; il
ne réapparaît que dans les intervalles pour remplir son rôle
de générateur, et cela, pour le seul temps de le remplir ; ce
n'est plus, comme le roi constitutionnel, l'étalon de génération physique, mais l'étalon de génération constitutionnelle

Le tout constitue le gouvernement dit de cabinet, le parlementaire par excellence.

A côté de son rôle officiel, le Parlement prend naturellement un rôle officieux, qui résulte de sa grande influence. Il ne reste pas contenu dans ces larges limites ; il usurpe et entre dans la demeure de l'exécutif. Chaque député, en France, fait deux parts de sa journée ; il consacre le soir au travail législatif, mais il emploie toute ses matinées à empiéter sur l'exécutif. Il parcourt les ministères et y impose ses nominations de fonctionnaires. Il ne se contente pas de cette nomination, il critique, en pleine séance, les nominations faites. Enfin, il agit sur les fonctionnaires pour les plier à sa politique.

Tels sont les deux grands systèmes d'indépendance et d'interdépendance respectives entre les grands corps sociaux : le législatif et l'exécutif.

Dans le second, tous les deux, tour à tour, agissent sur le judiciaire ; en vain, on a créé, pour garantir celui-ci, l'inamovibilité ; ils se sont réservé une arme offensive : l'avancement, ils en usent et en abusent pour plier la justice à leur volonté et même à leur caprice. Ainsi, la division des pouvoirs se trouve non seulement atténuée, mais même attaquée.

Étudions les deux grands systèmes du constitutionnel non parlementaire et du constitutionnel parlementaire, dans le droit positif. Remarquons que le premier s'emploie surtout dans les républiques et le second dans les monarchies ; ce qui peut paraître singulier, puisque le parlementaire est plus large, mais s'il est plus libéral, il est moins démocratique. Remarquons aussi que les deux impliquent l'existence d'un parlement et sont parlementaires dans ce sens ; c'est pour cela qu'on désigne le second plus nettement par le nom de gouvernement de cabinet.

Nous avons, tout à l'heure pris pour types les systèmes français de 1852 et 1875 qui représentent bien les deux idées. Voici les États-Unis où la séparation prévaut. D'abord, les ministres, pas plus que le chef de l'État, ne peuvent entrer au Parlement, ni y prendre la parole ; il en était de même en France sous la Constitution de l'an III. Ils ne

peuvent jamais poser la question de cabinet, car ils ne
dépendent que du président de la République; ils ne sont
pas politiquement responsables; c'était le même principe
chez nous, sous le Directoire. Le gouvernement n'a pas
l'initiative des lois, mais le Parlement seul. Il en est de
même sur ce point en Angleterre. C'était aussi le système
de nos Constitutions de 1791 et de l'an III; il était seulement permis d'appeler l'attention sur telle ou telle réforme.
Le pouvoir exécutif n'a qu'un droit de veto suspensif, qui
tombe devant une nouvelle majorité des deux Chambres,
mais, cette fois, des deux tiers; l'exécutif n'a pas le droit de
dissolution de la Chambre des députés. On voit que cette
Constitution consacre, davantage que la nôtre, l'indépendance
respective du président et de la Chambre. D'autre part, elle
établit un lien étroit entre le président et le Sénat. Il ne
peut passer certains actes que de concert avec celui-ci;
il ne peut faire les traités qu'avec le consentement des deux
tiers des sénateurs, et c'est avec lui qu'il nomme les sénateurs, les Conseils, les juges de la Cour suprême et les
autres fonctionnaires en général. L'origine du pouvoir
est conforme: le chef de l'État n'est point élu par le Congrès, ni par l'une des Chambres, mais par le pays lui-même,
il est vrai, par un suffrage à deux degrés, où d'ailleurs les
États particuliers déterminent eux-mêmes le mode d'élection des électeurs. Les électeurs de chaque État, après s'être
entendus sur le choix du président et du vice-président, font
parvenir le résultat de leur vote au président du Sénat qui
le dépouille devant les deux Chambres réunies. Celui qui a
la majorité absolue est proclamé; à défaut de cette majorité,
la Chambre des représentants choisit parmi les trois candidats
ayant recueilli le plus de suffrages. On voit qu'ainsi le président conserve un rôle très personnel; il a sa politique et non
pas celle de son ministère; si ses ministres sont en désaccord
avec le Parlement, il ne les conserve pas moins. La séparation des pouvoirs est donc complète; rien ne fait prévoir,

comme chez nous, le retour à la confusion des pouvoirs. Il est aussi en relief que notre président et que les rois constitutionnels et parlementaires sont effacés.

Les autres républiques américaines ont suivi cet exemple ; le régime est bien constitutionnel, mais le gouvernement n'est pas de cabinet; ce n'est plus le parlementarisme spécial. Au Mexique, le président est nommé par tout le pays, au moyen d'une élection à deux degrés qui se comprend sous un régime fédératif. La séparation des pouvoirs est moins nette. Non seulement il a un droit de veto suspensif, mais aussi un droit d'initiative. Il lui faut, comme aux États-Unis, l'assentiment du Sénat pour certains actes : la guerre, la nomination des hauts fonctionnaires, la conclusion des traités ; pour la guerre il lui faut l'assentiment du Congrès. Au Vénézuéla, le président est nommé au suffrage universel, au scrutin direct et secret; à défaut de majorité absolue, le Congrès choisit entre les deux citoyens qui ont obtenu le plus de voix ; chaque État dispose d'une voix. Dans chacun, c'est la majorité des voix des sénateurs et des députés réunis qui décide. Il est assisté d'un conseil de gouvernement. Les ministres sont responsables solidairement. Dans la République Argentine, la séparation des pouvoirs n'est pas complète; le président a le droit d'initiative ; il peut faire entendre ses ministres ; enfin, il a droit de veto suspensif, qui ne peut cesser que par un vote de la majorité des deux tiers : par contre, pour certaines décisions, il lui faut le consentement des deux Chambres, ou de l'une d'elles, par exemple, pour la nomination des hauts fonctionnaires. Au Brésil, le président est élu au suffrage direct; il possède un droit de veto dans les mêmes conditions Il nomme et révoque librement ses ministres qui ne sont pas responsables; ceux-ci n'assistent pas aux séances de la Chambre.

Partout, dans le Nouveau Monde, règne donc la distinction absolue des pouvoirs publics. Le gouvernement est constitutionnel, républicain, parlementaire et même fédératif, mais

n'est pas ce gouvernement de cabinet si discuté aujour-
d'hui.

La République de la Suisse a suivi ce grand courant démocratique, qui partout supprime le gouvernement de cabinet,
lequel ne semble, en effet, bien adapté qu'à la fonction de
décomposer les monarchies, en les attaquant par une sape
continue et insensible, et à les convertir peu à peu en
république, mais cette œuvre achevée, la démocratie n'en
a plus besoin et se minerait elle-même, si elle continuait à
s'en servir. Cette République ne connaît donc pas le gouvernement de cabinet, pas plus que ses sœurs de l'autre
côté de l'océan.

La République française reste ainsi la seule République
qui pratique le gouvernement de cabinet. N'est-ce pas un
des moyens que la monarchie parlementaire lui a cédé ?
c'est ce que nous examinerons.

Quant aux pays monarchiques de l'Europe, sauf l'Alle-
magne-Fédération et les États qui la composent, elles ont
toutes le gouvernement de cabinet, savoir : l'Angleterre et
les colonies anglaises, la Belgique, la Hollande, l'Autriche,
la Hongrie, la Suède, la Norvège, le Danemark, l'Italie,
l'Espagne, la Grèce, la Roumanie.

On voit ainsi que, dans un groupe de pays très importants, trois organes politiques, loin de rester isolés, s'emboîtent plus ou moins l'un dans l'autre.

Il en résulte une pondération complète recherchée dans
le monde national, comme l'équilibre des États l'est
dans le monde international. Il reste cependant à savoir si
leur équilibre est bien parfait, s'il n'y a pas d'ailleurs d'usurpation unilatérale ou réciproque, et si tantôt l'un, tantôt
l'autre des organes ne se trouve pas intentionnellement si
affaibli que l'équilibre, au lieu d'être assuré, est, au contraire,
rompu. C'est ici qu'apparaissent les vices du gouvernement
de cabinet ou gouvernement parlementaire.

Nous avons vu que le rôle de l'exécutif ou plutôt de

l'administratif ou gouvernemental est surtout l'action, celui
du Parlement, la délibération et la décision, celui du corps
judiciaire, la décision des litiges.

Voyons si cette répartition est bien suivie, d'abord par
les attributions légales, puis par la pratique avec ses
abus.

On connaît l'ensemble du mécanisme du gouvernement
de cabinet, le Président de la République reste seul en son
isolement, mais en réalité il ne gouverne pas, comme le
Jupiter de l'Olympe ou même les divinités inaccessibles et
invisibles au-dessus de Jupiter, il ne daigne pas s'occuper
de la direction politique ; c'est simplement le générateur
du ministère ; mais celui-ci, au contraire, est très mobile ;
devant un vote désapprobateur de la Chambre, surtout s'il
a posé la question de cabinet, il doit disparaître d'un coup
comme dans un cinématographe ; c'est cependant le président
du Conseil qui est le véritable chef. Le Parlement en est le
maître, il ne le met pas seulement à mort politique pendant
sa vie, il l'enchaîne. Il peut déformer son œuvre législative
par le droit d'amendement, il peut contrôler sa politique intérieure ou étrangère par le droit d'interpellation, il
contraire à chaque instant son droit de choisir ou de révoquer
un fonctionnaire par ses sollicitations. Dès lors, le chef
suprême est prisonnier, il est vrai qu'il peut en appeler au
peuple par le droit de dissolution, mais il faut le consentement du Sénat. La Chambre étant maîtresse de tout, elle
devient essentiellement corruptible, d'autant que personne
ne peut la contrôler ; elle est omnipotente, seule la division
du Parlement en deux Chambres peut empêcher son
absolutisme. Ainsi, maîtresse de l'exécutif, elle le devient
bientôt du judiciaire, lequel est nommé par l'exécutif ;
elle impose ses choix et le préféré doit suivre sa politique. Sans doute, elle se conforme elle-même à l'opinion, elle a la tête très élevée, mais les pieds d'argile,
elle pourra le sentir aux prochaines élections. Elle empiète

directement, comme nous l'avons vu, sur les autres pouvoirs, et notamment sur le judiciaire par la Haute-Cour de
Justice.

Le chef de l'État et tout l'exécutif sont réduits à la plus
simple expression, non seulement légalement, mais cou-
tumièrement. Le Président de la République ne conserve
qu'une couleur de royauté qui est très estimée, même et
surtout chez les démocrates, car l'idolâtrie est un des plus
profonds instincts de l'humanité, mais il n'est plus qu'une
idole ; les jours où il s'aviserait d'être moins ou plus, il
serait délaissé de tous.

Cependant ce régime discrédité en un sens à cause de
ses criants abus et de l'ingérence continue du législatif dans
l'exécutif et dans le judiciaire, procure le précieux bienfait
de garantir contre l'absolutisme d'un dictateur. La division
du législatif en deux Chambres devrait en même temps
garantir contre l'omnipotence d'une Convention qui parfois,
comme l'histoire l'a prouvé, est aussi oppressive qu'un
despote. Mais, pour cela, il faudrait l'équilibre entre les deux
Chambres ; cet équilibre, s'il existe légalement, n'existe pas
dans l'opinion. Le Sénat est considéré, tantôt comme un
obstacle au progrès, tantôt comme un corps neutre. Il est
en tout cas bien inférieur en France. Il ne peut pas renverser
le ministre dans les questions de cabinet, n'agit pas sur
l'opinion, est privé de l'initiative sur les matières financières,
n'est pas populaire, parce qu'il est le résultat de l'élection
à deux degrés et est moins considéré, parce qu'il est un lieu
de retraite pour les hommes politiques ayant vécu. Il ne
forme donc pas réellement un contrepoids suffisant, et vis-à-
vis de tous la Chambre reste souveraine. Si, en outre, le
parti dominant s'y institue en un bloc, qui lui résistera ?

Le régime différent pratiqué par les États-Unis, l'Allemagne,
et autres nations donne plus d'activité dirigée dans un sens
persévérant, plus d'unité et plus de personnalité au chef,
il diminue le rôle de la Chambre, mais le laisse suffisant ;

il a aussi ses dangers. La guerre, par exemple, sera plus promptement déclarée par un tel gouvernement. A l'inté-rieur aussi, il manque de l'élasticité nécessaire pour suivre l'opinion et risque de se briser contre elle.

CHAPITRE VII

SOCIOLOGIE DE LA GENÈSE DES POUVOIRS PUBLICS

I. — *Genèse par sélection*

Diverses sortes de sélection : 1º sélection, par concours, stage ou ancienneté ; 2º sélection héréditaire, adoption ou népotisme ; 3º sélection
divine ; 4º sélection anthropologique ou du surhomme, coups d'État,
pronunciamientos ; 5º âge ou gérontocratie ; 6º tirage au sort et
clérocratie ; 7º cooptation.

Nous avons dit plus haut que, quelle que soit l'origine du
pouvoir, soit qu'il vienne d'en haut, soit qu'il soit issu de la
nation même, lorsqu'il s'agit de désigner les personnes qui
doivent en être investies, il faut avoir recours à deux procédés que nous allons maintenant rechercher en détail et
qui sont, d'ordinaire, soit la sélection elle-même de différentes sortes, soit l'élection. Nous avons, en outre, établi
que, si la sélection était une sélection pure, l'élection, qui
est surtout une représentation, doit toujours être mêlée de
sélection. Enfin, les deux ne forment le ressort social que
lorsqu'il ne s'agit pas du gouvernement populaire direct,
dans les assemblées sur le forum, cependant même alors,
quand il s'agit d'élire un président, par exemple, et que le
président doit être un coreligionnaire, il y a encore à la fois
sélection et représentation, seulement atténuées.

Maintenant, il s'agit de décrire sociologiquement les

élections et les sélections de diverses sortes comme genèses du pouvoir, en général, et en particulier pour les assemblées délibérantes, puis pour le chef de l'État.

I. — *Diverses sortes de sélection*

C'est d'abord la sélection proprement dite ; elle porte sur la capacité principalement, capacité tant théorique que pratique. A qui naturellement doit revenir une fonction ? Au plus capable, étant sous-entendu qu'il ne s'est pas rendu indigne. Sur un navire, c'est le meilleur capitaine, le plus instruit, le plus habitué à la navigation ; on ne le choisira pas au hasard, ni à l'élection, au moins pour la première fois et quand sa science n'aura pas été certifiée. Sans doute, les simples matelots ne devront pas et ne pourront pas se désintéresser et, même, s'il y a péril pressant, ils pourront faire d'eux-mêmes la manœuvre nécessaire ; de même, si le capitaine vient à perdre son sang-froid ou sa raison. Dans la société, il en est de même, et le suffrage universel lui-même se porte souvent vers un individu d'une classe supérieure, comme vers le seul sauveur. Que si le plus capable est indigne, comme il y en a d'autres d'une capacité suffisante, on l'éliminera et on emploiera envers lui une sorte d'atimie. C'est ainsi qu'on agissait dans les républiques grecques vis-à-vis des élus. La sélection proprement dite, vraie ou supposée, forme chez nous la base de l'admission aux fonctions publiques. Comme un homme n'est pas universel et qu'il s'agit d'un ordre d'idées spécial, c'est une capacité technique qui est demandée.

La sélection se prouve d'abord de trois manières: 1° l'examen ; 2o le concours ; 3o le stage ou l'ancienneté. A l'entrée dans les fonctions publiques, on exige d'abord une capacité générale formant le fond commun de toute capacité particulière. En effet, pour que la capacité soit pleine, il faut qu'elle

déborde, pour ainsi dire, qu'un homme soit au-dessus de
sa position, pas trop cependant, car il se dégoûte de son
métier et ne cherche qu'une ascension perpétuelle, ce qui
est préjudiciable à sa tâche journalière. C'est à ce but qu'est
destiné l'examen. On y exige beaucoup de connaissances
qui ne seront jamais employées, mais qui élèvent l'esprit.
A quoi peut servir, dans le sens matériel du mot, le latin, le
grec, la littérature tout entière? Sans doute, on a abusé de
cette idée et en rendant très capable en ce dont on n'avait
que faire, on laissait incapable sur les faits essentiels; mais
cependant le principe était juste. D'ailleurs, à un âge où l'on
ne peut encore définitivement choisir, ne faut-il pas se préparer à tout ?

En général, l'examen n'est exigé qu'une fois, mais il
arrive que, quand il s'agit d'avance d'un ou de plusieurs
degrés dans la hiérarchie, un nouvel examen est demandé,
même après une longue carrière remplie; c'est ainsi que, dans
l'administration de l'enregistrement, l'inspecteur doit subir
un nouvel examen pour 'tre nommé directeur. On pourrait
généraliser ce procédé et imposer cette condition, de temps
en temps; les fonctionnaires ne s'endormiraient plus alors
d'un trop doux sommeil.

Le second mode de la sélection proprement dite est le
concours. Il est du même genre, mais s'applique plutôt
à la capacité spéciale demandée; le résultat n'en est plus
éventuel, mais actuel. Il suit souvent l'examen général. On a
besoin d'un certain nombre de fonctionnaires; on appelle les
candidats, on reçoit les plus forts, jusqu'à concurrence du
besoin. La lutte devient plus vive, car il est très possible
qu'un candidat très capable ne puisse être admis, si de plus
capables que lui ont concouru.

Ce second mode, s'il est employé sincèrement, est le plus
utile pour la société, car elle lui assure la capacité demandée,
mais elle peut être meurtrière pour l'individu, si beaucoup
de gens capables se présentent en même temps. Elle

peut aussi exciter les soupçons, car si une place obtenue est
le résultat immédiat du concours, ne pourra-t-on pas accuser
les examinateurs de partialité ? Il faut ajouter que le résultat
peut dépendre d'un hasard, d'infériorité sur une seule des
matières proposées, d'une mauvaise disposition actuelle.

D'ailleurs, le concours, s'il veut être efficace, doit effacer
tout autre mode concurrent. Si, en dehors, on peut nommer
d'autres candidats, tout est vain ; l'élimination se perd et
on crie à la faveur et à l'injustice, souvent avec raison.

Le concours, comme moyen de sélection, jouit d'une grande
faveur dans l'esprit du public ; on n'ignore pas qu'il peut
être faussé, qu'il n'est pas toujours une preuve d'incapacité
chez le candidat malheureux, mais, malgré tout, il semble
le moyen le plus topique, et les injustices, dit-on, ne peuvent
être que sporadiques. D'ailleurs, le candidat malchanceux
peut recommencer.

C'est peut-être le point faible en principe. Ce candidat
peut dans le premier concours suivre immédiatement le
dernier de ceux qui ont réussi et cependant être fort ; il se
découragera. Revient-il à la charge ? Mais il y a, cette fois,
beaucoup moins de fonctions à donner. Il aura monté
beaucoup plus haut que la première fois, mais pas encore en
rang utile. Avec le même rang, la première fois il eût
réussi.

L'ancienneté ou le stage constitue un troisième élément
de cette sélection. Le stage se joint aux autres et concerne
l'admission ; l'ancienneté, au contraire, l'avancement. Mais
dans les deux, surtout dans le second, le temps ne compte
pas seul ; il faut apprécier aussi l'activité pendant ce temps,
plus ou moins intense. Le temps vide et le temps rempli
ne sont pas même chose ; le second vaut double. On peut
avoir exercé une fonction, sans y progresser ou s'y perfec-
tionner beaucoup. Le stage est presque partout exigé : on a été
disciple avant de devenir maître. Pour l'avancement, le temps
a plus d'importance ; il s'agit toujours de l'expérience qu'il

confère plus ou moins vite, plus ou moins bien. L'ancienneté est plus naturelle; le mérite acquis l'est beaucoup moins et, s'il est fictif, peut servir de prétexte à la faveur. Cependant, il semble injuste de traiter le meilleur comme le pire. Pour l'éviter, on combine l'un et l'autre. Sur tel nombre de nominations, on en accordera tant à l'ancienneté, tant à l'activité, suivant une proportion qui a varié. L'ancienneté est un élément de sélection inférieur, mais plus sûr.

Cette triple sélection par l'examen, le concours et le stage, quand il s'agit d'entrer, par l'ancienneté et l'activité, quand il s'agit d'avancer, est généralement employée aujourd'hui. Elle est juste, et pourtant nous verrons à quelles réclamations fondées et vives elle a donné lieu.

C'est que, pour ne pas fausser ces instruments de précision de la sélection, il faut être sûr que les juges de cette sélection seront impartiaux ; il faut, d'autre part, autant que possible, que des règles fixes leur soient imposées, que ces règles et leur application soient contrôlables par tous, qu'une juste proportion soit gardée entre les éléments qui la composent et qu'enfin, elles ne comportent pas d'exceptions.

Souvent, ces conditions font défaut et alors il n'existe plus que l'hypocrisie de la sélection.

Il est d'abord très difficile de s'assurer de l'impartialité exacte des juges d'un examen ou d'un concours, encore moins de celle du juge du mérite d'un fonctionnaire en fonctions déjà. Trop d'impressions obscurcissent l'esprit de ce juge. Le plus juste mécaniquement sera le juge de l'examen, parce que celui-ci ne conduit pas directement à un emploi. Mais le juge du concours fera valoir, inconsciemment au moins, des causes nombreuses de préférence. Nous verrons qu'un facteur d'une grande puissance, le népotisme, vient, en particulier, faire dévier de l'impartialité nécessaire. Ce n'est pas le seul.

Cette impartialité est plus difficile encore à tenir, lorsqu'il

s'agit de l'avancement. En ce qui concerne l'ancienneté, la
condition reste sans doute objective, mais en ce qui concerne l'activité et le mérite, le jugement devient subjectif, et
cela est d'autant plus grave que, quelquefois, comme dans
la magistrature, aucune part n'est faite à l'ancienneté,
mais tout est donné au choix. Comment alors estimer le
mérite? Ce n'est point un juge venu de plus haut ou d'ailleurs
qui décide, mais le supérieur immédiat, avec ses préjugés
personnels.

Bientôt le mérite dégénère en faveur, d'autant plus que ce
n'est plus alors un document matériel et unique qui base
l'appréciation, mais tout un ensemble de conduite. C'est alors
que les arrivistes ont beau jeu ; ils gagnent beaucoup plus
par l'adulation sous toutes ses formes que par le travail.

Aussi, a-t-on cherché et cherche-t-on aujourd'hui des
règles fixes excluant l'arbitraire. On exige au moins un
certain temps passé à un certain échelon, avant d'en atteindre
un autre. Mais tant que l'avancement au choix est main-
tenu, il échappe forcément à toutes les règles, puisque les
notes qui lui servent de base peuvent être justes, mais injustes
aussi, et restent arbitraires. Le seul procédé possible dans
ce but, serait de faire à ce mode d'avancement une part très
petite et contrôlée, et de laisser prévaloir l'ancienneté. C'est ce
qu'aujourd'hui les fonctionnaires réclament, parfois avec
violence, sous le nom de statut des fonctionnaires, mais les
pouvoirs publics résistent, parce qu'avec le système contraire
ils ont des fonctionnaires plus dociles.

En effet, un des principaux mérites que l'employé ou le
fonctionnaire puisse avoir, c'est d'être zélé, non dans son
service, mais pour la politique dominante ; par là, il se crée
une sorte de droit de préférence sur tous les autres. Il ne se contentera pas de la neutralité, du loyalisme, seuls demandés en
apparence, il fera du prosélytisme et cela pourra être utile à
un parti, car, en France, les fonctionnaires forment une
armée d'environ un million d'hommes; ils peuvent exercer

une grande influence, et disposent en partie des faveurs ; les moindres peuvent être plus rigoureux ou plus indulgents. Sûr d'avancer par ce moyen, le fonctionnaire qui n'est au fond, ni monarchiste, ni républicain, mais qui, par son caractère de discipline, serait plutôt le premier, deviendra un démocrate ardent, de même que, dans les pays monarchiques, il sera plus royaliste que le roi. Ajoutez à cela que, s'il manifeste des sentiments contraires, ou s'il montre trop de froideur, il peut être destitué ; alors, autant aller jusqu'au bout ! Cela crée chez le fonctionnaire un état d'agitation, d'inquiétude perpétuelle, soit qu'il escalade en arriviste, soit qu'il se défende en persécuté, et vicie profondément l'ordre réel. L'institution du tableau d'avancement a seule rétabli un certain calme, mais nous verrons, au titre de la sociologie du droit administratif, combien cette garantie est souvent trompeuse.

Il y a, d'ailleurs, à ce sujet, une distinction à faire entre le fonctionnaire d'autorité et celui de simple gestion : le premier appartient au droit politique et public, le second au droit administratif.

L'examen, le concours et le stage ou l'ancienneté sont donc les trois moyens ordinaires de sélection dans un certain ordre d'idées, c'est-à-dire dans celui qui n'est pas directement politique ; ils le sont davantage encore quand il s'agit d'emplois qui demandent des connaissances techniques, par exemple, la médecine, les sciences et les professions expérimentales, enfin toutes les spécialités ; dans ce domaine plus restreint ils sont en usage dans tous les pays.

Une autre preuve de capacité, de sélection se rapproche beaucoup de la première et on peut l'appeler une sélection renforcée. Elle est souvent corroborée par l'examen ou le concours, mais elle pourrait s'en passer ; c'est ce qu'on a pensé à certaines époques de l'évolution.

Il s'agit d'une sélection existant depuis fort longtemps dans la société et dont Darwin a découvert l'existence dans

l'ensemble du monde physique : de la sélection héréditaire.
On sait que la culture de nombreuses espèces animales et
végétales est fondée sur ce principe. Les animaux sont de
race : les chevaux, pur sang ou demi-sang. Ce qui veut dire
que, par un choix, on leur a fait prendre et reproduire un
type spécial et un type avantageux qui améliore l'espèce et
rend plus de services à l'homme. Le bon chien chasse de
race, dit le proverbe. Il est certain que des familles entraî-
nées depuis des siècles à certaines occupations peuvent y
vaquer excellemment, quelle que soit leur capacité par ailleurs. Autrefois, les nobles ne savaient pas lire, mais ils guer-
royaient très bien et, aujourd'hui encore, leurs descendants
ont beaucoup plus le goût des armes que celui des lettres ;
non seulement leur éducation est dirigée dans ce sens, mais
ils condensent en eux-mêmes tout ce qui s'est accumulé ainsi
dans les cerveaux de leurs ancêtres. Ce sont les auteurs les
plus matérialistes, quoique les plus démocrates (Ferry, Lom-
broso) qui reconnaissent le mieux ces faits, sauf à ajouter, ce
qui est vrai, que la race peut dégénérer, ce que nous verrons
bientôt. De là à des idées aristocratiques et même dynas-
tiques, il n'y a pas loin.

Si les chevaux se choisissaient un roi, de même que les
cavaliers, il est probable que ce serait un pur sang, ou que
plutôt celui-ci, si on ne lui donnait pas la domination, la
prendrait lui-même. Il en serait de même des chiens. Pourquoi pas des hommes ? La sélection héréditaire sera donc une
sélection de premier ordre. Pour qu'elle ne périclite, dans
toutes les monarchies il y a l'étalon royal chargé de transmettre toutes les capacités de ses aïeux à ses descendants ; on
l'entretient à grands frais, dans son box, qui est le trône
royal ou impérial, et, pour lui faire prendre l'air, il est
actuellement d'usage, de le faire galoper dans tous les pays
voisins. Cette hérédité est tellement dans l'esprit de tous,
que les nations républicaines ne manquent jamais de faire
aux souverains étrangers une ovation enthousiaste.

L'exagération mise à part, la sélection héréditaire peut être réelle, elle se base sur la sélection première de l'ancêtre qui a été faite avec soin ; à la transmission héréditaire vient se joindre une éducation dans le même sens, donnée à chaque génération nouvelle. Or, on sait la grande influence de cette seconde nature. Aussi, les princes ont-ils l'habitude de se marier entre eux, ils prennent des épouses, plutôt chez leurs ennemis que chez leurs sujets, parce qu'il n'y a pas mésalliance dans le premier cas et que celle-ci seule fait dégénérer la race, ce qui affaiblirait et détruirait la sélection. C'est aussi par le même instinct que les nobles ne se mariaient pas avec les bourgeois, ni ceux-ci avec les plébéiens. Enfin, c'est ce qui a constitué le régime des castes, l'exclusion du *connubium* à Rome et l'abomination de toute relation avec les parias chez les Hindous

Mais il n'y a pas toujours descendance. Comment, si l'on suit ce système, la sélection héréditaire restera-t-elle possible? Il y a même des cas où, par définition, il ne peut y avoir d'hérédité légitime, par exemple, dans le clergé catholique.

Alors, il peut y avoir encore hérédité, moitié naturelle, moitié fictive; il s'agit de la parenté collatérale par le népotisme. Sans doute, il n'y a plus transmission du sang. On sait qu'au moyen âge, beaucoup de papes usèrent de ce procédé. Ce sont leurs neveux qui en recueillirent le bénéfice. Il fut inauguré par le pape Sixte IV de la famille *delle Rovere*, au profit à la fois de plusieurs de ses parents. Plus tard, en 1513, le pape Léon X, de la famille des Médicis, pourvut son frère et plusieurs neveux ; ce pape, un des plus illustres, pratiqua le népotisme plus que tous les autres. La liste de tels gestes de sa part est fort longue; il donna à son frère Julien, Parme et Plaisance ; à Laurent, son neveu, Florence; à deux autres neveux, Jules de Médicis et Hippolyte, fils naturels de Laurent, d'autres bénéfices ; enfin, à son propre fils, Pierre Louis, les duchés de Naples et de Castro.

N'étaient·ce pas parfois des enfants naturels pourvus sous le nom de neveux ? Nous l'ignorons. En tout cas, le principe est le même. Cependant, ce n'était pas la dignité pontificale qui était transmise. Le népotisme sacerdotal imita bientôt le pontifical. Enfin, les souverains l'ont aussi pratiqué, jusqu'au point de démembrer leurs royaumes en duchés pour pourvoir tous leurs enfants,ce qui était la ruine du pays. Mais ils l'ont mis en usage pour peupler des leurs tous les trônes de l'Europe; Napoléon avait ainsi pourvu tous ses frères.

Par extension, le népotisme peut être séparé du lien du sang qui cause le népotisme matériel et devenir le népotisme moral. C'est lorsqu'un maître ou un personnage influent a des disciples ou des subordonnés préférés, ou des gens dont les idées coïncident parfaitement avec les siennes ; il se crée un lien puissant, et toutes les faveurs s'ouvrent pour le protégé au delà de son mérite. C'est ce qui souvent vicie les examens et les concours et ce qu'on a appelé le favoritisme. Quelquefois même, le motif est moins pur, il peut devenir honteux ; en tout cas, c'est une préférence injuste. Il y a une réfraction totale ; au lieu d'une cause de sélection, la cause réelle serait de non sélection.

Ce n'est pas tout. La sélection peut être ainsi faite, non par une personne individuelle, mais par un corps social tout entier déjà organisé qui choisit tel candidat, non pour son mérite, mais par faveur personnelle, et aussi parce que le candidat est le fils, le neveu ou le cousin d'un de ses membres. C'est le grand danger de la cooptation, dont nous parlerons un peu plus loin. Les hautes administrations, la judiciaire,sont remplies de ce qu'on a appelé trivialement les fils à papa. Chacun des membres se fait cette réciproque et utile concession de choisir les mêmes, et ainsi se créent les familles de fonctionnaires, pour les magistrats la famille judiciaire, qui reconstituent les Corps anciens.

Telle est, dans son ensemble, la sélection héréditaire et celle quasi-héréditaire, les sélections renforcées. L'ancienne

Égypte avait bien compris et développé ce système, elle
qui voulait que toutes les professions fussent héréditaires.

Mais, pour que la sélection soit héréditaire, il faut qu'il y
ait eu sélection d'un autre genre, au commencement et avant
l'hérédité. Quelle est cette sélection ? Ce ne peut être celle
résultant d'examen ou de concours, car le genre de capacité
qu'elle révèle ne se transmet guère ainsi; d'ailleurs, il y a
dans l'homme d'autres forces, même plus grandes, à séliger,
qui le portent, pour ainsi dire, tout d'un coup au sommet.

Cette sélection est celle qui révèle soudain cette valeur, une
valeur sociale dont on a eu immédiatement besoin et qui a,
pour ainsi dire, éclaté aux yeux de tous. C'est celle du héros
et du génie ; c'est celle aussi d'un homme d'une simple force
musculaire très supérieure si l'on est chez les non-civilisés,
c'est enfin celle, même dans un état plus avancé, du grand
chef militaire, qui a sauvé la nation et qui devient tout naturellement dictateur ; c'est, en un mot, celui du surhomme de
Nietsche, qui s'est sacré lui-même Un tel homme se rencontre assez souvent dans l'histoire. Nous ne parlerons pas
du révolté dont sans doute la sélection existe, mais une sélection du stade violent.

Lorsque Charles Martel et Charlemagne succèdent aux
Mérovingiens dégénérés, il n'y a point de révolte, ceux-ci
disparaissent d'eux-mêmes et le héros du jour trouve la destinée entièrement ouverte. Les Maires du Palais sont déjà
les rois virtuellement. Le premier qui fut roi, fut un heureux soldat, dit Voltaire, le mot est exact, ce fut un solda
non conquérant ses sujets par la violence, mais les ayant
sauvés de l'ennemi. C'est donc seulement une vertu, en un
certain sens, la vertu militaire, qui a été un moyen de sélection. Chez les peuples barbares, il n'en est point d'autre ;
puis le pouvoir se transmet ainsi héréditairement, à moins
que ne survienne quelque défaite, car alors ce qui a créé
va détruire. A cet ordre d'idées se rattache la dictature, lorsqu'elle n'est pas le résultat d'un coup de force ou d'un coup

d'État, car alors nous passerions au stade violent et non plus
normal de la société. Mais souvent, lorsqu'un homme a du
génie et qu'il est nécessaire au salut public, au moins pour le
moment, on lui confère les pouvoirs les plus grands, ou plutôt
les pouvoirs s'accumulent d'eux-mêmes sur sa tête. C'est ce
qui a eu lieu pour Cromwell, aussi pour les grands révolu-
tionnaires de 1789 et autrefois pour César, Auguste et d'autres
empereurs. C'est ce qui se produit dans les prononciamientos
militaires, qui ne sont pas seulement un mode abusif de
collation du pouvoir usité par les militaires contre les civils,
mais aussi un moyen de sélection pour un homme nécessaire
à l'époque. Galba, Vitellius, Othon furent ainsi proclamés
empereurs. Plus tard (251 à 268), Gallus, Valérien furent
de même créés empereurs. Sous le règne de Gallien, les
légions se révoltent et proclament à la fois trente empereurs,
les trente tyrans. Ce sont les soldats qui, en 260, procla-
mèrent Claude II, puis Aurélien. En 276, Probus le fut par
les armées d'Orient. Plus tard, les légions conspirèrent
contre lui et élevèrent à sa place Carin. Plus tard, en 284,
l'armée nomma Dioclétien, un de ses soldats qui s'associa un
autre soldat Maximin. L'Empire romain fut donc transmis
alternativement par l'hérédité, l'adoption et la proclamation
militaire. L'Espagne et les républiques hispano-américaines
ont reproduit ce procédé sous le nom de prononciamientos.
Sans doute, le proclamé n'était pas le surhomme, mais il
était réputé tel. De nos jours, Napoléon Ier l'était certainement et c'est à cela surtout plus qu'à son coup d'État, qu'il
a dû sa sélection naturelle. Quant à Napoléon le Petit, il la
devait à ce qu'il était l'ombre du Grand. Dans de moindres
proportions, le général Boulanger avait encore essayé de se
faire passer pour un surhomme.

De même que la force et le talent extraordinaires chez
l'homme causent une sélection spontanée qui n'est plus volontaire, mais s'impose, il en existe une plus haute, attribuée à
Dieu même, nous l'appellerons la sélection théocratique.

C'est elle qui a régné, non toujours, car la précédente est
la plus ancienne, mais aussitôt que la religion a grandi.
L'homme répugne naturellement à obéir à son semblable, il
sait ce que vaut le plus grand même. Dieu seul n'a pas
besoin de sélection de sa part, mais c'est lui qui sélige, beaucoup mieux que nul homme ne le ferait. Bien plus, souvent
il va descendre du ciel pour régner lui-même. C'est ce qu'il
fait en Égypte, le roi n'est qu'une incarnation de Dieu, il
s'intitule lui-même le Dieu grand, le Dieu bon, s'identifie
avec Horus ; en montant sur le trône, il obtient l'apothéose,
plus souvent ce n'est qu'à sa mort que cette apothéose a
lieu. Au Pérou, l'Inca était le fils de Dieu, c'est-à-dire un
Soleil. Tantôt le chef est un Dieu, tantôt il le devient plus
tard, il n'y a plus divinité même, mais sélection par Dieu.
En effet, le pouvoir spirituel et le pouvoir temporel se confondent. A Ninive et à Babylone, à Rome, dans l'Islamisme,
il en est de même, Mahomet est à la fois roi et pontife. Plus
tard, dans le protestantisme, les deux dignités sont réunies;
par exemple, sous Henri VIII, au profit du pouvoir temporel. Enfin, quand les dignités se séparent, le temporel est
longtemps à la remorque du spirituel, lequel, par conséquent, a la domination réelle et suprême, tellement que le
Souverain Pontife conserve le droit de déposer l'empereur,
son bras séculier, son évêque extérieur, et de délier ses sujets
du serment de fidélité.

Par cette confusion et cette étroite dépendance, on peut
dire que le monarque est le résultat d'une sélection divine,
au moins indirecte, puisque le chef spirituel, identique avec
lui ou dont il dépend, a été consacré à Dieu et par Dieu, et
par conséquent, séligé par lui ; mais cette sélection devient
plus directe et plus frappante, lorsque ces pouvoirs sont
séparés et que Dieu lui-même sélige, lorsque ce sacre est le
résultat ou la proclamation d'un choix préalable. Le sacre
est la confirmation divine du principe de la sélection ordinaire, héréditaire ou non, ou il est cette sélection même.

C'est ainsi, dans le premier ordre d'idées, qu'au Mexique, l'empereur est un chef élu par tout le peuple, y compris les femmes ; après le sacre, il est assimilé à un Dieu. Clovis était aussi un chef de guerre, mais le sacre donné par saint Rémi en fit un chef divin. Il en fut plus tard ainsi de Charlemagne et de ses successeurs, les empereurs germaniques. En France, Charles VII, vainqueur des Anglais grâce à Jeanne d'Arc, inspirée et pour ainsi dire séligée théocratiquement, ne fut vraiment l'objet d'une sélection définitive qu'après son sacre. Cette cérémonie était tellement enviée qu'un produit de la sélection populaire, Napoléon Ier l'obtint du Pape Pie VII. L'évolution sur ce point est semblable à ses deux extrémités. Au Mexique, le nouveau roi était soumis à quatre jours de jeûne dans le temple, ensuite le prêtre l'oignait d'un onguent noir et l'aspergeait d'eau bénite.

Le second mode de sélection divine est plus topique encore. Il ne s'agissait plus de sacrer en ajoutant un choix divin au droit humain, mais de faire une sélection divine précédant tout le reste. C'est ce qui eut lieu chez les Juifs à l'époque où les prophètes donnaient et retiraient les couronnes. C'est le collège des Prophètes qui choisissait les rois, et après ce choix, les sacrait, même en secret, ainsi que Samuel le fit pour David.

Telle est la sélection divine, celle qui pendant longtemps eut peut-être le plus de force, parce qu'elle émanait du sélecteur suprême. Mais il ne faut pas perdre de vue son caractère généralement accessoire : elle s'appliquait le plus souvent à celui qui jouissait déjà de la sélection de la force ou surhomme, au chef dynastique ou de sélection héréditaire : nous avons vu qu'elle s'est appliquée même à celui qui avait la sélection populaire.

Cette œuvre de consécration ne s'applique pas seulement à celui qui remplit les plus hautes fonctions, au monarque, mais aussi à ceux qui exercent une partie de l'autorité

publique : le sacre devient alors le serment. Il subsiste
encore aujourd'hui comme une extrême survivance. Le
fonctionnaire mettait la main sur l'Évangile pour promettre
de remplir consciencieusement ses fonctions. Sans doute,
on peut dire qu'il n'y avait là qu'une cérémonie ou qu'un
vœu solennel, suivant les points de vue, et nulle sélection. Ce
serait une erreur. Il y a sélection confirmative ; ce qui le
prouve, c'est qu'auparavant, quand il s'agit d'un droit, celui
du fonctionnaire n'est pas acquis ; il ne l'est que lorsqu'il
a levé la main devant Dieu, ou depuis la formule devenue
vide, devant l'ombre de Dieu. Auparavant, même s'il doit être
inamovible, il peut être révoqué, et d'ailleurs ne peut faire
valablement aucun acte de ses fonctions.

Le droit de sélection divine entraîne, comme compensation,
celui de déposer, lorsque la divinité s'est retirée du monarque; de même que la sélection humaine donne plus tard
le droit de révoquer; de même enfin que la sélection anthropologique, celui de déchéance d'une race, lorsqu'elle a dégé-
néré. Nous reviendrons sur ce dernier point.

La liste des procédés de sélection est nombreuse et n'est
pas encore épuisée, mais ceux qui restent ont beaucoup
moins d'importance.

Un des plus usités dans les temps très anciens et lorsque
les autres moyens manquaient, est celui qui se fonde sur l'âge
ou plus exactement sur l'expérience réelle ou présumée
venant de l'âge. Son caractère de ne valoir qu'après tout autre
moyen résulte bien de son emploi actuel. Par exemple,
avant sa formation définitive, le Parlement est présidé par le
doyen d'âge. Dans les tribunaux, le doyen est celui qui
est depuis plus longtemps membre du même tribunal. Il
en est de même, d'ailleurs, dans tous les Corps constitués. Si plus tard on a recours à une nomination ou à
une élection, il n'en fut pas de même à l'origine. Le
moyen de la sélection par l'âge constitue la gérontocratie.
Dans l'état primitif, il n'existe pas de preuve de capacité par

la science ou de toute autre qualité sociale constatée par un
examen, il n'existe que celle de la bravoure ou du courage à
l'armée, par la défense connue par des faits d'armes, et de la
sagesse dans les conseils par l'expérience de la vie. En effet,
l'âge, à moins qu'il ne soit contrarié, s'il abaisse d'autres
facultés, est loin de diminuer l'intelligence, et sur tout c'est le
vieillard qui avertit le mieux des dangers. Toutes les étymo-
logies des corps délibérants se rapportent à l'âge : sénat,
sénateurs, géronties. Plus le régime républicain tout à fait
primitif se conserve pur, plus l'influence des vieillards a
prédominé, plus aussi leur respect. Chez les Peaux-Rouges
il n'y avait pas de députés, mais une assemblée permanente
de guerriers et d'anciens, ces derniers avaient seuls voix
délibérative ; les chefs eux-mêmes des guerriers ne l'avaient
pas.   Au Gabon, quand il s'agit d'élire un chef, c'est le
Conseil des anciens qui procède à l'élection, la royauté y est
héréditaire, mais les Anciens ont un droit de veto. Dans
l'Afrique orientale, les chefs, même absolus, sont entourés
d'un Conseil des Anciens. Dans les cités grecques, il se forma
d'abord des Conseils de gens âgés ayant rempli des fonctions
publiques, ils s'appelaient les géronties. Plus tard, le Sénat
devint électif, mais la gérontie subsistait à côté de lui. A
Rome, le Sénat fut d'abord la réunion des patriciens âgés.
Plus tard, on exigea que ces gens âgés eussent rempli des
fonctions, enfin ceux-ci furent élus, mais avec la condition
d'âge. Aux époques féodales, le droit d'aînesse était l'application de la préférence donnée à l'âge. Aujourd'hui encore,
dans notre Chambre Haute, au Sénat, on exige un plus grand
âge que pour la Chambre des députés. Sans doute, ce n'est
qu'une survivance. Ce qui est plus réel, c'est que dans chaque
administration publique, lorsqu'il s'agit de l'avancement,
une part est faite au choix, puis une autre à l'ancienneté.

Cependant, il ne faut pas confondre l'ancienneté avec
l'âge, et ici encore il apparaît un contre-procédé de sélection analogue, mais distinct. A Rome, il y avait les person-

nages consulaires qui étaient de grands personnages,
c'étaient ceux qui avaient rempli les fonctions de consuls.
De tout temps, l'ancienneté, plus encore logiquement que
l'âge, a prouvé l'expérience, c'est un âge qualifié. Beaucoup
de Chambres Hautes se composent de ceux qui ont rempli
les fonctions les plus importantes. C'est à ce titre, d'ailleurs,
que d'anciens députés sont souvent choisis comme sénateurs. Mais dans certains pays, les hauts fonctionnaires qui
ne le sont plus sont de plein droit membres de la Chambre
des Pairs, ce sont des membres de droit. Ce n'est plus alors
un motif de sélection, c'est la sélection même.

Ailleurs prévaut un autre mode de sélection très curieux.
En effet, on croirait à première vue que c'est le contraire de
la sélection, puisque c'est un mode livré au hasard, il s'agit
du tirage au sort, de ce que nous appellerons la clérocratie.
Quoi, en effet, de plus aveugle que le sort? Cependant, après
réflexion, on s'aperçoit que non, du moins pas entièrement.
Il faut se placer aux diverses époques de l'histoire. D'abord
existe-t-il un hasard? On pensa fort longtemps qu'il n'en
existe aucun. Tout est providence. Le tirage au sort n'est
même pas le hasard, il amène la divinité. C'est elle qui
manifeste ainsi sa volonté. Lorsque vous voyez un joueur
heureux amener dix fois de suite un bon numéro, vous ne
pouvez manquer de penser plutôt à une sorte de destinée.
Les anciens y croyaient fermement, et alors un pareil moyen
ne pouvait amener que d'excellents résultats. Mais plus
tard? Le but n'est plus le même. Il ne s'agit plus de consulter Dieu et de lui faire rendre une sorte d'oracle, il
s'agit de procurer ce que les autres moyens ne peuvent
pas: l'impartiabilité absolue, indispensable dans certains cas.
En effet, le juge tiré au sort, par exemple, sera tout à fait
impartial, surtout s'il s'agit d'un collège de juges sur
lequel on peut récuser certains membres. Oui, mais sera-t-il
capable et digne, et le sort ne peut-il pas amener le nom d'un
citoyen n'ayant ni aptitude ni probité? Cela est vrai, mais

on peut limiter la classe des éligibles ou plutôt des sélecti-
bles et celui que le sort amènera ne pourra être qu'un bon.

Telle est la suite d'idées qui a présidé à la clérocratie.

Observons-la maintenant dans l'évolution.

C'est à Athènes, que le système a été en pleine vigueur.
Ce fut Clystènes qui le premier substitua le tirage au sort
à l'élection pour la nomination de l'archonte ; du reste, le
tirage avait lieu *inter pares*, c'est-à-dire qu'il ne portait que
sur les citoyens de la première classe ; plus tard, ce mode
s'étendit à d'autres charges, remplaça l'élection populaire
et finit par s'appliquer même aux sénateurs, avec cette
remarque que ceux-ci furent pris d'abord dans les trois
premières classes. Le tirage au sort eut d'ailleurs un double
correctif. D'abord, l'atimie venait frapper tous les citoyens
et écartait ainsi d'avance ceux qui étaient indignes et qui
n'entraient pas dans le tirage au sort, puis, c'était le tour de la
docimasie ; elle écartait après le tirage, au moyen d'une
enquête faite par les Sénateurs, celui qui n'était pas digne
d'entrer au Sénat, et tout le monde pouvait en dénoncer
l'honorabilité, ce qui corrigeait les erreurs trop grandes
du sort. Ce sénateur pouvait même être soumis plus tard à
une nouvelle enquête et suspendu.

Au moyen âge, certaines républiques ont employé aussi
ce mode de sélection, en le mêlant, il est vrai, à d'autres
procédés, notamment, celle de Venise. Il y avait là, une
combinaison successive de l'élection, du tirage au sort et de
l'élimination.

Le tirage au sort existe encore dans nos institutions
sociales modernes, mais il n'est important que pour la création
des jurys, il vise surtout à l'impartialité. En effet, dans ce
but, l'élection n'est guère efficace ; au contraire, elle expose à
l'action de toutes les pressions politiques et à leur parti pris.
Le juge ainsi séligé sera au moins impartial. Mais le sera-
t-il toujours, si le sort n'amène que des hommes de la même
opinion politique, et dans le cas contraire, sera-t-il suffi-

samment capable; étant pris parmi la foule ? Au premier
danger il est remédié dans la plupart des lois par le droit de
chaque parti, d'exercer des récusations péremptoires, c'est-
à-dire, sans indication des motifs, pour éliminer les opinions
extrêmes les plus hostiles aux intéressés, de sorte qu'il ne reste
guère que des opinions moyennes. Ne faudra-t-il pas, pour
être plus complet, permettre quelquefois aux parties de récuser en masse ! Contre l'autre danger, celui de l'incapacité, on
fait précéder le tirage au sort, d'un triage préalable, de telle
sorte, que le tirage n'ait plus lieu que sur des gens capables.
Mais ce triage, à son tour, a des inconvénients et ramè-
nera la partialité possible, il faudrait qu'il y eut simple
tirage, mais d'après des conditions légales de capacité.
Même, avec ce danger d'arbitraire, qui détruit le principal bénéfice, nos jurés souffrent du défaut de capacité, ce
qui rend un tirage au sort un instrument très imparfait.
On voit que le tirage, dans son dernier état, a complètement transformé son caractère. Il ne s'agit plus d'une sélection par une sorte d'oracle divin, mais plutôt d'une garantie
d'impartialité.

Un dernier mode de sélection est la cooptation. Elle
est, d'ailleurs, de deux sortes, ou successorale, ou actuelle.
La cooptation successorale correspond à ce qu'est le legs
ou l'institution d'héritier en matière de succession aux
biens, elle se relie, d'ailleurs, souvent à l'autre. Tandis que
dans les monarchies, c'est l'hérédité qui transmet le pouvoir
par sélection héréditaire, c'est elle ici qui est exclue,
le titulaire actuel écarte son héritier, s'il y en a un et le
remplace par un légataire, d'ailleurs, très souvent, il n'y
a pas d'héritier. C'est ce qu'aussi dans un autre ordre d'idées,
l'adoption procure, aussi pourra-t-on appeler ce procédé,
l'adoption politique. Elle est parfois précédée de l'admission
du futur héritier comme collègue; un tel régime forme la
boulocratie. Du reste, l'adoption proprement dite accompagne très souvent. L'Empire romain se transmettait par

hérédité en ligne directe, mais de temps en temps, cet ordre
était troublé par l'adoption d'un successeur. On peut en citer
de nombreux exemples, le cas était très fréquent. Actuellement, cela est plus rare. La sélection héréditaire se trouve
ainsi corrigée. Souvent ce choix a lieu entre membres de
la même famille, ce qui a causé en Espagne les guerres
célèbres de succession. A la fin de l'Empire romain, le trône
était souvent occupé par le successeur désigné.

Chez nous, on a beaucoup préconisé le recrutement par
cooptation, quoique heureusement on l'ait peu pratiqué,
car c'est celui qui favorise le plus le népotisme. Frappés des
maux résultant du recrutement trop politique de la magistrature, certains esprits ont cru trouver le meilleur remède
en disant qu'elle se recruterait elle-même, mais ce serait le
pire désastre, car on ne verrait plus nommer que des fils ou
des neveux de magistrats, pénétrés de l'esprit de corps et
de misonéisme.

Beaucoup de corps savants, et là l'inconvénient est moindre,
quoiqu'il ne disparaisse pas complètement, se recrutent
ainsi : par exemple, chez nous, l'Académie française, l'Institut dans ses diverses branches, le Collège de France, quoique
pour la forme la signature du ministre soit parfois exigée.
C'est ce qui a fait désirer d'étendre ce moyen, lequel a pourtant le résultat dangereux de créer des corps fermés.

Un autre mode de sélection tout à fait anormal ressemble à la cooptation, en ce sens que c'est le prédécesseur
qui choisit le successeur, mais plutôt dans son intérêt à lui-
même. Il s'agit de la vénalité des offices, véritable excrois-
sance sur le corps social. C'est alors l'argent qui est la cause
de la sélection. L'officier ministériel verse une somme considérable, comme prix d'achat, en outre, un cautionnement, il
est donc solvable, et en cas de responsabilité pourra payer, il
vaudra donc mieux qu'un autre pour ce seul motif. Cela est
absolument faux, ce serait vrai dans un certain sens si la
solvabilité était assez grande pour parer à tous les cas, mais

il n'en est pas ainsi. Les nombreuses ruines accumulées en sont la preuve trop évidente.

A la même idée de la sélection par l'argent, se rattache la condition, souvent censitaire, de l'électorat. On estime dans certains temps et certains pays que la possession de la richesse rend supérieur, comme on l'avait fait pour l'eugénisme dans la sélection héréditaire, et par conséquent, c'est par ce moyen qu'on sélige les électeurs. D'autres ont pensé différemment et introduit le suffrage universel.

Enfin, à côté de ces sélections spéciales, les unes volontaires, les autres automatiques, il existe un mode de sélection général, qui a dominé surtout dans le dernier stade d'évolution. C'est la sélection par élection ou par nomination, suivant que le point de départ est le peuple ou le souverain. Mais, cette élection ou cette nomination joue un double rôle, elle crée, soit une sélection, soit une représentation, soit les deux ensemble, nous n'en traitons pas en ce moment, ne voulant pas nous répéter, nous la retrouverons tout à l'heure, parmi les instruments de représentation.

CHAPITRE VIII

———

SOCIOLOGIE DE LA GENÈSE DES POUVOIRS PUBLICS (suite)

II. — *Genèse par représentation au moyen de nomination ou d'élection ; déchéance des sélections et des élections*

Sociologie de l'électorat. — Éléments du nombre et du poids. — Suffrage féminin. — Représentation proportionnelle. — Représentation professionnelle. — Vote plural. — Vote à deux degrés. — Suffrage universel ou restreint. — Vote par classe. — Unité de collège. — Représentation des intérêts. — Représentation par régions, par classes et par habitat.

Nous avons établi les moyens de la sélection, lorsqu'elle opère seule dans la constitution du pouvoir social ; nous avons maintenant à établir ceux de l'autre source, à savoir de la représentation. Mais, si la sélection peut apparaître seule, il est rare qu'il en soit ainsi de celle-ci, elle est le plus souvent doublée de sélection. Par exemple, il s'agit de l'élection. Dans l'état actuel, elle est surtout de parti, et l'électeur tient avant tout à ce que le sien soit représenté, les personnalités deviennent tout à fait secondaires. Mais, supposons qu'il n'existe pas de partis, ce serait alors aux personnes que l'électeur se rattacherait, il ne chercherait qu'un homme probe et capable. Il en a été ainsi davantage à l'origine.

Mais, pour ne pas nous répéter inutilement, ni rendre

trop complexe, nous ne nous occuperons ici de l'élection qu'en tant que représentation,

Il faut faire une distinction. Tantôt, il s'agit de la représentation du souverain, au moyen de la nomination, tantôt de celle du peuple, par l'élection proprement dite,

1° *Représentation par nomination.* — Dans le régime de l'état discrétionnaire du pouvoir, sans doute, le souverain peut nommer à tous les emplois, ainsi qu'à toutes les fonctions, mais dans son état légal, une distinction s'établit vite entre les fonctionnaires d'autorité et ceux de gestion, ceux politiques et ceux de simple administration. Le souverain se désintéresse des derniers et se contente de signer leur nomination pour la forme. D'autres, sous ses ordres, se chargent de les séliger au moyen des règles ordinaires de sélection, par examen, par concours, par ancienneté. Ils conservent souvent une ingérence, mais elle est abusive,

Il en est autrement, pour les fonctionnaires qui sont les représentants actifs du chef de l'État. Il ne les nomme plus seulement pour la forme, il les choisit. Il ne prend pas seulement les plus capables, il s'attache plutôt à ceux plus zélés, aux plus dévoués, qui peuvent le mieux faire valoir sa politique. Cela existe en tous pays et sous tous régimes. Il s'agit surtout des ministres, des chefs des grandes administrations, des préfets et des sous-préfets, des grands commandements de l'armée, des ambassadeurs, de tout ce qu'on appelle les fonctionnaires politiques. Les règles de la sélection ordinaire sont mises de côté. La volonté seule du souverain décide, comme le mandant choisit librement le mandataire qui le représente.

Cependant, certaines Constitutions exigent que le choix soit fait en Sénat ou en Conseil d'État, et même parfois que ces corps ratifient.

2° *Représentation par élection.* — Il ne s'agit plus du choix par le souverain, mais aux antipodes, du choix par la nation ou par une fraction de la nation.

La représentation du souverain, accomplie par la nomination de sa part, était indispensable, surtout s'il s'agit d'un grand État, parce qu'il ne peut accomplir, par lui-même, toute sa politique. Mais, en est-il ainsi de la nation ? Ne la voit-on pas réunie en Suisse, par exemple, dans sa *Landsgemeinde*, ou à Rome, au *forum*, voter sur toutes les questions et gouverner ? Il semble qu'elle n'a pas besoin de représentation. D'ailleurs, et pour la même raison, elle n'a ni le temps, ni la faculté de tout gérer. Elle choisira ceux qui agiront pour elle, à sa place, qui la représenteront. C'est par cette élection que le gouvernement direct se convertit en indirect.

Le sujet sociologique est des plus vastes, nous ne pouvons ici que le parcourir très rapidement. Quels sont les principes sociologiques qui dominent l'ensemble ? Quels sont les éléments nécessaires de l'électorat? Quelles sont les personnes qui y ont été admises, ou qui en ont été exclues au cours de l'évolution ? Comment les électeurs et les éligibles sont-ils groupés ? Est-ce l'idée majoritaire ou l'idée proportionnelle qui doit l'emporter ? Quels doivent être les éligibles ? À la constitution de quels corps politiques doit aboutir l'élection ? Les questions les plus vitales se pressent en foule. Quant à la forme, à la procédure électorale, qui a aussi une grande importance, nous l'examinerons un peu plus loin.

Tout d'abord, quels ont été au cours de l'évolution les éléments si divers, si nombreux de l'électorat, de cette force si puissante qui entraîne tout le monde politique, comme l'électricité tout le monde physique ?

Le premier de ces éléments, est le nombre, celui dont il est le plus question aujourd'hui, celui qui a toujours servi de norme, mais avec d'autres bases. *A priori*, il semble même le seul. C'est bien simple, il y a tant de voix pour A., tant pour B., on les compte, et celui qui en réunit le plus est élu. Sans doute, s'il ne s'agissait que de sélection ; mais comme il s'agit en même temps de représentation, il en est un peu

autrement, ce que nous verrons bientôt ; d'ailleurs, en supposant qu'il ne s'agisse que du nombre, est-ce le total des
habitants, qui doit servir de base à la majorité numérique,
ou bien doit-elle se compter seulement sur ceux appartenant à une certaine classe et privilégiés ? C'est là une des
grandes querelles de l'histoire. Il ne faut pas croire que
l'idée du suffrage universel ait tout de suite germé ; au
contraire, elle a été très tardive. Tout d'abord, si tant est
que l'élection existe, car souvent il n'y a que la sélection par
les divers autres moyens que nous venons de décrire, le
suffrage n'est donné qu'à l'aristocratie du sang, aux eugéniques, or ils sont en très petit nombre, ils se targuent
simplement du droit de la force, sans plus ; ce n'est que
beaucoup plus tard qu'ils ont eu recours à des motifs ration-
nels pour la justifier, ce sont eux qui possèdent la vertu
électorale. Plus tard, lorsque la force sociale passe, au
moins en partie, à la richesse dépouillée de l'eugénisme,
à la fortune mobilière, à la bourgeoisie, celle-ci est admise
à son tour, et l'électorat devient censitaire. Enfin s'élève
l'aristocratie intellectuelle, représentée alors par le clergé,
on l'admet à concourir. Telles sont les trois classes électorales existant en France, au moment de la Révolution
française : la noblesse, le tiers État et le clergé. Les prolétaires
sont complètement exclus. On explique facilement cette
exclusion par les idées du temps. On dit que le vote des
ignorants serait inconscient, vu leur ignorance qui, en
effet, était totale, et que d'ailleurs ils n'avaient aucun intérêt
à la chose publique, puisqu'ils ne supportaient pas d'impôts ;
on feignait d'ignorer qu'ils payaient le plus lourd, l'impôt
du sang. La Révolution elle-même ne dépassa pas le régime
censitaire, auquel elle joignait le suffrage à deux degrés,
dont il sera question bientôt. Dans la plupart des pays étrangers, c'est aussi le régime censitaire qui domine.

Le suffrage universel a cependant, depuis son admission
en France en 1848, fait son apparition, par une sorte

d'imitation, en même temps que par évolution, dans d'autres pays européens. C'est ainsi qu'il a été tour à tour adopté, en Belgique, en 1892, en Espagne en 1890, en Allemagne pour l'Empire en 1870, en Autriche en 1907, en Angleterre en 1884, en Norvège, au Danemark. Depuis longtemps, il existe en Suisse. Il a été introduit aux États-Unis en 1870, au Brésil en 1891, toutes les républiques du Nouveau Monde, le possèdent. Il tend à envahir les autres pays et on prédit bientôt son triomphe définitif. Cependant, le massif central lui résiste, les divers États allemands ont encore le régime, soit eugénique, soit censitaire.

Mais, même alors, le suffrage dit universel est loin de l'être tout à fait, il exclut la moitié du genre humain, toutes les femmes. Est-ce à bon droit ? Nous l'examinerons, lorsque nous envisagerons l'avenir et l'état scientifique du droit, en ce moment nous constatons. Depuis toujours, la femme, célibataire ou mariée, fut exclue, en raison tantôt de sa dépendance, tantôt de son infériorité notoire. Cependant, elle fut relevée quelquefois de cette exclusion, non pour des motifs philosophiques, mais pour le principe terrien, sous le régime de la féodalité. On sait qu'alors la terre noble donnait des privilèges, il faut que la terre, que le fief, plus que l'homme lui-même, soit représentée, et lorsqu'elle était possédée par la femme, celle-ci pouvait voter.

Plus tard, sous le régime simplement censitaire, si la femme ne votait pas pour elle-même, ses contributions lui donnaient le droit de les compter au profit de son mari, afin de lui conférer le cens électoral. C'est ce qui avait lieu en France, en Belgique, au Luxembourg, en Italie, en Russie, en Roumanie, souvent même elle pouvait déléguer à d'autres membres de sa famille. C'est même un fait souvent invoqué par les féministes, quoiqu'il ne soit pas bien concluant, car souvent alors les femmes ne pouvaient voter que par mandataires. Un droit de suffrage plus réel avait lieu pour elles comme membres de la commune économique, parfois par extension, dans la commune et dans la province.

En France, elles prirent part d'abord aux réunions populaires pour l'élection des maires, et dans le pays basque ce droit a duré jusqu'en 1789, elles devaient être chefs de famille, c'est-à-dire célibataires ou veuves. Il en était de même au Luxembourg et en Belgique, de même en Italie les femmes étaient éligibles. En Autriche, dans toutes les provinces, elles avaient le suffrage universel. Il y a là de vraies amorces du droit qui ont été conservées et étendues. En tout cas, sauf cette exception, l'exclusion était universelle et complète.

Ce n'est que de nos jours que la doctrine du féminisme est vraiment née, quoiqu'elle soit encore bien fragile. Elle contient beaucoup d'autres branches que nous n'avons pas à étudier ici, mais son sommet est le suffrage de la femme. Celle-ci est-elle électrice ? Est-elle même éligible ?

Elle est électrice dans quelques pays, surtout en matière communale et provinciale, ainsi que nous venons d'en citer des exemples, plus rarement pour les élections politiques.

Dans toute l'Autriche, le droit de la femme s'élève jusqu'aux diètes provinciales, cependant avec des distinctions entre la ville et la campagne. En Hongrie, elle a droit aux élections communales. En Croatie elle n'a ce droit de vote que dans les villes. En Suède, elle peut discuter et voter au sein de l'assemblée, mais seulement si elle est censitaire; ce cens est exigé pour elle en Norvège, tandis qu'il ne l'est pas pour les hommes. En Suède, d'ailleurs, non seulement elle est électrice pour le conseil municipal, mais aussi éligible aux conseils paroissiaux, à ceux d'assistance publique et peut nommer les pasteurs. En Islande, la loi du 12 mai 1832 lui donne aussi ce droit, lorsqu'elle n'est pas mariée. En Finlande une loi de 1883 l'avait rendue électrice, une récente de 1906 la rend éligible. En Russie, elle fait partie

de l'assemblée communale ; dans les villes, elle ne peut
voter que par mandataire.

Nous ne saurions entrer dans les détails de législations
aussi variées. On voit les brèches nombreuses qui ont été
faites à l'exclusion des femmes, mais en même temps, les
restrictions et les distinctions. Tantôt c'est comme féodale,
ou comme censitaire seulement, que la femme est électrice ;
tantôt c'est comme faisant partie de la commune économique ; tantôt elle peut exercer elle-même ses droits ; tantôt
elle ne le peut que par son mari ou par un mandataire ;
tantôt son électorat reste en potentiel, elle ne peut que rendre
son mari censitaire ; tantôt elle est électrice seulement pour
les conseils de bienfaisance, de fabrique, de commune ou de
province ; tantôt elle ne l'est que dans les villes, tantôt elle
l'est partout ; enfin, tantôt elle n'est qu'électrice, tantôt elle
devient éligible.

C'est dans les pays anglo-américains que le féminisme a
reçu sa grande extension. Tout d'abord, en Angleterre. Sans
relater sa lente évolution toujours progressive, il faut remarquer son point d'arrivée marqué par la loi du 5 mars 1894
qui lui donne une capacité locale complète. La femme, mariée
ou non, fait partie des parishmeetings, est électrice et
éligible aux conseils de fabrique des paroisses rurales, aux
conseils de district urbains et ruraux. La loi du 28 août 1907
va beaucoup au delà, elle lui donne le droit d'être élue
conseillère ou alderman du Conseil d'un comté ou d'un
bourg, y compris les bourgs métropolitains ; seulement,
elle ne peut exercer les fonctions judiciaires qui y sont
attachées. Les colonies anglaises ont participé à ce mouvement. Au Canada, les femmes ont l'électorat communal et
dans la Nouvelle-Ecosse, l'électorat provincial ; de même,
au Cap le premier. En Australie, la colonie de Victoria
leur donne l'électorat communal, mais lorsqu'elles sont
mariées. Dans la Nouvelle-Zélande, elles sont toutes électrices
et éligibles, dans les élections communales et même poli-

tiques. Aux États-Unis, le droit dans les États va jusqu'à l'éligibilité communale, au Kansas, en Wyoming et à Montana. Dans ce dernier, elles votent aussi sur le referendum. Dans quatre États de l'Ouest, Idaho, Utah, Wyoming et Colorado, les femmes jouissent de l'électorat politique.

Le summum du droit dans ce parcours se trouve dans ces États, à la Nouvelle-Zélande et en Finlande. Ce sont les forteresses du féminisme.

C'est la Finlande qui a le record par sa loi déjà citée du 20 juillet 1906. Les femmes sont électrices et éligibles au Landtag, c'est-à-dire au Parlement, tout comme les hommes, et cela sans aucune condition de cens.

Mais, sauf ces exceptions, l'électorat politique est hermétiquement fermé aux femmes. Depuis longtemps, elles ont réclamé aux Congrès des États-Unis et au Parlement d'Angleterre par les suffragettes, mais elles ont été repoussées très rudement, quoiqu'elles aient eu d'éloquents défenseurs : Cobden, Stuart Mill, Salisbury, Gladstone.

Quel est le motif de cette exclusion tenace ? Il est plus difficile de le trouver logiquement qu'historiquement. On en a cherché des explications subtiles, se demandant si la femme a ou n'a pas droit. La question ne se posait pas ainsi. La femme n'avait pas la force et dès lors ne comptait pas. C'était l'homme seul qui possédait l'endurance, le courage et l'habileté à la guerre, qui défendait, qui économiquement procurait les vivres par la chasse ou la pêche, plus tard par les durs travaux. La femme était incapable de tout cela, non seulement par sa faiblesse, mais par les infirmités de son sexe; l'enfantement, ce qui précède et ce qui suit lui en tirent le loisir. Dès lors, pourquoi discuter ? Elle était socialement inférieure, d'une manière évidente. Qu'importe qu'elle le soit ou ne le soit pas mentalement ! La prédominance militaire n'exclut pas la femme seulement de l'armée, mais de tout. Elle l'exclut plus encore, parce qu'elle la renferme, autrefois dans son gynécée, depuis dans sa maison close, elle ne connaît rien du dehors : ne connaissant pas, elle ne peut rien décider.

Seulement sa situation, et aussi et surtout la situation générale ont évolué. Ce n'est plus la force corporelle seule qui mène le monde, celle de l'esprit a sa part, et enfin, après avoir été longtemps dominé par la force, le droit est né, et la femme a intérêt a ce que les lois ne soient plus faites contre elle et sans elle. C'est d'ailleurs chez les races où elle a appris à se suffire à elle-même par son travail, chez les Anglo-Saxons, que le féminisme est né.

Le suffrage deviendrait donc universel si on y englobait la femme. Le serait-il tout à fait ? A peu près ; il reste, il est vrai, quelques exceptions, si l'on compare le nombre des habitants à celui des électeurs inscrits. D'où vient la différence ? Des enfants et des étrangers. Pour les enfants, il y a incapacité intellectuelle, c'est entendu, mais pas pour tous ; un enfant de dix-huit à vingt et un ans serait capable de voter à la rigueur, son vote vaudrait moins. Cependant, personne n'a songé à lui attribuer un suffrage, mais il a été proposé d'attribuer au père de famille un double ou triple suffrage en raison du nombre de ses enfants, car il aurait ainsi un droit de vote, non seulement pour lui, mais aussi pour eux qui ne peuvent l'exercer eux-mêmes. Le même raisonnement a été tenu en ce qui concerne la femme, tant qu'on ne lui attribue pas un suffrage personnel. Le père de famille a charge d'âmes, comme on disait jadis, il est certain qu'il possède une valeur sociale plus grande, au moins en thèse, en tout cas il représente plus d'intérêts.

Il n'est pas question des exclusions résultant d'insanité d'esprit, de dépendance absolue, etc., elles s'imposent ; mais une autre exclusion non justifiée est celle prononcée contre les étrangers. En ce qui concerne l'électorat politique, on observe peut-être avec raison qu'il y a inconvénient à laisser pénétrer un rival, peut-être un ennemi, dans l'administration politique du pays. Mais cela ne vaut pas quand il s'agit d'élections départementales ou communales qui reposent sur des intérêts. L'étranger est aussi intéressé alors que le national. Quoi qu'il en soit, son exclusion est générale en tous pays et la raison en est beaucoup moins l'utilité que la xénophobie, une antipathie innée qui survivra encore long-temps.

Tel est le rôle du nombre quant à sa base dans la sélec-tion et la représentation électorale. On voit que cette base s'élargit de plus en plus. Son règne est absolument juste en principe, chaque citoyen, quelque humble que soit sa situa-tion, a le droit d'être représenté, il a ce droit autant qu'un autre et il ne peut l'être par le vote d'autre, seulement par le sien. Si un plus habile ou un plus puissant choisissait pour lui, ce ne serait pas dans son intérêt. Même, chaque citoyen peut et doit séliger, mais cela il ne le fait que d'une manière un peu confuse, car il choisit par instinct, plus que par raison. Quant à l'éligibilité, il la possède aussi de droit, mais de fait il ne pourra peut-être guère en pro-fiter. Il serait plus grossièrement trompé qu'un plus averti. Telle est la position vraie. C'est dire que le nombre ne compte pas seul, qu'il y a dans le suffrage un autre élément qui le balance, c'est le poids. Il y a des suffrages qui valent réellement double, d'autre moitié. Comment a-t-on cherché à réaliser cette idée juste ? Trois moyens ont été en même temps ou successivement employés. Le plus récent, et nous commencerons par lui, comme étant le plus simple, c'est le vote par capacité électorale, par valeur individuelle. Il est entendu que chacun aura au moins un suffrage, mais l'homme ivrogne, ignorant, abruti, doit-il peser d'un même poids, en bonne justice, que le savant, le bon père de famille, l'homme qui a rempli des emplois difficiles ? S'il y a beaucoup plus de ce dernier genre d'électeurs, ou si ces électeurs généralement moins nombreux ont plus voix au chapitre, ne sera-ce pas meilleur pour la société, d'autant

plus qu'ils ne seront jamais en nombre et qu'en leur donnant
deux ou trois suffrages, il y aura moins encore de suffrages
de ce côté que de l'autre? Cette idée n'est pas venue tout
d'abord lors de l'institution du suffrage universel, elle est
née lorsqu'on a vu les vices de celui-ci. Cela n'a pas demandé
une bien longue période.

Ce suffrage était institué en France en 1848, il en profita
pour se suicider en 1851, il choisit pour son successeur
un dictateur qu'il convertit ensuite en empereur. Des
désastres lui rendirent sa vigueur en 1870, mais alors même
il erra longtemps cherchant sa voie, et lors de l'aventure
boulangiste, il fut sur le point de se suicider de nouveau.
Il sembla donc vicié. On lui reconnut bientôt un défaut
plus grave, parce que permanent. On devait penser que le
suffrage universel établissait tous les citoyens sur le même
pied, que, par conséquent, tantôt une idée y triomphait,
tantôt une autre, suivant qu'elles étaient utiles et qu'aucun
parti pris d'avance n'y présidait, puisque la part de chacun
y était la même et que dans ce but on avait dissous les
classes. On s'aperçut qu'on s'était trompé, que les classes,
ces cristaux réfractaires, n'étaient pas solubles, qu'elles
revenaient avec leur puissance terrible, que comme d'ordinaire l'une étouffait l'autre, que seulement ce n'était pas
la même. En effet, le prolétaire est dix fois plus nombreux
que le bourgeois. Dans la lutte qui continue entre eux,
devenue électorale, le second est vaincu d'avance, il ne lui
reste que la ressource de la persuasion ; or, cette ressource
est d'autant plus vaine que le prolétaire gagne plus
en instruction, a augmenté ses besoins et son ambition.
Dès lors, le suffrage n'est plus universel que de forme, ce
n'est plus la peine de voter, aussi très souvent la bourgeoisie
s'en abstient, les nobles y ont renoncé depuis longtemps. Il
semble en apparence qu'on vote avec valeur égale. Erreur,
on se range par classe, seulement par classe; aussi la classe
la plus nombreuse l'emporte toujours.

Ce fut une nouvelle raison de chercher à tempérer le nombre brut. Quoi de plus simple que d'attribuer aux meilleurs socialement plus de suffrages qu'aux autres. Un ignorant ne votera qu'une fois, un savant votera deux fois. Le premier n'aura pas à se plaindre, qu'il aille d'abord s'asseoir sur les bancs de l'école! Il pourra répondre qu'on ne s'y assied pas très commodément à tout âge et que d'ailleurs il a sa vie à gagner, mais il finira par s'incliner, parce qu'il y a réellement la supériorité. Seulement c'est là que les discussions commencent pour les dirigeants. Quelles sont les causes de supériorité? Ceux qui sont intelligents, il est vrai, la trouvent avec raison dans la science; les fonctionnaires aussi, mais ils préfèrent la science pratique, celle à laquelle le rond-de-cuir collabore; les riches s'enorgueillissent davantage de leur richesse, enfin les gens moraux préconisent la production de nombreux enfants. La loi belge, en instituant le suffrage plural, a donné satisfaction à toutes ses idées. Nous ne la suivrons pas dans ses détails. Elle cumule même ces causes de préférence et va jusqu'à attribuer trois suffrages à la même personne. C'est le vote plural.

Un autre moyen parvient moins nettement au même but et a été employé pendant des siècles, de manière à permettre, par contre, une base électorale plus large. C'est le suffrage à plusieurs degrés. Il fut usité, surtout en ce qui concerne les électeurs des campagnes. Chacun a bien le même nombre de suffrages, mais celui des moins lettrés, des plus isolés, des paysans, subit une sorte de filtrage préalable. On sait que c'est le vote des campagnes qui chez nous fonda l'empire en 1852, et ainsi se suicida; cela n'aurait peut-être pas eu lieu avec le suffrage à deux degrés. Il rendrait aussi le suffrage plus conscient. Le paysan n'a pas un horizon, même géographique, très étendu, ses habitations sont clairsemées, il ne connaît que les gens de son terroir. Ceux qu'il aura élus, en général plus élevés, connaîtront mieux ceux du dehors. Ils auront plus de flair, plus d'expé-

rience pour les séliger. Dans les villes, au contraire, tous
se connaissent, on trouve facilement des élus personnels. La
presse, les réunions éclairent aussi. Il y a là d'ailleurs,
quand on devrait en venir plus tard au vote simple, un
apprentissage utile. C'est ce que les gens de 1789, qui s'y
connaissaient, avaient compris; ils ne commirent pas la
faute commise plus tard en 1848. On s'étonne qu'ils n'aient
pas institué le suffrage universel direct. Ils s'en gardèrent
bien.

Le décret du 22 décembre 1789 édicte que les électeurs pri-
maires éliront des électeurs secondaires, lesquels élisent
à leur tour des députés. Ils étaient censitaires et l'électeur
du degré supérieur devait avoir un cens plus élevé. La Constitution de 1793 était dans le même sens, sauf une exception
qui disparut en l'an III. La Constitution de l'an VIII alla
au delà ; il y eut plus de deux degrés, le système était assez
compliqué, le suffrage allait se restreignant de dixième en
dixième. Celui à deux ou plusieurs degrés est encore pratiqué
en Prusse, en Bavière, en Saxe, en partie en Autriche, dans
les Pays-Bas, au Danemark, en Norvège, en Suède, mais
seulement pour la campagne, en Roumanie. On le retrouve
dans plusieurs républiques américaines : le Mexique, le Pérou
et Costa-Rica. En France on l'a établi, et il est encore en
vigueur pour les élections sénatoriales.

Si le système décrit plus haut, celui du vote plural, a suivi
l'aperception des vices du suffrage universel, celui des deux
degrés l'a précédé et a eu un caractère préventif. Cela se
comprend parfaitement : on a cru les votes plébéiens incons-
cients et sujets à l'entraînement, on s'en est défié, mais
surtout des votes ruraux. Il y avait un liquide trouble et
opaque, on ne pouvait en retirer une eau limpide et précieuse
qu'en le filtrant une et même deux fois.

Un autre principe est aussi très capable de corriger les
dangers du suffrage universel, mais il n'a point été séligé
dans ce but, on a préféré inventer le vote plural. Au con-

traire, il est très ancien, et il a plutôt cherché à étouffer le suffrage général naissant.

En effet, au commencement, le prolétariat ne vote pas du tout, ce sont les eugéniques qui le font seuls et plus tard les riches ; les deux ne tardent pas à fraterniser, le peuple est exclu. Cependant, sous la poussée de l'évolution, on lui entre-bâille la porte. Nous allons voir ce qui va suivre.

Prenons l'histoire romaine, par exemple. D'abord, les patriciens seuls ont des comices, c'est l'assemblée composée de trente curies ; pas de plébéiens. Après l'établissement de la République, s'organise l'assemblée centuriate, ce n'est plus la naissance qui compte, mais la richesse, le cens, et le peuple est admis d'une certaine manière. Servius Tullius divise d'après leur fortune tous les citoyens en cinq ou six classes, et chaque classe en un nombre inégal de centuries ; celles-ci étaient au nombre de 193, le vote avait lieu par classes, de manière à assurer toujours la majorité aux riches ; plus tard on admet l'assemblée par tribus, où patriciens et plébéiens comptaient par têtes. On voit que dans le système intermédiaire, celui du vote par classe, la majorité était acquise d'avance aux patriciens. C'est exactement l'inverse de ce qui se produit aujourd'hui avec le suffrage universel.

Dans beaucoup de pays il se passe un phénomène semblable. Il s'agit du vote par classe et non plus du vote individuel, en ce sens que chaque classe forme un collège distinct et que quel que soit le nombre des électeurs de chacune, chacune aura ensuite le même nombre de députés ou même plus. Sous la Restauration, la loi du 29 juin 1820, dite loi du double vote, admit les 2.500 plus riches propriétaires à élire les deux cinquièmes de la Chambre. En Australie, dans la Nouvelle Galles du Sud, suivant une loi de 1889, le cens de fraction en fraction donne lieu à une voix de plus. Pour 25 livres sterling on a 1 voix ; de 25 à 75, on en a 2 ; de 75 à 150 on a droit à 3 et au delà à 4. En Angleterre, pour l'élection des

guardians of poors, jusqu'à 5o livres on a 1 voix, de 5o
à 100. 2 voix, etc. En Suède, tout citoyen a droit à une
voix par couronne d'impôt, avec un maximum de 20 voix.
Ce qui est plus, c'est que, comme en Autriche, d'après la
nouvelle loi électorale, mais avant l'admission du suffrage
universel, un citoyen entrant dans divers calculs peut voter
à la fois dans plusieurs classes. En effet, les électeurs de la
première et de la deuxième curie voteraient une seconde fois
dans la cinquième curie, dite du suffrage universel.
L'Autriche est un pays très curieux sous ce rapport. Il y a
cinq curies ou classes d'électeurs ; la cinquième se compose
des prolétaires, ce n'est point la curie des pauvres, mais
celle de tous ceux qui ont déjà voté dans les autres, et qui y
votent de nouveau, etc. Les curies supérieures comprennent :
1° les grands propriétaires ; 2° les villes; 3° les Chambres
de commerce ; 4° les campagnes. Il en résulte que 4o o/o
des électeurs ont un vote plural. D'autre part, la première
classe comprend 5oo florins d'impôt foncier, ou 200 florins
d'impôt sur l'industrie ou le revenu. Ils nomment 46 conseillers. La deuxième, ceux qui payaient 200 florins d'impôt
foncier, ou 100 florins d'impôt industriel, ou 3oo sur le
revenu. Ils étaient beaucoup plus nombreux que les premiers
et cependant nommaient comme eux 46 conseillers. La
troisième curie comprenait ceux qui payaient 5 florins d'impôt
foncier, ou sur le revenu, ou 3o d'impôt industriel. Ils
étaient beaucoup plus nombreux et ne nomment que
46 conseillers, c'est-à-dire le tiers. Il en était de même en
Prusse où il y avait trois classes d'après le chiffre des impôts.

Cette dernière restriction de l'élément nombre par le poids
est la plus importante, puisqu'elle peut presque l'annuler en
droit et l'annule en pratique. Cependant historiquement,
c'est elle qui a permis l'introduction du grand suffrage.

Au point de vue du vote sélectif, voici donc le suffrage
étendu peu à peu dans toute son amplitude, puis conditionné
par des bornes naturelles ; on ne peut plus tenir compte

ainsi seulement du nombre, mais du poids, de la valeur
votale et pour ainsi dire, proportionnelle de chaque électeur.
C'est une première proportionnalité.

Mais, la proportionnalité se trouve-t-elle bien établie,
lorsque le suffrage ne vise plus cette fois à la sélection, mais à
la représentation ! C'est plus que douteux. On s'en est aperçu
fort tard, mais enfin on s'en est aperçu, et on a découvert le
principe de la représentation proportionnelle qui préoccupe
en ce moment tous les esprits et qui est déjà pratiquée chez
plusieurs peuples. Son principe classique est celui-ci : si
sur 10.000 votants appartenant à des partis politiques différents, la moitié, plus un, vote pour les candidats d'un
parti et la moitié, moins un, pour ceux de l'autre, les
électeurs du second groupe ne seront pas représentés du
tout, et cela d'après la loi majoritaire. Est-ce juste ? Est-ce
utile ? Longtemps la majorité l'a emporté cependant, et sans
réclamation. A quoi tient ce long silence ?

A plusieurs causes. D'abord au *væ victis* de l'histoire
dont on était si convaincu que du champ de bataille on l'a
transporté au champ juridique et social ; le vaincu ne se
plaignait pas trop, il était résigné, accoutumé qu'il était à
ce règne de la force. Lui-même, s'il avait été vainqueur,
eut agi de la même façon, il vaut presque mieux courir les
chances ; le triomphe n'est peut-être pas loin, on aurait
alors une revanche totale. Mais cela ne se passe que lorsqu'il
existe des alternances dans la lutte ; si l'écrasement est complet
et semble définitif, le vaincu ne se résigne plus ; au risque
d'entamer son avenir, il réclame une part quelconque dans
la direction de la société.

Puis, pendant longtemps c'est l'élément personnel, celui
de la sélection qui a dominé ; les partis étaient moins nombreux, moins tranchés, on ne se groupait pas toujours, il y
avait place encore pour les aberrants, les non inféodés ;
depuis, les partis se sont accentués, les classes ont dressé
leur antagonisme ; il y a partout un bloc, petit ou grand ;

c'est l'opinion de ce bloc qui cherche à être représentée, plus que les personnes, plus même que les intérêts. Si cette opinion n'est pas représentée, toutes les lois vont se faire contre elle, par les élus de ses adversaires, tout équilibre est rompu, elle sera peut-être persécutée. Alors, on pense que le Parlement qui remplace le gouvernement direct par le gouvernement indirect doit être ce que le gouvernement direct eut été. Là chacun aurait été appelé à donner son avis, on eut discuté, et peut-être la raison, appuyée par la minorité, eût-elle prévalu ; en tout cas les voix étouffées au Parlement auraient retenti dans le pays. Enfin, ce n'est pas l'intérêt de la minorité seule qui serait en jeu, mais ceux de la patrie entière, car celui qui a le pouvoir sans contrepoids peut se jeter dans toutes les aventures.

Pourtant, la majorité a naturellement repoussé ces projets et les a longtemps empêchés d'aboutir, des membres de la minorité les ont repoussés eux-mêmes par misonéisme et d'ailleurs les systèmes recherchés pour réaliser la représentation proportionnelle des partis laissaient à désirer.

Les premiers étaient aléatoires, et s'approchaient de trop loin de la proportion exacte ; on peut les appeler les systèmes, non proportionnels, mais simplement minoritaires. De ce nombre, sont ceux du vote limité et du vote cumulé.

Dans le premier, si l'on a à élire cinq députés, chaque votant ne pourra donner que quatre suffrages ; de cette façon la majorité est sûre d'obtenir quatre députés ; la minorité sûre d'en obtenir un, si elle est unique et si elle ne divise pas ses voix, ou si les diverses minorités s'entendent. Dans la seconde, en prenant le même exemple, chacun donnera cinq suffrages, mais la minorité, par exemple, pourra donner tous les siens à la même personne qui sera alors sûrement élue. Malgré leur imperfection, ces systèmes ont fait le tour du monde ; ils ont été adoptés, le premier, en Angleterre, en Espagne, dans l'Amérique espagnole et anglaise, le second, notamment au Chili. La Suisse les a mis aussi en œuvre.

On rechercha alors un système plus exact et plus scientifique, les théoriciens se mirent à l'œuvre. Les trois principaux sont : celui du quotient électoral, celui du plus un, et
celui du commun diviseur, imaginé par Hondt. Ce n'est
pas le lieu ici d'en donner la justification et le détail, mais il
importe de les faire connaître Le premier est le plus simple,
mais le moins exact. On ne s'occupe pas, point important,
du nombre des électeurs inscrits, mais de celui des votants.
On divise celui des suffrages par celui des députés à élire.
Le résultat de cette opération donne le quotient électoral,
celui qu'un parti doit atteindre pour avoir un de ses candidats élus. Puis, autant de fois une liste, c'est-à-dire un
parti, aura atteint ce quotient, autant de députés elle
obtiendra. Il y aura dans cette nouvelle division forcément
des restes, des 1/3, des 1/32 de députés, par conséquent, ce
qui entraîne que certains sièges restent sans attribution. Com
ment les attribuer à leur tour ? Là-dessus, il y a des sous-
systèmes. Le plus naturel semble de les donner à celui
qui aura le reste le plus fort, soit qu'il ait déjà obtenu un
siège, soit qu'il n'en ait pas encore obtenu. Voici un
exemple :

Quinze cents votants ont à élire 20 députés. Si l'on divise
1.500 par 20, on obtiendra pour quotient électoral 75.

			Députés
Liste A	893 : 75	—	11,90
B	477 : 75	=	6,36
C	102 : 75	=	1,30
D	28 : 75	=	0,37
	1.500		18

Il en résulte que 18 députés sont élus, mais qu'il en reste
2 à élire. Si l'on choisit le reste le plus fort, c'est la
première liste avec sa fraction 0,90 qui en obtiendra un,
ensuite la liste D avec sa fraction 0,37, le dernier.

Voici maintenant le système du plus un.

Il est fâcheux, dans le système du quotient électoral, qu'il soit resté 2 députés à élire. C'est sans doute que le quotient électoral était trop élevé pour que certaines listes aient pu l'atteindre ou tout au moins l'atteindre une fois de plus. Si on l'abaissait, on serait peut-être plus heureux. Or, pour le faire, il suffirait d'ajouter une unité au premier diviseur. Dans l'exemple ci-dessus, on divisera les 1.500 votants, non par le nombre exact des députés, 20, mais par 20 + 1 = 21, ce qui donne pour quotient électoral 71.4.

			Députés
Liste A	893 : 71.4	=	12,50
B	477 : 71.4	=	6,68
C	102 : 71.4	=	1,43
D	28 : 71.4	=	0,39
			19

Tous les députés cette fois sont attribués, non plus excepté deux, mais excepté un.

On pourra attribuer ce dernier comme précédemment.

Voici enfin le système proposé par M. d'Hondt et qui a été adopté par la loi belge.

On divise le total des votants de chaque liste successivement par 1, 2, 3, 4, etc. On retient ensuite et on range par ordre de majorité les quotients jusqu'à concurrence du nombre des députés à élire. Le chiffre le plus faible devient le diviseur commun.

Supposons qu'il y ait 20.000 votants et 5 sièges à donner.

Suffrage de chaque liste divisé par 1	Liste A	Liste B	Liste C
	11.000	10.000	9.000
	11.000	10.000	9.000
— — 2	5.500	5.000	4.500
— — 3	3.666	3.333	3.000

Puisqu'il y a 5 sièges à pourvoir, il faut s'arrêter après le chiffre 5, en commençant par le plus élevé. On obtient ainsi : 11.000, 10.000, 9.000, 5.500, 5.000.

5.000 sera donc le diviseur commun.

Or, 11.000 contient 2 fois 5.000 avec une fraction excédente, il aura droit à 2 députés ; 10.000 en aura 2 aussi ; 9.000 en aura 1. Tous les sièges seront pourvus du premier coup. Le système est donc plus complet.

En ce moment, un projet de loi a été déposé en France, pour instituer la représentation proportionnelle, par le Président du Conseil ; des propositions avaient déjà été faites, notamment par M. Benoist et Buisson, qui admettaient le système d'Hondt. Mais le projet de M. Briand en instaure un nouveau qui sera bientôt discuté, mais qui change complètement cette représentation.

Il adopte en thèse le plus rudimentaire des projets ci-dessus, celui du quotient simple. Mais, au lieu de prendre pour base le nombre des votants, il prend celui des électeurs inscrits. Or, les inscrits sont toujours beaucoup plus nombreux que les votants, et ainsi le dividende étant plus élevé, tandis que le diviseur reste le même (le nombre des députés), le chiffre du quotient électoral sera beaucoup plus haut et sera bien plus difficile à atteindre par une minorité. Ce n'est pas tout, lorsque la division des inscrits de chaque parti par le quotient électoral donne des restes, les sièges non pourvus, au lieu d'être attribués à la liste qui laisse les plus forts restes, avec cette circonstance que chacune ne doit en avoir qu'un, sont donnés à la liste majoritaire seulement, de sorte que la proportionnalité n'est qu'une illusion. Aussi ce projet prévoit-il qu'aucune liste ne peut atteindre le quotient, et alors on doit recommencer l'élection ; or, c'est un des plus grands bienfaits de la proportionnelle de tout terminer au premier tour.

Voici le parallèle entre le système du quotient simple et le projet Briand.

Supposons 80.000 inscrits, 66.000 votants, 5 sièges à pourvoir et 3 listes, l'une ayant recueilli 33.000 voix, la deuxième 20.000 et la troisième 13.000. D'après le sys-

tème d'Hondt, la première aura 3 députés, la deuxième 1
et la troisième 1, tandis que dans le système Briand, la
première liste en aura 4, la deuxième en aura 1 et la troisième pas un seul.

Tel est le principe, tels sont les principaux procédés de
représentation proportionnelle, ils n'obtiennent pas l'exactitude et celui d'Hondt s'en approche de très près.

D'autres systèmes mixtes ont été proposés, notamment
en ce moment celui des moyennes qu'il serait trop long
de décrire.

La législation belge l'a poursuivie dans les moindres
détails. Elle en a fait de plus en plus un vote de parti, en y
introduisant une règle contestable, elle établit le scrutin de
liste, ce qui est nécessaire, mais elle défend de panacher
les listes : le vote devient ainsi un vote de bloc, ce qui
est contraire à la liberté absolue, autrement il faudrait
que chaque candidat indiquât préalablement son enseigne,
c'est-à-dire son parti, et que le dépouillement eut lieu, non
par liste, mais par personne, ce qui serait fort long. Un autre
inconvénient, c'est que le scrutin uninominal dont nous
parlerons tout à l'heure se trouve ainsi exclu, qu'il soit
bon ou mauvais. Enfin, la proportionnalité très exacte n'est
pas obtenue dans tous les cas.

Nous indiquerons tout à l'heure un autre système, qui
nous est personnel.

Une des questions électorales les plus agitées est celle
qui concerne l'étendue du collège électoral. Le territoire
tout entier, dans beaucoup de pays, est très vaste. Le divisera-
t-on dans ce but? Tous les Français, par exemple, voteront-ils
sur la même liste de députés, ou chaque département
aura-t-il les siens portés ensemble sur sa liste, ou
enfin divisera-t-on ce département, et chacune des fractions
aura-t-elle droit à une liste spéciale? On a alterné en France
continuellement entre les deux seconds systèmes : le premier
n'a pas été proposé, parce que le vote eût été inconscient

quant aux personnes, les candidats ne pouvant alors être
connus de tous les électeurs. Mais la lutte entre le scrutin
d'arrondissement et celui de département recommence sans
cesse et plus vive que jamais. On fait valoir, surtout en faveur
du scrutin de liste, qu'il détruit les votes intéressés, empêche
la corruption et accentue le vote de parti, appelé à se substituer au vote de personne. Pour préférer le scrutin d'arrondissement et en tout cas uninominal, on observe qu'il est
plus conscient, cela parce qu'alors on connaît bien le candidat
proposé. Sans doute, et pour la sélection de la personne, il
vaudrait mieux, mais il s'agit de plus en plus de représentation et de celle de parti politique; c'est ce qui, suivant nous,
devrait donner la préférence au scrutin de liste, s'il n'existait un système meilleur.

Il s'agit du premier que nous venons d'indiquer et qui n'est
pas pratiqué. Si on l'employait, on aurait du même coup
une solution plus parfaite de la proportionnelle.

Le principe sociologique depuis toujours reconnu, c'est
que le député ne représente pas, chez nous, seulement ses
électeurs, mais toute la France, les collèges partiels sont
de simples divisions arbitraires nécessitées par un territoire
trop étendu. Pour garder le principe pur, il faudrait faire
ce que proposa Girardin, avoir un collège unique pour toute
la France. Au point de vue sélectif, il pourrait y avoir
inconscience quant au choix des personnes, mais n'est-ce
pas le représentatif qui domine ? Puis ne pourrait-on pas
concilier les deux ? Ce serait remplacer l'empirisme par le
principe proclamé.

Si c'était possible, un grand avantage pratique en résulterait pour la proportionnelle. Avec les collèges distincts, il y
a des voix éparses dans tout le pays qui sont des voix perdues,
lorsqu'elles ne sont pas assez nombreuses dans un département pour atteindre le quotient. On pourrait les réunir et ainsi
beaucoup d'électeurs ne resteraient plus sans représentant;
cumulés, il leur sera plus facile d'atteindre un quotient.

Voici un exemple. Supposons qu'il y ait 600 sièges de députés à pourvoir et qu'il se trouve 7.000.000 de suffrages exprimés, qu'il existe d'ailleurs 5 listes ou partis: A. B. C. D. E.

Parti	A	5 000.000 de voix	428 députés
—	B	1.000.000 —	85 —
—	C	500.000 —	42 —
—	D	400.000 —	34 —
—	E	100.000 —	8 —
			597

597 sur 600 sièges sont pourvus. Les 73 derniers sont donnés aux plus forts restes.

Mais il surgit, semble-t-il, un inconvénient grave. Le parti dans son ensemble en France est bien satisfait, mais non le parti dans chaque département. Dans l'intérieur de chaque parti, en effet, c'est la majorité relative qui décide. Dans le département *a* tel parti très nombreux pourrait ne pas se trouver représenté du tout.

Il ne s'agit pas de procéder ainsi. Il faudra répartir entre les départements qui ont voté pour tel parti, les sièges de ce parti, proportionnellement au nombre de voix que chacun d'eux lui aura donné.

Prenons pour exemple le parti E ci-dessus qui, dans l'ensemble de la France, a obtenu 8 sièges pour 100.000 voix.

On divise le nombre de 100.000 par 8 et on obtient le quotient électoral du département, c'est-à-dire le chiffre qu'il doit atteindre pour avoir droit à un député du parti. Ce nouveau quotient est de 12.500.

On divisera ensuite par ce quotient le nombre des voix du même parti de chaque département.

Département	Voix	Députés
a	20.000 =	1
b	12.000 =	0
c	6.000 =	0
d	25.000 =	2
e	30.000 =	2
f	7.000 =	0
		5

Il restera ainsi trois sièges à attribuer. On les attribuera aux plus forts chiffres, déduction faite des quotients électoraux atteints. Par exemple, le nombre 25.000 contient exactement 2 fois le quotient 12.500, sans reste, on ne lui attribuera donc rien de nouveau. Au contraire, 20.000 dépasse de 7.500 le quotient électoral, on lui donnera un de plus, de sorte que la répartition départementale deviendra la suivante :

			Députés
Départements	a	20.000	$1 + 1 = 2$
—	b	12.000	$0 + 1 = 1$
—	c	6.000	$0 + 0 = 0$
—	d	25.000	$2 + 0 = 2$
—	e	30.000	$2 + 0 = 2$
—	f	7.000	$0 + 1 = 1$
			8

Tel serait notre système pour la représentation proportionnelle des opinions politiques ou autres.

Mais l'investigation moderne des principes sociologiques de la représentation ne s'est pas arrêtée là. Il s'agit de représenter les électeurs non seulement dans leurs idées, mais aussi dans leurs intérêts, car, si l'homme est intellectuel, il est physique aussi, ce qu'il lui faut d'abord, c'est le pain.

Seulement les idées sont de différents ordres : opinions religieuses, opinions politiques, opinions économiques surtout qui forment trois groupes principaux ne se confondant pas, mais plutôt se subdivisant, eux aussi, en diverses branches. On a même souvent opposé cette diversité à l'utilité de la proportionnelle. Pourquoi, disait-on, représenter des opinions, puisque ceux qui ont les mêmes en politique peuvent en avoir de toutes différentes en religion, il n'y a pas de parti global. L'objection était grave, et c'est peut-être la meilleure que les adversaires de la proportionnelle aient faite, mais la réalité n'est pas conforme. Ceux qui ont telle opinion politique ont presque toujours telle opinion religieuse et telle autre économique. En pensant ainsi, on se trompe rarement.

C'est, suivant nous, un tort, nul ne devrait s'inféoder, et cependant presque tout le monde s'inféode, reçoit le mot d'ordre, y obéit. On peut pourtant être catholique, par exemple, et démocrate, mais combien y en a-t-il? De même qu'il existe une subordination des caractères dans la nature physique, et que telle structure ici amène telle autre structure là chez le même, quoique la logique n'y semble pour rien, de même une opinion dans un domaine entraîne une opinion analogue dans un autre. Cependant, il y a en sociologie actuelle des symptômes contraires. Il se forme dans le Parlement des groupes qui ont pour programme de rester tout à fait indépendants, ce sont les sauvages, encore bien peu nombreux. Récemment, il s'est formé un parti hybride, celui des socialistes chrétiens qui s'augmente tous les jours, et qui essaie aussi de jeter un pont sur l'abîme des partis.

De même que les opinions ou partis, les intérêts sont de natures très diverses, mais ils ne se recouvrent pas complètement, comme les autres. Ils ont aussi besoin d'être représentés, car au Parlement les divers intérêts vont entrer en conflit, et si je n'y vois que les représentants de mes adversaires sur le même terrain, je vais me sentir perdu en quelque chose de plus nécessaire encore que les idées. Quels sont donc ces intérêts? Il y en a à la représentation desquels on a songé de tout temps, d'autres qui n'ont que tout récemment frappé l'esprit.

Une des plus anciennes est la représentation des classes. Nous en avons déjà parlé à propos du poids, de la valeur électorale. On a souvent imaginé de ne pas donner la même valeur à tous les votes ou aux votes de différentes classes, lorsqu'ils aboutissent à constituer un Corps commun. Ce n'est pas de cela qu'il s'agit ici, mais bien de la constitution de corps politiques distincts, chacun représentant une classe sociale différente. C'est ce qui se réalise dans la plupart des Parlements composés de deux Chambres, dont l'une a une signification aristocratique: la Chambre des seigneurs ou des pairs et la Chambre des députés. Leur mode d'élection est tout différent ; pour la Chambre Haute, il y a, soit nomination par le monarque, soit droit de naissance, les attributions diffèrent aussi, enfin et surtout, les éligibles. Ces deux Chambres sont indépendantes l'une de l'autre, chacune a le droit de veto, aucune immixtion réciproque. Elles forment contre-poids, comme les classes elles-mêmes.

La seconde sorte d'intérêts, c'est l'intérêt géographique et local. Nous avons vu que le pays est divisé en circonscriptions territoriales pour faciliter l'élection. Cela n'a rien à faire directement avec la représentation de la province auprès du pouvoir central et dans le Parlement, mais cela favorise déjà les intérêts locaux, car ainsi chaque département pourra obtenir des avantages. Mais ce n'est pas ce dont nous voulons parler en ce moment. Il s'agit de la représentation locale se réalisant dans un Corps particulier. Cette représentation a-t-elle lieu ? Pas partout, seulement dans les pays de fédération. Il existe alors toujours un corps politique central composé des députés de toute les provinces, non pas comme individus, mais comme provinces. C'est ce qui existe aux États-Unis dans le Sénat, en Suisse dans le Conseil des États, au Mexique, dans l'Argentine, le Canada et les autres républiques fédératives, enfin en Allemagne. Un tel corps manque, au contraire, dans les pays unitaires, où l'intérêt géographique ou local ne se trouve pas particulièrement, formant un corps politique et où son absence vient vicier le corps politique proprement dit, la Chambre des députés. Cependant, certains pays, comme la France, ont voulu singer le Sénat fédéral, en composant le leur au moyen d'un système électoral analogue.

La troisième sorte d'intérêts a, pour ainsi dire, été récemment découverte. Il s'agit de la représentation professionnelle. Si les personnes habitant le même territoire, le même sol, ont les mêmes coutumes, le même langage, et, de par là même, des besoins identiques, il en est de même aussi de celles qui exercent la même profession et vivent de la même vie. On sait combien elles étaient étroitement unies dans les jurandes et maîtrises. Elles pensent à le redevenir, pour les artisans, dans les syndicats professionnels ; pour les autres, dans un étroit esprit de corps. Quant aux fonctionnaires publics, de tous côtés poussent les amicales qui voudraient bien se convertir en syndicats. Les grèves même ont cimenté cette union. Enfin, les Chambres de commerce et d'industrie y ont préparé d'autre part. Aussi, propose-t-on de créer la représentation, non plus géographique, mais professionnelle. La difficulté commence, lorsqu'il s'agit d'établir la nomenclature et la division des métiers, car on ne peut, pour la représentation, les diviser à l'infini. Une autre, non moins grande, c'est que beaucoup de métiers ont des intérêts contraires à ceux de tels ou tels autres. Aussi, l'idée de leur représentation, de manière à créer un Corps d'État distinct appelé à voter les lois, n'a pas fait de grands progrès. Au contraire, son utilité est évidente, si l'on en fait un Corps consultatif.

Tels sont les intérêts majeurs qu'il y aurait lieu de représenter. Il y en a beaucoup d'autres, mais il faut nous arrêter. Nous ne pouvons que les signaler en passant.

Nous avons traité de l'électorat des femmes : il nous a semblé juste et utile, de même leur égibilité. Elles ont certes les mêmes intérêts que les hommes, mais n'en ont-elles pas d'autres, tout à fait distincts, autant qu'une classe vis-à-vis d'une autre classe, et qu'une profession vis-à-vis d'une autre profession ? Si elles deviennent éligibles, ne devraient-elles pas avoir leur corps politique distinct, leur sorte de Sénat ? Nous avons traité ce sujet intéressant dans une monographie à laquelle nous renvoyons.

Une autre représentation très importante, c'est celle par races, dans un pays qui en contient plusieurs différentes et souvent hostiles, lesquelles ne songent ouvertement ou sourdement, qu'à la sécession. Elles veulent, au moins, avoir un nombre de députés adéquat à leur importance, et surtout ne pas être confondues avec les autres. Cependant, elles ne forment pas de corps distinct et ainsi leur représentation s'affaiblit. Mais celle-ci conserve encore un grand poids. En Autriche-Hongrie, chaque député revendique le droit de ne parler qu'en l'idiome de sa race et les députés se groupent entre eux d'après cette affinité.

Enfin, la représentation des intérêts distingue encore la ville et la campagne. Au point de vue électoral, le citadin et le paysan sont différemment traités. Avant l'époque contemporaine, les communes rurales n'étaient nullement constituées comme les urbaines et il en est encore de même dans beaucoup de pays. Le suffrage y est à deux degrés. Dans les circonscriptions, on doit distinguer les unes et les autres et ce fut un instrument du despotisme du second Empire, de noyer comme on le disait, les campagnes dans les villes.

3° *De l'élection et de la sélection autres que celles des députés.* — Le droit commun, c'est l'élection qui choisit les députés. Nous avons seulement à nous demander ici en quoi en diffère l'élection du chef de l'État et celle du Sénat, enfin celle de la magistrature dans les pays où elle est élective.

Ce qui concerne le chef de l'État est de la plus haute importance, car son mode d'élection influe sur son existence et ses pouvoirs extérieurs, et change toute la face de l'État. Si le Président de la République émane directement de la nation, il a une personnalité et un pouvoir considérables. S'il n'en émane qu'au deuxième degré, c'est-à-dire, s'il est élu par le Parlement, il reste toujours sous l'autorité de celui-ci et son rôle politique devient très effacé. Nous verrons qu'il l'est encore plus sous le régime parlementaire pour un autre motif. La durée de son mandat a aussi de l'importance dans ce sens.

Sous la Constitution française actuelle, le président est nommé pour sept ans et rééligible ; conditions qui sembleraient lui donner une grande puissance, si l'on n'avait pris

soin de l'affaiblir par ailleurs ; cependant, la réélection indé-
finie reste un danger et a été très critiquée. Il en est d'ailleurs
ainsi aux États-Unis où la réélection a lieu plusieurs fois. Le
Président n'est point élu par la nation, mais par la Chambre et
le Sénat réunis en Congrès. Les Constitutions de 1793 et de
l'an III avaient agi de même, en le faisant élire par le Corps
législatif. En 1848, le système contraire prévalut, le président était élu par le suffrage universel et direct, ce qui,
croit-on généralement, eut pour conséquence fatale le coup
d'État de décembre ; il en fut de même en 1852. En 1870 et
en 1873, ce suffrage fut rejeté à cause de ses dangers. De
même en Suisse, le président n'est point nommé par la
nation entière, mais ce qui le renferme, le Conseil fédéral,
est nommé par le Parlement. Ce qui domine toujours, c'est
la crainte de la dictature.

Cependant, le système contraire a généralement prévalu,
celui qui avait triomphé chez nous en 1848. On a pensé
que le pouvoir suprême devait émaner directement de la
nation et, suivant nous, on est ainsi dans le vrai. Pourquoi
avoir un chef, si c'est pour l'abaisser immédiatement devant
un Corps politique auquel il aura dû sa naissance ? La nécessité du chef se fait toujours sentir ; on doit sans doute
prendre ses précautions contre l'absolutisme, mais non
étouffer toute son action. La grande République des États-Unis
fait nommer son président par la nation, mais au moyen d'un
vote à deux degrés ; chaque État élit un nombre d'électeurs
égal à la totalité des sénateurs et représentants de l'État au
Congrès ; ces électeurs se réunissent dans leurs États et votent
au bulletin secret par bulletins séparés pour le président et
le vice-président, dont l'un au moins n'habitant pas l'État.
Si l'élection n'aboutit pas, le président est choisi par la
Chambre parmi les trois premiers candidats, et le vice-président par le Sénat parmi les deux premiers. Les autres
Républiques du nord et du sud de l'Amérique font élire
leurs présidents par la nation entière, au suffrage à un ou

à deux degrés, sauf l'Uruguay qui le fait élire par le Corps législatif.

Lorsque l'élection n'émane que du Parlement, le président se trouve ainsi annihilé dès le premier jour. Si l'on ajoute, comme presque toujours, le régime parlementaire, il n'est plus qu'une ombre; du reste, le roi parlementaire, quoique héréditaire, n'a pas plus de pouvoir. On parvient dans les deux cas à constituer un État acéphale. C'est, en réalité, le Parlement qui gouverne. Si, au contraire, le président résulte du suffrage universel direct ou indirect, mais surtout direct, il conserve sa personnalité et même son autorité. C'est ce qu'on peut constater chez le président des États-Unis qui fait montre de l'activité et de l'influence qui appartiennent à un chef. Pour qu'une République existe en toute indépendance, il n'est pas nécessaire qu'elle soit décapitée et qu'elle ait réduit son président au simple rôle de maître des cérémonies.

Dans les monarchies, la Chambre Haute ne résulte pas de l'élection nationale, puisqu'elle est aristocratique seulement, mais dans les républiques, c'est sans doute l'élection qui doit en être la source. Pour le savoir, il faut distinguer entre le Sénat à caractère fédéral et celui à caractère simplement pondérateur. Le premier est naturellement nommé par les États composants comme États, et, par conséquent, souvent par les législatures de ceux-ci, sauf naturellement les pays où, comme en Suisse, il n'y a pas de Chambre Haute. C'est ainsi qu'en Allemagne, le Conseil fédéral se compose des représentants faisant partie de la Confédération, suivant une répartition de voix entre chacun. Fait très curieux, il y a là une application du mandat impératif; les divers représentants d'un même État ne peuvent voter dans des sens différents. Le système est le même aux États-Unis; le Corps se compose de deux sénateurs par État. Ils sont nommés pour six ans par la législature de chacun. Même système au Mexique; il se compose de deux sénateurs par État; l'élection se fait à deux degrés de la même manière.

C'est la législature de chaque État qui déclare élus les candidats ayant obtenu la majorité absolue; si aucun ne l'a atteinte, la législature choisit parmi ceux qui ont la majorité relative. Au Brésil, au contraire, c'est le suffrage universel et direct qui l'emporte. Déjà dans les pays où le principe fédératif n'est pas en jeu comme en France, ni le principe aristocratique, mais seulement le système de la pondération, le processus rappelle cependant le fédératif, puisque l'élection à deux degrés a pour base la commune.

Enfin, le pouvoir judiciaire est remis à l'élection en certains pays, notamment aux États-Unis et en Suisse. Mais le système d'élection subit alors quelques modifications. En effet, il faut bien que l'éligible appartienne à certaines catégories de gens plus instruits, et, quelquefois aussi cela est nécessaire pour l'électeur lui-même. Aux États-Unis, il faut distinguer entre les juges fédéraux et ceux des États. Les premiers ne sont pas élus; ils sont nommés par le président de la Confédération sur l'avis du Sénat. Quant à ceux des États, il existe une grande variété. Dans quatre États, ce sont les deux Chambres législatives réunies en Cour d'élection qui choisissent, ce qui rend l'élection populaire à deux degrés : dans huit, c'est le gouverneur de l'État, soit avec son Conseil, soit du consentement du Sénat; enfin, dans tous les autres, c'est l'élection populaire. Celle-ci est récente; autrefois c'était la nomination qui avait prévalu; l'évolution vers l'élection a commencé en 1846 par l'État de New-York. Il est à noter que plusieurs États ont introduit dans l'élection des juges le principe de la représentation des minorités. A New-York, c'est le vote limité qu'on a appliqué dans ce but; de même en Illinois, en Pensylvanie. En Suisse, les juges fédéraux sont nommés par les deux Chambres réunies en Assemblée fédérale, ce qui renferme ainsi une élection à deux degrés. Les juges cantonaux sont partout élus, mais le corps électoral suit quatre systèmes différents. Dans les cantons de Uri, de Glaris, Appenzell, c'est la réunion générale du peuple, *landesgemeinde*, qui élit. Dans d'autres, l'élection a lieu encore universelle et directe, mais au moyen du scrutin, sauf pour les membres de la Cour suprême qui sont nommés par le Grand Conseil. Un autre système, en vigueur surtout dans les cantons français, c'est l'élection à deux degrés par les députés, c'est-à-dire par le Grand Conseil. Suivant un quatrième, le peuple peut exclure ceux qu'il ne veut pas pour juges, en ne les portant pas sur les listes qu'il doit dresser, renfermant les noms de tous les citoyens dignes et capables; c'est le système du canton de Vaud. Tous les quatre ans, le peuple désigne un citoyen à raison de cent habitants qu'on inscrit sur les listes des capacités judiciaires; le tribunal cantonal, dont les membres sont nommés par le Grand Conseil, choisit sur cette liste les juges. Dans plusieurs, la représentation proportionnelle a été introduite par le procédé du vote limité, en édictant de plus un *quorum*. On n'exige pas ordinairement un grade d'instruction.

4° *Déchéances des sélections et des élections.* — Telle est la formation des différents procédés d'élection et de représentation. Mais celui qui a été nommé ou élu, l'est-il d'une façon permanente ou viagère, ou pour un temps limité? Est-il révocable? S'il s'agit d'une sélection héréditaire, jusqu'où son eugénisme peut-il persister ? La vieillesse, aussi bien que la mort, ne doit-elle pas mettre un terme aux fonctions sociales ? Ces fonctions sont-elles salariées? Alors qu'elles cessent, donnent-elles ouverture à une pension? La question se pose aussi bien en droit constitutionnel qu'en droit administratif, puisqu'il s'agit à la fois de constituer l'État dans toutes ses branches et de régler les rapports de l'État avec certains des citoyens, qui sont ses fonctionnaires ; nous y renverrons donc, retenant seulement ce qui est réellement politique, à savoir : le terme et la déchéance qui peut atteindre la sélection dynastique ou héréditaire d'une part, la sélection divine de l'autre, et, enfin, la représentation électorale.

La sélection héréditaire a pour origine ce principe que les qualités et les vices, comme la folie, les maladies et autres tares, se transmettent par l'hérédité ou l'atavisme. Cette idée, qui servait de base à l'ancien régime, ébranlée depuis la Révolution, a repris faveur grâce au progrès de la science ; les démocrates mêmes ne peuvent le nier. S'il en était absolument ainsi, la royauté aurait une supériorité marquée sur le régime républicain. Mais il faudrait établir d'abord que cette excellence existait en la personne du premier auteur, ensuite qu'elle s'est conservée dans les successeurs, malgré les coups de l'atavisme ou de la dégénérescence. L'atavisme est plus rare et plus rarement prouvé ; mais les dégénérescences sont très fréquentes. Les races dégénèrent soit par elles-mêmes et en raison du temps, soit par les vices du descendant, soit par ses alliances, s'il s'agit d'un enfant ultérieur. Aussi, les Pharaons d'Égypte étaient-ils tenus d'épouser leurs sœurs, de peur qu'un autre sang inférieur ne se mêlât au leur. Il faut compter aussi sur les infidélités survenues, qui font que la race n'est plus la race. L'histoire est frappante quand elle raconte l'ascension et la déchéance des dynasties. Parfois, quand le rameau principal tombe en débris, un autre vivace pousse à côté : c'est la lutte entre les branches aînées et les branches cadettes ; des usurpations en sont la conséquence fatale. Parfois, c'est une famille étrangère qui survient, exerce quelque temps le pouvoir sans la couronne et celle-ci tombe ensuite d'elle-même du roi déchu, du roi fainéant. C'est ce qui fait qu'avant la Révolution, la France a eu trois dynasties, sans compter les collatérales. Comme l'individu, la race croît, décroît et meurt ; plus elle a été brillante, plus elle devient obscure ; plus elle a été heureuse, plus elle devient malheureuse et comme maudite. Le dernier mot de ces dynasties est la mort ou l'exil. L'arbre est épuisé ; il ne vivra plus ; il attend le bûcheron. Seulement, il en résulte pendant longtemps, pour la société, un état pénible ; elle dépérit : il faut qu'une sélection nouvelle se produise.

La sélection divine n'est souvent qu'une autre sélection renforcée, mais apparaît seule aussi. C'est l'oint du Seigneur qui règne. Tant qu'il est docile, il se perpétue. Mais on veut trop le dominer, ou bien il est ingrat. Il semble pourtant que le sacre l'a rendu tabou pour toujours. Oui, pour les autres, mais non, pour celui qui l'a taboué. Le pontife qui l'a sacré lui retire le bénéfice de ce sacre ; il l'excommunie ; il délie du serment de fidélité. Celui-ci se rebelle, mais finit par aller à Canossa. Cependant il se révolte de nouveau et s'il survit aux anathèmes, ce n'est plus le séligé divin, il va avoir à subir les assauts humains contre une créature humaine. Les empereurs germaniques n'auront plus l'empire que de nom.

La représentation, née de l'élection, est-elle soumise aux mêmes déchéances ? D'une manière moins visible, le mandat étant limité quant au temps ; si le mandataire a été infidèle ou incapable, on se contente de ne pas le réélire, mais point le révoquer dès auparavant. Là-dessus, une controverse existe : suivant les uns, le député n'est jamais révocable, à moins de forfaiture, mais alors, il ne s'agit plus de déchéance directe ; suivant d'autres, il a un mandat impératif, il doit rendre compte, à chaque instant, à ses électeurs, de l'usage qu'il en a fait. Les législations positives répugnent au second principe. Il y a ici la même différence qu'entre sélection et représentation : si la sélection domine, le député doit agir à sa guise ; si c'est la représentation de parti, il doit suivre les volontés de ses électeurs.

CHAPITRE IX

DES GRANDS CORPS NON POLITIQUES DE L'ÉTAT

Nous avons remarqué que, tandis que le législatif et l'exécutif ont chacun un ou plusieurs représentants constituant, ce que l'on a continué d'appeler les grands Corps de l'Etat dont le régime forme le droit constitutionnel, un autre pouvoir composant une trilogie avec les deux autres, le judiciaire n'en avait aucun et n'y figurait même pas par son sommet, par la Cour de cassation, de sorte qu'il est, pour ainsi dire, déchu du droit constitutionnel et rejeté dans le droit administratif. Cette situation a lieu d'étonner. A quoi faut-il l'attribuer et a-t-elle une juste raison d'être ?

Elle tient à trois motifs qui ne la justifient pas, selon nous, mais l'expliquent. Tout d'abord, on sait que la fameuse division tripartite de Montesquieu est contestée. Suivant la plupart, le judiciaire ne serait qu'une branche de l'exécutif. En jugeant, on exécute la loi, d'une manière un peu plus difficile que celle de l'exécutif, et c'est tout. Voilà alors l'ordre judiciaire décapité et ce que nous avons coté comme singularité, devient très naturel.

Un second motif, c'est que, tandis que les autres pouvoirs sont représentés par un corps unique, ou deux corps très élevés égaux, le pouvoir judiciaire, même dans sa branche judiciaire proprement dite, la magistrature, est représenté par une foule de tribunaux et de cours superposés, et que la Cour de cassation n'est pas un corps détaché, sans indivisibilité avec les autres, et qui viendrait se placer au sommet, comme le Parlement, de même que le chef de l'État et ses ministres se détachent du surplus de l'exécutif.

Un troisième, plus important, c'est que le Corps judiciaire n'est point un corps politique, comme le Parlement et les ministres, et que le droit constitutionnel ne doit comprendre, comme organes essentiels, que les Corps politiques. Sans doute, le Corps judiciaire est loin d'être étranger à la politique, et cela, tant par ses abus que par son exercice régulier. En effet, s'il est inamovible et par là non politique, il est politique, en fait, par l'avancement qui dépend du pouvoir exécutif. Il l'est par sa puissance d'appliquer complètement et énergiquement la loi ou de la réduire au minimum. Il l'est, en outre, par ce qu'on peut appeler la politique criminelle ; suivant l'état et les nécessités sociales, sans sortir du maximum et du minimum légaux, il punit plus ou moins sévèrement. D'ailleurs, il se compose non seulement d'une magistrature proprement dite, mais aussi d'un ministère public qui reçoit l'impulsion de chefs politiques. Enfin, le jury lui-même devient législateur, car il a la puissance d'abroger la loi dans chaque cas.

Nous n'estimons donc pas valable l'exclusion du Corps judiciaire du droit constitutionnel, et son rejet au droit administratif, parmi les administrations diverses.

Il en est de même du Conseil d'État ; il n'a été un grand corps de l'État véritablement que quand il participait à la fonction législative, lorsque, seul, il pouvait préparer les projets de loi ; cette mission propre a été perdue, mais elle est toujours possible, existe dans certains pays et à certaines phases de l'évolution, et cela suffit. C'est, à un degré plus ou moins élevé, un corps législatif. C'est à ce titre seulement, d'ailleurs, ce n'est ni par sa fonction judiciaire spéciale, qui n'est qu'un instrument d'administration, ni dans son rôle de conseil, qui n'est qu'une dépendance de l'exécutif, qu'il serait un grand Corps de l'État.

La fonction judiciaire n'est pas une, comme elle devrait l'être suivant nous, ce qui constituerait l'unicité de juridiction. Il y a, dans l'organisation sociale, plusieurs espèces de justice qui sont :

1° La justice judiciaire ; c'est celle bien connue qui est exercée par les tribunaux. Elle a pour mission de juger les litiges entre les divers citoyens.

2° La justice administrative ; c'est celle qui, chez nous, est exercée par le Conseil de préfecture en premier ressort et le Conseil d'État en appel. Elle est chargée de juger entre l'État d'un côté et chaque citoyen de l'autre, non en toutes matières, mais dans celles où l'intérêt collectif et l'intérêt particulier sont en jeu sur des matières administratives, domaine assez vague et qui peut s'étendre ou se restreindre. Cette justice administrative est en concurrence avec la justice ordinaire et il y a entre elles souvent des conflits. Ce sont les deux grandes justices. Le criminel proprement dit n'appartient qu'à la justice ordinaire.

La légitimité de la justice administrative vis-à-vis de celle judiciaire, est fortement controversée. Il est certain que dans la première, l'administration est à la fois juge et partie ; le tribunal est d'ailleurs privé de l'inamovibilité ordinaire qui est considérée comme une garantie essentielle. Cependant, par une singulière anomalie, tandis que la justice ordinaire inamovible est souvent soupçonnée, à cause du mode d'avancement, d'être partiale, le Conseil d'État, sommet de la juridiction administrative, a la réputation méritée d'être indépendant, de fait et impartial ; ce qui le prouve, c'est qu'il est le seul protecteur des fonctionnaires contre l'État, quoique ceux-ci ne soient garantis par aucun statut légal.

3° La justice corporative, au moyen de laquelle chaque corps ou catégorie, au lieu d'être jugé par un pouvoir externe, l'est, au contraire, par une autorité interne, ayant, suivant les cas, la justice civile ou répressive ; elle ne s'applique plus à l'ensemble des citoyens.

a) Une de ces justices internes est celle, assez large, relative aux commerçants (tribunaux de commerce) et une autre, celle s'appliquant aux ouvriers (conseils de prud'hommes). Elles sont trop connues pour nous y arrêter. Elles se recrutent partout au moyen de l'élection.

Si une personne étrangère à cette profession se trouve mêlée au débat, elle peut refuser cette juridiction.

b) Une autre juridiction interne, fort importante, c'est la justice militaire ou maritime, représentée par des Conseils de guerre. Elle a lieu en temps de guerre et en temps de paix ; prononce des peines plus sévères et admet moins ou pas du tout les circonstances atténuantes suivant les époques ; ses décisions sont sans appel ; son existence est vivement combattue ; on a proposé souvent, en ces derniers temps, de la supprimer en temps de paix ou de créer alors des tribunaux moitié militaires et moitié civils.

c) Une juridiction interne politique. Il s'agit de la Haute Cour de Justice. Elle a été créée pour juger le Président de la République et les ministres et prononcer leur déchéance. Elle a été étendue ensuite à d'autres crimes politiques.

d) Des juridictions internes dans chaque profession, jugeant disciplinairement tous ceux de cette profession : Conseils d'enquête pour les officiers, Chambres de discipline pour les notaires, Conseils de l'instruction publique.

e) Des juridictions canoniques employées exclusivement pour les membres du clergé à diverses époques.

f) Une juridiction disciplinaire de la Cour de cassation pour les magistrats, pouvant prononcer la destitution.

g) Une juridiction d'honneur pour les eugéniques et les membres des corps politiques : jurys d'honneur contre le duel.

h) Une juridiction de comptabilité pour les comptables officiels (Cour des comptes).

Telles sont les diverses sortes de Justices. On voit qu'elles sont nombreuses et rivalisent avec celle du droit commun. Autrefois, elles étaient plus variées encore. Il suffit de citer, sous l'ancien régime, ce que l'Assemblée constituante en 1790 a supprimé en bloc : élections, greniers à sel, juridictions des traites, grueries, maîtrises des eaux et forêts, bureaux de finances, juridictions et Cour des monnaies, Cour des aides, requêtes du palais et de l'hôtel, officialités, grand Conseil, prévôté de l'hôtel, sièges de la connétablie, tribunal des maréchaux de France.

Toute réduite qu'elle est aujourd'hui, il reste une longue nomenclature dont l'ensemble et chaque partie sont contestés. On s'élève timidement contre la juridiction administrative, parce que les tribunaux ordinaires manqueraient des connaissances techniques nécessaires, mais le Conseil de préfecture, ainsi que le Conseil d'État, sont battus en brèche, parce que, l'État y est juge et partie ; le Conseil de guerre en temps de paix est réprouvé. Le tribunal consulaire jouit encore d'un certain prestige, par opposition à la magistrature de carrière, mais on l'accuse d'incapacité, et mieux, de partialité : ce qui a fait supposer que le reproche est juste, est le défaut des électeurs qui s'abstiennent presque tous. La Haute Cour de Justice est nécessairement partiale, puisque ce sont des politiciens qui jugent des politiciens ; aussi, est-elle peu goûtée. Quant aux juridictions disciplinaires, on en admet la nécessité.

Il reste le principe absolu contraire : celui de l'unité de juridiction. Nous l'examinerons sous la rubrique du droit scientifique.

Le fonctionnement de la justice judiciaire et même de la justice en général repose sur plusieurs principes éminemment sociologiques.

1° C'est d'abord la distinction entre le droit et le fait ; elle remonte au droit romain de la procédure dite formulaire, sinon au delà. On se demande, *a priori*, pourquoi cette dis-

tinction qui semble subtile; le même juge ne jugera-t-il pas
mieux le tout? Sans doute, si le juge a la même capacité pour
tout, mais les deux capacités ont paru incompatibles. Il faut
d'abord la science technique, la connaissance de la loi, souvent compliquée, et enfin l'expérience ; mais celui qui est orné
de ces qualités, est dépourvu de quelques autres : de la communication avec le public et de la vie pratique, d'où la
routine et la subtilité. Aussi un rôle est-il souvent attribué
au magistrat, alors le préteur, et un autre au juge (depuis, le
juré). Toute notre procédure d'assises est basée sur cette
distinction; le magistrat dit toujours le droit et le juré dit
le fait; ensuite, le fait et le droit doivent s'accorder, ce qu'ils
font avec beaucoup de peine.

La distinction entre le fait et le droit a même une autre
portée; elle a amené l'idée de la cassation. Tandis que chez
nous, le jugement du fait est sujet seulement à l'appel, le
jugement quant au droit subit deux recours à savoir l'appel
d'abord, la cassation ensuite. Pourquoi deux recours pour
l'un d'eux, le droit, tandis qu'il n'y en a qu'un pour l'autre?
C'est afin que tous les procès viennent en cassation et que
l'unité de jurisprudence puisse être établie pour tout le pays.

Cette distinction entre le droit et le fait a donc lieu chez
nous, aussi bien qu'en droit romain, mais elle est interver-
tie. Chez les Romains, c'est le droit qui commence, le préteur
qui le décide d'abord, puis le *judex* juge le fait. Chez nous,
c'est le contraire, le juré juge le fait et ensuite la Cour dit
le droit.

2° C'est ensuite le principe de l'appel et celui du non appel.
On conçoit que les causes minimes y soient soustraites ; ce
n'est pas là un principe, mais une règle d'utilité publique.
Où les principes commencent, c'est d'abord dans le fait même
de l'appel. Pourquoi ne pas s'en tenir à une seule juridiction?
C'est que le juge est loin d'être infaillible et même d'être
réputé tel. Cela est vrai, mais pourquoi alors, s'il y a dissidence, le second jugerait-il mieux que le premier ? Parce que,

dit-on, le juge est plus capable, étant séligé avec plus de soin et plus expérimenté. Si c'était vrai ! En tout cas, c'est fort douteux. De deux juges, l'un est pour mon adversaire, l'un contre lui : lequel a raison ? Ne serait-ce pas alors à un troisième de décider ? Voilà la question.

Il en est une autre, non moins embarrassante. Lorsque c'est la magistrature, plus expérimentée, présumée plus intelligente, on peut appeler ; si c'est le jury, qui a une grande réputation d'incapacité, l'appel est refusé. Pourquoi ? Est-ce logique ? Continuons. Quand c'est le jury qui décide, il s'agit de l'honneur, de la vie (jusqu'à la peine de mort), pas d'appel ; c'est la magistrature, il s'agit d'une valeur de 1501 francs, appel.

3° Un autre principe, c'est l'inamovibilité de la magistrature ; il est en vigueur partout où le juge n'est pas électif. Il a pour but de garantir contre la pression du pouvoir. Cependant, l'avancement est remis aux mains de celui-ci. On ferme une porte, on en ouvre une autre. Cependant, l'inamovibilité est ici caractéristique. Les simples fonctionnaires, soit d'autorité, soit de gestion, n'en jouissent pas. C'est que la fonction judiciaire forme un troisième pouvoir.

A cette inamovibilité il faut joindre un privilège du même genre, l'irresponsabilité. Pratiquement, si la fonction rendait matériellement responsable, personne ne voudrait être magistrat, il faudrait recruter comme pour le service militaire. Théoriquement, il y a là quelque chose d'analogue à l'irresponsabilité du chef de l'État dans l'ordre exécutif. Elle retombe de lui sur les ministres ; de même, pour les formalités, celle du juge retombe sur le greffier.

4° Le tribunal se compose de trois sortes de personnes remplissant des rôles différents : a) dans les affaires civiles, les deux parties, et dans les autres, le ministère public et l'inculpé ; b) la magistrature ; c) le jury : l'un représente l'action ; le second, la science ; le troisième, la conviction et le sens commun. Nous avons établi cette répartition. Elle est

souvent méconnue ; le président, dans l'interrogatoire, joue
le rôle d'accusateur, ce qui fait double emploi avec le ministère public ; aussi a-t-on proposé de supprimer son interrogatoire, comme autrefois son résumé.

5° Un des principes reconnus presque partout, c'est la
collégialité du juge et non son unicité. Cette dernière n'est
admise que pour les juridictions inférieures : justice de paix.
Trois juges, cinq ou sept conseillers, trois magistrats aux
Assises. L'unicité a été proposée, mais est généralement
repoussée, comme enlevant une garantie au justiciable. Oui,
si les juges étaient en réalité indépendants du pouvoir.
Comment pourraient-ils le devenir ? Nous l'indiquerons.

6° La représentation des parties est un autre principe ; il
n'est fait d'objections que dans les juridictions inférieures.
On est passé de l'un à l'autre système, comme en matière
gouvernementale, du gouvernement direct au représentatif.
Sous le chêne de Vincennes, il n'y avait ni procureur, ni
avocat. Mais depuis, il en est survenu beaucoup, ils sont
légion. On invoque, ce qui est vrai, l'inaptitude des parties
à se défendre, leur long verbiage qui est obscur, la perte de
temps pour eux, et l'on a raison. Mais pourquoi multiplier
ces intermédiaires ? L'Allemagne, par exemple, n'a que
l'avocat-avoué ; nous, nous avons l'avocat, plus l'avoué ; il est
vrai que nous sommes plus riches.

7° Le corps judiciaire s'est servi alternativement, suivant
les époques, de la procédure secrète et de la procédure orale
et publique. Cette dernière a prévalu avec raison. Mais il
reste des vestiges de la première, surtout dans l'instruction.
Les deux principes sociologiques sont ici diamétralement
contraires. Comment les expliquer ? Ils sont d'accord avec
l'état social général de chacune des époques. Ils répondent
aussi aux différents pays. En France, tout d'abord, tout est
oral, c'est le procédé féodal ; la procédure secrète commence
avec l'influence ecclésiastique ; elle se perpétue et c'est après
la Révolution seulement qu'elle redevient orale ; et encore !

n'est-ce que par l'imitation de l'Angleterre qui l'avait toujours conservée?

8° De même, la procédure judiciaire est d'autorité ou de lutte. Dans la première, au criminel, l'accusation est supérieure à la défense, au point que ce fut d'abord au prévenu à prouver son innocence ; plus tard le président et le ministère public attaquent ensemble l'accusé et de haut. En d'autres pays, le président se tait, le plaignant accuse seul et il est sur le même pied que l'accusé, comme dans un procès civil.

9° L'instance judiciaire n'a pas lieu d'office, mais elle s'accomplit à la demande d'une partie ; un tribunal ne se saisit pas, ni même le juge d'instruction, il attend qu'on le saisisse. C'est le principe de notre droit, mais il n'a pas été toujours suivi. A une certaine époque, le juge se saisissait de lui-même ; le juge d'instruction est encore autorisé à le faire par exception. Ailleurs, le juge civil fait d'office et sans attendre de réquisition, une foule d'actes, il n'y a plus de forclusions et tout marche plus vite. Les pays germaniques font un grand usage de la procédure d'office.

10° Un principe sociologique, longtemps en vigueur, a été le jugement par des pairs et non par des supérieurs ; il était en vigueur dans le droit féodal, puis disparut. Il a reparu dans le jury ; il est considéré comme essentiel. Devant les tribunaux militaires, il y a quelque chose d'analogue. Les juges de l'accusé ne sont pas, il est vrai, ses pairs, mais ils appartiennent à différents grades dans l'armée.

11° La vénalité a été, à certaines époques, liée à la judicature, comme au grade militaire, c'était un principe considéré comme une garantie d'indépendance et personne ne songeait à la blâmer. Elle a disparu dans son centre, mais les fonctions qui entourent la magistrature sont devenues vénales, celles d'avoué, d'huissier, de notaire, etc. C'est, peut-être à titre d'inamovibilité latente, mais le principe n'en est pas moins devenu immoral.

12° La justice est gratuite, ce qui veut simplement dire,

en traduisant, que les juges ne sont pas payés par les plaideurs, comme autrefois, mais par l'État. Tout le reste est
faux ; les frais sont énormes, et une telle contre-vérité est
ironique. Mais cependant, cela décèle un principe sociologique, pur, comme le métal précieux encastré dans le
minerai, c'est que cette gratuité est nécessaire, que c'est
la vérité sociologique, si les frais incalculables sont la vérité
juridique. Ils sont tempérés seulement par l'assistance judiciaire tout à fait insuffisante.

Tels sont les principaux principes sociologiques qu'on peut
extraire de l'organisation et du fonctionnement judiciaires.

Le Conseil d'État est aussi un des grands Corps que la
Constitution n'a pas établis comme tels, du moins, celle
de 1875, et qui, en effet, a subi une certaine déchéance, par
le fait qu'il n'a plus d'attributions législatives officielles.
Mais ce n'est pas d'après l'état actuel seul que nous devons
classer. Le Conseil d'État a été un des grands corps de l'État,
participant au travail législatif : 1° lorsqu'à une certaine
période, il a eu le droit d'interpréter les lois, se faisant ainsi
quasi-législateur ; 2° lorsqu'à une autre (constitution de
1852), il a dû préparer et même soutenir les lois devant le
Corps législatif. Maintenant, il est tombé au rang de simple
Corps administratif.

Les attributions du Conseil d'État sont des plus multiples.
Ce qui domine, c'est sa qualité de corps technique, technicité
qui avait son application dans la préparation des lois. Le
pouvoir administratif non politique s'y condense, comme
le pouvoir politique se condense dans le Conseil des ministres,
de sorte que le pouvoir administratif a deux sommets.
C'est, de cette qualité maîtresse de technicité que découlent
toutes ses attributions, les administratives d'abord ; puis,
étant administratif, et pour empêcher l'immixtion judiciaire,
il devient judiciaire lui-même ; enfin, étant technique, il
devient souvent législatif ; tout cela se tient. A la fois,
comme législatif et administratif, il propose les règlements
d'administration publique.

CHAPITRE X

——

Dans le droit constitutionnel déterminateur, la procédure de détermination est celle qui n'a pas pour but d'accompagner la preuve d'un droit, mais de fixer les formes de sa constitution régulière.

Il y a lieu ici d'envisager parmi ces formes, comme plus importantes : 1° celles des élections qui ont pour but de parvenir à sa genèse ; 2° celle des débats parlementaires qui ont pour but son exercice.

Nous commençons par ces dernières :

1° De la procédure parlementaire

Elle consiste dans les formes usitées par les deux Chambres du Parlement pour légiférer. Ces formes n'ont rien de commun avec celles usitées par le corps judiciaire dans les procès. Il faut en excepter la vérification des pouvoirs qui ressortit à celles relatives au droit probateur dans la procédure.

Le règlement de la Chambre et, en partie, les lois constitutionnelles elles-mêmes ont réglé les formes nécessaires, pour le mode de formation des bureaux, des Commissions, l'étude des projets de loi, leur discussion, leur renvoi d'une Chambre à l'autre, les amendements et les contre-projets, le quorum, les divers modes de votation.

Toute cette procédure n'invoque pas de principes net-

tement sociologiques. Quelques traits cependant, dont
quelques-uns de mœurs, présentent ce caractère.

Le premier principe est celui de l'immunité parlementaire.
Un député ne peut être jamais recherché pour ce qu'il a dit
à la tribune, même quand ses paroles constitueraient une
diffamation. C'est une conséquence de la souveraineté nationale qui a été déléguée par la nation tout entière à chacun.
De même, le roi était autrefois à l'abri de toute répression,
même pour des délits de droit commun, et il l'est encore
en Angleterre. Au point de vue politique, c'est une condition
de l'indépendance ; le député doit pouvoir tout dire dans
l'intérêt du public, le même motif indique qu'il ne peut être
poursuivi pendant les sessions.

Le second principe, qui est de pure coutume, c'est que
deux députés, lorsqu'ils s'injurient, ne s'adressent point aux
tribunaux, car ils sont au-dessus d'eux, comme les aristocraties l'étaient autrefois. Le plus démocrate d'entre eux est
un aristocrate par imitation. Il lui faut d'autres juges qu'au
commun. Aussi, la procédure entre eux c'est encore le duel.

Une habitude singulière qu'on leur a souvent reprochée
et qu'on ne trouve pas ailleurs, c'est de pouvoir voter pour un
autre, pour dix autres, sans justifier d'aucun mandat. On doit
avoir pleine confiance dans le souverain. On admettra qu'il
votera oui pour trois collègues, et non pour quatre autres,
le tout sincèrement.

On admet aussi le député, vis-à-vis pourtant d'un devoir
si important, on admet surtout le sénateur, à ne pas paraître
au Parlement aussi longtemps qu'il le veut, avec un congé
de forme, ainsi qu'un écolier qui ne viendrait jamais en
classe.

La Chambre se partage, en dehors de ses bureaux et de
ses commissions qui sont officielles, en groupes politiques
qui sont officieux. Ces groupes ont une organisation et
votent comme de petites Chambres ; le député, au lieu de
rechercher l'utilité et la justice d'une loi, suit son groupe.

Ce n'est pas tout; un parti tout entier, à la Chambre, vote obligatoirement comme un seul homme dans le même sens, si la loi a une couleur politique; cela est vrai, surtout de la majorité : *Sicut cadaver*, c'est le bloc.

Un projet de loi, s'il n'a pas été voté par une Chambre, au cours d'une législature, est caduc ; il faut qu'il soit repris *ab initio*, et ainsi le résultat des débats précédents se trouve perdu. On a même longtemps soutenu que la caducité frappait le projet, tant qu'il n'était pas voté par l'autre Chambre. Un tel procédé non seulement cause un retard préjudiciable, mais il couvre souvent une manœuvre. On vote, sachant bien que le projet ne sortira pas avant la fin de la législature, on a voulu seulement s'en donner la popularité.

Un autre procédé, non légal, mais fréquent, est aussi très connu, c'est l'obstruction. Pour retarder le vote d'un projet, la minorité prononce à ce sujet des discours sans fin. La majorité procède d'une autre manière, par des bruits étourdissants, comme sont ceux que font les écoliers en rupture de classe. Ils se permettent aussi, envers leurs collègues, des mots stupéfiants d'insolence que, par euphémisme sans doute, on appelle le langage parlementaire.

2° *De la procédure électorale*

La procédure de la représentation tient dans le droit public électoral. Les formes à observer sont multiples et forment tout un petit code. Il s'agit de s'assurer par elles que certains droits indispensables, notamment la tenue régulière du bureau, l'exactitude de la liste électorale, ont été observés. A la fin de toutes opérations, un juge spécial et qu'on ne rencontre dans aucune autre partie de la législation, décide, si oui ou non, la preuve de la représentation est définitivement faite, ainsi que nous l'avons dit.

Nous allons extraire du détail de la procédure ce qui est essentiel et vraiment sociologique. Quand il s'agit de la

procédure criminelle, ce qui importe surtout, c'est le respect
du droit de défense de l'accusé ; tout est dirigé dans ce but.
Quand il s'agit de l'électorat, c'est ce qui concerne la
liberté, la sincérité, la facilité du vote. C'est aussi sur ce
point que les réformes ont porté. Cette liberté, dans nos
sociétés modernes, s'appuie surtout sur le secret. En outre,
le vote ne doit pas être trop fréquent, enfin il doit comprendre tous les électeurs.

Un des points les plus essentiels, c'est le secret. Les systèmes ont beaucoup varié. A l'origine, et avant même l'existence
de l'électorat, sous le gouvernement direct, on avait opiné
dans les assemblées délibérantes, soutenu ses sidées, en
votant à mains levées. Il est naturel, dans les premiers
suffrages donnés, qu'on agit de même. Plus tard, le souvenir de l'état originaire s'effaça ; on vota solitairement ;
pourquoi le faire de vive voix ? Avec plus de complexité sociale,
sous un pouvoir tyrannique, on désira cacher son vote, on
le voulut de plus en plus, et maintenant tout à fait. De là,
trois étapes : 1° celle du vote public ; 2° celle du vote secret ;
3° celle du vote très secret.

D'ailleurs, il reste encore des vestiges du premier état.
Le vote se fait de vive voix, en Danemark, en Hongrie, en
Prusse, en Serbie. Une loi de 1902 l'organise dans l'Argentine. En Bavière, les bulletins sont signés. A Lucerne, d'après
une loi de 1892, le scrutin est généralement secret, mais il
devient public dans certaines circonstances ; le système est
d'ailleurs fort compliqué. En Angleterre, avant 1872, le vote
parlementaire avait lieu publiquement par acclamation ou sur
des registres. Au Danemark, le vote public a lieu d'une façon
très originale ; on y procède dans une réunion publique en
présence des candidats et après des discussions. En voilà qui
ne cachent pas leurs opinions ! Dans plusieurs pays, le vote
public a disparu devant le vote secret, c'est ce qui est arrivé
en Bavière en 1881, en Norvège en 1884.

Le vote secret s'accomplissant par la remise dans l'urne

d'un bulletin plié est le système le plus général. C'est celui qui est en vigueur en France, en Espagne, en Portugal, en Roumanie, en Suède, en Allemagne, en Autriche. Mais son secret est très insuffisant, sa liberté de même. Le papier où est imprimé le nom du candidat est souvent transparent, sa grandeur est inégale, son encre plus ou moins noire, le président du bureau le reçoit plié, mais au tact, à la vue, il peut deviner, et d'ailleurs il est souvent candidat lui-même. Voilà pour le secret. Un homme influent, duquel l'électeur dépend, l'accompagne jusqu'au pied de la table où est l'urne; il lui a donné un bulletin, il le surveille jusqu'au bout. Voilà pour la liberté.

Le grelot a été attaché par le législateur belge qui a imaginé, à côté du vote secret, le vote très secret par un procédé fort ingénieux qu'il est question d'introduire en France. C'est celui de l'isoloir. Il n'y a point de bulletin de vote. L'électeur en entrant, doit exhiber sa carte. Le président la vérifie et il lui remet une feuille qui contient collectivement toutes les listes de candidats, ce qui se relie au système de la représentation proportionnelle. L'électeur muni de cette pièce, se retire seul dans la cabine d'isolement et, sur cette feuille, avec un crayon, met une croix sur la liste qu'il choisit, puis, il revient avec son bulletin plié, le montre au président et le remet lui-même dans l'urne. Ainsi se trouvent assurés une liberté et un secret complets. Personne ne doit l'accompagner dans la salle de vote ni, à plus forte raison, dans l'isoloir. Il y a d'autres détails, mais qui concernent uniquement la proportionnelle.

Ailleurs, c'est le système de l'enveloppe, avec ou sans isoloir. Il s'agit d'une enveloppe, la même pour tous, et dans laquelle l'électeur enferme son bulletin.

Des systèmes analogues sont en vigueur dans plusieurs cantons suisses, au Tessin, à Neufchâtel, à Lucerne, à Vaud, à Genève; en Amérique, on peut citer l'État de New-York, la Californie, le Chili, l'Angleterre, depuis 1822, l'Italie.

L'électorat, devenu libre et secret, doit aussi devenir facile,
tant dans la personne de l'électeur que dans celle de l'élu.
De là, dans certains pays des lois qui permettent de voter
par lettre ou par mandataire. Il faut aussi qu'il ne soit pas
dérangé fréquemment, comme il l'est chez nous. Dans ce but
certaines législations placent au même jour toutes les élections nationales, départementales, communales ; si si des
députés viennent à manquer au cours de la législature, on ne
convoque point à un vote nouveau. Sans doute, on ne pourrait priver le département d'un de ses députés. Aux premières
élections on avait choisi non seulement le député, mais
plusieurs suppléants, qui, le cas échéant, prendront sa place.

L'électorat doit être aussi facilité pour l'éligible. Il y en
a qui, faute de fortune, ne peuvent laisser leur travail et
accepter ce mandat. C'est peu démocratique, outre que
tout travail, même législatif, mérite son salaire : mais c'est
fort aristocratique, il n'y aura que des gens riches à diriger
le pays. Les fonctions sont longtemps gratuites ; en Angleterre elles le sont encore, sauf pour le président de la
Chambre. Chez nous, il en fut de même en 1814 et en 1830,
tandis que la Révolution avait donné une indemnité. En
1848, elle fut rétablie, et elle a été portée de 9.000 à 15.000
par une loi qui a été vivement critiquée. Sans doute, on
peut toujours discuter les chiffres et, en outre, le mode de
votation fut des plus singuliers ; on ne peut se voter un
traitement à soi-même, pas plus qu'on ne peut rendre un
jugement en sa propre faveur ; d'autre part, il est fâcheux
que pour le politicien, la politique devienne une profession
salariée, mais le mandat législatif gratuit est la négation du
droit populaire, et quant au chiffre, il doit être augmenté,
comme le salaire des ouvriers, lorsque la vie devient plus
coûteuse.

Enfin, des formes protectrices doivent empêcher que le
résultat du scrutin ne soit altéré à la fin, ou qu'au commencement la liste des électeurs n'ait été faussée. Cette der-

nière fait l'objet de dispositions très détaillées; en cas de contestations, des jugements interviennent. Ici, elle est permanente, là elle se renouvelle; quant au danger d'altération, il peut venir des bureaux ou des scrutateurs. Aussi, des lois nouvelles ont-elles été édictées, ce qui n'a pas lieu encore en France, pour que les divers candidats puissent nommer des mandataires chargés de surveiller le scrutin; ce sont, pour ainsi dire, les gardiens du candidat.

CHAPITRE XI

I. — *Droit probateur*

Nous traiterons ce qui concerne ; 1º la preuve de la régularité de l'élection ou de la sélection ; 2º les conflits avec les grands corps politiques en exercice.

1º *Décision sur la validité de la sélection ou de l'élection.*— Souvent, les formes protectrices ont été transgressées, et, ce qui est plus grave, on a cherché à corrompre les votes ou à en dénaturer le résultat ; ces faits, comme tous ceux illicites, tombent sous l'application de la loi pénale et nous les y retrouverons bientôt, mais ils peuvent aussi invalider l'élection. Il faut que dans ce cas une autorité sociale soit appelée à décider si la sélection a été légitime.

Par exemple, la sélection divine a pour juges, comme elle a plus tard pour abrogateur, en proclamant la déchéance, le pontife. Lorsque la sélection du surhomme, par sa force de corps ou d'esprit, semble s'être accomplie, il décide si elle est assez énergique, et d'ailleurs assez favorable aux intérêts religieux, pour que le sacre s'y superpose. De même, en cas d'examen ou de concours, il y a des examinateurs à ce destinés. Enfin, s'il s'agit d'avancement, nous savons que certaines administrations ont, dans une mesure, des règles fixes à suivre, par exemple, un tableau d'avancement établi d'après des données légales. Dans ce cas, il y a, en France, un juge institué et en général fort impartial, s'opposant aux abus de pouvoir, c'est le Conseil d'État. Nous y reviendrons à propos du droit administratif.

En matière de représentation ou de sélection par élection, on suit une juridiction toute particulière ; il s'agit de ce qu'on appelle la vérification des pouvoirs. Qui en sera juge ?

Il semble qu'ici, comme dans toute matière, c'est la justice ordinaire qui doit statuer pour tous et sur tout. Cependant, tout à l'heure, en matière de sélection par nomination, c'était le Conseil d'État, corps administratif, qui jugeait entre l'administration et le fonctionnaire. Ici, la singularité est plus forte : c'est le Corps intéressé lui-même qui juge. On veut invalider un député élu : il semble bien que c'est l'affaire des tribunaux.

C'est, en effet, ce que plusieurs législations décident, par exemple, au Portugal, au Japon, en Suède, et ce qui a plus d'importance, depuis 1868, en Angleterre. Auparavant, ce pays avait suivi un système tout contraire. C'était la Chambre des Communes qui se vérifiait elle-même, il est vrai, avec des précautions infinies, le président tirait au sort trente-trois membres qui, par des récusations, se réduisaient à onze ; les parties, outre le droit de récuser, avaient celui d'adjoindre un autre membre ; c'était ce comité qui rendait une sentence sans appel.

Mais ce système est l'exception. Partout ailleurs, à l'étranger comme en France, le Parlement se vérifie lui-même : en Hongrie, en Italie, en Roumanie, en Norvège, en Allemagne, en Prusse, en Autriche. En France, il en fut de même dès 1789 ; c'est ce que fit le Tiers état, dès qu'il fut constitué. Cette règle a été toujours suivie depuis.

. En ce qui concerne les conseillers provinciaux, tantôt on a suivi la même règle, tantôt la vérification se fait, en cas de contestation seulement, par l'autorité judiciaire ou l'autorité administrative. En France, avant la loi de 1875, c'était le Conseil général qui vérifiait ses pouvoirs ; depuis, c'est le

Conseil d'État, et pour le Conseil municipal, c'est le Conseil de préfecture en première instance, et le Conseil d'État, en appel ; il en est de même pour celui d'arrondissement. En Hollande, c'est le Conseil provincial qui se vérifie ; en Prusse, pour les conseils provinciaux, c'est la Diète du Cercle. En Italie, pour les provinciales, c'est le conseil provincial, et pour les communales, c'est le bureau, sauf recours devant le tribunal communal, puis devant la députation provinciale. En Espagne, c'est le Conseil provincial qui se vérifie et pour les élections communales, c'est la commission provinciale. En Espagne, la Commission provinciale statue sur les communales.

Nous avons cru nécessaire de donner ce tableau, même en comparant la province et la commune qui ne ressortissent pas à la présente rubrique, pour apprécier les idées sociologiques en action.

Le principe le plus simple est certainement la dévolution aux tribunaux ordinaires, mais deux autres s'y opposent : 1° la séparation des pouvoirs en est un considérable qui domine tout le droit des nations civilisées ; sans elle point de véritable liberté, tout succombe sous l'énorme poids de la Société en un seul bloc ; or, la vérification des pouvoirs met le Corps législatif à la merci du Corps judiciaire ; celui-ci a ses idées politiques plutôt rétrogrades, d'ailleurs, tout parti extrême l'effarouche. Il sera enclin à décider en faveur de ses coreligionnaires dans ce sens. Puis, il ne sera pas fâché de faire acte de maître, de briser des élections, comme les Cours supérieures brisent les jugements des tribunaux inférieurs. Par là, elle entre en pleine politique au lieu d'être un pouvoir pondérateur et interne. Ce motif vaut pour toutes les élections nationales, provinciales ou communales. Il en existe une autre, se rapportant surtout au Parlement. Celui-ci est souverain, comme la nation elle-même dont il émane : si le judiciaire en vérifiait les pouvoirs, il ne serait plus souverain, il deviendrait le vassal

des tribunaux, comme pour l'avancement les tribunaux
sont vassaux de l'exécutif, il le serait lui-même de l'exécutif,
les étages sociaux seraient renversés. C'est ce qui explique
la presque unanimité des législations.

Cependant, il y a un danger des plus graves. Le Parlement
se compose, à côté des minorités, presque toujours d'une
majorité importante et compacte qui appartient à un parti.
Lorsqu'un élu se présente devant elle et que son élection a
été contestée par un concurrent appartenant à la majorité,
comment celle-ci va-t-elle abandonner l'un des siens au
profit d'un de ses adversaires ? Elle invalidera et ce sera
souvent une injustice qu'elle aura accomplie instincti-
vement; en tout cas, elle sera soupçonnée d'en être coupable.
Le tribunal ordinaire serait préférable sous ce rapport; il
pourrait être aussi injuste, mais il ne serait pas suspect.

En ce qui concerne les collèges provinciaux et communaux, la question se pose différemment. Ils sont souvent
politiques en fait, mais ils ne le sont pas en droit. D'autre
part, ils n'ont pas la souveraineté d'un Parlement ; il serait
donc tout naturel de les faire vérifier par le pouvoir judiciaire de droit commun. Cependant, on s'est rarement arrêté
à cette idée. Parfois ils se vérifient eux-mêmes; ordinairement
ils sont vérifiés par des tribunaux administratifs: Conseils
de préfecture ou Conseil d'État. Ici, nous ne comprenons
plus. On est parti de l'idée incomplète que le Conseil général
et le municipal ne sont pas législatifs, qu'ils ne sont que des
rouages de l'administration. C'est inexact, ils sont, surtout
dans certains pays, les fédératifs, les petits Parlements de
la province.

Pourquoi ne pas adopter une autre idée. Le Parlement
doit être soustrait à la férule du pouvoir judiciaire, car, si
on l'y soumet, c'est soumettre le supérieur à l'inférieur, il
ne doit pas se vérifier lui-même, car il serait juge en sa
propre cause, il ne doit pas être vérifié par un Conseil
administratif, car la division des pouvoirs serait violée. Mais

pourquoi ne pas le soumettre à son supérieur véritable, la
nation qui l'a nommé. Seulement, il s'agirait de la nation
représentée par un petit nombre et avec garantie d'impartialité, d'un jury national de vérification recruté dans tous les
partis, non plus en proportion de ces partis, car alors la
partialité du parti dominant serait encore à craindre, mais
en nombre égal dans tous les partis, avec un certain droit de
récusation péremptoire par les intéressés.

2° *Conflits entre les divers organes du pouvoir.* — Dans
cette situation et surtout dans le régime parlementaire et le
gouvernement de cabinet qui enchevêtre tous les organes
les uns dans les autres et les fait agir d'une manière savante,
mais délicate, il est impossible qu'il ne se produise pas de
heurts, on peut même arriver à des complexités inextricables.

Le plus important, c'est celui qui éclate en matière parlementaire entre les deux Chambres. Sans doute, à moins de
rejet complet par l'une d'elles, chacune essaiera d'aboutir par
des concessions réciproques et on assiste à ce spectacle un
peu singulier de deux assemblées qui se renvoient une loi
projetée, comme dans un jeu de raquettes ; ce tournoi parlementaire n'a rien de bien digne, d'autant plus qu'alors ce
sont des transactions continuelles qui dénaturent à la fin toute
l'économie du projet et qui ne recherchent pas la vérité et la
justice objectives. Souvent la loi tombe à la fin devant le
refus net des Chambres. Cette lutte peut se continuer sur
une autre loi et celles-ci se brouiller tout à fait. En
France, il peut y avoir intervention du Président de la
République. Celui-ci pourra dissoudre la Chambre et convoquer pour en élire une nouvelle. Les électeurs ne statueront
pas sur la loi envisagée, mais leur choix indiquera indirectement ce qu'ils pensent. Le président ne peut agir ainsi
qu'avec le consentement du Sénat. Nouvelle complexité,
puisque le Sénat a été partie dans l'affaire. On lui donnera

ainsi raison provisoirement. Sans cette dissolution, on reste
dans une impasse.

Pourquoi cette dissolution par un président qui est
précisément issu de la Chambre, voilà un fils bien ingrat !
Ne vaudrait-il pas mieux abandonner cette mesure extrême
et soumettre simplement la loi à un referendum.

Une autre heure s'établit entre le Président ou ses
ministres et le Parlement, quand celui-ci ou celui-là sont
accusés en raison d'une trahison ou autre cas de responsabilité pénale. Qui les jugera ? Le Sénat constitué en Haute-
Cour de Justice et sur l'accusation de la Chambre. Cette
juridiction politique, ne fait-elle pas qu'on est à la fois
juge et partie, car c'est certainement contre le Parlement que
le chef ou ses ministres auront péché ?

Ne vaudrait-il pas mieux faire juger par un tribunal
spécial, c'est-à-dire par un jury tiré, par exemple, sur tous
les Conseils généraux du pays?

Enfin, un autre conflit peut naître, non plus entre les
membres de ces grands corps, mais entre ceux du législatif
et du judiciaire à tous degrés, et entre les matières ressortissant
à chacun d'eux. C'est le cas du conflit d'attribution. La
juridiction compétente en 1790, c'est le roi qui statue en
conseil des ministres avec recours au Corps législatif.
En l'an III, c'est le pouvoir exécutif en l'an VIII c'est le
Conseil d'État, de même sous la Restauration. Le gouvernement de 1848 crée un tribunal mixte, moitié cassation,
moitié Conseil d'État. En 1852, ce tribunal est supprimé et
remplacé par le Conseil d'État, mais en 1872, on crée un nouveau tribunal mixte composé de 3 Conseillers d'État, 3 de cassation et 2 membres élus par eux. C'est certainement le système le plus juste, celui où, à défaut d'autorité supérieure,
c'est chaque parti qui prend la moitié des juges dans son sein.

Cependant, le président est le ministre de la Justice, qui
en somme représente l'exécutif, la balance n'est donc pas
tout à fait égale. Ne vaudrait-il pas mieux, comme dans le

cas précédent, faire juger par un jury national qui serait absolument indépendant et distinct des deux parties en cause?

Reste en gouvernement fédéral le règlement des litiges entre les États fédéraux, nous en traiterons sous une autre rubrique.

II. — *Droit sanctionnateur*

Le droit sanctionnateur en matière constitutionnelle consiste, lorsque celui-ci est normal et pacifique, à empêcher par diverses sanctions, déchéances, ou pénalités, que l'ordre de la constitution consentie ne soit détruit ou troublé ; il comprend aussi les divers organes qui peuvent être employés dans ce but et les juridictions compétentes.

Ces sanctions peuvent être exercées, tant par celui qui détient le pouvoir, pour repousser les agressions injustes, que par ceux qui ne le détiennent pas ou plus, mais dont les droits sociaux ont été violés. Seulement, ces derniers ne peuvent les faire valoir que par des moyens violents, par une émeute ou une révolution. Nous devons distinguer chacune de ces situations.

a) *Répression par les personnes en possession du pouvoir*. — Il s'agit de leur part de réprimer les atteintes aux monarques et à ses représentants ou à la souveraineté nationale ou à ses élus.

Le droit criminel politique est moins étendu que le droit criminel commun et d'une application plus rare, il est tantôt plus sévère, tantôt moins, et il se distingue par la nature des peines. En Russie, par exemple, la peine de mort a été abolie en matière ordinaire et conservée en matière politique. Dans les autres pays, c'est l'inverse. La peine de mort régnait en France jadis pour toute matière, mais elle est abolie depuis longtemps pour le crime politique. D'autre côté, nulle part en

matière politique les peines du moment ne sont infamantes.
Enfin, par utilité sociale, on leur accorde rarement les circonstances atténuantes qu'on prodigue ailleurs. Cependant,
souvent le crime politique se double d'un crime de droit
commun, conséquence ou non de l'autre. Quant au genre
de mort, souvent il diffère aussi. Le criminel politique est
plus souvent considéré comme un ennemi vaincu ou un militaire insoumis. Les peines privatives de liberté ne se confondent pas pour lui avec celles de droit commun, elles ont
des noms spéciaux et des modes d'exécution autres, elles diffèrent aussi par leur nature. Enfin, tandis que dans l'opinion
publique, la honte accompagne le criminel ordinaire, il n'en
est pas de même de l'autre ; au contraire, une auréole le
couronne souvent.

Les crimes politiques ont aussi certaines peines spéciales
qui n'entament ni la vie, ni la liberté, par exemple, le ban-
nissement, on veut seulement écarter un danger social, rien
de plus. Cependant la peine, par contre, ne reste plus personnelle, comme c'est justice, elle peut s'étendre à toute la
famille, c'est l'exil dynastique connu dans tous les temps.

Enfin, il existe des peines nouvelles fort peu usitées ailleurs
et qui sont ici le fondement de la répression, ce sont les
déchéances. Il s'agit d'une peine topique : celui qui a fraudé
dans les élections, ne sera plus, ni électeur, ni éligible. Celui
qui aura abusé du pouvoir pour rechercher la dictature en
sera déchu. Celui qui se sera rendu coupable de concussion,
perdra son emploi.

De même, les punitions prononcées ne sont d'ordinaire
levées qu'individuellement et par mesure de grâce, le plus
souvent commuées après un certain temps d'exécution.
Ici, au contraire, le pardon sera général, même avant toute
condamnation, c'est l'amnistie, c'est-à-dire, plus que le pardon, l'oubli.

Souvent aussi, ces répressions, surtout lorsqu'il y a eu
révolte en masse, deviendront draconiennes. Le chef du

pouvoir ne rendra même pas de sentence, ou seulement un simulacre, il sera impitoyable, et même, si l'on a été criminel politique véritable, là pitié publique se retournera. Seulement, cette répression farouche réussit souvent. C'est ce qui est arrivé récemment en Russie, lors du massacre des juifs et des nihilistes. C'est comme ayant attenté à la constitution de l'État, que les chrétiens étaient si cruellement persécutés par les empereurs romains.

Outre les mesures contre les personnes, la confiscation générale des biens était un moyen souvent employé.

L'ostracisme est une des peines les plus célèbres, aucun jugement n'était nécessaire, ni l'existence d'aucune faute non plus. Le crime c'était d'être craint ou jalousé. Lorsque l'individu était trop puissant, même par ses vertus, comme Aristide, le peuple redoutant qu'il ne devînt son despote, le frappait d'avance.

Les plus redoutables de ces atteintes au pouvoir régulier, ce sont les conspirations et les séditions. Il ne suffit pas d'une sentence contre elles. Elle serait difficile à appliquer. Ceci nous amène à l'organe qui est nécessaire pour cette répression.

Cet organe, c'est l'armée qui joue ainsi un double rôle, celui de défendre et souvent celui d'attaquer au dehors et celui de défendre au dedans. Nous parlerons de l'armée à propos des services sociaux à rendre par l'État, celui de sécurité. Ici elle est indispensable sous forme de milice ou de gendarmerie, ou d'armée proprement dite, pour réprimer les assauts faits au pouvoir.

Ce n'est pas tout, le droit national sanctionnateur a besoin de juridictions propres. S'il s'agit de séditions, d'émeutes, de conspirations, de tout ce qui ne peut constituer une résistance purement individuelle, les tribunaux ordinaires sont mis souvent de côté, ils le sont tout à fait si le délit a été commis par un ministre ou par le chef de l'État et l'on a constitué pour eux la Haute-Cour de Justice que nous avons décrite plus haut.

La sanction du droit public national peut avoir lieu non plus seulement contre les individus, mais contre des classes entières de citoyens, soit parce qu'elles ont été rebelles, soit parce qu'on le prétend, et on les exproprie pour cette cause en masse de leur domicile, de leur patrie, de leurs biens. C'est l'expropriation pour cause d'utilité politique que nous décrirons à propos des droits individuels.

a) *Répression par les personnes n'étant pas en possession du pouvoir.* — La répression par elles s'applique au cas de violation de la Constitution, expresse ou tacite, par ceux qui détiennent le pouvoir; c'est la répression du Coup d'État ou d'usurpation moindre. Mais on comprend, par la différence des situations, qu'une telle sanction est difficilement dans les formes légales, elle ressort plutôt à l'état du droit violent et, par conséquent, au droit dynamique, ou plus exactement, à une certaine période de ce droit qui aujourd'hui encore garde des survivances.

Cette répression, après une préparation par la conspiration ou sans elle, s'accomplit par la révolution, mais nous entrons alors dans le sanctionnateur violent et nous sortons du sanctionnateur pacifique. Ce dernier existe-t-il quand il est exercé par des opprimés? Ceux-ci peuvent-ils agir avec des armes légales?

Ils peuvent prononcer la déchéance du pouvoir qui a abusé de ses fonctions, à la condition que des circonstances extraordinaires lui permettent de le faire pacifiquement. C'est ainsi que Napoléon III ayant, par sa faute, exposé la France à une guerre terrible, fut déclaré déchu par le corps légistatif, de même autrefois Napoléon Ier, par le Sénat; que Louis XVI, par la violation réelle ou prétendue de la Constitution imposée, le fut par la Convention. Il est vrai que ceux qui le déclarèrent déchu possédaient le pouvoir, mais Charles X fut aussi déclaré déchu pour violation de la Constitution. De même, jadis, les nobles réunis déclarèrent déchus les

derniers des Carolingiens, mais cette déchéance n'avait plus
pour cause la violation du pacte social, c'était l'extinction de la sélection héréditaire.

Plus souvent la déchéance ainsi prononcée ne peut l'être
que violemment.

CHAPITRE XII

———

De la sociologie du droit constitutionnel
déterminateur, a l'état dynamique
et a l'état scientifique

I. — *A l'état dynamique*

Il s'agit d'étudier l'évolution du droit constitutionnel déterminateur, c'est-à-dire formant les diverses classes dominantes, les formes de gouvernement et les rapports entre les différents Corps de l'État.

Ici, il n'y a aucune ambiguïté : l'évolution historique est partout nettement marquée. La période tout à fait primitive reste seule obscure.

On peut observer quelque chose d'analogue à la loi des trois états, formulée par Auguste Comte ; l'état théologique, puis l'état métaphysique, enfin l'état positif ou scientifique. Ici, à l'origine le droit divin, l'aristocratie du corps, la force militaire; plus tard le droit bourgeois, l'aristocratie de l'argent; enfin l'aristocratie, jointe à l'hégémonie, de l'intelligence.

Dans l'ordre de la succession des classes, apparaît d'abord l'eugénisme ou aristie du sang (noblesse) ; puis l'aristie d'argent, ploutocratie, bourgeoisie; enfin, la démotie ou prolétariat. Nous avons déjà expliqué comment elles se succèdent insensiblement. Cette succession est en intime

accord avec celle des différentes sortes de richesses : la propriété terrienne, la propriété mobilière et la propriété du
travail.

Dans la succession des formes de gouvernement, c'est évidemment, pour la période historique bien connue, la
monarchie qui commence, même la monarchie absolue.
Cependant, quelques-uns, Létourneau entre autres, entre-
voient un régime républicain antérieur : ce serait l'âge d'or
social. De même ailleurs, le patriarcat qu'on avait considéré
comme primitif a été précédé par le matriarcat. Le point
reste obscur. Cependant, cette idée semble confirmée par le
régime agraire. La propriété indivise du sol par la tribu
ou par la famille a précédé la propriété individuelle.

Dans l'ordre entre le droit divin, le droit humain et le
confluent des deux, c'est partout le droit divin qui ouvre les
séries ; le roi est dieu, oudescend de Dieu, ou est sacré par
Dieu ; sa sélection devient héréditaire, et si Dieu n'intervient
pas, c'est la force, la qualité de surhomme que le sélige
elle-même ; dans tous les cas, le pouvoir vient d'en haut ; il
s'impose, qu'on le veuille ou non ; il n'y a pas de contrat
social, il y a conquête sociale. Ce n'est que plus tard que
la nation grandit ; elle se crée ses Conseils propres, ses représentants, lesquels, après de nombreuses vicissitudes, en arri-
vent à contrôler le pouvoir venu d'en haut, par celui, volontaire cette fois, venu d'en bas, et formant la souveraineté
nationale. Enfin, le pouvoir divin et le pouvoir humain se
rencontrent presque sur le pied d'égalité ; avant que le
second remplace le premier, il faut bien qu'ils s'entendent ;
cette entente, ce sont les conditions écrites, d'où le gouvernement constitutionnel.

Mais, dans l'histoire, de date récente, il est vrai, nous
voyons partout la monarchie, à Athènes, à Sparte, à Rome,
sans compter les pays orientaux où elle demeure toujours.
Mais bientôt règne la république, pas toujours démocratique,
il est vrai, souvent aristocratique, cependant elle le devient,

parfois même ochlocratique. Mais alors la république se transforme très souvent en empire, ou en ce que les anciens appelaient une tyrannie. Un chef absolu détruit la république aristocratique à son profit, en s'aidant de l'ochlocratie ou de la démocratie, ou il réunit sur sa tête les divers pouvoirs divisés, ou il est proclamé par l'armée. L'empire peut durer des siècles, témoin l'empire romain; ou il peut désormais alterner avec la république, comme chez nous : première République, premier Empire; deuxième République, deuxième Empire. Il revient très rarement à la royauté, par un regrès ; cependant, cela s'est vu en Espagne.

Dans l'ordre d'idées des gouvernements indirects, directs et référendaires, l'ordre de l'évolution est très marqué. C'est d'abord le gouvernement indirect par les assemblées populaires. Il en a été ainsi dans toute l'Europe, au moins pour les communes. La Suisse marque bien cette évolution. Les républiques de la Grèce, celle de Rome, ont été des républiques de *forum*. Puis on passe au régime représentatif, lequel finit par éliminer l'autre presque partout. Quelquefois, le petit Parlement n'est qu'un exécutif qui règle les détails, mais qui s'accroît. Enfin, on fait un retour partiel à la décision populaire directe, sans qu'il y ait d'assemblée, mais par la voie du vote et du referendum. A son tour, le referendum n'est d'abord que constitutionnel et fédéral, quand il a lieu; puis il devient législatif; enfin, il peut s'étendre jusqu'aux décrets importants.

Dans l'ordre de la division des pouvoirs par bifurcation du personnel, que nous avons décrite, on le rencontre en deux points de l'évolution : lorsque le régime républicain commence et lorsqu'il se termine.

C'est à la première époque que se place l'institution des deux rois à Sparte, des deux consuls chez les Romains, et de nos jours, par imitation peut-être, lors de l'affranchissement de l'Italie et de la proclamation de la république à Rome en 1849, le triumvirat où entrèrent Mazzini et Garibaldi.

C'est à la seconde qu'il faut dater le triumvirat de César,
Pompée et Crassus et celui d'Antoine, Octave et Lépide et,
à la fin de notre première République, celui des trois consuls : Bonaparte, Siéyés et Roger Duclos.

Dans l'ordre de la confusion ou de la division des fonctions et de celle des organes, est-il nécessaire de dire que ce fut
d'abord la confusion qui l'emporta, comme tout ce qui est
concret et que ce ne fut que plus tard que se produisit
l'idée de la division qui est abstraite ? A l'origine, dans la
monarchie absolue, le roi légifère, c'est-à-dire donne des
ordres, juge et fait exécuter et même exécute ses jugements.
De même, sur le forum, le peuple légifère, juge et exécute ;
il ne le fait souvent que trop vite. Mais plus tard, lorsque le
gouvernement est devenu représentatif, le roi agit d'abord
seul, ses ministres ne sont que ses conseillers, sans pouvoir
propre, et l'assemblée élue par le peuple est unique ; en 1889,
il n'envoie qu'une seule Constituante, une seule Législative,
une seule Convention ; de même au commencement de 1848.
Ce n'est que lorsque la réflexion est venue que le savant mécanisme de la division en deux Chambres apparut et qu'aussi
les trois fonctions se séparèrent nettement. De même, pour
les organes employés à chaque fonction : dans celle judiciaire, la magistrature fait tout ; ce n'est que plus tard que
le jury vient s'asseoir à ses côtés. Enfin, de plus en plus,
fonctions et organes se divisent et se subdivisent.

Lorsque cette division est née et parfois devenue outran-
cière, les parties, comme dans un corps récemment coupé,
restent isolées et sans grande action ou réaction réciproque ;
le gouvernement est constitutionnel, mais il n'est pas encore
parlementaire. Cet état existe lorsqu'une loi ne peut être
décidée, si elle n'est votée par le Parlement, mais que
celui-ci n'en a pas l'initiative. Mais cette séparation ne
peut être de longue durée, car tout le mouvement serait
vite arrêté, comme dans une pendule dont les divers éléments
ne se commanderaient pas. Peu à peu, l'exécutif pénètre dans

le législatif et le législatif dans l'exécutif : le premier, par
exemple, en posant la question de cabinet et en forçant ainsi
à adopter une loi, le second en renversant un ministère. La
pénétration est réciproque lorsque le droit d'initiative est
accordé aux deux. Le Parlement entre jusque dans la
politique active, même extérieure, en interpellant, et cela
régulièrement, par le jeu légal de l'interdépendance. Telle
est l'évolution du simple constitutionnel au parlementaire.

N'y a-t-il pas, parmi cette marche, des regrès ? Sans doute,
et ils viennent de l'excès même de la progression. C'est
ainsi que l'immixtion du législatif dans l'exécutif, en s'accen-
tuant, finit par saper le principe de la séparation des fonctions et des organes qui avait été une conquête de l'évolution. Cela s'opère par des moyens tacites, mais n'en est pas
moins très réel. Par exemple, à force d'interpeller à tous
propos, le Parlement ne laisse pas le pouvoir exécutif
faire un seul pas librement; il entrave les négociations avec
l'étranger, trouble la politique coloniale, porte chaque grief
à la lumière de l'opinion publique, attaque un ministère pour
l'intérêt personnel de quelques leaders. Il revise les nominations et les destitutions des fonctionnaires, les agissements
militaires, en un mot fait de l'exécutif. Il fait aussi du
judiciaire. Les députés sollicitent sans cesse les ministres
pour obtenir la nomination de tel ou tel magistrat; ils
interviennent pour la solution de tel ou tel procès. Poussés
par leurs électeurs et sous la menace d'une non réélection,
ils demandent pour eux des faveurs. L'exécutif, le judiciaire
sont débordés. Nous ne voulons pas dire que ce soit toujours malfaisant; des torts sont souvent redressés ainsi, car
ceux qui détiennent le pouvoir actif en abusent, mais c'est
un regrès qui ramène à la confusion des pouvoirs. C'est là
un des vices les plus reprochés au régime parlementaire;
c'est un de ceux qui font maintenant réprouver le scrutin
d'arrondissement, admettre la représentation proportion-

nelle et qui entraîneront, tôt ou tard, l'emploi correctif du referendum.

Les regrès sont plutôt des oscillations autour d'un point sociologique donné, mais il y a aussi les retours, sous certains rapports, au point initial, suivant la théorie de Vico. Cette direction s'annonce par certains indices ; en ce qui concerne le gouvernement direct, les excès du parlementarisme y conduisent tout droit. Ce ne sera point le retour aux assemblées populaires, impossible avec une grande étendue de territoire et dans une société complexe, mais ce sera le referendum qui est le seul capable de trancher les critiques et les petits jeux parlementaires.

Il y a aussi des interférences. Souvent, en ce qui concerne l'unité ou la dualité du Parlement, la marche ci-dessus indiquée est troublée par l'existence des classes.

Tel est l'état dynamique, l'évolution du droit constitutionnel déterminateur.

Sociologie du droit constitutionnel probateur à l'état dynamique

Le droit national probateur à l'état dynamique comporte divers moyens qui ont été employés à travers les siècles et que nous allons parcourir tout à l'heure ; ils ont un but et un caractère communs : ceux de régler les conflits constitutionnels et politiques qui peuvent se produire, et qui n'ont pas encore des procédés de solution constitutionnelle et pacifique, ou qui, en raison de leur violence, n'en ont plus de suffisants. En un mot, de même qu'en droit privé, un procès se résout d'ordinaire devant les tribunaux où l'on apporte la preuve de son bon droit sans dégaîner, mais que parfois, au lieu d'aller sur ce terrain, on va sur un autre où, on prétend administrer la preuve, non avec des témoignages et des raisonnements, mais avec son épée, de même ici, dans les temps ordinaires, on résout un conflit constitutionnel par un moyen constitutionnel, par exemple, en cas de conflit entre les grands Corps de l'État, par de nouvelles élections, ou en cas d'usurpations, par la Haute-Cour de justice, ou en cas de désaveu de la politique de l'exécutif, par un vote de défiance, mais dans les temps troublés, et lorsque le conflit devient suraigu, c'est la guerre civile qui en prend la place, comme le duel dans le droit privé.

Elle n'a pas encore disparu et il en reste encore aujourd'hui des survivances nombreuses, même des reviviscences. Nous avons aussi à les envisager en ce dernier état.

Le premier de ces moyens, c'est la force militaire, non celle qui est appelée à défendre contre l'étranger ou à l'attaquer, nous serions alors dans le domaine du droit international, mais celle qui domine à l'intérieur ; c'est ce que nous appellerons la stratocratie. Elle a plusieurs modes de réalisation.

Il s'agit d'abord de l'armée réunie sous les armes à côté de la population civile ; celle-ci a ses chefs réguliers, est organisée en monarchie ou en république, mais si l'armée a un chef suprême qui s'y prête, ou même si elle s'en crée un dans ce but, elle dominera tous les autres citoyens et proclamera chef révolutionnaire celui des siens qui lui plaira. Ou bien encore, c'est le chef de l'armée, appuyé sur elle et précédé de sa gloire militaire qui se fera proclamer. C'est ainsi que César a passé le Rubicon et qu'à sa suite, tous les favoris de l'armée ont renversé le gouvernement civil.

Un peu plus tard, Octave qui avait vaincu Antoine et est devenu empereur par le même jeu. A partir de ce moment, toute l'histoire romaine est pleine de pareils enseignements. Tous les grands guerriers ont usurpé le pouvoir, de même qu'ils ont volé des territoires. Tous les surhommes ont le même crime à se reprocher. Sans doute, beaucoup d'entre eux se font sacrer, comme Charlemagne,

Napoléon, mais cela ne fait qu'augmenter le pouvoir qu'ils ont pris eux-mêmes. Napoléon a tout dû à ses victoires et à ses armées, car il tremblait à brumaire et n'eût pas réussi.

Napoléon III n'a pu s'emparer du pouvoir que par un coup d'État, grâce à ce souvenir, et, plus tard, Boulanger voulait escompter ses victoires, mais c'étaient des victoires futures ; cela ne suffisait pas. Quant aux prononciamientos militaires directs, dont nous avons parlé, ils sont fréquents, non seulement à l'époque impériale romaine, où les légions proclament leurs empereurs, mais plus tard, en Espagne, dans l'Amérique du Sud, où le favori ne dure parfois que quelques jours. Est-ce qu'en Autriche, pendant la guerre de Trente ans, Wallenstein ne fut pas, lui aussi, sur le point d'être proclamé ? Ce genre de sélection se comprend. C'est celui qui fait encore décorer sur le champ de bataille. Le mérite y devient plus éclatant qu'ailleurs ; cet examen ou ce concours ne sont pas longs, mais spontanés, quand quelqu'un a sauvé la patrie ou une armée. Nous avons décrit plus haut cette stratocratie.

Cette sélection militaire a une autre manifestation qui a rempli une partie de l'histoire. Il ne s'agit plus d'un chef et du pouvoir suprême seulement, mais de tous les combattants, des officiers, même des soldats de bravoure, car les barbares ne faisaient pas cette distinction. Lorsqu'ils eurent envahi l'empire romain, il ne s'agit pas d'aller plus loin, mais de garder leur conquête, comme avaient fait les Romains avec leurs légions ; il fallait, en outre, récompenser ces vaillants soldats. On leur distribua les terres des vaincus et à cette possession fut attachée une parcelle du pouvoir. Puis, les bénéfices devinrent héréditaires. La féodalité était née : non seulement son origine fut militaire, mais elle continua de l'être. En cas de péril, elle fournissait son contingent et allait elle-même combattre. Elle n'est propriétaire que moyennant cette charge ; autrement, il y a commise, c'est-à-dire résolution. De même qu'il existe une hiérarchie dans l'armée, elle se continue dans la féodalité et crée les suzerains et les vassaux. D'ailleurs, ce n'est pas en France seulement que ce phénomène s'est produit, mais dans une foule de pays, à un certain degré d'évolution.

Ces petits souverains se font la guerre entre eux, ils la font aussi hardiment au roi. On peut donc les considérer, à une certaine époque, comme investis d'un pouvoir autonome, mode de sélection violente.

Une autre mode dans les pays orientaux; ce sont les révolutions de palais. Un des membres de la famille régnante veut usurper le pouvoir ; il en est longtemps empêché, car le souverain est plein de défiance, et souvent fait exiler ou mettre à mort son concurrent possible, mais celui-ci échappe, ourdit une intrigue, gagne, par des promesses, les janissaires ou autres gardes, massacre le souverain et s'empare du pouvoir. Ni les grands, ni le peuple ne sont consultés. Un tel événement n'est pas rare en Europe : ne l'avons-nous pas vu récemment en Serbie, pays pourtant de langue et de civilisation européennes? L'histoire des Ottomans en est remplie. Une nouvelle dynastie commence alors, se prolonge jusqu'à ce qu'elle finisse par un événement tragique toujours le même.

Un autre moyen du même genre consiste à ce qu'on s'y sélige soi-même : c'est le coup d'État. Celui qui le tente est au pouvoir, comme Napoléon III en 1852. Il s'empara de l'Assemblée nationale, en dispersa et exila les membres et se proclama lui-même souverain. Il est vrai qu'il fit ratifier ensuite par un plébiscite, mais cela n'a pas lieu toujours. Le coup d'État a été fréquent dans les républiques italiennes du moyen âge et dans les cités grecques de l'antiquité. Le peuple acclamait ensuite, par haine de l'aristocratie. On peut citer autrefois Nabis, tyran de Sparte, Denys et Hiéron, tyrans des Locriens, Agathocle à Syracuse, Théogène à Mégare, Aristodème à Cumes, Pisistrate à Athènes. Agathocle fut le plus cruel, c'était le démocrate le plus exalté en

apparence; il s'empara du Conseil aristocratique de la
ville, composé de 600 membres, les fit périr, ainsi que plus
de 4.000 citoyens, mit la ville à sac, ordonna le pillage des
riches; il fit ratifier ses actes par une assemblée du peuple.
En Italie, au moyen âge, les dynasties des tyrans furent
plus durables; ils excitaient les maigres contre les gras. Il y,
en eut de fort remarquables. Il faut citer les Médicis, surtout Cosme et Laurent à Florence, les Visconti, les Galéas,
les Sforza, les Scala, les Gonzague.

La conspiration est un autre moyen du même genre; seulement, ce n'est plus le futur souverain qui se sélige lui-même,
ce sont ses partisans. Du reste, elle aboutit à la sédition.
Celle-ci, si elle est victorieuse, monte un nouveau chef au
sommet; ce n'est presque jamais sans violence.

C'est ainsi qu'agit la sédition, si elle est seule et ne rencontre pas de résistance sérieuse; mais, dans le cas contraire,
éclate la guerre civile; chaque province a sa sélection et
cherche à la faire valoir; ce sont ainsi les armes qui définitivement séligent. Ce sont elles qui séligèrent Henri IV.

Souvent encore, sans violence, parce qu'il n'y a pas con-
tradiction, mais aussi contre le droit régulier, la sélection a
lieu. On peut citer trois cas différents:

Tout d'abord, le procédé de la contraction du pouvoir.
César est d'abord seulement *imperator*, c'est-à-dire général,
puis consul, mais il y a bien d'autres fonctions dans la république qui vont contrebalancer les siennes, tribun, etc. Pour
qu'il ait un pouvoir absolu, qui change la république en
monarchie, il faut qu'il les ait toutes. C'est ce qu'il fait, en
se les laissant attribuer peu à peu. Le procédé de sélection
est alors la réunion de ces pouvoirs distincts.

C'est ensuite la dictature. Par elle, en présence d'un
péril imminent, le chef recueille à la fois ainsi tous les
pouvoirs et devient absolu; il en use souvent pour le bien
public. Il apparaît fréquemment dans l'histoire romaine
lors des grandes guerres. C'est le danger qui est ici le facteur.

C'est la même cause qui crée les gouvernements spontanés, dits gouvernements provisoires, lesquels émanent de la volonté seule de ceux qui les exercent, et qui sont anormaux, mais utiles; sans eux, le pays ploierait sous l'anarchie. Nous en avons eu deux exemples en France : celui de 1848 et celui de la Défense nationale en 1870.

Enfin, la procédure la plus cruelle du droit probateur, à son état violent, c'est la guerre civile proprement dite.

Elle est, en droit public national, ce que la guerre est en droit international et le duel en droit privé. Lorsque deux partis sont tous les deux puissants et qu'il n'existe aucun pouvoir social supérieur capable de décider et de faire exécuter sa décision, les deux plaideurs en désaccord s'entrechoquent; chacun prétend avoir bon droit; c'est la force seule qui va décider : l'arme sera juge. C'est le vaincu qui a tort ! N'est-ce pas celui qui perd son procès qui l'a toujours ? En est-on plus sûr ? Dans le duel privé, c'est Dieu qui intervient et fait pencher la balance. Il en fait autant dans la guerre civile ; on peut, au moins, tout autant le croire.

Les guerres civiles sont nombreuses dans l'histoire, moins que les guerres étrangères. Elles n'ont pas du tout le même caractère que les révolutions. Dans ces dernières, il y a plutôt sanction. Une force nouvelle se lève toute-puissante en face d'un gouvernement affaibli d'ordinaire qui s'abandonne, il n'y a souvent qu'à lever un doigt pour qu'il s'écroule ; les succès de Garibaldi n'ont-ils pas été de ce genre ? Au contraire, la guerre civile, n'est pas une sanction, car parfois les deux partis sont presque de même force.

Il s'agit de savoir lequel sera le plus fort, a plus d'avenir et, comme on disait autrefois, est marqué du doigt de Dieu.

L'évolution est la même que partout : on passe de l'état violent à l'état pacifique. La guerre civile, notamment, devient plus rare, de même que la guerre étrangère. Pourtant, celle de sécession du Sud aux États-Unis qui n'est pas très éloignée de nous, n'était pas seulement civile, elle était sécessionniste.

Les coups d'État sont prévus et, par conséquent, rendus plus difficiles ; deux, chez nous, ont échoué depuis la troisième République, avant même qu'ils aient été tentés.

Sociologie du droit constitutionnel
sanctionnateur à l'état dynanique ou violent

Ce droit est celui qui s'exerce contre la violation de la constitution expresse ou tacite par ceux qui détiennent le pouvoir ou par leurs adversaires, en dehors des moyens légaux ordinaires.

a) *De la part des détenteurs du pouvoir.* — Cet exercice existe ; toutes les fois que les gouvernants ne s'adressent pas aux tribunaux ordinaires, pour faire punir les perturbateurs de la paix publique, mais se font leurs propres vengeurs, soit en constituant des Commissions martiales dont la composition exclut toute impartialité et qui ne donnent qu'une justice hypocrite, soit en agissant eux-mêmes ou par leurs séides.

Un exemple du premier cas est la constitution du tribunal révolutionnaire en 1793, lequel condamnait par ordre, et en violant même le droit de défense, sans aucune vergogne ; à la même époque, l'Assemblée nationale se décimait elle-même, en poursuivant les Girondins. Elle prétendait que la Constitution avait été violée par eux, de même par les prêtres qui s'étaient dérobés au serment civique. Des égorgements en masse suivirent, que souvent aucune formalité légale ne précédait.

De nos jours, l'empereur de Russie a agi de même après la guerre japonaise pour noyer dans le sang les tentatives de révolte.

b) *De la part des citoyens.* — Mais c'est surtout de la part de simples citoyens que la sanction de la Constitution a pris cette forme, parce qu'il est presque impossible d'agir autrement.

Si l'on consulte l'histoire, on voit que presque toutes les conquêtes contre le pouvoir ont été acquises par des moyens sanglants, lesquels pouvaient seuls réussir. Tantôt, c'est le sang des oppresseurs, tantôt celui des opprimés, qui a accompli la merveille, c'est rarement la parole seule ou l'action pacifique.

Mais le moyen par excellence a toujours été la révolution.

On peut définir scientifiquement celle-ci : le moyen efficace, de la part des simples citoyens, de prononcer la déchéance du parti régnant, pour cause de la violation de Constitution expresse ou tacite. Sans doute, ceux-ci n'ont pas alors de mission légale ; en outre, ils peuvent se tromper et l'on ne peut affirmer que toute révolution soit juste, mais on pourrait moins encore affirmer qu'elle est injuste. C'est sûrement le seul moyen qu'on puisse parfois employer.

D'ailleurs tous les grands changements, les détours brusques de l'évolution ne sont jamais accomplis que par elle. On les compte, comme des transitions capitales, comme des sommets dans l'histoire. Il est inutile de citer la Révolution française, son importance est trop connue. Mais l'effet de celle d'Angleterre a été aussi profond. De même, la sédition qui a séparé les États-Unis de l'Angleterre a créé le Nouveau-Monde. La sédition esclavagiste du Sud, qui a pourtant été vaincue, a modifié la situation respective des grandes races, a substitué l'homme au citoyen proprement dit. Que dire de la révolte des Pays-Bas et de la dynastie glorieuse qui a suivi ? Les révoltes de Garibaldi n'ont-elles pas fondé l'Italie ? Combien d'années eût-il fallu, autrement, pour parvenir au même résultat ? Est-ce que le suffrage universel même, introduit, aurait pu libérer ce pays ?

C'est non seulement dans le passé que la révolution a une telle force et se trouvait indispensable, c'est aussi dans le présent : cependant, on a continué de dire que l'ère de la

révolution est close et qu'on peut la fermer, comme les
empereurs romains fermèrent le temple de Janus, et cela au
moyen du suffrage universel. Ce n'est pas certain. Sans
doute, ce suffrage rendra la révolution moins fréquente et,
par conséquent, l'emploi de la force, ce qui est un bienfait.
Mais, d'abord, le suffrage est-il bien universel, puisque la
moitié du genre humain, le sexe féminin tout entier, en est
exclue et que les minorités, qui peuvent former les trois
quarts des électeurs inscrits, n'y sont pas représentées ? Puis,
même si l'universalité était parfaite, si le parti en minorité
était représenté, celui-ci ne déciderait pas ; il pourrait être
persécuté, décimé par la majorité et ses libertés individuelles
irréductibles violées par la force sociale. Il aurait bien alors
le droit de révolte, parce qu'il y aurait violation non plus
de la Constitution écrite peut-être, mais de l'humanité,
et par conséquent, des conditions tacites d'une constitution.
La majorité opprimant la minorité autorise celle-ci à la
révolte, lorsqu'il ne s'agit plus de la possession du pouvoir,
mais de celle par l'individu de son autonomie. La révolution
conservera donc longtemps son rôle.

Il ne s'agit pas d'ailleurs de la révolution proprement
dite, opposant une classe à une classe, un parti à un parti,
et même l'individu en général à la société. Il s'agit aussi de
celle qui oppose une fraction du territoire ou de sa population à une autre fraction, en un mot, de la sécession.
Parce que le hasard a uni ensemble deux peuples de races,
de langues différentes, l'un dominant l'autre, s'ensuit-il que
ce hasard doive toujours être respecté ? Évidemment non.
D'autant qu'il est possible que cette union artificielle ait été
concédée à un parti ou à un peuple à certaines conditions
et que celles-ci n'aient pas été observées. Il y a, dans la
sécession, un véritable exercice d'action résolutoire, une
sanction proprement dite.

L'évolution du droit sanctionnateur se fait, comme toutes
les autres, de l'état violent à l'état pacifique. Un exemple,

bien rare jusqu'à présent, de ce dernier a été donné récemment par la sécession de la Norvège. Ce pays, réuni à la Suède
et cela volontairement, depuis un certain temps, sans invoquer aucun motif politique ou autre du même ordre, a
prétendu que l'union ne lui était pas avantageuse. Autrefois,
à cette demande de sécession, la Suède eût résisté et employé
la force ; il en a été tout autrement : on a eu recours au
vote de tous les citoyens et la sécession a été admise. Ce
mode tend à prévaloir, lorsqu'il s'agit de ce qui nécessitait
autrefois une révolution. Celle de 1830 avait causé les
trois glorieuses ; celle de 1870 s'accomplit sans coup férir.
L'unification de l'Italie n'a pas été, relativement, sanglante et,
de nos jours, celle du Brésil a eu lieu presque d'accord avec
le souverain dépossédé. C'est là sans doute un signe des
temps. Enfin celle récente du Portugal a eu lieu presque
sans coup féri.. On vient même d'accorder une pension à
l'ex-souverain.

Un autre mode de sanction, mais qui a été très cruel
et n'en est pas moins très éphémère, a souvent paru dans
l'histoire : c'est celui des jacqueries. Les opprimés ne peuvent
rien instituer contre la violation qui a été faite de leurs droits :
ils se contentent de se venger. Puis, comme un torrent qui est
sorti quelques jours de son lit et a tout dévasté, il s'en
retourne sans résultat. Il faut y comparer le sabotage,
jacquerie des choses.

II. — *A l'état scientifique*

C'est l'aboutissement dans l'avenir et pour une certaine
période (car l'évolution ne s'arrête jamais et n'a que des
poussées) ou, si l'on préfère, c'est le prolongement de l'évolution dynamique commencée dans le passé et le présent.
Elle en diffère cependant en ce qu'elle modifie son caractère
de deux façons.

L'évolution dans le passé est instinctive, jamais ou rare-

ment voulue ; dans le présent seul ou la partie du passé qui
environne celui-ci, elle est devenue volontaire en partie,
mais elle le deviendra davantage, elle sera consentie et for-
mera un contrat, un vrai contrat social, comme celui de
Rousseau, seulement cette fois non plus fictif, mais réel. Le
suffrage indique la souveraineté, et par conséquent, la volonté
nationale. A la force succède donc le droit, au fait brutal le
consentement, lequel, il est vrai, n'est pas toujours conscient,
ni sincère, ni pur de tout intérêt personnel, ce qui appelle
de nombreux perfectionnements.

Ce n'est pas tout. L'évolution ancienne avait été souvent
violente. Maintenant elle est pacifique, en général, mais la
violence a des survivances nombreuses. Elles disparaîtront
de plus en plus.

Enfin, ce qui est essentiel, l'évolution amènera à un point
qui ne sera plus seulement le consentement et la paix, mais
qui sera la raison, c'est pour cela que nous l'avons appelé
l'état scientifique. Il ne suffit pas en effet qu'une loi soit
consentie pour qu'elle soit juste, quand même elle aurait été
votée par l'unanimité d'une assemblée, il faut que la raison
l'approuve. Il faudrait, pour ainsi dire, qu'elle subît à son
tour le jugement d'un autre peuple. En effet, l'histoire
prouve que les plus grandes injustices ont été librement et
unanimement consenties. L'élément scientifique qui se dégage
peu à peu devra dominer dans l'avenir.

C'est à la lumière de ces grandes lignes que nous allons
rechercher l'avenir sociologique du droit constitutionnel
déterminateur.

Nous distinguerons, comme nous l'avons fait plus haut, le
droit déterminateur, le probateur et le sanctionnateur :

a) *Dans le droit déterminateur.* — L'étendue du présent
ouvrage ne nous permet que d'indiquer sommairement les
réformes de l'avenir :

1° Parmi les classes sociales que nous avons décrites il
en est une qui se développera et prendra une importance

très grande, c'est une des sortes d'aristocraties, celle des intellectuels. Elle partagera le pouvoir avec la démocratie. C'est par erreur qu'on donne aujourd'hui à celle-ci une souveraineté absolue. Maîtresse toute puissante, non seulement elle peut en abuser pour son propre suicide, comme en 1852, ou pour se livrer entièrement aux politiciens, mais elle peut commettre des injustices et tomber dans l'ochlocratie. Malgré les progrès de l'instruction, elle n'a pas les lumières suffisantes pour agir seule; elle doit être guidée par l'aristocratie, non plus celle du sang, ni celle de l'argent, mais par celle de l'intelligence, par les savants et les penseurs. C'est ainsi que l'équilibre nécessaire s'établit, que la matière n'étouffera pas l'esprit;

2° Le chef de l'État républicain, le roi constitutionnel lui-même, ont acquis un caractère tellement effacé que ce ne sont plus guère que des mannequins, la jalousie démocratique est satisfaite ainsi, de même que la crainte d'une dictature. C'est le Parlement qui est tout puissant. Le fait seul que le Président n'est pas élu par la nation elle-même lui tire toute activité. Il n'est plus que le chef des ambassadeurs. Mais il en résulte ainsi que l'État reste sans haute direction, c'est le président du Conseil qui devient le véritable chef. Mais celui-ci a des pieds d'argile, c'est le jouet de la Chambre qui le casse de temps en temps pour en changer. Cet effacement est une erreur. Un chef, pourvu que ses pouvoirs soient limités, un véritable chef ayant de l'initiative est fort utile. Il devra être nommé directement par la nation;

3° La confection d'une loi peut être arrêtée définitivement par le mauvais vouloir d'une des deux Chambres du Parlement, et devant ce veto on reste dans le *statu quo* indéfini; on n'en sort même pas par la dissolution de la Chambre, si elle est prononcée par le président et si le pays renvoie une Chambre pareille. Il faudrait, dans ce cas de conflit, que celui-ci fût tranché par la nation entière qui statuerait au moyen d'un referendum;

4° Du gouvernement direct on est passé entièrement au gouvernement indirect ou parlementaire sans mélange. Dans l'intervalle entre les élections, la nation a abdiqué sa souveraineté. Voilà ce que Jean-Jacques Rousseau n'eût pas approuvé. Il faudrait que les questions importantes, après avoir été discutées et votées par le Parlement, fussent soumises au referendum. Le peuple obéirait mieux ensuite à une telle loi, il ne se désintéresserait plus des affaires publiques, et enfin la souveraineté nationale ne serait plus quelque divinité abstraite, ne fonctionnant que pour engendrer;

5° Le constitutionnel ne devrait plus être confondu avec le législatif, c'est contraire à la division des pouvoirs et pourtant il s'agit d'une des fonctions les plus importantes. La révision de la Constitution devrait être soumise à la nation, quand même le referendum ne s'appliquerait pas au législatif;

6° La constitutionnalité des lois devrait être révisée par un corps spécial, qui serait le corps judiciaire, juge de ce litige, comme de tous les autres.

7° Un corps spécial, soit le Conseil d'État, soit un Conseil législatif, devrait être chargé de la préparation des lois; celles émanant de l'initiative parlementaire devraient aussi lui être renvoyées, de même que les amendements. Il devrait prendre part aux discussions par des délégués;

8° La dualité du Parlement devrait être maintenue, mais ses deux Chambres ne devraient plus rester similaires, sauf de légères différences, elles devraient, au contraire, avoir chacune un caractère et une utilité propre bien nets. Si dans les pays fédératifs, la Chambre Haute représente le lien fédéral et les divers États, dans les autres où elle représente l'aristocratie elle devrait continuer de la représenter, mais cette fois, l'aristocratie de l'intelligence, celle des intellectuels et ailleurs elle devrait être introduite dans ce but;

9° Les conflits d'attribution entre le judiciaire et l'exécutif devraient être résolus, non par le tribunal des conflits, tribunal mixte actuel, mais par un jury national;

10° Les ministres ne devraient pas dépendre du caprice d'un vote du Parlement, ni poser la question de confiance, ils ne dépendraient que du chef de l'État qu'ils représentent. En cas de désaccord persistant, la Chambre aurait le droit de se dissoudre elle-même ou de soumettre le Président de la République à une réélection;

11° L'unité des juridictions devrait être établie, les juridictions militaires, administratives ou autres, remplacées par le corps judiciaire de droit commun;

12° Un jury devrait être créé partout en matière répressive et pour certaines matières civiles;

13° La poursuite criminelle devrait pouvoir être exercée par tout citoyen, même non lésé, en concurrence avec le ministère public;

14° La garantie résultant par les justiciables de l'inamovibilité de la magistrature devrait être doublée d'un avancement automatique ne dépendant pas de l'arbitraire du pouvoir;

15° La vénalité des offices qui entourent le pouvoir judiciaire devrait être supprimée;

16° L'appel devrait être en partie supprimé, en partie complété par un sur-appel;

17° La Cour de cassation devrait rendre des arrêts interprétatifs ayant force de loi;

18° La gratuité de la justice devrait être établie, sauf une amende de folle instance.

19° Le chef de l'État n'aurait plus le droit de grâce, ce droit, s'il subsiste, est transféré au Parlement.

20° Les parties devront être représentées proportionnellement;

21° Les femmes seront électeurs et éligibles;

22º Les diverses professions devront être représentées dans les corps techniques spéciaux et centralisés, ayant voix consultative ;

23º Les diverses provinces devront avoir comme telles une représentation spéciale ;

24º Les magistrats ne pourront entrer dans le corps de la magistrature qu'après un concours et dans l'ordre de ce concours, et avancer au moins en partie, à l'ancienneté.

25º Tous les citoyens prendront part directement à l'élection des députés, il sera accordé deux suffrages à ceux qui seront chefs de famille.

Les citoyens ayant le grade de l'instruction secondaire seront seuls électeurs et éligibles au Sénat, ils auront deux voix s'ils ont le grade de l'enseignement supérieur ;

b) *Dans le droit probateur et le sanctionnateur :*

26º La vérification des pouvoirs sera faite par un jury national formé par les Conseils généraux suivant les principes de la représentation proportionnelle.

27º La Haute Cour de justice est remplacée par un jury national composé par les Conseils généraux avec le principe de la représentation proportionnelle et un droit de récusation ;

28º La déchéance du Chef de l'État est soumise au referendum ;

29º Il en est de même de l'amnistie.

Nous n'avons voulu qu'indiquer les réformes les plus essentielles.

Nous devons nous arrêter sur trois qui nous semblent fondamentales pour obtenir la justice et l'utilité dans l'ordre politique :

1º La transformation du régime républicain, de gouvernement de cabinet en gouvernement parlementaire et démocratique simple, en supprimant cette complication délicate et dangereuse. Un tel gouvernement, bon pour battre en brèche une monarchie de la part de ceux qui désirent la

ruine de ce régime, ne peut ensuite que corrompre et
ébranler les rares républiques auxquelles il se trouve attaché.

Le Parlement sans doute est nécessaire, c'est un instrument précieux d'exercice du pouvoir, mais il doit occuper sa
vraie place et non pas usurper sur tous les autres pouvoirs
utiles. Ses abus ont déconsidéré l'autorité même de la nation
auprès des citoyens. Le gouvernement doit rester parlementaire, mais ne doit pas l'avoir pour seul organe, réel et
omnipotent. La séparation des pouvoirs, au lieu de s'accen-
tuer ainsi, se trouve en partie détruite.

Il nous paraît nécessaire qu'il y ait à la tête de l'État
non un fantôme de roi, mais un citoyen actif, montrant
son initiative, ne changeant pas nécessairement sa politique
à chaque brouille entre la Chambre et le cabinet, responsable lui-même, et gouvernant dans les limites constitutionnelles. Il doit avoir l'initiative des lois, qu'il fait préparer
par le Conseil d'État, préparateur vraiment compétent, qui
devra étudier aussi les propositions et les amendements issus
de l'initiative parlementaire. Chacune des deux Chambres
et le Président de la République auraient un droit de
veto réciproque qui exigerait une nouvelle délibération.
Si le conflit restait le même, ce serait un référendum populaire qui aurait le dernier mot. Pour compléter, le pouvoir
judiciaire serait soustrait à la dépendance de l'exécutif et du
législatif, par un mode de nomination et d'avancement et
par l'extension du jury ;

2° La dualité des deux Chambres serait conservée, mais il
leur serait donné une raison d'être distincte à chacune. Le
Sénat représenterait dans la démocratie, l'aristocratie de
l'intelligence ; il ne serait pris que parmi les personnes
ayant acquis un certain grade supérieur d'instruction et ne
serait élu que par elles ;

3° Le suffrage deviendrait plus universel en deux sens : il
comprendrait, même pour le vote politique, les femmes, jusqu'à présent injustement exclues ; il comprendrait les partis

de minorité exclus aussi, et cela au moyen de la représentation proportionnelle ;

4° Le régime ne devrait pas être seulement représentatif, mais mixte entre celui-ci et le gouvernement direct, c'est-à-dire qu'il serait référendaire. Les changements de constitution, les lois principales devraient être soumis au vote populaire, après délibération par le Parlement, la nation devrait avoir aussi l'initiative des lois.

5° La Constitution devrait être fédérative, mais ceci rentre sous une autre rubrique. Elle devrait, tout au moins, être provinciale, avec autonomie des provinces subordonnées par un lien national.

SECTION II

CHAPITRE XIII

SOCIOLOGIE DU DROIT CONSTITUTIONNEL PROVINCIAL,
COMMUNAL ET COLONIAL

Au-dessous de l'État apparaissent, comme ses sous-multiples, diverses unités qui lui sont concentriques, à savoir : la province et la commune, ainsi que d'autres unités intermédiaires : arrondissements ou districts, cantons, avec les Conseils divers de ces organes, ce sont des États en réduction ; elles possèdent les mêmes organes, souvent atrophiés, et remplissent des fonctions analogues, à la seule différence qu'en droit, tout au moins, l'élément politique en est exclu. Elles ont, comme l'État, une partie de droit constitutionnel, celle qui les constitue et les organise, et une de droit administratif, celle qui règle leurs rapports avec les citoyens.

De même, il existe une autre unité inférieure, excentrique cette fois à l'État, douée aussi des mêmes organes, il s'agit des colonies ayant une part plus ou moins grande d'autonome.

Ces unités, si elles deviennent tout à fait autonomes, et ne sont plus que solidaires et interdépendantes entre elles, passent du hiérarchique au fédératif, du subordonné au coordonné, et nous aurons à nous en occuper dans la troi-

sième partie de notre travail. Elles prennent alors des attributions politiques et des fonctions législatives limitées.

Mais en deçà ce ne sont que des unités administratives
plus ou moins libres et se reliant en tout cas hiérarchiquement à l'État par la tutelle administrative.

Nous devrions méthodiquement les étudier à plusieurs
places différentes, savoir : en ce moment quant à leur constitution, tant qu'elles restent au degré administratif, au chapitre suivant dans le même cas, en ce qui concerne leurs
rapports avec les citoyens, et enfin, dans la troisième partie,
lorsqu'elles s'élèvent au degré fédératif.

Mais alors nous serions forcé de nous répéter fréquemment ; pour l'éviter, c'est au chapitre suivant que nous
renvoyons pour l'ensemble de ces unités au stade administratif, et à la dernière partie, lorsqu'elles s'élèvent au stade
fédératif.

DEUXIÈME PARTIE

SOCIOLOGIE DU DROIT ADMINISTRATIF

SECTION PREMIÈRE

SOCIOLOGIE DU DROIT ADMINISTRATIF
DE L'ÉTAT

CHAPITRE XIV

SOCIOLOGIE DU DROIT ADMINISTRATIF DÉTERMINATEUR
A L'ÉTAT STATIQUE ET QUANT A L'ORGANISATION

Le droit administratif ne se distingue pas partout nettement, dans les livres de doctrine, dans les lois ou dans la
pratique, du droit constitutionnel, du moins selon nous. C'est
ainsi que les lois qui organisent l'existence même et la constitution de la commune et de la province sont généralement placées dans le droit administratif, de même ce qui
concerne l'organisation judiciaire, quoiqu'elles aient trait
à la distinction entre ce qu'on appelle les trois pouvoirs ;
enfin il en est de même de ce qui concerne l'établissement
des administrations et leurs garanties, de telle sorte qu'à
s'en tenir au sens exact du mot Constitution, on serait

amené à trouver, dans le droit administratif lui-même, une partie constitutionnelle. Des auteurs se tirent de cet embarras en disant que le droit constitutionnel contient les têtes de chapitres du droit administratif, autrement dit, que ce dernier contient le détail du premier. Cherchons un critère plus net.

Il est certain que ce que l'on classe ordinairement comme constitutionnel a un caractère politique très marqué qui manque à l'autre, lequel est plutôt relatif à la gestion, ou même à la puissance publique, mais n'impliquant pas la direction générale de la société. C'est pour ce motif que, parmi les Conseils suprêmes, la Constitution ne retient que ceux-là, c'est-à-dire le Parlement et le Chef de l'État avec ses ministres ; c'est pour cela aussi que provinces et communes en sont exclues, mais ce critère reste vague et non caractéristique. Un autre critère, déjà énoncé, c'est que le droit constitutionnel contiendrait les principes, et le droit administratif, leur application en détail, mais, s'il en était ainsi, les deux droits n'en feraient qu'un en réalité, divisé seulement en deux parties, ce qu'on pourrait d'ailleurs raisonnablement soutenir. Mais le véritable critère nous semble celui-ci. Le droit constitutionnel contient tout ce qui regarde la constitution de l'État dans tous ses organes, tandis que le droit administratif, la mise en œuvre de l'État ainsi constitué et des unités sociales similaires et leurs rapports avec les simples citoyens, ces rapports politiques ou non, mais publics, ayant lieu soit directement, soit par l'intermédiaire d'un corps de fonctionnaires ; seulement alors l'organisation de la commune et de la province, comme tout ce qui est constitution, devrait être reporté au droit constitutionnel, aussi bien que ce qui concerne le cadre des fonctionnaires, leur avancement, etc. ; mais pour ne pas jeter le trouble dans les idées, nous suivrons la répartition habituelle entre les deux droits.

Le droit administratif, comme le constitutionnel d'ailleurs, ne comprend pas seulement l'État, mais les autres annexes concentriques et excentriques à l'État, établis sur son modèle et qui appartiennent, comme lui, à la fois au constitutionnel et à l'administratif. Les autres annexes sont les établissements publics et ceux d'utilité publique qui se relient au droit privé, et dont nous traiterons à ce titre dans notre dernier chapitre. Les unités concentriques sont la province ou département, ainsi que la commune et les unités intermédiaires plus ou moins parfaites, cantons, districts, s'il en existe. Enfin, les unités excentriques sont les colonies.

L'État et ses annexes

Nota. — (Pour les annexes, voir plus bas au chapitre des rapports avec le droit individuel).

Il faut toujours distinguer entre le droit déterminateur, le droit probateur et le droit sanctionnateur et, d'autre part, entre l'état statique ou actuel, l'état dynamique ou évolutionnel et l'état scientifique ou à prévoir pour l'avenir.

Ce droit comprend trois parties bien distinctes : 1° La constitution administrative de l'État ; 2° le personnel dont il se compose et les rapports de ce personnel avec les simples citoyens ou avec l'État ; 3° les rapports de l'État et des citoyens par ces intermédiaires. Il ne s'agit plus de la constitution politique, bien entendu, qui organise les parties vitales ayant le pouvoir de diriger et de décider, mais des organes de relation pouvant agir sur le public, et cela, avant leur mise en action. Il s'agit encore de la personnalité et de l'existence, pour ainsi dire, civile de cet État, envisagé non plus dans ses parties composantes, mais dans son unité mouvante et agissante.

D'où la division tripartite suivante : 1° personnalité et actes de la vie civile de l'État (abstraction faite de ses rapports avec les autres États, qui ressortissent au droit international) ;

2° intermédiaires entre l'État, et les citoyens, ou corps des fonctionnaires et rapports de ceux-ci soit avec l'Etat, soit avec les citoyens ; 3° relations entre les citoyens et l'État, soit lorsque l'État fournit les services sociaux, soit lorsqu'il reçoit les ressources nécessaires dans ce but, soit lorsqu'il applique budgétairement les ressources aux services.

a) *Personnalité et vie civile de l'État*. — Nous insisterons plus loin sur cette personnalité au moment où elle se révèle davantage. c'est-à-dire dans les rapports avec les autres États ; ici, contentons-nous de l'indiquer. L'État n'est qu'un être idéal, une entité pour tout le monde, il n'est une réalité que dans la doctrine organiciste que nous n'avons pas à discuter ici ; en tout cas, il est comme s'il était une personne, il remplit les mêmes fonctions au dedans et au dehors ; en un mot, il doit subir une personnification ; autrement, il ne serait sensible qu'à la raison seule. Mais ce n'est pas assez ; nous verrons qu'il accomplit une incarnation. Sous un gouvernement monarchique, rien de plus naturel, le monarque et l'État se confondent : « l'État, c'est moi. » On ne faisait jadis même aucune différence entre la France et le Roi ; on mourait en même temps pour l'un et pour l'autre; celui-ci pouvait exiger une obéissance absolue sur un ordre arbitraire, on n'en était pas humilié, parce qu'à travers le Roi, on voyait l'État, quand on ne voyait pas Dieu lui-même. Sous une République, ces idées s'affaiblissent, on se représente directement l'État et la patrie, mais pas toujours cependant, et souvent encore on ne les perçoit qu'à travers la personnification, même l'incarnation. Le Président est l'objet d'un culte survivant, d'un véritable fétichisme social. On lui attribue volontiers tous les talents, toutes les vertus qu'il n'a pas, quoiqu'il soit forgé de nos mains ; c'est que l'État les a, ou doit les avoir, et qu'il l'incarne toujours, quoique pour un temps. Il se promène processionnellement pour jouir de cette idolâtrie et certes, pour remercier de cette incarnation flatteuse, il guérirait encore toutes les écrouelles, s'il le pouvait.

L'État, dans sa vie propre, remplit deux sortes de fonctions: l'une supérieure à celle des citoyens ou individus qui se manifeste par actes d'*autorité*, et une autre semblable à celle des citoyens, qui ne comprend que leur vie privée. Cette distinction est essentielle. La première catégorie est celle des actes *administratifs*, considérés comme la manifestation de la *puissance publique*, c'est cette puissance qui, en raison de la division des pouvoirs, échappe à la juridiction judiciaire et cause, pour le cas de conflit, la juridiction administrative ; cette indépendance extérieure a nécessité une plus grande dépendance interne par une série de contrôles et recours hiérarchiques, et doit être garantie par un plus grand formalisme. Cette autorité a entraîné aussi cette conséquence que l'administration est provisoirement présumée avoir raison, les décisions sont exécutoires par elles-mêmes, et ne sont arrêtées que par une opposition devant les tribunaux, c'est ce qu'on appelle le *privilège du préalabie*, c'est ainsi que l'Administration de l'Enregistrement décerne les contraintes en dehors de tout jugement et qu'un marché peut être résilié et mis en régie, aussi avant toute sentence. Ce sont ces actes que nous étudierons plus loin à propos des services rendus par l'État et des ressources corrélatives fournies par les citoyens.

Les droits de l'État comme personne privée sont de tout autre nature, ils ne sont plus soustraits, sauf quelques exceptions, à la compétence judiciaire de droit commun, ils résultent de contrats ou de quasi-contrats que l'État passe comme simple particulier ; nous les étudierons d'abord.

Comme tout citoyen, l'État fait acte de vie personnelle, notamment en ce qu'il est propriétaire, débiteur et créancier. Nous parlerons des deux dernières qualités à propos du budget ; occupons-nous maintenant d'une de ses qualités anciennes, très affaiblie, mais qui a joué un si grand rôle dans l'histoire, celle de propriétaire, elle est de la plus grande importance sociologique.

A ce point de vue, lorsque l'on dit que l'État possède un assez vaste domaine, surtout forestier, on n'y attache qu'une attention limitée, car ce ne sont pas là ses principales ressources, ce sont surtout les impôts qui l'alimentent, et le domaine ne s'étend pas, se restreindrait plutôt. La propriété privée des citoyens est beaucoup plus étendue. mais il n'en a pas toujours été ainsi. Au contraire, à une époque primitive, l'État, en fait de propriété, avait été tout ou à peu près tout, l'individu ne possédait rien ou à peu près rien. Il est vrai que cette collectivité n'est pas ce que nous appellerions aujourd'hui l'État, mais la Commune. Seulement, il n'y avait pas d'abord de véritable État ni même de Commune, le clan ou la tribu en jouait le rôle.

Cette situation a été universelle à l'origine, il n'existait pas de propriété individuelle, mais seulement une collective au profit de l'État, de la commune ou du clan, propriété qui descendit plus tard à la famille et de là à l'individu. Nous verrons plus en détail, à propos de la Commune, comment cette propriété évolua. Mais le fait est certain et a encore de nombreuses survivances. Chez les Arabes, par exemple. c'est la tribu qui est propriétaire, souvent même cette propriété est inaliénable. Chez les Wolofs, en Afrique, il en est de même. c'est le chef qui fait la répartition de jouissance. Au Mexique, au moment de la conquête, l'habitation et le jardin seuls étaient propriétés privées. Au Pérou, il en était de même, le sol était divisé en trois parties, l'une pour les besoins du culte, l'autre pour le Trésor, la troisième était partagée temporairement entre les cultivateurs. Quand un jeune homme se mariait, on lui constituait une maison et on lui assignait un lot à la naissance de chaque enfant. La répartition se faisait chaque année, les travaux exigeant de grandes avances étaient accomplis par tous. Chez les Anglo-Saxons, les terres conquises appartenaient à la nation. En

Irlande, il y avait un tirage au sort annal. Qui ne connaît
la communauté du mir russe ? Ces exemples suffisent.
Tantôt, il y avait culture en commun, tantôt culture individuelle et temporaire, avec jouissance personnelle par allottis-
sement périodique, Ce n'est que peu à peu que la propriété
individuelle naquit, d'abord de famille, puis d'individus, par
des usurpations successives de la part des plus puissants.

Mais partout, ou dans maint pays, a surgi une situation intermédiaire, c'est celle de la féodalité. Ce ne fut pas
l'apanage exclusif de la France ni de l'Europe occidentale
du moyen âge, on l'a constatée chez les Calédoniens, les
Polynésiens, à Madagascar, en Abyssinie et enfin en Chine
et au Japon. Elle repose sur le principe suivant : le monarque,
comme représentant de l'État, est propriétaire de tout le
sol, la conquête a d'ailleurs ajouté à cette propriété. Il le
concède à ceux qui peuvent le mieux aider à la guerre, à
charge d'un service militaire fourni par eux et par ceux qui en
dépendent. Si ces services viennent à manquer, il le reprend
par droit de commise. Le seigneur féodal peut agir de même
pour une partie de ses terres, il a aussi des vassaux et des
arrière-vassaux, mais l'État conserve le domaine éminent,
la vraie propriété. Quant au seigneur, il possède, comme
représentant de l'État, de la collectivité, et en raison de ses
fonctions sociales. Le souverain le paie en terres, comme il
paie maintenant ses fonctionnaires en argent.

On voit l'évolution, cette propriété universelle de l'État
n'existe plus, ce qui lui en reste constitue le Domaine; ce
domaine est restreint ; d'ailleurs, plus étendu, il serait très
insuffisant pour pourvoir à ses besoins.

Une partie du domaine ne produit pas de revenus, il est
mis à la disposition et à l'usage de tous les citoyens, c'est le
domaine public : les rues, routes, forteresses, fleuves, littora l
nécessaires à l'usage quotidien; une autre est concédée au
monarque en jouissance personnelle pour salarier ses fonctions (liste civile, jouissance des châteaux, etc.); une autre

enfin, productif de revenus, forme le domaine ordinaire. Nous verrons que, lorsqu'il s'agit de la commune et non plus de l'État, il y a une autre catégorie, les biens communaux, productifs de fruits, livrée à la jouissance promiscuë des habitants.

Pourquoi ne pas vendre ce domaine mais le garder ainsi restreint, puisqu'il est insuffisant pour dispenser de faire appel aux citoyens pour l'impôt ?

Il y a plusieurs motifs. Tout d'abord, le domaine public, routes, fleuves, est nécessaire à l'usage du public et par conséquent ne doit pas faire l'objet d'une appropriation privée, il faudrait le grever d'une servitude perpétuelle. Quant au domaine non public, il est certains objets dont la conservation importe pour la défense du territoire contre l'ennemi ou du sol contre les inondations, par exemple, les forêts dont la disparition est fort préjudiciable, et serait probable aux mains des particuliers. Ce n'est pas tout. Il ne suffit pas que l'État lève tous les ans l'impôt qui peut devenir à certain moment difficile à percevoir, il faut que, comme les sociétés financières le font, il ait une réserve. Sans doute, il peut se la procurer par la création d'un fonds d'amortissement, mais une propriété immobilière est plus sûre et plus stable. C'est pour ces motifs que le Domaine n'a pas disparu, mais ce n'est actuellement qu'une simple réserve, tandis qu'autrefois tout le sol fut à lui.

Cette situation subsistera-t-elle ? Le domaine de l'État, sauf maintien du domaine public, disparaîtra-t-il, ou, au contraire, s'étendra-t-il de nouveau vers ses anciennes limites ? C'est ici qu'une grave controverse s'élève entre les diverses écoles économiques et qu'une tendance se fait jour dans l'évolution elle-même. L'État, dans tous les pays, a une tendance à retirer du commerce privé, soit par voie de rachat, soit par voie de confiscation, suivant les temps et les lieux, de nombreuses valeurs, les entreprises qui restaient libres ou qui avaient été concédées à des sociétés à titre de monopole.

C'est ainsi que, presque partout, les chemins de fer qui formaient, quant au sol, une partie du domaine, avaient été concédés à des compagnies pour un temps très long, avant de faire retour à l'État. En Allemagne, en Belgique, en Italie, en Suisse, ils ont été rachetés et le domaine de l'État s'est ainsi grossi du produit de leur exercice. En France, on commence à réaliser le même programme. Il est vrai que la garantie accordée était une lourde charge pour l'État. Mais ici, nous n'apprécions pas, nous constatons. De même, après avoir donné en monopole l'impôt des allumettes, l'État en a repris la gestion directe. Les Postes et Télégraphes qui pourraient faire l'objet de l'industrie privée, tout au moins, d'un monopole, sont incorporés à l'État. Les mines, à leur tour, ont attiré l'attention à cause de leurs grandes richesses ; elles ont été concédées, il est vrai, à perpétuité, mais elles sont soumises à certaines déchéances ; en tout cas, l'État pourrait ne plus en concéder. Enfin, suivant la doctrine collectiviste, on en arriverait à socialiser ainsi tous les instruments de production. Le sol lui-même pourrait être atteint à ce titre, sans expropriation brusque, par l'augmentation énorme des droits de mutation par décès, qui deviendraient un véritable capital. De cette sorte, l'État reprendrait sa situation primitive et la propriété collective absorberait la propriété privée.

b) *Personnel des fonctionnaires intermédiaires entre l'État et les citoyens ; rapport des fonctionnaires avec l'État et les citoyens.* — L'État, entité impersonnelle, qui se résoud en collection d'individus, de manière à n'en former, pour ainsi dire, qu'un seul, s'est incarné, comme nous venons de le voir, par le gouvernement représentatif dans une sorte de tête ou *sensorium* composée d'un chef exécutif, d'un parlement à une ou deux chambres, et principalement, ou subsidiairement, d'un appareil judiciaire, cette tête à son tour se centralisant en un point unique, le chef de l'État avec ses ministres, qui possède l'action et qui est le moteur

de tout le reste. C'est ce chef de l'État qui va entrer en relations directes, comme le système nerveux cérébral, avec
tout le reste du corps, par les nerfs et les muscles, lui, avec
tous les États étrangers au dehors, avec tous les citoyens au
dedans. Mais il ne peut le faire seul, pas plus que le centre
nerveux central ne le pourrait sans les innombrables filets
nerveux. Il lui faut de nombreux représentants qui sont des
intermédiaires et qui prennent le nom de fonctionnaires.
Leur chiffre en France s'élève à environ un million, Plus
exactement, d'après le projet du budget de 1911, ils
étaient, au 31 décembre 1909, au nombre de 630.237 rétribués sur le budget de l'État et 337.864 sur ceux des départements et des communes (naturellement, les officiers ministériels ne sont pas compris), au total 968.121. Quant aux
traitements en 1869 (avec trois départements de plus), les
traitements civils se montèrent à 240.068.000 francs. Le
projet-budget portera 136.257.297 francs d'augmentation
dont 22.412.270 francs seront consacrés aux seuls fonctionnaires civils, pour création de situations nouvelles ou amé-
lioration de traitement. Le ministère de l'Instruction
publique possède autant de directeurs qu'il y avait de chefs
de bureaux il y a quarante ans. Le rachat des chemins de
fer de l'État a encore augmenté le nombre des fonctionnaires.

Les fonctionnaires sont de deux sortes principales, ceux
qui le représentent à l'étranger, ambassadeurs, etc., nous
renvoyons pour eux à la sociologie internationale, et ceux
qui le représentent à l'intérieur.

Les fonctionnaires sont aussi de deux sortes, dans un
autre sens, suivant le lien plus ou moins étroit qui les
rattache à l'État ! Certaines fonctions, en effet, sont retenues
par celui-ci, et leur exercice seulement confié à des fonctionnaires proprement dits, moyennant salaire pour un
temps à la volonté de l'État ; ce sont de simples ouvriers,
sauf certaines conditions de capacité, munis d'une certaine

autorité et payés au fur et à mesure de leur travail et
jusqu'à révocation garantis contre le chômage. Certaines
autres fonctions sont concédées, souvent cédées et ne peuvent
plus être reprises, ce sont les monopoles. Les monopolistes ne s'appellent pas d'ailleurs fonctionnaires. Ils ne pourraient donc nous occuper ici. Il faut distinguer : les monopolistes restant sous la surveillance incessante de l'État et
exerçant une véritable fonction publique, comme les officiers
ministériels, notaires et autres, et ceux exerçant une industrie privée, mais avec privilège, la Banque de France, les
compagnies de chemins de fer.

Parmi les fonctionnaires proprement dits, il faut distinguer
ensuite ceux que nous avons décrits tout à l'heure, et ceux
qui, sans jouir d'un monopole, sont cependant inamovibles,
soit expressément, soit virtuellement, dans un intérêt public.
Cette dernière classe est peu nombreuse. Elle comprend
en France : 1° les magistrats assis de l'ordre judiciaire ;
2° les officiers militaires ; 3° les professeurs de l'enseignement
supérieur ou secondaire. C'est une situation privilégiée. Il
faut mettre à côté d'eux certains fonctionnaires, improprement
dits monopolistes de l'autorité publique, en raison de la vénalité de leur charge qu'il a paru utile de doter du même
privilège, il s'agit des notaires. Il faut noter que la vénalité
n'aurait pas suffi pour leur obtenir cet avantage, puisque les
avoués, les huissiers, ne l'ont pas en droit. Cependant au
point de vue historique, c'est bien la vénalité de la judicature
qui avait procuré d'abord aux magistrats leur inamovibilité.

Dans un autre sens, il faut distinguer les fonctions civiles
des fonctions militaires. Elles diffèrent sous une foule de
rapports, l'armée comprend aussi la marine de guerre.
Les nécessités de la défense ont resserré les liens qui relient
entre eux les derniers de ces fonctionnaires. « Grandeur et
servitude militaire » a dit de Vigny. La hiérarchie, l'obéissance passive y dominent davantage.

Dans un autre sens encore, il faut distinguer les fonctionnaires d'action directe et politique, qui correspondent à ce que sont les agents diplomatiques au dehors, lesquels ne sont pas seulement investis de la puissance publique, ce qui est le cas de beaucoup d'autres, mais en plus, de l'action politique et centralisatrice; et d'autre part, ceux qui ne possèdent pas en droit l'action politique, mais sont chargés de fonctions fragmentaires et spéciales. La première classe doit nous retenir un instant en raison de son importance. Il s'agit, en somme, des ministres avec leurs bureaux, c'est-à-dire avec leurs ministères qui se répartissent les affaires, mais par nature d'objets, et qui par ailleurs les centralisent et exercent au plus haut point l'action politique et centrale. Ils délèguent sur toute la surface des représentants révocables *ad nutum*, et par conséquent, sous leur direction incessante, les préfets, qui ont les mêmes attributions sur un territoire plus restreint et qui centralisent à leur tour et dirigent dans leur département. Ces derniers personnages très importants sont chargés : 1° de l'exécution des ordres des ministres; 2° de la surveillance des services régionaux ; 3° d'un service d'information du pouvoir central; 4° de la transmission des réclamations ; 5° de la direction des maires, considérés comme autorités de l'État ; 6° de la police des fonctionnaires; 7° de la tutelle administrative vis-à-vis du département, des communes, des établissements publics ; 8° de la police même sur les individus ; 9° d'un certain pouvoir réglementaire; 10° de la représentation de l'État dans plusieurs contrats ; 11° de sa représentation en justice devant les tribunaux. Comme centralisateurs, ils concourent souvent avec les administrations spécialisées, c'est ainsi que les instituteurs dépendent à la fois des préfets et de l'Académie, le domaine de l'État, du préfet et de l'administration des Domaines.

Parmi les fonctionnaires d'administration non-politiques ni spécialisés, il faut distinguer les fonctionnaires non pas politiques, mais qui centralisent, de ceux qui restent spéciaux.

C'est ainsi qu'en matière financière, l'administration de l'enregistrement s'occupe de percevoir ume certaine branche
d'impôts; celle des douanes, une autre; de même celle des
contributions indirectes ; mais aucune n'envoie à Paris
au ministère les fonds ainsi perçus, elles les déversent toutes
entre les mains du trésorier-payeur. Ce fonctionnaire
répond même aux anciens fermiers généraux, car il peut
disposer des fonds comme un banquier, et doit seulement les
rendre au sortir de ses opérations, comme un cours d'eau
que des riverains auraient momentanément détourné.

Une autre division existe entre les fonctionnaires exerçant
ne fût-ce qu'une parcelle de l'autorité publique et ceux de
simple gestion. Cette distinction a été creusée surtout à propos de leur statut. Il ne faut pas confondre non plus l'autorité
pu' "que avec l'autorité politique. Un notaire a une large part
de la première, car il rend exécutoire et il a le droit d'authen-
tiquer ; la magistrature en a une plus considérable. Mais les
moindres fonctionnaires, le garde champêtre, en ont aussi
lorsqu'ils verbalisent. Cette distinction, un peu subtile, a donc
été abandonnée.

Dans un autre sens on doit distinguer les fonctionnaires
qui ne représentent que l'État dégagé de tout le reste, et
ceux, sortes d'amphibies, qui représentent à la fois l'État et
une autre unité, rapprochée, mais pouvant avoir cependant
des intérêts contraires. C'est ainsi que le Préfet représente
l'État, mais parfois aussi le département, ce qui est anormal ;
de même le Maire, à la fois, l'État et la commune, anomalie plus grande pour cette dernière, lorsqu'il était nommé
par le pouvoir exécutif.

Enfin l'administration se procure souvent par le moyen
d'un personnel divisé et d'attributions diverses. On y trouve
un fonctionnaire unique donnant l'action et à côté un corps
délibérant qui l'assiste, souvent même un corps judiciaire
de juridiction administrative.

C'est ce qui a lieu dans l'organisation des préfectures, où

l'on rencontre : 1° le Préfet; 2° le Conseil de préfecture, comme Conseil; 3° le Conseil de préfecture encore, comme tribunal administratif.

Tel est le cadre, tel est l'esprit des diverses divisions des fonctionnaires de l'État. Étudions-les maintenant sociologiquement dans leur ensemble et dans leurs rapports nécessaires avec l'État et avec le public.

Vis-à-vis de l'État, ils jouissent de certains avantages, savoir : 1° d'un traitement, avec augmentation à la suite d'un certain nombre d'années de service; 2° de la garantie contre le chômage, à moins que leur emploi ne soit supprimé ; 3° d'une pension de retraite; 4° de congés pendant un certain temps en cas de maladie, avec faculté de recouvrer leur emploi. Par contre, ils sont soumis à des obligations spéciales qui sont : 1° en général, le fournissement d'un cautionnement; 2° le serment, et ce qui est plus sérieux, l'astreinte, sinon à une opinion, au moins, au loyalisme politique ; 3° l'obéissance, sinon passive, au moins hiérarchique, aux ordres donnés pour le service ; 4° la preuve de garanties de capacité ; 5° la surveillance et le contrôle disciplinaire.

Cette situation semble simple et bien réglée. Elle est loin de l'être. Voici ce que le fonctionnaire peut craindre, ou ce dont il peut se plaindre, pour l'avoir souvent éprouvé : 1° la capacité est nécessaire pour qu'on l'admette, mais s'il est capable, pourquoi ne serait-il pas certainement admis ? Or, quelquefois la nomination est un pur caprice administratif, souvent, il est vrai, il y a concours ou examen. Mais ceux-ci sont-ils constitués avec des garanties d'impartialité suffisantes ? 2° l'avancement n'a pas de règles, ou, s'il en existe quelques-unes, elles ne sont pas observées, c'est le favoritisme qui règne, cependant il avait le droit de compter sur un avancement régulier; 3° il doit se soumettre à la discipline, mais alors, il devrait savoir pourquoi on le frappe et être mis à même de se défendre; 4° il doit attendre un âge fixé pour avoir une pension de retraite, mais c'est lui-même qui en fait l'avance,

il devrait donc en avoir une proportionnelle à tout âge ; 5° il
jouit d'un traitement modique, et cela est juste en présence
de la garantie contre le chômage, mais cependant, cela ne doit
pas l'empêcher d'avoir une augmentation de ce traitement,
comme tout ouvrier, lorsque surtout son salaire descend, en
réalité, par la cherté croissante de la vie, au rang de salaire
de famine, et d'obtenir ce résultat même au moyen de la
grève ; 6° un ouvrier ordinaire peut bien être congédié à tout
moment, mais il peut être employé ailleurs dans un travail
similaire, tandis que les fonctions administratives remplies
laissent incapable, par leur spécialisation, de presque tout autre
travail. Il réclame donc au moins un statut qui le garantira
contre ces multiples dangers. Il va plus loin et prétend droit
à la grève et au syndicalisme, droits conférés à tous les
travailleurs par la loi de 1884 et au droit d'association conféré à tout citoyen par la loi de 1901.

En fait, ces réclamations ont acquis un caractère particulier d'acuité, à la suite de nombreuses injustices relatives
à l'avancement devenu de plus en plus irrégulier et entaché
de favoritisme : les plaintes élevées étaient restées sans
réponse, on ne pouvait aller plus loin, parce que les administrations n'ont pas, en général, posé de règles fixes. Cependant
dant sur certains points, il en existe, des fonctionnaires en
profitent pour attaquer ces actes injustes devant le seul tribunal compétent, le Conseil d'État ; leur action, a très souvent réussi, et on ne saurait trop admirer l'impartialité de
ce Conseil, qui, quoique composé de membres nommés et
révoqués par l'État, en a montré davantage que parfois la
magistrature inamovible. Mais il faudrait, suivant eux, des
règles nettes partout, ce serait le statut, la Constitution des
fonctionnaires, comme la Constitution proprement dite est
celle de la France. Il faut remarquer à ce propos qu'en
France, sauf exception, (grades militaires, universitaires)
le fonctionnaire n'a pas d'état. Cet état existe, au contraire, en Allemagne et résulte de la loi de 1873, tous

les fonctionnaires jouissent d'une certaine inamovibilité.

L'État accueille ces revendications avec défaveur. Il répond en droit et en fait. En droit, il n'y a pas de lien conventionnel entre lui et son fonctionnaire, il n'y a qu'un droit réglementaire. C'est la différence qui existe en pratique entre la charte octroyée et une vraie constitution bilatérale. C'est pour cela qu'on est soumis dans ses réclamations à la juridiction administrative. L'acte de nomination n'est pas un contrat, mais un acte d'autorité. Il en résulterait que le fonctionnaire devrait rester sous le régime du bon plaisir. En fait, l'État répond que le droit de grève doit, en tout cas, être exclu, parce qu'il compromettrait tout à coup un service public, ce qui pourrait mettre la sûreté du pays en danger.

Tel est ce débat pendant encore ! Certains auteurs ont soutenu le droit syndicaliste (Leroy, transformation de l'État moderne), les services publics seraient assurés par des sociétés autonomes, d'autres soutiennent le droit à la grève, d'autres enfin se contentent du statut des fonctionnaires. Une sorte de sédition, celle des postiers, l'a porté sur le terrain de la grève et de la violence. L'État a répondu par un projet qui interdit la grève, sans accorder le statut. Une proposition de loi émanant de M. Buisson a été déposée et revisée par un comité, qui réorganise la situation en formulant un statut développé, lequel comprend les fonctionnaires, non seulement de l'État, mais des départements, des communes et des colonies. Tout organe de l'autorité ayant droit de nommer ou de révoquer est assisté d'un Comité consultatif qui représente les fonctionnaires, il est appelé Conseil du personnel et se compose moitié de membres de droit, pris parmi les fonctionnaires les plus élevés en grade, suivant leur ordre d'ancienneté, et moitié de membres élus qui sont consultés sur toutes les mesures. Pour l'entrée, il faut justifier de sa capacité, on ne peut commencer que par le grade le moins élevé, et on ne peut être exclu d'avance que pour des motifs dont le

candidat aura connaissance. La capacité s'établit par des concours et des stages, ces derniers rétribués et suivis d'un examen pratique. Un tableau d'avancement est ensuite dressé
et une nouvelle nomination ne peut avoir lieu si l'on n'y
figure en tête; l'inscription s'y fait suivant l'ancienneté et
une certaine majoration de l'ancienneté au mérite, fixée par
des règlements, des critiques peuvent être proposées, et aussi
des notes des supérieurs hiérarchiques peuvent écarter du
tableau. Des peines disciplinaires sont établies et peuvent
aller jusqu'à la révocation, mais doivent être prononcées en
première instance par les Conseils du personnel ci-dessus et
en appel par une Cour disciplinaire composée de deux sénateurs, deux députés, deux conseillers de cassation et deux
conseillers d'État; le fonctionnaire devra prendre communication de son dossier. Le fonctionnaire licencié doit recevoir
le remboursement des retenues qui ont été faites sur son
traitement pour alimenter sa pension de retraite. Toute
réclamation de l'intéressé devra recevoir une réponse; elle
est instruite par le Conseil du personnel. S'il y a violation
du statut, une action est ouverte devant le Conseil d'État.

Ce projet semble donner satisfaction à de justes réclamations. Le favoritisme, le despotisme, l'arbitraire, non seulement lèsent le fonctionnaire à la fois dans ses intérêts et dans
son ambition légitime, mais constituent un danger pour
l'État qu'ils corrompent. Le droit de grève périlleux se
trouve écarté. La théorie actuelle qui fait du fonctionnaire un
véritable ilote avançable et révocable à volonté est tout à
fait injuste, et la distinction entre le réglementaire et le contractuel ici seulement subtile. Ce qui le prouve, c'est qu'elle
est écartée dans d'autres pays, en Allemagne notamment. Le
fonctionnaire reste un citoyen libre, qui traite avec l'État
par un consentement mutuel dans des conditions spéciales
qui lui créent des obligations, mais lui donnent des droits.

Tels sont les rapports entre les fonctionnaires proprement
dits et l'État, il s'agit ensuite de ceux ne portant pas ce nom,

mais cependant fonctionnaires, investis de la puissance publique ou d'emplois publics monopolisés à leur profit et devenus, malgré les euphémismes d'expression, leur propriété, c'est-à-dire des officiers ministériels.

Leur dépendance est beaucoup moins grande, et en tout cas, ils ne relèvent point directement de l'État central, le lien hiérarchique n'existe pas. Les plus importants d'entre eux sont les notaires ; ils peuvent transmettre leur charge de leur vivant ou par décès, l'État n'a que le droit de refuser leur successeur pour défaut de capacité ou de loyalisme, et alors ils doivent en présenter un autre. Cependant l'État se réserve le droit de réduire le prix de cession, ce qui, du reste, n'a pas d'autre résultat pratique que de les forcer à dissimuler. Il a aussi celui de les faire révoquer en justice en cas de malversation et alors il peut confisquer l'office. Enfin, il conserve un droit de surveillance ou de discipline. Il en est de même des autres officiers ministériels, et il a, en plus, sur ceux-ci, le droit de révocation pure et simple.

Cette situation est particulière à la France, car ailleurs, la vénalité des offices n'existe nullement, les notaires sont de simples fonctionnaires. Chez nous, cette vénalité fut absente pendant la Révolution et l'Empire, et date seulement de 1816. Elle est profondément immorale, et cause le plus grave dommage aux citoyens qui, pour cette cause, ont eu à subir de très graves désordres financiers.

Enfin, les monopoles concédés se rattachent de plus loin au même ordre d'idées, nous ne pouvons en traiter ici. Plusieurs ont été vivement critiqués, notamment, celui du Crédit foncier, celui de la Banque de France, enfin, les concessions des Chemins de fer ; cependant, depuis qu'en France l'État a procédé au rachat de l'Ouest, la situation ne s'est nullement améliorée pour le public, au contraire, et l'on ne peut que constater des catastrophes terribles et fréquentes, sans compter une grève récente, la plus formidable de toutes, ce qui semble prouver que la gestion directe n'est pas meilleure que le monopole; elle a cet inconvénient spécial de mettre l'État, cette fois lui-même, en face des exigences ouvrières.

Les rapports entre les fonctionnaires et les citoyens sont aussi une matière sociologique importante. On a pu remarquer chez nous un revirement d'opinions remarquable. Sous le troisième empire, par exemple, surtout ceux d'ordre politique jouissaient d'une sorte d'omnipotence; ils étaient presque invulnérables, taboués, on les avait en haut respect, mais en même temps en vive antipathie. C'est que leur morgue était devenue proverbiale, celle du moindre, à plus forte raison, celle du magistrat, et encore plus, celle de l'officier qui semblait escompter toutes ses victoires futures supposées. Le fonctionnarisme était devenu une sorte de mandarinisme et bien plus encore en Russie où le tchin est célèbre; plus encore en Chine, le pays où le mandarisme a pris son nom. Les fonctionnaires devinrent ainsi toute une série de petits souverains, et si ce n'étaient pas des tigres royaux, c'étaient d'insupportables moustiques. En outre, comme quelques-uns jouissaient de fantastiques traitements, quoique la plupart aient rongé une misérable pitance, on s'étonnait et on se plaignait de la pâture à donner à leur voracité. Enfin, on leur appliquait l'épithète de parasites qu'ils semblaient mériter souvent par l'inanité de leurs fonctions.

A partir de 1870, les situations sont interverties. Le prestige s'est perdu, tout d'abord celui de l'officier; ses défaites, même imméritées, en ont été la cause, on ne pardonne pas au vaincu, même son héroïsme; le fonctionnaire civil, à son tour, n'est plus respecté. Cependant les uns et les autres ont supprimé leur défaut, le plus apparent, la morgue; ils ne se promènent plus, comme jadis, processionnellement, ils feignent même de se mêler à la foule, parce qu'ils ont besoin de popularité, mais cela ne les sauve pas. Ils sont trop nombreux, ils ont de trop gros traitements; on se souvient qu'ils ont dominé et qu'ils le feraient encore. A son tour, on les opprime, lorsqu'on le peut, on les dénonce avec plaisir, on

les met sous sa dépendance politique, on leur fait payer cher le
traitement alimentaire qui les fait vivre. L'État d'ailleurs
qui est leur défenseur naturel les soutient peu, parce qu'il
craint pour lui-même, et si le fonctionnaire supérieur continue à être arrogant, l'inférieur s'humilie de plus en plus,
davantage encore parce que les situations commerciales
s'élèvent de jour en jour, de sorte qu'entre l'État et l'individu, il se trouve pris comme entre le marteau et l'enclume.

La législation protège cependant le moindre fonctionnaire
contre le citoyen par une suite d'articles du Code pénal et
les tribunaux appliquent sévèrement ces dispositions. Il
s'agit surtout en principe des délits de rébellion, d'outrage
et de violence. Ce qui est d'autant plus important que
l'agent est cru sur son procès-verbal, c'est-à-dire sur sa
seule affirmation, au moins jusqu'à preuve contraire, et
même, si le fonctionnaire est un magistrat, il prononce lui-
même, ce qui semble exorbitant, la peine pour outrages à
sa propre personne ; ce n'est pas tout, le fonctionnaire jouissait d'un autre privilège, la garantie administrative, c'est-à-
dire qu'il ne pouvait être traduit directement devant un tribunal pour faits de ses fonctions. Il fallait que la poursuite
fût d'abord autorisée par le Conseil d'État qui ne le permettra
que s'il s'agit d'un fait tout à fait personnel et non d'un fait
de service ; cela remontait à la Constitution de l'an VIII, cette
garantie a été abrogée, mais le fonctionnaire devient-il réellement justiciable des tribunaux ordinaires? La séparation des
pouvoirs s'y oppose, si c'est un fait de service. Qui décidera
que c'est une faute de service ou non? Il y a eu hésitation,
on déclare que c'est le tribunal des conflits. La garantie administrative se retrouve donc indirectement.

D'autre part, les simples citoyens et l'État ont des garanties contre les fonctionnaires. Elles consistent, d'abord dans
l'incrimination d'un certain nombre de faits prévus et
punis par le Code Pénal, notamment des délits ou crimes de
divulgation de secrets compromettant la sûreté de l'État, de

livraison d'un plan à l'ennemi, de l'emploi illégal de la force armée, de l'ordre ou de l'exécution d'un ordre arbitraire ou attentatoire à la liberté ou aux droits civiques (114) sauf justification par un ordre hiérarchique, des coalitions de fonctionnaires, des empiétements des autorités administratives ou judiciaires, des faux en écriture publique, de la forfaiture, des soustractions commises par les dépositaires publics, des concussions, de l'ingérence dans des professions incompatibles, de la corruption, des abus d'autorité, des délits relatifs à la tenue des actes.

Toute une partie importante du Code pénal est consacrée aux délits des fonctionnaires. En outre, certains des délits ou des crimes de droit commun ont des peines notablement aggravées lorsqu'ils sont commis par eux. Enfin, ils subissent, en outre, dans leur administration, des peines disciplinaires. Tout cela met un frein aux agissements des fonctionnaires qui participent à l'omnipotence de l'État.

D'autre part, on voit que ces despotes petits ou grands ont les pieds d'argile, puisqu'ils ne sont encore consolidés par aucun statut. Cependant le public continue à les envier, en raison surtout de sa lutte pour la vie, de l'avantage de leur traitement maigre, mais fixe. Il est certain que les hauts fonctionnaires jouissent d'un traitement exagéré et exercent le plus souvent des sinécures, mais la position est bien différente pour les plus petits d'entre eux ; ils sont souvent plus indigents que de simples ouvriers auxquels on ne demande au moins aucune vie cérémonielle, et, s'il est exagéré et dangereux de leur donner le droit à la grève, il serait juste, d'une part, de relever les traitements trop infimes, et, d'autre part, de leur accorder un avancement régulier, exempt d'aucune faveur, et dû seulement à leur travail, au moyen d'un statut sérieux et complet.

CHAPITRE XV

Rapports entre l'État et chaque citoyen par l'intermédiaire des diverses administrations

L'aboutissement du droit administratif déterminateur est l'accomplissement des fonctions nécessaires ou utiles de l'État envers les citoyens, et par contre, des citoyens envers l'État. En effet, les services sont réciproques, ou plus exactement l'État, lequel a seul en mains la puissance de le faire, doit procurer aux citoyens ceux nécessaires à la sûreté et à la prospérité, et le citoyen doit, par.contre, lui procurer les ressources indispensables dans ce but, ressources tant en argent qu'en travail et même en défense.

Les services réciproques et le résultat de leur concours comprennent ainsi trois parties : 1° fournissement des services sociaux par l'État; 2° fournissement des ressources à ce nécessaires par les individus ; 3° application par l'État des ressources aux services.

Cette dernière partie, conclusion des deux autres, constitue ce qu'on appelle le budget, et aussi les comptes de l'exercice; le premier précise la balance entre les sommes à recevoir et les sommes à dépenser.

Première classe. — *Services à rendre par l'État*

Ces services sont de plusieurs catégories, les uns ont pour objectif d'assurer l'existence même contre tous dangers,

c'est le rôle irréductible de l'État. Il peut, à la rigueur,
n'assurer aucun autre avantage, et dans les époques troubles
ou de civilisation naissante, il ne saurait rien donner de plus.
Que s'il ne procure pas ce minimum, le citoyen ne lui
apporte rien en retour et s'organise par ses propres forces.
Mais, un État quelque peu développé fournit au delà. C'est
d'abord la surveillance, le contrôle sur les objets mis aux
mains des citoyens et dont ceux-ci ne peuvent vérifier l'in-
nocuité ou dont ils ne sauraient assurer la conservation.
Cela n'est presque pas moins nécessaire que ce qui précède,
ce n'est plus alors détruire le mal, mais c'est prévenir le
danger. Puis l'État peut passer de son rôle de défense à un
rôle de promotion, de progrès; tout d'abord de progrès purement matériels, puis de progrès moral. Quelque mots sur
chacune de ces catégories.

PREMIÈRE CATÉGORIE. — *Services défensifs*. — L'État
a pour première mission de protéger le citoyen contre les
maux qui peuvent l'atteindre et même détruire son existence,
mais ces maux sont de plusieurs sortes.

Il s'agit d'abord de sa défense contre les ennemis extérieurs, contre les autres nations qui pourraient, soit le léser
personnellement, soit nuire au pays entier, en l'envahissant, en
lui imposant un tribut ou en le traînant en esclavage. La
défense individuelle serait inopérante, et l'État seul, au moyen
d'une armée, peut en donner une collective. Il s'agit aussi
de la défense contre l'ennemi intérieur, lorsque dans une
guerre civile une partie des citoyens se comporte envers
l'autre comme des étrangers.

Il s'agit ensuite de la défense des personnes et des biens
de chacun contre les crimes individuels qui pourraient les
priver de la vie, de l'intégrité corporelle, de la santé, la
sécurité, et contre les usurpations d'autrui; cette sûreté est
procurée au moyen de la Justice des tribunaux, de la police,
de la gendarmerie, aidée, au besoin, de l'armée comme auxi-
liaire et, d'autre part, de l'assistance judiciaire.

Il s'agit aussi de la défense contre les dangers provenant de la nature ou d'actions involontaires de l'homme, contre les inondations, les tremblements de terre, les écroulements, les autres catastrophes, au moyen de précautions préventives ou de secours.

Il s'agit de la défense contre les maladies, surtout contre celles générales, contagieuses ou épidémiques qui ne peuvent être écartées ou diminuées que par une action commune, et aussi contre les causes diverses d'insalubrité, la société agit alors par la police sanitaire.

Enfin, il s'agit de la misère et du manque absolu de subsistance, surtout lorsqu'ils résultent d'une disette commune, ou lorsque le chômage est forcé; le droit au travail contre la société est incontestable, lorsqu'il n'est pas un prétexte à l'oisiveté. De même, il s'agit de soins envers les malades, les enfants, les infirmes ou les travailleurs. Les secours aux vieillards et les pensions de retraite aux ouvriers âgés qui commencent à juste titre à être instituées, rentrent dans cet ordre d'idées.

Tels sont les services nombreux de simple défense.

DEUXIÈME CATÉGORIE. — *Services de garantie.* — Ils ont été appelés quelquefois *services d'authentication*, nom qui convient à une partie d'entre eux. Quelques exemples feront comprendre la nécessité de l'intervention de l'État. Des particuliers pourraient sans doute battre la monnaie qui servirait dans les échanges, mais il faudrait à chaque fois la peser et la vérifier; l'État dispense de ce soin, en procédant lui-même à ces opérations et en certifiant qu'il l'a fait. Un savant peut avoir étudié la médecine et être excellent médecin, mais je n'en sais rien et je ne pourrai le contrôler, je serai reconnaissant si l'État l'a fait pour moi en lui accordant un diplôme.

Voici plusieurs des cas d'authentication: 1° le droit de battre monnaie, et en outre, celui de créer de la monnaie fiduciaire; 2° la garantie des objets d'or ou d'argent, des marques de fabrique ou de commerce; 3° la vérification des poids et mesures; 4ᵉ l'authenticité donnée aux actes par les officiers ministériels et ceux de l'état civil; 5° la publicité par les régistres hypothécaires; 6° la collation des grades universitaires; 7° les différents certificats.

Ce n'est pas tout, l'État ne se contente pas de garantir pour rassurer le citoyen dans l'usage par lui fait, il vérifie, en outre, la situation inoffensive et suffisante des objets d'utilité publique, des forêts, des cours d'eau, du reboisement des montagnes, de la mer.

Troisième catégorie. — *Services de promotion de la prospérité publique matérielle.* — Il s'agit ici surtout de la voirie et des travaux publics. L'État procure par lui-même ou par des monopoles concédés, les routes, les chemins de fer, les canaux utiles, avec l'expropriation préalable nécessaire, les améliorations de l'agriculture et de l'industrie, du commerce, de la navigation, les débouchés extérieurs. Il encourage les progrès de ce genre. Il ne peut les procurer entièrement.

Quatrième catégorie. — *Services de promotion de la prospérité publique intellectuelle et morale.* — Il s'agit ici surtout de l'instruction publique et de la promotion de la science elle-même. Lorsqu'il s'agit de l'instruction primaire, on peut même dire qu'il n'y a pas seulement progrès, mais nécessité.

Dans les pays et aux époques où la religion est considérée comme essentielle, l'État peut aussi procurer, à ses frais, en tout ou en partie, l'existence d'un ou de plusieurs cultes.

Dans tout ce qui est, non pas nécessaire pour l'existence, mais utile à la promotion, l'État doit-il agir à l'exclusion de tous autres ou seulement offrir son concours, ou enfin laisser ce qui est utile s'accomplir par l'initiative privée, sauf à intervenir, seulement si celle-ci reste insuffisante? Peut-il prendre le premier parti, c'est-à-dire, s'attribuer un monopole, non parce que le but désirable péricliterait autrement, mais parce qu'il lui serait donné telle ou telle direction que les gouvernements estiment être contraire à leurs idées, ou funestes, telles sont les graves questions qui se présentent en ce moment à propos de l'instruction publique en France. Nous n'avons pas l'intention de les discuter, l'espace nous manque ici.

Nous voulons seulement noter un fait relatif à notre pays. L'organisation de l'Instruction chez nous remonte à Napoléon Ier qui créa, sous le nom d'Université Impériale, un Corps ayant le monopole de l'enseignement et de l'éducation publiques dans tout l'Empire, avec les trois degrés primaire, secondaire et supérieur. Cette situation fut maintenue exactement par la Restauration. La liberté de l'enseignement primaire et secondaire ne fut établie que par la loi de 1850, dite loi Falloux, mais le monopole demeura pour l'enseignement supérieur, il ne fut aboli que par la loi du 15 juillet 1875 ; depuis lors, la liberté de l'enseignement a existé à tous les degrés, mais la collation des grades reste monopolisée par l'État, elle fut un moment remise à un jury pour l'instruction supérieure. Par ailleurs, l'instruction primaire est devenue gratuite et obligatoire.

En ce moment, la question est agitée devant l'opinion de savoir si l'instruction ne doit pas être de nouveau monopolisée. Les motifs invoqués dans ce sens ne sont pas de fond, mais de simple contingence, en raison des deux directions diamétralement contraires données à l'instruction officielle et à l'instruction libre en matière religieuse. Ni les uns, ni les autres n'ont observé la neutralité promise, ni dans leur enseignement, ni dans leurs livres scolaires. Reste à savoir si cette neutralité absolue est possible d'une part, et si, d'autre part, une des deux directions peut être valablement imposée, sans nuire à l'une des libertés individuelles irréductibles.

Il est né une question du même genre, pendante d'ailleurs dans tous les pays plus ou moins concordataires et qui a été tranchée chez nous par l'abolition du Concordat. Il s'agit de savoir si l'État doit procurer à ses frais la pratique possible de l'une ou de quelques-unes des religions les plus importantes. Elle a abouti en France, comme aux États-Unis, à la séparation complète des Églises et de l'État.

DEUXIÈME CLASSE. — *Ressources à fournir par les citoyens*

Ces ressources sont de deux sortes : 1° l'impôt du sang ou service militaire ; 2° l'impôt d'argent. Elles consistent aussi dans une partie volontaire : les prêts à l'État.

1° L'impôt du sang est le plus lourd, c'est celui qui a pesé le plus longtemps sur le prolétariat seul, mais c'est le plus indispensable, tant que la guerre n'aura pas été supprimée.

Plusieurs systèmes sont possibles et ont été pratiqués. Si l'on ne consultait que la logique, un seul est satisfaisant : pendant la paix et tant que le pays n'est pas en danger, une armée composée de seuls volontaires suffisamment payés ; on conçoit même l'emploi qu'on a fait souvent des régiments étrangers ; et, lorsque la patrie est en danger, la levée en masse. Mais, pratiquement, ce système est mauvais, parce qu'alors, si le péril survient, on n'a que des cadres trop peu nombreux et on ne peut opposer que des masses amorphes, non disciplinées, ni exercées. Cependant ce système fut longtemps en vigueur. A l'origine, il n'y avait même pas d'armée du tout ; les permanentes remontent à une époque reculée, mais depuis lors, elles se recrutaient surtout par des volontaires. C'est encore le système en vigueur en Angleterre et qui ne semble pas près d'être abandonné par ce pays. En effet, on sait l'émotion patriotique qui s'en est emparée tout récemment par la crainte de l'invasion possible de son île, pendant que ses soldats seraient absents pour

la protection des colonies, mais cela n'a pu la décider à
changer de système.

Chez nous, sous la Convention, pour résister à l'Europe
coalisée, ce fut la levée en masse de vingt à vingt-cinq ans,
système de conscription qui dura pendant tout l'Empire; la
Restauration l'abolit, l'enrôlement volontaire redevint le principal mode, et, comme subsidiaire, le recrutement par voie
d'appel avec le tirage au sort, le service de sept ans et l'admission du remplacement, ce qui faisait que l'impôt du sang
ne frappait que les seuls prolétaires. Cette situation a duré
jusqu'en 1870. Elle donnait un chiffre insuffisant de soldats
solides, ainsi que la guerre Franco-Allemande l'a prouvé.

En effet, l'Allemagne avait imaginé un système tout différent, auquel elle doit peut-être une partie de ses victoires.
C'est un système élastique reposant sur le service obligatoire dû par tous pendant un temps très long en cas de nécessité survenue, mais très court pendant une période de paix,
assez pour rendre capable et aguerri, puis renouvelé de
temps en temps pour ne pas perdre d'intensité et d'endurance; service actif, réserve, landwehr, landsturm, etc. A la
suite, par la loi de 1889, nous avons reproduit ce système.
Aucun remplacement n'est plus admis. L'impôt du sang
n'est plus celui d'une classe seule, l'impôt d'argent ne dispense plus la bourgeoisie d'en payer sa part.

2° L'impôt d'argent est le second fournissement fait par
les citoyens à l'État. Nous ne pouvons entrer dans le détail,
mais seulement établir les grandes lignes de la sociologie de
l'impôt.

Tout d'abord indiquons-en les classes diverses.

Une des plus anciennes divisions est celle en directs et indirects, qui coïncide presque avec celle en impôt de quotité et
impôt de répartition. L'impôt direct est un impôt sur les
fruits des champs, le produit d'une maison, les revenus d'une
rente. L'impôt indirect porte indirectement sur les revenus
ostensibles ou cachés, relevés par les dépenses, par abrévia-

tion sur les dépenses elles-mêmes. Il en résulte que l'impôt direct est involontaire et objectif, tandis que l'indirect est volontaire (car on peut le diminuer en ne dépensant pas autant), et subjectif. Enfin, l'impôt direct est de répartition, il n'est point d'un pourcentage fixe, celui-ci varie suivant les années et les besoins de l'État ; au contraire, l'indirect est d'une quotité fixe de la valeur consommée. Entre l'impôt direct et l'impôt indirect, il s'en trouve un, mixte entre les deux, c'est celui de mutation, soit entre vifs, soit par décès. Il est bien de quotité et volontaire, comme l'indirect, mais il ne porte pas sur les dépenses indicatives du revenu, ni sur le revenu lui-même, mais sur le capital. Les impôts directs sont : 1° le foncier ; 2° les portes et les fenêtres ; 3° l'impôt mobilier ; 4° le personnel.

Une autre division est celle en impôts sur le revenu et impôts sur le capital : les premiers sont impôts sur les revenus du travail, impôts sur les revenus du capital en voie de formation, ou sur le commerce. On conçoit qu'ils doivent les frapper d'une manière différente, les produits du pur travail ne doivent pas l'être du tout ou à peine.

Une autre division est celle en impôts principaux et impôts de superposition, ces derniers destinés à des dépenses transitoires et à combler l'insuffisance des premiers, en outre, à établir l'équilibre, lorsque le système d'impôt aboutit à une proportionnalité à rebours.

L'impôt peut être ou spécial ou global, c'est-à-dire qu'il peut porter séparément sur chacune des branches des ressources de chaque citoyen, sans les réunir, sans même que les objets constituant ces ressources forment un tout, et atteindre, par conséquent, les valeurs elles-mêmes plus que les contribuables, ou porter sur l'ensemble des revenus du patrimoine. Cette distinction, sans grand intérêt lorsque l'impôt n'est que proportionnel, en acquiert un très sensible lorsqu'il devient progressif, puisque cette progression ne peut s'établir conformément à son but que sur un ensemble. Enfin, il peut être à la fois spécial et global (projet Caillaux) c'est-à-dire frapper chaque objet proportionnellement, puis, par superposition et progressivement, le patrimoine dans son ensemble.

L'impôt peut être varié ou unique, selon qu'il frappe les divers objets qui composent, en revenus ou en capital, le patrimoine, pris un à un, ou d'un bloc et seulement une fois le patrimoine total dans son ensemble. L'impôt unique opposé à l'impôt inique avait été proposé il y a longtemps par de Girardin, ce serait le seul juste, s'il pouvait être suffisant.

Une autre distinction est celle, plutôt relative à la possibilité d'être efficace, en impôt basé sur simple déclaration, impôt perçu sur des signes apparents de richesse excluant toute inquisition et impôt établi après investigation discrète ou indiscrète des ressources. C'est ce dernier mode qui soulève les plus vives réclamations, non seulement parce qu'il empêche la dissimulation, mais aussi parce qu'il autorise la pénétration dans les affaires privées.

Enfin, le dernier classement et le plus important est celui en impôt fixe (par exemple, la contribution personnelle, les droits fixes d'enregistrement), en droits proportionnels à rebours, en droits proportionnels véritables, en droits progressifs. Lorsque l'impôt est fixe, il grève plus lourdement les petites gens et les petites affaires, ce qui est contraire aux principes, tandis qu'il est insignifiant pour les autres ; les droits proportionnels à rebours sont, en apparence seulement, proportionnels ; en réalité, ils rentrent dans la classe précédente. On a souvent cité dans ce sens les impôts indirects ; sans doute, ils se proportionnent à la valeur ou à la quantité des objets, mais comme les plus riches ne font pas beaucoup plus d'usage de ceux-ci que les plus pauvres, la richesse ne se trouve pas frappée à proportion. Le riche ne paie pas plus cher pour sa consommation que le pauvre, puisque, comme on le dit vulgairement, il ne peut dîner deux fois. Les droits proportionnels véritables frappent d'un impôt, suivant leur valeur, les objets qui ne sont pas de consommation, ils sont équitables. Mais l'impôt progressif, non seulement atteint la quotité, mais la proportion aussi s'élève avec la fortune. C'est ce dernier système qui est proposé en ce moment en France, sous le nom d'impôt global progressif et qui doit attirer toute l'attention.

L'idée consiste en ce que les charges sociales dont le montant est indéfini doivent être supportées par tous, non pas proportionnellement, mais progressivement à leurs revenus, c'est-à-dire que, si celui qui a un revenu de 1.000 francs doit payer 20 francs d'impôts, celui qui en a un de 2.000 par exemple, ne devra pas en payer 40, mais 50. On peut employer cette progression avec un chiffre toujours montant ou s'élevant de temps à autre.

L'impôt progressif peut devenir d'autant plus lourd que la progression n'a pas de limite. Si elle est très importante et porte, non plus sur le revenu, mais sur le capital, comme lorsqu'il s'agit des droits de mutation par décès, elle peut arriver à une socialisation partielle du patrimoine individuel, d'autant plus considérable que les degrés de parenté deviennent plus éloignés. Des propositions récentes ont été faites dans ce sens au Parlement français et elles sont contenues en germe dans tout système d'impôt progressif.

Au point de vue sociologique, l'idée de l'impôt progressif est de la plus extrême importance. Jusqu'à présent les peuples ont été loin de marcher dans cette voie et l'Angleterre qui le pratique dans son income-taxe n'en a fait qu'un léger impôt de superposition, mais la Prusse en a édifié un système d'impôt principal et très lourd. Dans ces conditions, des principes essentiels se trouvent soulevés. Lequel est juste de ces deux systèmes, la proportion ou la progression ? Il faut d'ailleurs noter que proportion, comme progression, peuvent être indéfinies. La première même, en montant toujours, conserve l'égalité, ou plutôt la proportionnalité de misère entre tous; la seconde en s'élevant, peut ne frapper que les riches.

C'est même un de ses buts principaux. Elle tend, avec la division de l'hérédité, à détruire les grandes fortunes, et si on l'applique aussi aux successions, elle peut parvenir dans un certain temps à détruire celles-ci. Aussi est-elle un instrument puissant pour la doctrine et la pratique collectivistes; il lui suffira de forcer un peu la note, l'égalisation des fortunes se fera ainsi lentement et sans qu'on soit obligé de recourir à une dépossession violente, ce serait un insensible enlèvement. Ce résultat est certain, mais serait-ce un bien ou un mal ? La réponse dépend de celle qu'on fera à la question socialiste en général. Nous voulons seulement indiquer sa place ici, l'impôt progressif qui va toujours croissant tant sur le revenu (impôt annuel) que sur le capital (impôt de succession) serait l'avènement insensible du socialisme, sans qu'il soit besoin du rachat si difficile à réaliser.

3° Enfin les citoyens ou subsidiairement les étrangers fournissent, outre le sang et l'impôt, une autre ressource précieuse dans le cas de besoins extraordinaires, c'est le prêt. Remarquons que, par une combinaison spéciale, les emprunts contractés par l'État ne sont remboursables qu'à son gré, et que, s'il le préfère, il peut toujours rester débiteur. Tandis que l'impôt est forcé, l'emprunt est volontaire. De même, dans l'ordre d'idées corporel, le service militaire est tantôt volontaire, tantôt forcé.

L'emprunt qui, tantôt aboutit, tantôt n'aboutit pas au remboursement, mais toujours à un impôt, est un moyen de nature provisoire, mais souvent définitif, comme en témoigne la dette si lourde de chaque État; il a presque toujours une guerre pour origine. Nous n'en parlons ici au point de vue sociologique qu'en raison des privilèges dont il fait l'objet.

D'abord, il n'est remboursable qu'à la volonté du débiteur, sauf le type amortissable, et on ne peut retirer ses fonds qu'en vendant à un tiers, tandis que l'État se réserve le droit de rembourser à toute époque, et il y a avantage, si le

taux des intérêts vient à baisser. Puis les rentes sur l'État,
à la différence de toute autre valeur, sont exemptes de l'impôt.
D'autre part elles sont autorisées et peuvent être ordonnées
comme placement des fonds des mineurs et autres incapables ;
enfin, privilège précieux, elles sont insaisissables, même quand
le titre est nominatif, en sorte que leur propriétaire peut se
jouer de tous ses créanciers, il jouit des avantages de sa propre
insolvabilité apparente ou réelle, tout en profitant de ceux de
la solvabilité de l'État.

Au point de vue psychologique et moral, il y a là un
immense abus, quoique sociologiquement cela puisse aider
singulièrement au crédit de l'État. Ce qui est à noter, c'est
que le privilège de l'insaisissabilité n'a point eu ce but, lorsqu'il fut concédé ; il avait seulement celui de simplifier la
comptabilité du Trésor ; les petites causes peuvent donc avoir
des effets qui les dépassent de beaucoup. Les rentes sur
l'État français, par exemple, ont un marché mondial, et
beaucoup d'acheteurs n'envisagent pas cette ressource. Elle
est donc devenue inutile, et, comme elle est incontestable-
ment immorale, il n'y a pas lieu de la maintenir. D'ailleurs,
celui qui veut échapper à ses obligations peut employer
un moyen très simple applicable à toutes valeurs, il lui
suffit d'acheter des titres au porteur. Quant à l'exemption
d'impôt, elle donne un attrait véritable ; d'autre part, il
semble qu'il y ait engagement tacite de l'État, au moins vis-
à-vis des étrangers, de ne pas la grever d'impôts, aussi, lors
des émissions, plusieurs États, pour rassurer, prennent-ils
cet engagement formel. Cependant devant les nécessités
pressantes, on propose chez nous de grever la rente. On le
pourrait peut-être légitimement dans l'impôt global et de
superposition qui frappe l'ensemble de la fortune, mais on ne
le peut dans l'impôt premier et spécial qui attire jusqu'aux
capitaux étrangers.

TROISIÈME CLASSE. — *Application des
ressources aux services.*

Cette application se fait par une série d'autorités
dont le point de départ est le Parlement. Celui-ci, avant
que les recettes et les dépenses, ainsi que leurs causes, commencent, règle dans le budget les recettes et les dépenses
prévues, qu'il autorise, non seulement en bloc, mais dans
un certain détail et une certaine application spéciale, et on
ne peut dépasser ce règlement provisoire qui est un maximun;
on ne peut même pas déranger la spécialisation et porter
une dépense d'un article sur l'autre par un virement.
Lorsque les recettes et les dépenses afférentes à l'année
ont été accomplies dans le cours de l'exercice un peu plus
long toujours que cette année, le Parlement approuve l'ensemble, c'est la loi des comptes.

Tel est le budget dans ses deux moments successifs, le
commencement et la clôture.

Le second facteur vient ensuite, c'est l'ordonnateur, celui
qui, situé dans diverses administrations, donne aux caisses
publiques l'ordre de payer une dépense dans la limite des
crédits.

Le troisième vient après l'ordonnateur, c'est le comptable
qui sur l'ordre reçu verse les fonds nécessaires.

Enfin, intervient la Cour des Comptes qui contrôle si
l'ordonnateur, puis le comptable, ont opéré régulièrement.
D'ailleurs, la comptabilité est double, il y a celle en deniers
et celle en nature.

Telle est la distribution de ce travail. Sociologiquement,
il faut relever ici cette division surtout entre l'ordonnateur
et le comptable. C'est ce que nous retrouvons partout
ailleurs dans le droit public et ce qui forme un prolongement de la division des pouvoirs.

D'autre part, on se demande pourquoi, tandis que les

autres projets de lois peuvent être présentés à l'une ou à l'autre des Chambres, le budget doit l'être d'abord à celle des députés; cet errement est suivi dans tous les pays.

Un point très important est assez mal réglé, c'est le rapport qui existe entre le vote du budget et celui des lois ordinaires, lorsque ces derniers doivent causer une dépense nouvelle. Il ne suffit pas de voter une loi, il faut pourvoir en même temps aux voies et moyens. Plusieurs situations peuvent se présenter : 1° on vote cette loi, sans avoir créé les ressources, on devra alors les chercher ultérieurement dans le budget, c'est ce qui est advenu récemment pour les retraites ouvrières; 2° on vote les deux à la fois; comme il est rare que cela coïncide avec la formation du budget, on vote les ressources d'avance; 3° on n'a pas encore voté la loi, mais on discute le budget; alors la proposition de loi se présente incidemment; on vote comme article du budget ce qui avait besoin d'être examiné en soi. Toutes ces propositions, sauf la seconde, sont fausses, mais difficiles à éviter. La seule normale serait, au moment du vote de la loi, de voter en même temps les ressources, en disant qu'elles seront comprises au prochain budget.

Au point de vue sociologique, ce qu'il y a de plus grave, c'est l'accroissement continu des dépenses et la difficulté d'y faire face; il faut recourir à des ressources nouvelles ou à l'emprunt. C'est surtout le budget de la guerre et celui de la marine qui suivent partout une progression effrayante; les réformes sociales, quoique utiles, y ajoutent une forte somme. Toutes les nations se dirigent vers la banqueroute. Il n'y a qu'un remède très topique, la suppression de la guerre et de la paix armée, aussitôt que possible. Les impositions extraordinaires s'expliquent, car un débiteur doit payer ses dettes en se privant, Il en est autrement des emprunts consolidés, car l'État, pas plus que l'homme, ne doit grever d'avance son avenir; encore moins la génération présente peut-elle légitimement grever les générations futures.

CHAPITRE XVI

Sociologie du Droit Administratif Probateur et du Sanctionnateur

I. — *Du Droit administratif probateur*

Il s'agit ici de savoir lequel aura fait la preuve de ses droits 1° le fonctionnaire vis-à-vis de l'État ou l'État vis à-vis du fonctionnaire, 2° le fonctionnaire vis-à-vis de l'individu ou l'individu vis-à-vis du fonctionnaire, 3° l'État vis-à-vis du simple citoyen, ou le citoyen vis-à-vis de l'État, dans leurs rapports réciproques. Il s'agit, en outre, de rechercher devant quelle juridiction ces débats devront être portés et quelles règles de procédure devront être suivies; enfin, en cas de conflit entre la juridiction ordinaire et l'administrative, laquelle devra rester saisie, mais nous avons déjà examiné ce dernier point.

1° *Entre les fonctionnaires et l'État.* — Il s'agit ici des conflits pouvant résulter entre eux de la situation du fonctionnaire, de sa nomination, de son avancement, de sa retraite, des mesures disciplinaires. Nous avons étudié ce sujet plus haut. En général, il n'y a pas de statut, mais, lorsqu'il existe des règles dans une administration et qu'elles sont violées, c'est le Conseil d'État qui est compétent. S'il n'y a pas de statuts, c'est le règne de l'arbitraire, le recours, tel qu'il a lieu, plutôt officieusement, devant le Ministre. La procédure est peu ou point réglée et c'est la mission de l'avenir d'en établir une. Quant à la preuve elle-même du droit du fonctionnaire, elle se fait par les voies ordinaires, comme dans les autres cas ; elle ne consiste actuellement que dans des enquêtes plus ou moins probantes.

2° *Entre le fonctionnaire et l'individu.* — Si le fonctionnaire peut se couvrir par un ordre de son chef et que celui-ci se retranche derrière un acte administratif du pouvoir public, sans doute, il n'y a plus la garantie administrative, laquelle est abrogée, mais le conflit peut être élevé devant le tribunal des conflits en raison de la séparation des pouvoirs.

S'il ne peut se couvrir ainsi, mais s'il a commis une faute personnelle, un crime ou un délit, c'est le tribunal judiciaire qui est compétent. Il en est ainsi pour les infractions commises contre le Code pénal.

3° *Entre l'État et le citoyen.* — S'il s'agit du simple citoyen vis-à-vis de l'État, on distingue : si l'État a agi en vertu de la puissance publique qui lui est confiée et se base sur un acte administratif, alors le tribunal administratif, tantôt Conseil de Préfecture, tantôt Conseil d'État, tantôt Ministre, est compétent ; si au contraire l'État a agi par contrat, comme personne privée, c'est le tribunal judiciaire qui l'est.

S'il s'agit d'un citoyen tenu envers la Société par des obligations spéciales et faisant partie d'un Corps spécial, comme le militaire ou le marin, il est traduit devant une juridiction spéciale, par exemple, le Conseil de guerre.

Il y a donc, à côté de la juridiction de droit commun, la juridiction administrative, et la juridiction extraordinaire.

Les unes et les autres fort anciennes ne sont pas admises dans tous les pays et ont donné lieu aux plus vives critiques. Nous les avons examinées plus haut, à propos des juridictions administratives. L'unité des juridictions nous semble beaucoup préférable ; elle existe en Angleterre et aux États-Unis. Sans doute, celles purement disciplinaires peuvent être maintenues, mais il en est autrement des pénales. L'institution des Conseils de guerre, en temps de paix, est

vivement battue en brèche. Un projet formulé depuis
longtemps créé des tribunaux mixtes, composés à la fois de
juges militaires et de juges civils.

Beaucoup d'autres juridictions spéciales existent, notamment les Conseils de l'Instruction publique.

Quant aux règles de procédure, soit devant le Conseil de
préfecture, soit devant le Conseil d'État, soit d'autre part,
devant le Conseil de guerre, elles diffèrent profondément
de celles ordinaires et présentent beaucoup moins de
garanties.

C'est ainsi que, tout à fait contrairement aux règles ordinaires de division des fonctions, le même tribunal administratif, le Conseil d'État, joue à la fois le rôle de première
instance, d'appel et de cassation; l'appel est admis, quelle
que soit l'importance de l'affaire, il n'est pas suspensif, il
n'y a pas de recours en cassation pour violation de la loi.
Toutes ces exceptions sont singulières et paraissent non
justifiées.

Le principe de l'unité de juridiction, qui abolit tous les
tribunaux d'exception, nous semble bien préférable. Le motif
tiré de l'existence d'un acte administratif, servant de base,
nous paraît subtil, d'autant plus que le principe de la séparation des pouvoirs peut être sauvegardé d'autre manière.

En effet, ce qui ne doit pas être permis à un tribunal judiciaire, c'est d'interpréter l'acte administratif quand il y en a
un, ou de l'annuler, la séparation des pouvoirs exige alors
le renvoi au tribunal administratif, non pas au fond, seulement comme question préjudicielle, de même qu'en droit
commun on renvoie, suivant les cas, du criminel au civil et
du civil au criminel; voilà tout ce que ce principe demande
pour être satisfait. Il y a là un point de vue tout à fait
différent.

L'idée de justice retenue, souvent invoquée par les partisans de la justice administrative, n'a qu'une valeur historique. A l'origine, tout était retenu par le souverain qui ne se

dessaisissait que peu à peu ; la Constitution elle-même l'était
par lui, lorsqu'il ne l'octroyait que de temps en temps.

II. — *Droit administratif sanctionnateur*

Entre l'État et ses fonctionnaires, la principale sanction,
en cas d'infractions par ceux-ci à leurs devoirs, est la destitution ou la révocation. Suivant les législations, elle est
arbitraire ou prononcée légalement. Il y a aussi toute une
échelle de peines moindres.

Entre les fonctionnaires et les citoyens existent de nombreuses sanctions que nous avons citées, prononcées par le
Code pénal, sans compter les peines disciplinaires.

Il faut ajouter enfin, comme très topiques, les plaintes
adressées par les citoyens au Parlement, par l'organe de
leurs députés.

Entre l'État et les citoyens non liés par un lien spécial
existent, tant en matière fiscale qu'ailleurs, de nombreuses
amendes et des déchéances pour lesquelles l'État jouit de
l'exécution, de la mise en régie et d'autres moyens énergiques.

Entre l'État et les citoyens tenus à des devoirs spéciaux,
par exemple, en cas de service militaire, les peines sont graves
et nombreuses, elles sont renfermées, par exemple, dans le
Code pénal militaire et le maritime.

CHAPITRE XVII

SOCIOLOGIE DU DROIT ADMINISTRATIF A L'ÉTAT DYNAMIQUE ET SCIENTIFIQUE

I. — *A l'état dynamique*

Cette étude des plus intéressantes ne peut être faite par nous ici que très sommairement, en indiquant les points les plus saillants.

La lutte historique entre la royauté et les Seigneurs a eu pour résultat la création même de l'Administration. Le seul fonctionnaire était d'abord le seigneur féodal. Par ses intendants, il percevait l'impôt; en cas de guerre, il recrutait les troupes et devait lui-même le service; il avait pour solde la terre donnée en bénéfice, il rendait la basse et la haute Justice. Bientôt la royauté centrale triompha, les armées permanentes furent fondées, les juges royaux remplacèrent les juges seigneuriaux; les Intendances, les provinces. A la féodalité hiérarchique succéda l'administration hiérarchique aussi et dont les liens se sont de plus en plus resserrés.

Suivant le système observé par Vico, c'était une sorte de levée en masse, en partie volontaire, qui composa d'abord l'armée, puis on solda des mercenaires étrangers et nationaux; enfin, de nos jours, le service est devenu obligatoire, d'abord pour ceux appelés par le sort, mais ne pouvant se racheter, puis pour tous, mais par fractions et au moyen d'appels successifs. Très long au commencement du siècle dernier, il est devenu de plus en plus bref.

La voirie se crée d'abord au moyen des corvées, les frais se remboursent au moyen des péages, comme maintenant les frais judiciaires sur les plaideurs; aujourd'hui, non seulement, elle a acquis les voies ferrées, mais elle devient une dépense générale de l'État.

Dans l'Assistance publique, la prévoyance, l'hospitalisation et les retraites régulièrement remplacent peu à peu la charité individuelle ou même sociale. Elles se laïcisent progressivement.

L'instruction primaire, d'abord presque nulle, devient gratuite et obligatoire; elle marche vers le monopole. D'autre part, presque entièrement religieuse d'abord, elle se laïcise.

L'impôt fut irrégulier et arbitraire, levé par les Rois et les Seigneurs. Puis il fallut appeler les États Généraux pour y consentir. Aujourd'hui, on veut un vote du Parlement.

Il est d'abord, par l'importance des contributions indirectes, presque proportionnel à rebours. On diminue celles-ci et l'on supprime les octrois. L'impôt direct, d'autre part, tend à devenir proportionnel, puis à succéder à l'autre, d'abord par voie de superposition, puis autrement: on aboutit à l'impôt global, qui est progressif.

Les Conseils de guerre non seulement sont un tribunal d'exception, mais il leur est défendu d'admettre les circonstances atténuantes, peu à peu ils sont investis de ce droit, et on propose même leur suppression.

Les fonctionnaires sont de simples mandataires révocables *ad nutum*, même ceux pourvus de la puissance publique. Peu à peu des règlements de chaque administration admettent des principes dont la violation entraîne l'annulation par le Conseil d'État; puis on donne à certains une quasi-inamovibilité, par exemple, aux juges de paix, enfin un statut est sur le point d'être adopté.

Nous n'avons voulu citer que quelques exemples indicatifs de l'évolution.

II. — *A l'état scientifique*

L'avenir n'est que le prolongement du passé et du présent. Il suffit de citer les questions à l'ordre du jour et qui recevront une solution prochaine ou éloignée, probablement dans le sens où elles sont posées. Les plus importantes sont : 1o le statut des fonctionnaires ; 2o l'impôt unique et progressif sur les revenus ; 3o l'impôt sur le capital dans les successions ; 4o le maintien ou la suppression des juridictions administratives ; 5o ceux du Conseil de guerre ; 6o la liberté ou le monopole de l'instruction à ses trois étages ; 7o l'abrogation de la vénalité des offices ; 8o la réforme judiciaire ; 9o la réforme administrative.

CHAPITRE XVIII

SOCIOLOGIE DU DROIT ADMINISTRATIF DES UNITÉS NATIONALES EXCENTRIQUES ET DES CONCENTRIQUES A L'ÉTAT

I. — *Les Colonies*

Il s'agit des colonies, lesquelles n'ont pas juridiquement, il est vrai, toujours une personnalité distincte, mais qui jouissent d'une autonomie. Leur constitution est différente suivant les pays. Nous nous bornerons à celle en usage en France.

Les colonies peuvent être de plusieurs sortes. Au point de vue économique, elles sont, soit d'exploitation, soit de peuplement, soit des deux à la fois. Celles de l'Angleterre sont plutôt d'exploitation et de commerce, tandis que les nôtres de peuplement et d'influence à l'étranger.

D'après une autre division, la colonie est civile ou militaire, c'est-à-dire qu'elle est gouvernée militairement ou civilement. L'Algérie a été longtemps soumise au régime militaire. Celui-ci ne favorise guère son développement.

Elle peut admettre, sous certaines restrictions, les indigènes dans son sein ou les repousser de tout gouvernement.

Elle pourrait même les expulser du territoire.

Elle peut être libre, c'est-à-dire devoir échanger avec toutes les nations, ou bien ne pouvoir le faire qu'avec la métropole.

Elle est régie par les mêmes lois que la métropole ou possède des lois spéciales, soit pour tous, soit pour les indigènes ; on peut aussi n'y introduire que peu à peu celles-ci.

La colonie est représentée ou ne l'est pas au Parlement de la Métropole.

Elle ne paie pas d'impôts à la métropole, mais pourrait en établir chez elle pour elle-même.

Les colonies françaises sont pourvues d'un gouverneur nommé par le Président de la République, d'un Conseil privé, qui, avec l'adjonction de deux magistrats, devient le Conseil du contentieux administratif et d'un Conseil général. Certaines colonies anglaises, celles d'Australie, ont un véritable Parlement.

Telle est la physionomie générale de la colonie. Il faut la considérer par rapport aux indigènes, aux nationaux colonisants et aux nations étrangères.

Par rapport aux indigènes, nous nous en occuperons plus loin, à propos des États inférieurisés dans le droit international. Nous verrons que, sans doute, vis-à-vis de certaines races, des Arabes et des Kabyles, par exemple, en Algérie, nous avons été très hospitaliers, mais qu'il en a été autrement vis-à-vis des Nègres, ceux du Soudan, notamment, où nous nous sommes montrés d'une révoltante cruauté. Les Anglais procèdent par expulsion et n'ont pas à se vanter davantage.

Relativement aux nations étrangères, les colonies peuvent être l'objet des plus graves conflits, surtout avec les prétentions de chaque État à l'hinterland.

Quant aux colons eux-mêmes, leur situation est des plus précaires. Ils ont à lutter, non seulement contre les voisins, souvent des sauvages, mais aussi avec le sol et le climat meurtriers ; enfin, et surtout avec les chefs qui leur sont adressés de la métropole, chefs à la fois incapables et cupides, car, moitié pour les favoriser, moitié pour s'en débarrasser, on y envoie les fortes têtes qui jettaient le trouble dans la mère-patrie.

Par ailleurs, les colonies sont-elles utiles ? cela dépend du parti qu'on en tire commercialement. A ce point de vue, celles de l'Angleterre réussissent mieux que les nôtres ; nous, nous ne recouvrerons jamais les dépenses que nous a causées l'Algérie. Mais, au point de vue militaire, elles sont une cause d'affaiblissement, il faut beaucoup de soldats envoyés pour les maintenir, et, pendant ce temps, on peut attaquer la métropole. C'est ce qu'a craint dernièrement l'Angleterre.

Enfin, quelle est la doctrine sociologique de la colonie ? Elle est bien nette : celle-ci, comme un fruit mûr, se détache peu à peu de la mère-patrie. Lui sera-t-elle au moins toujours reconnaissante ? Elle aurait tort, car celle-ci s'est montrée souvent marâtre envers elle. La métropole n'a le plus souvent agi que dans son propre intérêt. Un seul lien reste possible, celui d'une vaste confédération ; c'est en partie ce que l'Angleterre entend avec son impérialisme, puisqu'elle a essayé de constituer ainsi l'Australie. L'Espagne qui avait tant de colonies les a toutes perdues, en dernier lieu Cuba et les Philippines ; elle est plus forte depuis, car les colonies ne deviennent souvent qu'une charge parasitaire.

Telle est l'unité excentrique à l'État ; étudions maintenant celles qui lui sont concentriques, notamment la commune et la province.

II. — Des unités nationales concentriques a l'État

Ces unités sont nombreuses mais les plus importantes
sont les provinces de la commune

L'État, comme tous les corps, se compose d'un certain nombre de cellules, mais dans tout corps aussi les cellules ne sont point seulement juxtaposées, elles forment entre elles des masses déjà organisées qui en se rejoignant parviennent à l'unité suprême. Dans ces éléments, il existe même un point de départ fondamental, un *substratum* nécessaire et irréductible, au-dessous duquel il n'y a plus de société ; cette molécule, c'est la *commune* qui, dans le monde antique, fut souvent la *cité*, qui, plus tard, dans un âge religieux, prit le nom de *paroisse*, qu'on appelle aussi dans un langage sentimental, le *clocher*, et qui confine à cette idée supérieure du droit individuel, qui est la *famille*, sans se confondre avec elle. La racine de l'État, c'est partout la commune. Dans la situation de race non encore fixée au sol, on peut lui assimiler le *clan* ou la *gens*.

La commune, comme le clan, se fonde sur une parenté éloignée dont on a perdu la trace, parenté très probable, lorsqu'on ne sort guère de son terroir, qu'on ne va pas chercher femme dans d'autres provinces et qu'on s'est attaché étroitement au sol. C'est aussi une cohabitation ordinaire et conservée de père en fils ; il s'agit des *voisins* suivant le terme de l'ancien droit. Enfin, d'autres éléments, ceux des mêmes coutumes, de la même religion, des mêmes luttes contre l'ennemi du dehors, servent encore à renforcer le lien.

Entre la commune et l'État sont venus se placer des intermédiaires, mais il n'en existe qu'un naturel, presqu'aussi naturel que la commune, c'est la province ; quoique, chez nous, on ait essayé de la déraciner, elle subsiste vivace. Elle n'est plus officielle, mais elle hante nos souvenirs et dirige nos affinités. En France, par exemple, si nous voulons bien nous définir, nous nous disons sans doute d'abord : Français, mais nous ajoutons aussitôt : Breton, par exemple, puis Rennais ou Nantais. Nous voilà, de ce coup seulement, bien délimités, et on sait complètement d'où nous venons et même un peu ce que nous sommes. Faute d'un de ces trois termes, la définition historique et géographique n'est pas complète, il en manque un essentiel. C'est que la province, si elle ne repose pas sur un lien géographique aussi fort, puisque ses parties sont souvent très éloignées l'une de l'autre, repose sur un lien ethnique. Tous les Normands étaient ceux se rattachant aux conquérants scandinaves, les Bretons se rattachent aux émigrants d'Angleterre, les Flamands venaient de la race germanique. Il se distinguent encore souvent par leur langue ou leur dialecte. Il y a là une unité presque aussi naturelle que celle de la commune.

Tels sont donc les trois unités fondamentales : 1° l'État ou nation ; 2° la province et 3° la commune ou paroisse.

Cette distinction nette est restée dans la plupart des pays. Les noms mêmes ont été conservés. Les limites anciennes des provinces ont été respectées, malgré leur inégalité. Des Conseils et un petit gouvernement y fonctionnent et une autonomie leur est assurée. Seulement, en France, cette idée nette des trois unités s'est trouvée atténuée. Depuis 1889, dans le but louable, sans doute, d'assurer l'unité nationale, mais recherché à l'excès, on a tenté de détruire l'idée de la province, on a morcelé celle-ci au moyen du département, division artificielle. Il en résulte, en même temps que la suppression d'une étape naturelle, un certain déracinement, et en outre, une centralisation excessive contre laquelle on est en train de réagir.

L'avenir semble donc à une résurrection de l'autonomie provinciale et de la communale, et pour ce faire, au déplacement et même à la suppression des barrières intermédiaires, ainsi que de l'excès de centralisation.

Dans certain pays, ce travail n'est pas à accomplir. La province surtout a conservé sa pleine autonomie et l'a même exaltée jusqu'à la pousser vers le fédéralisme que nous retrouverons au chapitre du droit international. La plus grande autonomie provinciale, mais qui reste provinciale, s'en distingue, en ce que l'État dans la confédération a le droit de légiférer.

La description du provincialisme, comme celle de toute autre unité organique, de même que celle de la commune, comprend plusieurs parties, l'une, pour ainsi dire, constitutionnelle, où l'on s'occupe seulement de sa composition, l'autre

administrative où l'on étudie son activité interne et ses rapports avec les citoyens, l'autre enfin externe, où l'on observe
ses rapports avec les unités supérieures. C'est au chapitre suivant que nous décrirons ces dernières, lorsqu'elles s'élèvent
jusqu'au fédéralisme. C'est au chapitre précédent qu'il eût
fallu logiquement envisager la constitution de la province et
de la commune, et dans celle-ci seulement, leurs rapports
avec les habitants, mais, pour ne pas trop diviser le sujet,
nous avons renvoyé au présent chapitre.

1. — De la Province (région, département)

Nous entendons par là aussi les unités équivalentes, comme
le cercle et le département, et de même celles inférieures qui
jouent le même rôle, à savoir : l'arrondissement et le district.

Partout ailleurs qu'en France, la province existe, telle
que nous venons de la définir, contenant une quantité de
territoire inégale, mais reliant les habitants entre eux par
une affinité de race, de coutumes et de langage durant depuis
des siècles. Elle a des organes, une constitution autonome,
sauf un lien provincial de dépendance vis-à-vis de l'État.

Quelquefois ce lien de dépendance est faible, et on se
croirait en face, non d'une province, mais d'un État contenu
dans une fédération. Cela se produit surtout en Autriche où
l'on hésite sur la question de savoir devant quelle unité on
se trouve. Ses provinces se distinguent des États fédérés
en ce qu'elles n'ont pas de fonctions législatives, et d'autre
part, en ce que leur Diète ne se compose point de deux
Chambres, mais d'une seule. Elles portent pourtant le nom
d'États, et leurs Conseils, celui de Diète, dont les attributs
sont beaucoup plus étendus que ceux des assemblées
provinciales ordinaires, elles se composent de Membres de
droit et de Membres élus, et le pouvoir y est représenté, par
exemple, par un stathalter nommé par l'empereur. Elles sont
pourvues d'un Comité permanent. Entre ces provinces et les

communes se trouvent les districts, où existe aussi un Conseil.

Il en est de même en Allemagne, mais là, au-dessous de la Confédération, se trouvent aussi de véritables États, la Prusse par exemple, capables de légiférer. Cependant au-dessous de chaque État, il y a encore la province. Le royaume de Prusse, par exemple, contient celles de Prusse, de Poméranie, etc., chacune avec sa Diète spéciale. Avec un Comité, chaque province, à son tour, renferme plusieurs cercles et chaque cercle a sa diète qui peut édicter des règlements et s'adjoindre un comité et un chef nommé landrath; enfin, le cercle contient plusieurs districts, et ceux-ci plusieurs communes; on voit qu'ici les unités intermédiaires sont nombreuses.

En France, tout le monde connaît les anciennes provinces peu à peu réunies à la Couronne. Avant 1789, elles se trouvaient réduites à 34 Généralités, à la tête de chacune desquelles il y avait un intendant; leurs gouverneurs étaient tout-puissants. Elles remplaçaient les provinces. Il y avait donc centralisation complète. La Révolution les détruisit et les remplaça par une organisation nouvelle, en multipliant les divisions et en disloquant les anciennes. Voici le système qu'elle établit. Tandis que l'Intendant gouvernait seul sans contrepoids et sans Conseil, elle institua dans chaque département un Conseil de département et un Directoire, en tout de 36 membres; au-dessous, on établit aussi un Directoire et un Conseil dans le district. Ces Directoires, de même que ceux de districts, furent nommés à l'élection; on élisait aussi des Conseils qui se réunissaient deux fois par an. Ces Directoires étaient chargés de l'impôt, de la justice administrative, de la tutelle des communes; il n'y avait pas de représentant auprès d'eux du pouvoir central, mais un procureur-syndic nommé à l'élection. Le Directoire se composait de plusieurs Membres. Nous avons vu cette collégialité instituée et fonctionnant dans beaucoup de pays étrangers. Par contre, les divers pouvoirs étaient confondus. En l'an III, on supprima les Directoires de districts et on les remplaça en organisant le canton, on nomma des commissaires du pouvoir central près du département et du canton, on supprima les Conseils, mais le Directoire resta collégial et élu. L'an VIII transforma entièrement ce système. La collégialité fut abolie et le département eut à sa tête le préfet nommé par le pouvoir central ; il n'y eut plus d'élections. Le canton fut supprimé et le district rétabli sous le nom d'arrondissement. Mais, en même temps, on institua auprès du Préfet, deux Conseils : le Conseil de préfecture et le Conseil général, mais sans pouvoirs propres. Les lois de 1833, 1838 et 1871 ont conservé ce cadre ; mais peu à peu l'autonomie s'est accrue. Le Conseil général est élu, il a un pouvoir propre, il se fait remplacer pendant les vacances par une Commission départementale qu'il délègue ; il peut décider certaines affaires. Le Conseil de Préfecture a pris des attributions de juridiction contentieuse, mais il n'a aucun rapport avec le département, c'est une Justice d'État.

Quant au Préfet, il représente le département dans les actes de sa vie civile, exécute les décisions du Conseil général, mais, par ailleurs, il incarne l'État, il remplit ainsi un double rôle. Le département n'a donc point, comme la commune, un véritable représentant.

Telle est l'organisation provinciale ou plutôt départementale en France. Entre le Gouvernement et la commune il n'existe qu'un intermédiaire tout à fait effacé, l'arrondissement.

Les divisions judiciaires, militaires, universitaires, ne cadrent pas ou ne le font qu'en faible partie. Au point de vue judiciaire, la division par départements n'existe que pour la Cour d'assises, tous les autres tribunaux siègent au chef-lieu d'arrondissement : quant aux Cours d'appel, elles reproduisent les divisions des anciennes provinces, c'est tout à fait anormal. Le canton supprimé partout ailleurs subsiste quant aux justices de paix et quant aux élections aux Conseils généraux. La division universitaire cadre pour les Académies, mais non pour les Universités, qui reproduisent

elles aussi, les anciennes provinces. Quant aux divisions militaires, elles sont tout autres. Du reste, il faut noter que, tant
qu'elles ne sont pas dans un État fédératif, ces discordances,
n'ont rien de bien choquant, car il n'y a pas de Justice
provinciale, pas plus que d'Instruction provinciale, ce sont
des choses d'État. Nous verrons quel parti on devra tirer
de cette observation quand il s'agira de réorganiser.

Le patrimoine de la province, celui du département sont
restreints, ils n'ont nullement l'importance du domaine de
l'État, ni son origine et son antiquité ni celle du patrimoine
de la commune. Ils sont régis par le Conseil général avec
les autorisations nécessaires, suivant les distinctions que nous
établirons à propos du lien provincial.

La réforme administrative est à l'ordre du jour, elle s'applique aux départements et aux communes, mais surtout aux
départements. Cette réforme contient deux questions bien
distinctes: 1° la division d'un département doit-elle être maintenue ou remplacée par une autre en provinces, et dans ce
cas, doit-on créer des unités intermédiaires entre la province et la commune? Cette unité, et même, si on la conserve,
la division ancienne doit-elle être pourvue de plus d'autonomie vis-à-vis de l'État? La seconde de ces questions est
ajournée par nous jusqu'au chapitre de la quasi-fédération,
ou du lien provincial et communal. Nous allons étudier la
première.

On soutient que la province doit être substituée au département, et, comme ce mot de province rappelle l'ancien
régime, et que, d'autre part, les anciennes provinces sont souvent trop vastes et trop inégales, on emploie le mot: *régio-
nalisme*, mot qui ne peut plus choquer personne, et on
écarte ainsi le mot: *fédéralisme* qui n'est pas dans le tempé-
rament français et qui ferait rejeter l'ensemble.

Il est certain que la province, unité naturelle et qu'on n'a
pas encore oubliée, serait plus sensible et plus vivace et four-
nirait une petite patrie que le département ne peut donner;

elle créerait de nouveaux liens sociaux, plus ou moins abstraits,
et établirait une heureuse émulation entre les diverses parties du territoire. On a souvent fait appel à la décentralisation pour réveiller les énergies. Dans certains pays, les
Universités qui reposent sur ce principe disséminent et multiplient les foyers de lumière. Une activité législative, plus
grande, se fait jour dans les fédérations. Un système trop
vaste devient abstrait ; on n'en voit d'ici ni le chef, ni les
membres éloignés. Au point de vue littéraire et scientifique
aussi, les résultats peuvent en être plus heureux. Tout faire
monter à la tête cause une pléthore qui n'est pas plus avantageuse pour la santé d'une nation que pour celle d'un individu. Bien des dangers, ceux qui résultent d'une émeute
soudaine, se trouveraient écartés. L'oppression d'un parti
par le parti majoritaire ne pourrait plus avoir lieu, puisque cette minorité se trouverait en majorité ailleurs. Les
essais législatifs deviendraient faciles. Enfin, on peut invoquer
ici tous les motifs que nous indiquons plus loin en faveur de
la fédération. Aussi ses partisans deviennent-ils de jour en
jour plus nombreux. Les centralistes eux-mêmes con-
prennent que l'activité du pays est étouffée par la centralisation à outrance. Or, pour résister à cette centralisation, il
faut que vis-à-vis de la masse énorme de l'État se forment
de petites masses assez importantes.

Faut-il reprendre les anciennes provinces ? En principe, ce
sont bien des unités naturelles ethniques, seulement elles
sont trop grandes et disproportionnées. Le Maine ne comprend que deux départements, la Bretagne en a cinq, le
Languedoc en a six entiers, Ardèche, Gard, Hérault, Aude,
Lozère, Tarn, plus une partie de la Haute-Garonne, de l'Ariège,
et des Pyrénées-Orientales, tandis que la Flandre, la Picardie,
et l'Artois, n'en ont qu'un seul chacun. C'est plus qu'incom-
mode. Il faudra en partager quelques-unes. Ce sera, en général,
facile. On pourra diviser, comme elle l'est en réalité, la Bretagne
en Haute et en Basse-Bretagne ; de même, la Normandie, en

Haute et Basse-Normandie. La géographie le permet et
l'histoire l'autorise. Le Maine et l'Anjou, composés de trois
départements, seront réunis. En général, chaque région nouvelle ne devra pas dépasser la valeur de trois départements.
Cette grandeur pourra lui assurer une vie suffisante et de
l'aisance dans ses mouvements. Elle sera pourvue d'une capitale proportionnée qui manque aujourd'hui à certains
départements. La Haute-Normandie aura Rouen pour capitale et la Basse-Normandie, Caen; le Maine et l'Anjou,
l'historique Angers; la Basse-Bretagne arborera Brest comme
capitale naturelle de sa marine.

Les capitales de région deviendront des centres de
lumière, elles seront le siège d'une Université, contenant
toutes les Facultés; aujourd'hui les Universités sont
trop lointaines, il y en a souvent une seule pour cinq départements, elles sont le siège de la Cour d'appel ; ici, même
observation, l'éloignement extrême de ces Cours est nuisible aux justiciables. Peut-être, pourrait-on en faire des
centres militaires. Tout se trouvera concentré modérément,
avant la concentration finale de Paris, rien ne sera plus,
comme aujourd'hui, pulvérisé.

Mais que fera-t-on des départements ? Les conservera-
t-on comme unités intermédiaires ? Et les arrondissements,
faut-il les supprimer ? Reconnaîtra-t-on une nouvelle vigueur
aux cantons ? Ces questions ont été non résolues. En ce qui
concerne l'arrondissement, on est généralement d'avis de le
faire disparaître, c'est même par là qu'on veut commencer. Il
contient, en effet, deux sinécuristes qui s'attablent inutilement au budget ; le sous-préfet, ce hors-d'œuvre, et le
tribunal d'arrondissement, cette réunion de parasites. Voilà
ce qu'on dit. Quant au département, on s'en sépare un peu
à regret, parce qu'on sent qu'avec la province ce serait une
superfétation. Mais, si l'on supprime tout cela, il ne va donc
plus y avoir un intermédiaire entre la province et la commune, nouvelle difficulté !

Cette difficulté naît, suivant nous, de ce qu'on a confondu les services de l'État situés dans les diverses localités avec le service des provinces elles-mêmes. Ainsi, le fonctionnement judiciaire, qu'il soit situé à l'arrondissement, au canton ou au département, n'est jamais qu'un service d'État ; il n'a rien à voir avec le communal ou le provincial, il n'y a pas solidarité entre eux. Le tribunal serait mieux situé au canton, au chef-lieu de département et au chef lieu de province. C'est une réforme à faire, mais qui ne décide rien pour la formation et les divisions de la province.

Pour celle-ci, l'établissement d'une province plus vaste rend inutile le département. S'il y avait trois départements comme subdivisions par province, autant vaudrait conserver les départements eux-mêmes, la distance serait trop petite, et d'ailleurs, ce qui est plus topique, est-ce qu'il y a solidarité d'intérêts entre toutes les parties d'un département, de manière à justifier l'existence de celui-ci ? Nullement. Est-ce qu'en Bretagne, Saint-Malo a les mêmes intérêts, les mêmes habitudes que Rennes, et Saint-Nazaire que Nantes, ou Quimper que Brest, ou Vannes que Lorient ; il y a, au contraire, rivalité très vive, pour ne pas dire inimitié. Il faut donc les séparer, non les réunir. Il y a lieu, au contraire, de conserver les arrondissements importants, sauf à détruire les autres, c'est là réellement que les intérêts convergent. Ce sera bien la division à moitié route entre la province et la commune, on pourrait lui donner, comme dans d'autres pays, le nom de Cercle. On dirait par exemple : région de Haute-Bretagne, cercle de Rennes, commune de Janzé, ou région de Basse-Bretagne, cercle de Quimper, commune de Châteaulin. Le canton disparaîtrait d'ailleurs, ou ne servirait plus que comme circonscription, non de province, mais de service d'État.

Ou, au contraire, et l'hésitation ici semble permise, on laisserait peut-être l'arrondissement qui dépérit en France, complètement perdu, estimant qu'il n'y a pas entre son chef-lieu et les communes qui en dépendent une sensible solidarité d'intérêts, surtout lorsque ce chef-lieu a une faible vitalité. C'est, au contraire, le canton, comme on l'avait proposé en 1789 et en 1848, qu'on amplifierait et qui serait la seule unité intermédiaire entre la commune et la province. Les diverses communes d'un canton ont, en effet, beaucoup plus d'intérêts communs, et d'autre part, les justices de paix à compétence étendue rapprocheraient effectivement la justice. La province contiendrait ainsi un grand nombre de cantons.

Telles seraient la formation et les divisions de la région ou province.

Quant aux organes de la région, ils consisteraient dans une situation rendue plus autonome et un Conseil général nommé Conseil provincial ou régional, garni d'attributions administratives seulement, puisque le provincialisme n'est pas la fédération. Le Conseil de préfecture n'est qu'une juridiction d'État et non de province, nous n'avons pas à nous en occuper ici. Il pourra, tant qu'il est conservé, siéger là où siègent les tribunaux. La province aurait un chef qui la représenterait. Ce serait le Président du Conseil provincial désigné par celui-ci et qui resterait avec la Commission permanente dans l'intervalle des sessions ; c'est lui qui exécuterait et aurait le pouvoir administratif. Le préfet provincial serait réduit au rôle de Commissaire du gouvernement près la province. A côté du conseil provincial prendraient place les Conseils techniques.

CHAPITRE XIX

II. — DE LA COMMUNE

Le gouvernement de la commune, comme celui de certains États qui par leur exiguïté ressemblèrent longtemps à la commune elle-même, a eu trois formes différentes, indépendamment des liens qui pouvaient la relier, soit à la province, soit à l'État. Il a été d'abord direct, puis est devenu indirect ; enfin, faisant une sorte de retour en arrière, il est devenu, sinon direct, au moins, à un régime mixte, celui de la consultation populaire par voie de *referendum ;* sans doute, toutes n'ont pas connu cette série et le plus grand nombre se sont arrêtées au gouvernement indirect, mais toutes ont eu pour point de départ le gouvernement direct.

Il n'en a donc point été en matière communale comme en matière nationale, où, sans doute, ce processus a régné sous les régimes démocratiques, mais où il n'avait pu prendre naissance sous celui de la monarchie absolue qui prive le peuple de toute participation au pouvoir. Ici il n'a point été empêché par le principe de droit autoritaire et divin, la politique étant exclue, on le laissait volontiers administrer lui-même ses affaires, et depuis lors, la commune a toujours été considérée comme une unité administrative. Aussi le gouvernement référendaire, quand il a pris naissance, l'a-t-il institué, comme nous le verrons, d'abord et surtout en matière communale.

a) *Gouvernement direct de la commune.* — Il faut

commencer par les Républiques antiques où le système fut en pleine vigueur et où il exista dans la cité, large commune, avant de passer à l'État. Cependant, de bonne heure, le pouvoir tend à devenir en partie représentatif. Le peuple, à Athènes, tient tous les huit jours ses assemblées où il prononce sur la paix et la guerre, les lois et les traités ; il est vrai qu'il a besoin de la sanction des archontes et que l'Aréopage aura droit de cassation. Il en était de même à Rome où le peuple délibérait sur le forum et y rendait des plébiscites.

Dans l'ancienne France, partout pour les communes était en vigueur le gouvernement communal direct par les assemblées d'habitants et ce droit s'est conservé presque jusqu'à la Révolution. Il faut distinguer à cet égard, comme à bien d'autres, les communes rurales et les communes urbaines. Dans les secondes l'organisation était aristocratique ; les bourgeois seuls se réunissaient dans l'assemblée de bourgeoisie. Plus tard, cette assemblée devint celle des membres de la commune. Ils devaient venir sous peine d'amende. Leurs attributions ne sont pas nettement connues, du reste ; de bonne heure dans les villes, le pouvoir devint représentatif. Il en fut autrement dans les campagnes, il n'y avait pas de Conseil élu, l'assemblée seul des habitants décidait ; ils formaient ce que l'on appelait la *communauté*, par opposition à la *commune* urbaine ; cette communauté n'avait pas pour départ, ainsi que l'autre, une concession du seigneur, elle procédait spontanée et libre. Elle ne s'occupait que d'intérêts, et avait souvent des biens communaux, elle restait donc démocratique. Les assemblées se tenaient le dimanche à l'issue de la messe devant l'église ou sur la place, elles étaient présidées par un syndic. Le vote était public et à haute voix. Les chefs de famille, les femmes veuves, les fils mariés venaient seuls, il fallait exercer un métier. On exigeait la présence, au moins, des chefs de famille. Pour les actes importants. les deux tiers des habitants devaient être représentés, parfois il le fallait, par exemple, pour aliéner les biens communaux. Les décisions portaient sur des matières politiques, judiciaires, financières et paroissiales, rarement sur les premières et les secondes, en face des juridictions seigneuriales. Les questions financières dominaient. Les attributions paroissiales avaient trait aux biens communaux et patrimoniaux, aux procès y relatifs et à l'élection des agents locaux, notamment du syndic, du maître d'école, du berger communal.

Dans les villes on trouvait aussi des communautés d'habitants.

Tout cela disparaît dans ses derniers vestiges lors de la Révolution qui organise partout deux Conseils, savoir : le Conseil municipal élu au suffrage universel et le Conseil général de la commune consistant dans le premier, avec adjonction des notables, ce dernier, image des anciennes assemblées et qui décidait les questions les plus importantes.

De nos jours encore, il est curieux de voir combien, tandis que les habitants de la ville se désintéressent souvent des affaires communales, ceux de la campagne s'en occupent avec ardeur ; le sentiment de la petite patrie, de la commune, s'y est conservé.

En Allemagne, les communautés d'habitants ne sont pas un simple souvenir, mais une réalité vivante : la même distinction est faite cependant, comme partout, entre les villes et les campagnes.

En Prusse, tandis que le gouvernement indirect est habituel dans les premières, c'est le gouvernement direct qui domine dans les secondes. Cependant, parfois à la campagne, il existe concurremment un Conseil municipal ; même la commune peut demander le remplacement de l'Assemblée par le Conseil. L'électorat y est censitaire ; même, suivant le cens, on peut posséder plusieurs voix et ceux qui n'ont pas le tarif voulu peuvent se réunir à d'autres et obtenir un vote collectif ; le mari vote au nom de la femme, les femmes céli-

bataires peuvent se faire représenter. Ailleurs, l'assemblée
générale a lieu, seulement quand le nombre des capables de
voter est inférieur à dix-huit. En Alsace, dans les petites
communes rurales, le conseil municipal est remplacé par
l'assemblée générale. En Saxe, on distingue les grandes
communes rurales, ce n'est que dans une partie de ces
dernières que vote l'Assemblée.

En Suède et en Norvège, au delà de 3.000 habitants, il y
a un Conseil municipal élu qui nomme un Comité exécutif
appelé Magistrat ; dans les campagnes, ce Conseil n'existe
pas, mais une assemblée générale religieuse et une autre
civile au-dessus, et un comité exécutif qui administre.

La Russie a tout particulièrement organisé la commune
rurale ou *mir*. Dans les villes, au moyen âge, il y avait
une assemblée populaire nommée *vetche* à coté du prince et
le choisissant, il se composait de tous les hommes libres.
A Nowgorod, la convocation était obligatoire à la demande
des habitants. L'assemblée se tenait à ciel ouvert, et l'on votait
par acclamation. Au décès du prince, la *vetche* choisissait
son successeur. Mais celle des villes a disparu devant le
Conseil municipal.

Il n'en est pas de même dans la commune rurale appelée
mir, qui vit d'ailleurs sous le régime de la propriété collective. Les chefs de famille se réunissent en assemblée générale qui se tient aussi en plein air et le dimanche, les femmes
veuves ont droit d'y prendre part : c'est là qu'on allotit les
terres entre les chefs de famille, que l'on fixe l'époque de la
moisson, et que l'on répartit l'impôt ; enfin, on élit le chef,
le *starostla*.

En Angleterre, les villes et les bourgs eurent, comme
ailleurs, un conseil représentatif et un maire. Les communes rurales avaient leur *vestry* ou assemblée générale
ecclésiastique et leur assemblée civile ou *township*, la
première ayant peu à peu absorbé la seconde ; ces assemblées
étaient censitaires, avec attribution de plusieurs voix selon

le chiffre du cens, les marguilliers étaient les chefs de l'assemblée élus pour un an. La confusion du civil et du religieux est remarquable, tandis que la séparation existait en France entre leurs assemblées comme entre leurs chefs, le procureur-syndic et le marguillier. Dans le siècle dernier cependant la *vestry* s'est réduite peu à peu à l'ecclésiastique. L'assemblée paroissiale est créée de nouveau par la civile. L'assemblée d'habitants *parochial meeting* se compose de tous les habitants sans condition de sexe, mais toujours avec condition de cens. Il y a parfois concours entre l'assemblée d'habitants et un Conseil élu, alors c'est l'assemblée qui vote encore sur les emprunts, les impôts, etc.

Le Canada possède aussi des paroisses civiles avec des communes rurales d'habitants.

Aux États-Unis, le système anglais s'est conservé ; les villes ont toutes le gouvernement communal indirect avec un Conseil. Quant aux campagnes, il faut distinguer la *township*, le *comté* et un système *mixte*. La *township* est une unité très puissante, complètement autonome, malgré son incorporation plus tard aux comtés. Elle est gouvernée par l'*assemblée générale* des habitants qui se tient au moins une fois par an, au printemps, et ordinairement trois ou quatre fois. Elle élit le Magistrat, les membres du comité des écoles, le chef du pouvoir exécutif ; elle rend des ordonnances, approuve les comptes, vote les taxes, gère les propriétés, fait la police, etc. Tout citoyen peut y prendre la parole, les *selectmen*, au nombre de trois à neuf, sont l'exécutif. Les comtés se sont formés plutôt au sud, ils étaient, lors de l'immigration de classe plus élevée, des épiscopaux et non plus des puritains, ils formèrent des divisions analogues aux comtés d'Angleterre avec un Conseil élu. Enfin les États du centre adoptèrent plutôt le régime du comté, mais on y rencontre encore l'assemblée primaire.

Mais c'est la Suisse qui renferme un système plus complet de gouvernement communal direct. Nous avons vu plus haut qu'elle l'a introduit jusque dans le gouvernement cantonal de plusieurs de ses cantons, où le peuple le pratique, comme les Républiques anciennes, sur le *forum*. Nous verrons plus tard que ce gouvernement direct par assemblée s'est mêlé au régime de représentation, pour former le système du *referendum* partout, en matière législative, constitutionnelle, soit des cantons, soit de la confédération. Il s'agit surtout des communes rurales, c'est le gouvernement direct qui est en vigueur.

La commune suisse se divise en quatre catégories : 1° celle d'*habitants* ou commune *civile*, 2° la commune *bourgeoise*, 3° la commune *ecclésiastique*, 4° la commune *scolaire* et 5° la commune d'*assistance publique*. Mais cette multiplicité n'existe pas partout. A Genève il n'y en a qu'une sorte, la commune civile ; d'autres cantons en ont deux, trois, quatre ou cinq. Souvent au-dessus, il y a un Conseil communal, mais qui n'est qu'un conseil exécutif, un véritable Directoire avec un Président.

C'est ainsi qu'à Unterwalden ob den Wald, il existe à la fois des communautés d'habitants et des communautés de bourgeois, avec, au-dessus, un Conseil communal. La communauté d'habitants se constitue aussi en matière religieuse, en excluant les non-catholiques. Chaque communauté de bourgeois administre ses biens. A Appenzell, l'assemblée communale fixe les impôts, le traitement des fonctionnaires, les contrats, les constructions, les achats et les ventes, elle contrôle l'administration, elle élit chaque année le Conseil communal et le chef de la commune, les membres du conseil cantonal, le conciliateur, les membres du tribunal de district et ceux du tribunal communal. Le conseil des Bourgeois délibère à part. Aux Grisons, à Argovie, il y a aussi cette double assemblée. A Bâle-ville, il n'y a pas de communauté d'habitants, mais il n'en est pas de même dans les communes rurales de Bâle-ville, ni à Bâle-campagne. A Neufchâtel, ces communautés n'existent que dans les communes qui ne dépassent pas 4oo habitants ; dans celles-ci l'assemblée générale nomme les membres du Conseil communal qui est l'exécutif et des comités locaux, elle vote l'agrégation de nouveaux membres à la commune, les règlements municipaux, le budget, les impôts et les emprunts, la vérification des comptes, le traitement des fonctionnaires, l'acceptation des dons et legs, l'autorisation d'intenter des actions en justice. A Fribourg, la division se fait en communes politiques et en paroisses. A Vaud, au Valais, il y a une assemblée d'habitants, une de bourgeoisie et un Conseil de commune : dans certains cas, les bourgeois peuvent demander un Conseil séparé.

Un autre groupe de cantons comprend trois catégories d'assemblées, celle des habitants, celle de la bourgeoisie, celle tantôt ecclésiatique, tantôt scolaire ; ce sont les cantons de Schaffhouse, de Thurgovie, d'Uri et de Zurich, enfin Berne. D'autres cantons comprennent quatre catégories de la communauté d'habitants, celle bourgeoise, celle scolaire, celle d'assistance, celle ecclésiastique ; ce sont Saint-Gall, Unter-Walden, Nieder-walden ; Zug et Lucerne. Ici apparaît une communauté nouvelle, celle de corporation, lorsque dans une commune existent des biens immobiliers qui appartiennent à une corporation, pour en nommer le conseil d'administration. Un autre groupe enfin contient cinq catégories de communautés, les scolaires venant se joindre aux précédentes, c'est Glaris. On voit que le système est général dans ce pays. A Genève seulement, il n'y en a pas de trace.

Tel est le gouvernement direct communal ; comme on le voit, s'il a disparu en matière nationale de partout, même d'une partie de la Suisse, où on ne le trouve que dans les cantons de Glaris, d'Uri, des deux Appenzell, il est, au contraire, en pleine vigueur dans toute la Suisse, moins Genève, pour les affaires communales ; on le rencontre aussi dans les autres pays que nous avons indiqués ; d'un bout à l'autre du monde, aussi bien dans le *mir* russe que dans la

township de l'Angleterre et des États-Unis, mais dans tous ces
pays, il se cantonne généralement aux communes rurales.
Il n'exclut pas un Conseil, mais celui-ci n'est pas un Conseil
municipal décidant des affaires, mais un Directoire exécutif.

D'autre part, ce gouvernement direct, malgré son principe, se distingue nettement du gouvernement référendaire que nous décrirons plus loin. Dans l'un, les citoyens se
réunissent, discutent, délibèrent publiquement et donnent
leur avis ; dans l'autre, ils déposent silencieusement un bulletin dans l'urne, lequel ne contient que les mots : *oui* ou *non*.
Dans l'un, un Conseil national a préalablement élaboré ; dans
l'autre, il n'y a pas eu de discussion préalable.

Enfin, ce gouvernement est essentiellement démocratique,
mais il contient des germes aristocratiques, par exemple, les
assemblées de bourgeois séparées de celles d'habitants, et
aussi les conseils municipaux qui prennent peu à peu naissance pour les urbains.

Tel est l'état ancien du gouvernement communal qui s'est
si longtemps perpétué. Voyons ce qu'il est devenu ensuite. Ce
n'est qu'a partir du xvie siècle chez nous que la commune
rurale acquit la personnalité civile, mais elle avait une vie très
faible ; il y avait d'ailleurs des types nombreux et divers de
communes. Elles étaient passées au régime représentatif.
L'Assemblée constituante institua comme organes : 1° le maire
seul ou avec des assesseurs ; 2° un Conseil municipal ; 3° un
Conseil général composé de notables en nombre double, et dont
les plus imposés qui ont survécu longtemps sont un débris ; ils
étaient issus du suffrage universel, la tutelle administrative fut
donnée au Directoire du département ou à celui du district. Il
n'y avait pas de représentant du pouvoir central ; les procu-
reurs-syndics nommés par les citoyens avaient pour mission de
surveiller. En l'an III, on surperposa aux communes rurales
6000 municipalités de canton ; ces communes étaient ainsi
infériorisées. L'an VIII rétablit l'égalité entre elles. Le
Maire fut nommé par le chef de l'État ou par le Préfet, celui-ci

choisissait aussi les conseillers municipaux. En 1830 où
commença à décentraliser, on revint à l'élection par le conseil municipal. Le maire et les adjoints étaient choisis par le
Roi ou par le Préfet, parmi les conseillers. Plus tard, la distinction entre urbaines et rurales fut faite de nouveau ; le
maire n'était élu par le Conseil que dans les petites communes, puis le gouvernement nomma toujours le maire et
put le prendre en dehors du Conseil. Les pouvoirs de ce dernier furent peu à peu agrandis ; enfin, quant à la tutelle
administrative, depuis 1837 on la laissa au Préfet; en 1884
on la transporta en partie au Conseil général.

Comme on le voit, la distinction, ailleurs fondamentale,
entre les communes urbaines et les communes rurales a
totalement disparu, tandis qu'elle domine dans beaucoup de
pays, en Angleterre, en Allemagne, aux États-Unis.

Si cette distinction est détruite, il est cependant constant
que certaines communes ont une situation différente de
celle des autres, et sont traitées plus rigoureusement, ou
au contraire, ont conquis une autorité péciale qui peut aller
jusqu'à la souveraineté ; elles peuvent passer de l'un de ces
extrêmes à l'autre. Enfin certaines aussi sont tout à fait
neutralisées.

La première catégorie comprend chez nous la ville de Paris
et celle de Lyon. A Paris, l'organe exécutif est constitué par
deux préfets nommés par le chef de l'État, à savoir : le Préfet
de police et le Préfet de la Seine, tous les deux jouent le rôle
du maire central qui n'existe pas. Le conseil municipal se
compose de membres nommés par quartiers, et avec l'adjonction de quelques conseillers de la banlieue, il forme le Conseil général. Il y a des maires d'arrondissement qui ne
sont guères que des officiers de l'état civil. Cet état a sou-
levé de vives protestations de la part de la capitale. Elle
demande à rentrer dans le droit commun. Elle ambitionne-
rait même peut-être davantage. On sait le rôle qu'elle a
joué en 1793, où elle prétendait non seulement se gouverner

elle-même, mais gouverner la France et lutter avec l'Assemblée nationale. Cette prétention s'est renouvelée après 1870,
elle a donné son nom au gouvernement de la Commune. C'est
l'idée communaliste. On l'avait vue dans les temps plus reculés,
pendant la guerre de cent ans, jouer un rôle analogue.
C'est l'ambition de beaucoup de capitales. Rome ne l'avait-
elle pas revendiqué dans la République romaine? Il en est
de même de Lyon, dans une moindre mesure. Ce qui justifie cette sorte de lock-out envers certaines villes, c'est leur
trop grande importance, la crainte d'un coup de main de
leur part sur le gouvernement ; pendant quelque temps, le
Parlement dut siéger à Versailles.

La seconde partie comprend les villes qui, parmi le mouvement de centralisation qui a réuni les éléments des pays
modernes, y sont demeurées réfractaires. Les circonstances
leur ont été favorables, et elles ont obenu une souveraineté
respectée de tous leurs voisins, quelquefois malgré leur
enclave. On peut citer dans ce cas Monaco en Italie, Andorre
en Espagne. Elles ont même leurs lois, ce sont des villes à
principauté. Longtemps des villes-républiques indépendantes
ont existé en Allemagne, par exemple Francfort, ce sont des
ilots du particularisme ancien.

D'autres villes, tout en ayant un certain passé dans ce
sens, voudraient ressusciter à leur profit, pour des idées démocratiques et socialistiques, l'autonomie communale qui a
des causes traditionnelles. Autrefois, en Espagne, non
seulement, il y avait quatre royaumes, devenus depuis
simples provinces, Navarre, Aragon, Castille, puis le Portugal ; mais dans ces royaumes, les provinces, les villes,
étaient autonomes. Si les provinces avaient leurs *jueros*, les
villes avaient leurs usages ayant force de loi et se gouverne-
naient elles-mêmes. Un levain de ce communalisme, comme
de l'État fédéraliste, existe encore chez plusieurs d'entre
elles. Barcelone nous en a donné un récent exemple.

Enfin dans le système fédératif certaines villes sont neu-

tralisées avec la zone qui les entoure et qui forme le territoire
fédéral. C'est là que le gouvernement, que l'armée, que le
tribunal fédéral ont leur siège, ils échappent ainsi à la prédominance d'un des États qui autrement posséderait l'hégémonie. Lorsqu'on ne peut avoir un territoire fédéral neutralisé, il faut recourir à un autre procédé, transporter chaque
année le siège du gouvernement dans une ville différente, ce qui
ne remplit qu'imparfaitement le même but. C'est ce qui a eu
lieu d'abord en Suisse, puis la capitale s'est fixée à Berne,
ce qui est un défaut dans une fédération ; de même en Allemagne, c'est Berlin, mais dans le Nouveau Monde on a
suivi les vrais principes, celui d'une capitale fédérale neutre
avec son territoire. Aux États-Unis c'est Washington qui
s'élève dans la Colombie ; au Vénézuéla on doit même construire une capitale.

Mais, ce sont des exceptions. Il n'y a pas généralement
de communes autonomes, elles sont reliées à l'État, quelquefois à la province, par un lien spécial de subordination
qui est sinon fédéral, du moins régional, et que nous
décrirons tout à l'heure.

Quant à la division intérieure, elle est dans les grandes
lignes, celle indiquée pour la commune actuelle française, à
savoir : un pouvoir délibérant, conseil communal ou conseil municipal et un chef de la municipalité portant différents noms bourgmestre, syndic, mais équivalant au maire ;
il faut y ajouter souvent dans les communes rurales, comme
nous l'avons vu plus haut, l'assemblée des habitants qui
règle les affaires, soit seule, soit avec le concours d'un Conseil représentatif.

Cependant on constate certaines modifications importantes. C'est ainsi que souvent la commune n'est point
dirigée par un maire, mais par une sorte de directoire composé de plusieurs membres, et qui prend en certains pays le
nom de Magistrat.

En France, nous avons, par l'institution de nombreux

adjoints, dans les villes, lorsqu'ils se repartissent le travail, quelque chose qui ressemble au premier abord, mais n'est pas identique, car maire et adjoints agissent séparément ou successivement, mais non ensemble. Au contraire, en Hollande, près du Conseil communal, se trouve le bourgmestre, nommé par le roi et qui peut être pris en dehors de ce Conseil. A côté de lui sont les échevins nommés par le Conseil et dans son sein, il sont présidés par le bourgmestre et délibèrent ensemble ; ils ont des attributions exécutives, tandis que le Conseil en a de décision. Quant à la police, elle appartient au bourgmestre seul. Le bourgmestre et les échevins sont responsables de leur gestion. En Espagne, c'est le Conseil qui se dédouble en *ayutamiento* et *junta*; le premier est notre Conseil municipal, à sa tête se trouvent l'alcade, ou maire nommé par le roi, et ses adjoints.Quant à la junte elle se compose de conseillers communaux auxquels on adjoint des *vocales associados* en nombre égal, désignés par les contribuables, cette désignation se fait par la voie du sort après répartition des habitants en sections dont le nombre est fixé par l'*ayutamiento*, sans pouvoir être inférieur au tiers du nombre des conseillers ; ils ont la mission spéciale de prendre part à la confection du budget. En Belgique, c'est le pouvoir exécutif communal qui est divisé. En dehors d'un conseil municipal, il y a, avec le bourgmestre, un collège d'échevins que ce dernier préside; celui-ci peut décider seul plusieurs affaires, mais c'est le collège d'échevins qui vote certains contrats. En Allemagne, à côté du conseil communal, il existe un bourgmestre ou chef de la commune et un certain nombre d'échevins qui constituent un petit Conseil exécutif, nommé le Magistrat.

Telle est la constitution de l'autorité communale; tantôt le chef est élu par le Conseil communal, tantôt il l'est par le chef de l'État, avec obligation ou non de le prendre parmi les Membres du Conseil. Quant aux attributions, le chef communal est partout chargé de celle de la police locale, il l'est aussi de l'exécution des décisions du Conseil communal, réglant les intérêts de la commune ; enfin, il sert d'intermédiaire entre le gouvernement central et la commune, car l'État n'entretient pas dans celle-ci, comme dans les provinces de représentant.

Il n'est pas inutile de rappeler ici qu'autrefois chaque commune de l'Italie avait son statut spécial, c'est-à-dire, en d'autres termes, sa petite Constitution communale.

En ce qui concerne l'électorat communal, il suit en général les règles de l'électorat politique, cependant avec des différences. On part de cette idée que la vie communale n'a rien de politique et se borne à l'administration et au soin des intérêts locaux, aussi a-t-on été toujours plus facile pour l'extension des droits. C'est ainsi que les femmes repoussées du droit électoral politique ont fait leur apprentissage en beaucoup de pays dans l'électorat municipal taillé à la portée de leur intelligence et sans danger pour le sexe concurrent. Cependant la distinction n'est pas aussi profonde qu'elle devrait l'être. Pourquoi un étranger domicilié ne serait-il pas admis à voter en cette matière ? En ce qui concerne les questions si débattues du vote universel et plurinominal et de la représentation proportionnelle, elles ne devraient pas naître ici, puisqu'en droit le vote n'est pas politique ; seulement, il l'est souvent en fait. Le scrutin est naturellement et forcément de liste, mais dans une ville on peut voter par quartiers, ce qui entraîne presque toujours une représentation indirecte des minorités, c'est ce qu'on appelle le sectionnement.

Le patrimoine des communes a longtemps présenté une particularité qui n'était d'ailleurs que le vestige d'un état plus ancien, lequel a presque disparu, il s'agit des biens dits communaux. A côté de son domaine public (dont les habitants jouissent *ut universi*, se trouve le domaine privé qui échappe à la jouissance individuelle et est de profit collectif, mais il existe un troisième domaine dont les habitants jouissent *ut singuli*, suivant une répartition faite d'après leurs besoins, ce sont les communaux. Cette jouissance consistait surtout en pacage pour leurs bestiaux, mais aussi dans la récolte de bois ou de certains fruits, limitée pour chacun. Ces biens étaient encore très nombreux au moment de la Révolution; ils ont disparu en raison de transformations économiques et de nouvelles invasions de la propriété privée.

Ils rappellent l'époque primitive où tous les immeubles étaient en commun. Nous avons décrit cette situation à propos du domaine de l'État; elle existait aussi pour la commune et on ne sait pas exactement qui avait la propriété de cette indivision. Nous inclinons à croire que la communauté des biens a été d'abord de la tribu, puis de la commune, puis de la famille, avant de descendre à la propriété individuelle. Un exemple frappant du domaine indivis de la commune, c'est le *mir* russe. C'est d'ailleurs l'assemblée générale des habitants de chaque commune qui régit cette propriété collective, cette assemblée se compose de tous les chefs de famille qui possèdent une maison et de tous les fonctionnaires communaux électifs; la majorité décide, mais il faut celle des deux tiers, s'il s'agit de décisions importantes, par exemple, de la substitution de l'exploitation du sol par lots héréditaires à l'exploitation en commun, ou d'une nouvelle distribution de champs entre les habitants. Elle élit son chef ou starosta. La commune est responsable de tous les impôts, puisqu'elle est seule propriétaire. Les terres sont à des époques périodiques partagées entre les habitants et le partage se fait ordinairement tous les ans pour les prairies, quelquefois tous les dix ou quinze ans seulement pour les terres arables; l'assemblée attribue librement à chaque ménage un nombre de lots correspondant au nombre et à la force productive de ses membres, autrement certaines familles chargées d'enfants auraient une part trop grande pour le travail qu'elles pourraient faire. Pour assurer le paiement à la collectivité de l'impôt dû, elle peut employer des moyens

énergiques, exclure de la communauté, astreindre à un
travail forcé, priver de lot, mettre en adjudication ; seulement toutes ces décisions sont soumises à la tutelle administrative.

Cette communauté communale indivise, dont on ne trouve
plus dans les nations occidentales que des vestiges, est-elle
disposée à disparaître ? Nous nous sommes posé la même
question à propos de l'indivision des biens de la nation qui
a dominé à l'origine. Nous avons vu, qu'au contraire, la
doctrine collectiviste prétend restaurer cette situation ancienne
et la substituer à la propriété individuelle, en tout ou en partie.
Dans cette entreprise, il s'agit surtout du collectivisme
d'État, c'est-à-dire, s'étendant au pays tout entier, quelque
vaste qu'il soit. Mais ces propositions colossales sont de
nature à effrayer beaucoup d'esprits, et à soutenir une telle
machine les forces semblent ne pas suffire. Aussi, d'autres collectivistes ont préconisé le socialisme communal qui, en effet,
serait plus maniable, il aurait d'ailleurs plus de prise sur
les paysans habitués à régler eux-mêmes leurs affaires dans
la commune et à les surveiller, ce serait le complément du
socialisme agraire. Il ne nous appartient pas de prédire
l'avenir, et les amorces du présent ne suffisent pas ici pour
le faire. Mais la commune est certainement la cellule
sociale, en dehors de laquelle rien de définitif ne peut être
entrepris. Cette cellule est d'ailleurs bien rattachée au
passé, ainsi que l'histoire le prouve, et c'est cependant en
elle qu'on découvre, en creusant davantage, tout un terrain
primitif de démocratie et même de collectivisme antique.

La troisième phase est celle du gouvernement communal référendaire. Il n'est pas, nous l'avons vu, l'héritier
immédiat du gouvernement direct. Les deux sont séparés
par un gouvernement tout à fait indirect. C'est le retour
prédit par Vico. D'ailleurs, ce retour n'est pas universel,
nous n'assistons qu'à sa reprise.

. C'était certainement par l'unité de la commune que le régime

direct avait commencé, d'abord pour cette bonne raison que
la commune ou la large commune (cité antique) existait
seule. Lorsqu'après une longue évolution on la voit reparaître, c'est aussi par la commune qu'elle recommencera sous
une forme différente, elle s'étendra ensuite à la province,
puis au pays entier ou à la fédération.

Le gouvernement référendaire se distingue du direct en ce
qu'il n'a point d'assemblée populaire, mais seulement un
parlement en matière politique, et de même en matière
administrative et communale ; dans les deux, il existe un Conseil élu qui gouverne, qui seulement dans les cas graves doit
consulter les électeurs et suivre leur avis.

Des amorces du referendum communal se rencontrent
dans plusieurs pays. En France, les électeurs ont le droit
d'adresser des pétitions au Conseil municipal de leur commune. La loi de 1884 donne dans certains cas celui de
provoquer une enquête, si la demande est faite par le Conseil
municipal d'une des communes intéressées ou par le tiers des
électeurs inscrits ; après cette enquête les conseils municipaux
donnent leur avis, il s'agit de la réunion ou de la distrac-
tion des communes. De même, l'initiative de la demande du
sectionnement électoral. Enfin, un cas beaucoup plus fréquent est celui très connu de l'enquête de commodo et incommodo.

La Norvège autorise le referendum municipal sur le commerce de l'alcool, Il s'agit de savoir si l'on devra en établir
le monopole. On admet le système consistant à le remettre à
des sociétés philanthropiques qui achètent des licences dans
un but humanitaire, les voix des femmes contribuent beaucoup à cette mesure. En Suisse, une loi de 1888 a institué le
referendum communal en matière de finance et d'emprunt et
elle autorise même l'initiative de 50 o/o des électeurs de la commune pour être soumise au Conseil cantonal et à la majorité
des 2/3. Par la loi de 1895 le canton de Genève l'a admis
aussi. La demande est reçue si elle est faite par 1200 élec-

teurs pour la ville, par le 1/5 pour les trois communes suburbaines et par le tiers pour les autres. Certaines
matières sont exceptées et toutes, en cas d'urgence. Le vote a
lieu à la majorité absolue des votants. Le referendum a été
plusieurs fois employé officiellement en Angleterre en 1877,
pour la création de bibliothèques communales, et en 1891
au sujet de l'alcoolisme. Aux États-Unis, le consentement des
citoyens est exigé surtout en matière financière, lorsqu'il
s'agit, pour une ville, d'un emprunt ou de travaux en général, quand on dépasse une certaine somme. C'est ainsi qu'à
Washington cela est requis quand il s'agit d'une dette
excédant 1/2 o/o de la propriété imposable, il faut alors le
consentement des 3/5 des électeurs. En Pensylvanie, c'est
7 o/o. Au Missouri, c'est ce qui dépasse le revenu d'un an,
et il faut la majorité des 2/3. Le Montana, l'État de Californie ont des prescriptions analogues.

Les États-Unis connaissent une institution fort curieuse,
il s'agit des lois à option locale. Le Parlement de l'État qui
a voté ces lois laisse aux électeurs d'une commune, d'un
district ou d'un comté le droit de les appliquer ou de ne
pas le faire. Cela lui permet d'innover avec plus de hardiesse. Une telle loi peut donc n'être en vigueur que dans
une commune, elle peut aussi être abrogée l'année suivante.
C'est surtout en matière d'alcool que cela se pratique. La
question de la fermeture des magasins le dimanche fut aussi
soumise aux communes. Dans l'Alabama et l'Yowa les noms
de villes ne peuvent être changés qu'ainsi. On peut citer
des exemples nombreux pour la Floride et le Texas, le
Delaware, la Wisconsin, le Missouri, New-York, Nebraska,
l'Illinois, le Virginie. C'est un système très répandu. Là
encore, dans chaque commune on emploie le referendum.
Dans l'État de Yowa il est devenu aussi étendu qu'en Suisse.
D'ailleurs partout il y a évolution dans ce sens. La constitutionnalité de ce referendum pour les lois à option a été contestée, mais elle a été maintenue.

Il ne faut pas comprendre la Suisse parmi les pays à referendum communal, quoiqu'elle pratique au plus haut point
le referendum cantonal et le fédéral, parce qu'en matière
communale toutes les communes, excepté celles du canton
de Genève, pratiquent un gouvernement populaire beaucoup
plus direct et que nous avons décrit plus haut, celui par
assemblée populaire.

En dehors de la Suisse et des États-Unis, l'aire des gouvernements référendaires est donc restreinte. Mais des tendances se manifestent pour son adoption ailleurs.

En Italie, on l'a proposé plusieurs fois en 1880, en 1897
(projet Rudini). Le motif était surtout les excès budgétaires ; le referendum se serait substitué à la tutelle administrative insuffisante. En France plusieurs propositions
ont été faites en ce sens, notamment celles de Mackau,
d'Haussmann, de Jules Guesde. Ce fut toujours le besoin
de restreindre les dépenses communales qui fut le point de
départ, il s'agissait de soumettre au referendum toute
surtaxe d'octroi, tout emprunt, le vote devait avoir lieu
par oui ou par non, la majorité des électeurs représentant
quelquefois un certain chiffre de contribution pouvait opposer
son veto.

Mais, tout à fait en dehors de la législation officielle, les
communes de leur initiative ont eu souvent recours au referendum facultatif, soit officiellement, soit à titre de simple
consultation, soit en remettant entre les mains des électeurs
leurs pouvoirs. Il s'agissait presque toujours de finances ou
d'impôts. En 1888, le conseil municipal de Cluny, avant de
voter un impôt de 30.000 francs, provoqua cette consultation,
parce qu'avant son élection, il s'était engagé dans sa profession de foi, à ne voter ni impôt ni emprunt, le vote était
secret, le projet fut repoussé. En 1889, à Colombes, un referendum eut lieu au sujet du sectionnement de la commune.
On en peut citer d'autres, à Suresnes en 1895, à Meudon en
1896, à Fougères en 1897, à Pont-Audemer, à Bagnoles-sur-

Ceze (Gard) en 1888, Vallerangue(Gard) en 1896, à Beauvais
en 1896, à Dijon, en 1897, etc. La légalité de cette innovation
a été vivement contestée ; au point de vue sociologique, nous
n'avons pas à l'examiner, en tout cas, c'est un symptôme
très significatif.

Il marque, en effet, une suspicion croissante contre le
régime représentatif ; après un grand enthousiasme pour lui,
on en aperçoit de plus en plus les vices. Le député descend
de son piédestal, comme autrefois le monarque. Le temps
perdu au Parlement en vaines discussions, en compétitions
personnelles, en est la cause. On pense que pendant une
longue période de minorité le peuple a eu besoin de tuteurs
nombreux et souvent voraces, tout au moins bavards, mais
qu'il a maintenant l'âge de majorité et qu'on pourrait bien,
tout au moins, le consulter.

Dans la presse il s'est introduit un usage qui vient encore
à l'appui. Il n'est pas rare d'y voir demander une consultation aux lecteurs d'un journal sur une question qui intéresse,
et publier les réponses que ce journal compare, pèse et
apppuie ensuite. Cela flatte l'amour-propre du public, mais a
souvent aussi d'heureux effets. C'est une rare occasion de
pouvoir donner un avis, sans entrer dans l'une des coteries
régnantes, et cet avis par là même peut être fort utile.

Telle est la commune en elle-même, en l'absence de tout
lien qui la rattache, soit à l'État, c'est-à-dire à la nation, soit
à la province, soit aux unités plus ou moins artificielles
entre elle et celle-ci. Ce lien est connu dans le droit sous le
nom de tutelle administrative. Il consiste en ce que certains
des actes de l'administration communale ne peuvent devenir
définitifs qu'après l'approbation des unités concentriques supérieures. C'est un lien de même nature que celui qui, dans
l'État fédératif, relie la province à l'État. Nous l'appellerons
le lien quasi-fédéral, parce que celui de tutelle administrative ne le caractérise pas assez. Dans le personnel, d'ailleurs, le maire réalise personnellement ce lien, puisqu'il est à

la fois le chef de la commune et le représentant de l'État
central.

La province d'ailleurs est tenue envers l'État par le même
lien portant le même nom de tutelle administrative et qui
constitue un lien quasi-fédéral. Seulement, tandis que pour
la province, il dépasse souvent ce degré et devient un lien
fédéral proprement dit, la commune n'atteint pas à ce stade.

Comme ces liens sont analogues, nous les traiterons d'ensemble pour la province et la commune sous une seule
rubrique.

Au-dessus et au-dessous de la commune se trouvent des
multiples et des sous-multiples plus ou moins naturels ;
en outre, plusieurs communes peuvent se réunir momentanément. Nous allons y consacrer quelques lignes.

III. — *Des unités intermédiaires entre la province,*
le département et la commune.

Les divers pays offrent des unités intermédiaires, les unes
sans grande importance, les autres ayant une personnalité et
même des conseils délibérants. Jetons d'abord un coup d'œil
à l'étranger, nous y trouverons presque partout ce qu'on a
appelé le district.

En Autriche, au-dessous des provinces ou États, se rencontre le district (bezirk) près duquel fonctionne le Conseil ou
commission de district, composée de membres élus. En Allemagne, au-dessous de la diète provinciale et de la province,
apparaît aussi le district avec le Conseil de district qui
s'occupe des intérêts communs des communes diverses,
exerce sur le cercle la tutelle administrative et a beaucoup
d'autres attributions très sérieuses. Le pouvoir exécutif est
représenté dans ce district par un président de régence
nommé par le gouvernement. Au-dessous vient entre le
district et la commune une unité inférieure au premier, c'est
le cercle avec sa diète de cercle, diète élective, élue à deux

degrés qui a un pouvoir véritable, puisqu'elle édicte des
dispositions statutaires et réglementaires ; il a à sa tête un
landsrath qui y est le représentant du pouvoir central,
comme le président de régence dans le district et le président
supérieur dans la province et qui est nommé par le roi. A
leur tour les cercles ruraux se divisent en baillages qui
se composent de plusieurs communes, le baillage n'a pas
de diète, mais un bailli et un Comité formé des représentants des diverses communes. On voit qu'il y a aussi
en Allemagne une hiérarchisation nombreuse des unités concentriques : 1° la fédération ; 2° le royaume ; 3° la province ;
4° le district ; 5° le cercle ; 6° le bailliage ; 7° la commune.
Nous ne pousserons pas plus loin notre investigation à
l'étranger. Voici maintenant ce qui existe en France.

Les unités intermédiaires entre le département et la commune sont l'arrondissement et le canton. Mais ce sont des
unités très faibles. L'arrondissement n'a pas de personnalité civile. Il possède le sous-préfet qui n'est qu'un agent
du gouvernement central et le Conseil d'arrondissement, qui
n'a qu'une ombre d'attributions. Il faut laisser de côté le
tribunal d'arrondissement qui est un tribunal d'État. Au-
dessous se trouve le canton qui n'est actuellement qu'une
division judiciaire. Autrefois, sous la Révolution, son importance fut plus grande. De même, en 1848, on projeta d'en
faire une unité importante entre le département et la commune, en supprimant l'arrondissement.

Il est certain qu'une unité intermédiaire est nécessaire et
suffit. Généralement, les uns aujourd'hui proposent de
supprimer l'arrondissement, sans créer un intermédiaire
entre le département et la commune, les autres trouvent
cet intermédiaire dans le canton. Ceux qui suppriment le
département et y substituent la province sont un peu embar-
rassés, mais ne parlent pas d'une unité intermédiaire à établir.
Ils ont tort, car ils rendent ainsi leur projet peu pratique.
En général, tous sapent l'arrondissement.

Nous pensons que la province doit être établie comme
nous l'avons proposé plus haut et qu'alors le département
n'a plus de raison d'être, qu'il ne renferme ni capitale
d'importance unique, ni d'intérêt commun à toutes ses parties.
Au contraire, ces qualités se trouveraient plutôt dans les
arrondissements. Ce ne seraient donc plus eux qu'il faudrait
supprimer. Les arrondissements de Rennes, de Saint-Malo,
de Fougères, de Nantes, de Saint-Nazaire, se comprennent
mieux que les départements qui les contiennent.

On pourrait plutôt y constituer l'unité cantonale en lui
donnant plus d'importance. Le Conseil cantonal serait la
réunion de tous les maires du canton. Quant au canton,
au lieu d'être une unité préfixe et invariable, ce pourrait
être une union volontaire et temporaire de diverses communes.

IV.—*Union des communes entre elles, des provinces entre elles,*
sectionnement des premières.

Jusqu'en ces derniers temps les communes étaient restées
isolées, ne formant pas d'alliance volontaire entre elles et ne
délibérant pas ensemble pour des intérêts communs. Il en
était de même des départements. La législation est peu encline
à douer les unités qu'elle crée de spontanéité. Après les avoir
emmaillotées par la tutelle administrative, elle les isole ; cependant la loi prévoit que, si plusieurs communes ont des droits
ou des biens indivis, et que l'une d'elles le réclame, on institue
une Commission syndicale composée de délégués des Conseils
municipaux.

Ce n'est pas tout, les communes trop petites n'ont pas les
ressources nécessaires pour des améliorations, telles que la
fondation d'un bureau de bienfaisance. Alors, la loi de 1889
leur permet de débattre ensemble leurs intérêts dans une conférence intercommunale. Chaque Conseil y est représenté par

trois membres, mais ensuite chaque Conseil doit ratifier. La Chambre des députés était allée plus loin, elle avait nommé des Commissions intercommunales permanentes exerçant des pouvoirs propres, mais le Sénat rejeta cette extension ! Enfin, s'il s'agit de services qui exigent une organisation continue, une loi de 1890 permet de s'associer en vue d'une œuvre, et plus tard, d'autres communes peuvent y adhérer, avec l'approbation de l'État. Ces syndicats sont des établissements d'utilité publique, ayant la personnalité civile. Ils sont administrés par un comité auquel chaque Conseil envoie deux délégués ; ce comité peut élire à son tour une commission de surveillance et un ou plusieurs gérants. Le syndicat doit se borner aux objets de sa mission, mais avec une autorisation nouvelle, il peut en être joint d'autres. La durée peut être à perpétuité ou pour un temps préfixé.

Par contre, les communes peuvent être sectionnées et il en résulte de petites unités, les dernières de toutes, les sections de communes. C'est qu'il y a des biens qui sont possédés seulement par une fraction de commune. Ce sont des hameaux auxquels les seigneurs avaient concédé autrefois certains privilèges. Ces fractions peuvent avoir une représentation spéciale de leurs intérêts. Il est alors normal qu'elles aient une commission syndicale. Il en est de même lorsqu'il y a une action judiciaire à intenter contre la commune ou contre une autre section.

Les départements peuvent aussi se réunir entre eux, cela leur avait été formellement interdit par la loi de 1833, mais celle de 1871 leur permet de tenir des conférences interdépartementales pour les questions d'intérêt commun.

Ici, un fait curieux est révélé par l'histoire. Il y a des communes qui n'ont pas été réunies avec d'autres seulement sur un pied d'égalité et sur un accord volontaire ; il y en a eu qui ont été reliées entre elles par un lien de subordination. C'est ce qu'on peut observer dans l'Italie du moyen

Âge. Padoue avait le droit d'élire le podestat de Vicence. On tirait dans le grand Conseil le nom de 40 électeurs qui choi‹ sissaient trois citoyens, lesquels choisissaient à leur tour le podestat. Parfois, elles créaient par une sorte de provignement d'autres bourgs, puis les affranchissaient. En 1217, Verceil fonda Borgofranco et en 1250 Ivrée fonda Castefranco.

V. — De la hiérarchie entre l'État, le département et la commune ou lien quasi-fédéral.

Toutes les unités concentriques à l'État sont liées entre elles par un lien administratif de subordination qui corres‑ pond au lien politique de coordination dans l'État fédéral ; c'est ce lien qu'il nous reste à décrire. Il porte chez nous le 'nom de tutelle administrative.

Les départements et les communes sont douées d'une cer‑ taine autonomie, mais fort limitée, la loi prend jalousement toutes les précautions pour qu'ils ne la dépassent pas. Ils sont assimilés à des mineurs, ils ne peuvent faire que les actes les plus simples ; pour les autres, il faut que leur tuteur, l'État, les autorise ; quant à leur budget, ils sont assimilés à des prodigues qu'ils sont souvent, et l'État, souvent prodigue lui-même, est alors leur conseil judiciaire.

Cette tutelle comporte une centralisation qui peut être raisonnable ou excessive. Elle est raisonnable, quand elle n'atteint que les actes graves. Elle varie aussi, suivant qu'elle et exercée de près ou de loin ; en effet, il y a des tuteurs administratifs de plusieurs sortes et plus ou moins éloignés. Par exemple, quand une autorisation est nécessaire, elle pourra être donnée par le Préfet, ou par le Ministre, ou par le chef de l'État, ou il faudra une loi, tous ces degrés existent. Quand on ne remonte pas plus loin que le Préfet, c'est beaucoup plus commode, c'est ce qu'on appelle la déconcentration. Il y a aussi moins de formalités, ces plaies du droit adminis‑ tratif. Mais parfois, ce qui est plus dur, il faut s'arrêter successivement à tous les échelons et faire à chacun un long séjour, c'est la concentration aggravée par la bureaucratie.

Il existe aussi pour la commune une autre tutelle, mais embryonnaire, qui tend à se substituer à celle de l'État. C'est la tutelle de la province inaugurée par les derniers monuments législatifs.

Ainsi la commune est sous la tutelle de l'État remplacée quelquefois par la tutelle de la province. On conçoit ces liens en principe ; sans eux, il n'y aurait pas d'unité administrative, mais ils sont fort exagérés.

Les actes qui, conformément à ce principe, peuvent être consentis par les départements ou les communes sont soigneusement catalogués.

On distingue pour les départements, ceux qui ont une force souveraine, où le Conseil général est le délégué du Parlement, par exemple, la répartition de l'impôt direct, le vote des centimes additionnels départementaux dans les limites de la loi de finances, les impôts, lorsque l'amortissement ne dépasse pas douze années ; 2° ceux qui sont définitifs et contre lesquels il n'existe qu'un droit de cassation réservé au Conseil d'État en assemblée générale, pour excès de pouvoir ou violation de la loi ou d'un décret ; 3° ceux dont l'exécution peut être suspendue par le gouvernement, s'il juge que les mesures sont mauvaises ou inopportunes, cette suspension ne peut avoir lieu que pendant trois mois ; elle est prononcée par un simple décret, sans intervention du Conseil d'État, mais le décret est motivé. Cette suspension est illimitée quant à sa durée, et si le Conseil général persévère, la seconde délibération peut à son tour être suspendue ; 4° ceux qui n'ont aucune force légale, s'ils ne sont pas approuvés par le pouvoir central, notamment en ce qui concerne le budget et les comptes du département et l'acceptation des dons et legs, lorsqu'il y a réclamation des familles ; 5° les avis ou les vœux qu'il émet volontairement ou facultativement.

Il en est de même de la commune. Tantôt, elle a son autonomie pleine, tantôt il lui faut l'autorisation du pouvoir
central, de là diverses catégories de ses actes. On distingue :
1° les délibérations souveraines, sauf un droit de cassation,
en cas d'excès de pouvoir ou de violation des formes ;
aussi, elles ne sont exécutoires qu'un mois après ; 2° celles
soumises à l'approbation du Ministre compétent, du Conseil
général, de la Commission départementale, d'un décret
ou d'une loi, mais souvent du Préfet, soit seul, soit en
Conseil de Préfecture, sauf recours devant le ministère de
l'Intérieur ; 3° les avis, soit nécessaires, soit facultatifs et
les nominations. En outre, les délibérations peuvent être
nulles de plein droit ou annulables, sauf recours, en cas
d'excès de pouvoir.

Enfin, quelquefois la tutelle administrative s'établit, non
de l'État à la commune, mais du département à la commune. Ces cas sont exceptionnels, c'est une sorte toute particulière de décentralisation. C'est ainsi que le Conseil général
d'abord décide sur un certain nombre d'objets d'intérêt communal mais, en outre, il fixe le nombre de centimes communaux que les conseils municipaux peuvent voter. Mais il
n'y a là qu'un embryon de tutelle du département sur la
commune.

Cette tutelle administrative forme un des deux éléments
de la centralisation, nous avons vu plus haut que l'autre
élément de celle-ci consiste dans le manque d'unité provinciale
assez étendue et assez puissante pour contrebalancer dans
une certaine mesure l'État et qu'enfin un dernier élément de
la centralisation est la concentration qui appelle le protectorat des forces sociales plus éloignées.

Ici, nous n'avons à considérer que le second moment qui
consiste dans la tutelle administrative. Nous en avons
raconté l'évolution chez nous. Au commencement du dernier
siècle, le département et la commune ne sont que de
simples circonscriptions administratives, ce ne sont que des

unités naturelles. Elles dessinent peu à peu leur autonomie, mais leur tutelle est étroite. Doit-elle être conservée ? On réclame leur libération de ce joug. Est-ce juste et utile ? Nous ferons une distinction à cet égard. La province, la commune doivent être entière nent autonomes, à cette seule condition de ne nuire ni à l'unité de l'État ni à ses ressources. Elles ne nuisent pas à l'État, dès lors que celui-ci seul légifère et fait prédominer sa politique, aussi le provincialisme n'a jamais revendiqué un pouvoir législatif, c'est le fait de la fédération seule. Mais si l'une ou l'autre de ces unités s'obligeait financièrement outre mesure, les ressources budgétaires de l'État seraient altérées, il faut donc que l'État ntervienne toutes les fois que les impositions communales, pourraient nuire directement ou indirectement aux siennes c'est, suivant nous, le vrai critère.

Tel est le lien administratif ou plutôt national entre les trois unités essentielles ; nous verrons plus tard le lien politique ou fédéral entre elles, mais notons, avant de terminer, que l'un se convertit facilement en l'autre, que le lien administratif devient le lien fédératif et vice versa, tant il est vrai que rien ne procède par saut dans la société, pas plus que dans la nature.

TROISIÈME PARTIE

SOCIOLOGIE DU DROIT PUBLIC INTERNATIONAL

PREMIÈRE SECTION

SOCIOLOGIE DU DROIT INTERNATIONAL ENTRE LES ÉTATS AUTONOMES

CHAPITRE XX

DISTINCTION ENTRE LES ÉTATS AUTONOMES ET LES AUTRES. SOCIOLOGIE DU DROIT INTERNATIONAL DÉTERMINATEUR OU STATIQUE DES PREMIERS.

I. — *Distinction entre les États*

Le droit international, outre la constitution des différents États qui répond à la partie constitutionnelle du droit national, consiste essentiellement dans les rapports soit pacifiques, soit belliqueux, entre ces États. Mais ces rapports sont, à leur tour, tout autres, lorsque les États sont tout à fait autonomes, sur un pied d'égalité de droit, vivant, agissant, contractant entre eux, comme le feraient deux simples citoyens, sous un régime égalitaire, ou lorsqu'ils sont entre eux sur un pied, soit de dépendance de l'un d'eux, soit d'interdépendance de deux ou de plusieurs. Il faut donc diviser sous ce rapport les États : 1° en États indépendants ; 2° en États interdépendants ; 3° en États dépendants.

La règle est, sans contredit, aujourd'hui surtout, l'État indépendant ou pleinement autonome, quelle que soit sa grandeur; nous verrons que cependant son extrême petitesse peut amener à sa dépendance de fait.

L'État interdépendant peut l'être de plusieurs manières, suivant que le lien entre lui et un autre est plus ou moins étroit. Le lien le plus lâche semble celui de la simple alliance, laquelle, du reste, peut n'être que défensive. Tous les actes de chacun restent complètement libres par ailleurs.

Un autre lien, très lâche aussi, mais d'une autre manière, existe entre l'État relié à un autre au moyen de l'union personnelle, de telle sorte que cette union, éphémère toujours par opposition, ne dure qu'autant qu'un monarque ou une dynastie, à celui de l'union réelle qui est à demeure.

Le lien de confédération d'États est un degré de plus. Sans doute, chacun y garde son autonomie; vis-à-vis de l'étranger, il y a des relations diplomatiques spéciales, mais il existe un organe commun : comité ou diète, qui peut ordonner des mesures pour tous; seulement, l'application de ces mesures n'est faite que par les autorités de chaque État.

Le lien d'union réelle est plus étroit. Les Parlements et ministères de chaque pays restent encore distincts, mais il y a des affaires communes réglées par un ministère et des délégations communes, et ces affaires sont nombreuses et importantes : il faut y comprendre la paix et la guerre, la conclusion des traités, l'envoi d'agents diplomatiques. Quelques-uns admettent un degré de plus, l'action incorporée qui a pour exemple l'union de l'Angleterre, de l'Écosse et de l'Irlande, catégorie contestée, car il semble qu'il y ait là unitarisme.

Enfin, le lien d'État fédéral qui mérite une étude toute

spéciale est plus fort. Le Gouvernement fédéral y existe
seul à l'extérieur; l'organe central dans ses attributions
limitées agit directement sur les citoyens, et pas seulement
sur les États, il peut seul déclarer la guerre.

Voici des exemples de ces différentes sortes d'États liés
par une interdépendance de plus en plus forte. On peut
citer, pour l'alliance simple, la triplice et la duplice bien
connues ; pour l'union personnelle, celles ayant existé entre
le Hanovre et l'Angleterre, de 1714 à 1738 ; entre la principauté de Neufchâtel et la Prusse, jusqu'en 1817 ; entre
les Pays-Bas et le Luxembourg, jusqu'en 1857 ; entre la
Belgique et le Congo, jusqu'en 1890. La confédération d'États
comprend : la confédération germanique, de 1815 à 1866 ; la
Suisse de 1849 pendant une période. Pour l'union réelle, on
peut citer la Suède et la Norvège, depuis 1815 jusqu'à leur
séparation ; l'Autriche-Hongrie, depuis 1867. Enfin les
États fédérés sont nombreux ; en Europe : la Suisse, et
l'Allemagne ; en Amérique : le Dominion, les États-Unis, le
Mexique, l'Argentine, le Brésil, le Venezuela. D'autres pays,
comme l'Autriche, se rapprochent beaucoup de l'État fédéral.

Telles sont les diverses situations dans l'interdépendance.

Voici les situations de dépendance. On peut dépendre
soit d'un seul État, soit de plusieurs, c'est-à-dire d'un
ensemble. Cette dépendance peut être créée, soit dans
l'intérêt de l'un, soit dans celui de l'autre. Enfin, l'État
dépendant peut se composer, soit de peuples homogènes,
soit de peuples hétérogènes, soit, quant au degré, soit,
d'une façon absolue.

Les principales catégories d'États dépendants sont :
1° l'État tributaire ou vassal ; 2° l'État sous protectorat ;
3° l'État sous protectorat collectif ou sous la garantie internationale d'un autre ; 4° l'État neutralisé ; 5° l'État sous le
régime des capitulations.

L'État tributaire concerne plutôt la législation internationale ancienne. L'Égypte, par exemple, la Bulgarie étaient tributaires du Sultan.

L'État mi-souverain ou vassal dont cette qualité est contestée est celui qui, comme l'Égypte, dépendait du sultan, lequel, non seulement, pouvait exiger un tribut, mais aussi lever des troupes et signer des traités. Il en était de même de la Bulgarie, car son chef devait être confirmé par le Sultan.

L'État sous le protectorat, soit d'une autre puissance, soit de plusieurs, est fréquent. Il y a cependant des protectorats qui ont disparu. Ceux des Iles Ioniennes, de Cracovie, de Madagascar, de Taïti, du Transvaal, des îles de Samoa, se sont transformés en annexion; du reste, cela est presque toujours le but. Mais il en reste beaucoup encore. Dernièrement, le protectorat du Japon sur la Corée vient de se transformer en annexion pure et simple. Le protectorat n'est donc le plus souvent qu'une étape.

Les protectorats français comprennent d'abord la Tunisie, qui est une demi-annexion instituée en 1893; les affaires de la régence sont sous la direction absolue du gouvernement français et l'autorité d'un résident ; ce sont les agents diplomatiques qui ont toute l'action ; le bey ne peut faire aucun traité, la France a l'initiative de toutes les réformes, organise l'administration, la justice. En Asie, en font partie le Cambodge, l'Annam, le Tonkin. En Océanie, il en existe un sur les îles Wallis : celui d'Haïti s'est converti en annexion, de même celui sur Madagascar.

Le protectorat anglais s'exerce sur beaucoup d'États, le principal sur l'Égypte. Il existe aussi sur Zanzibar et plusieurs îles de l'Océanie.

Le protectorat allemand se trouve sur de petits territoires seulement : la Nouvelle-Guinée, Samoa.

Les États-Unis ont un protectorat important sur Cuba et les Philippines.

Les protectorats ont tous les degrés, ils se resserrent peu à peu. Beaucoup se sont convertis en annexion.

A côté de ces protectorats individuels expressément stipulés et officiels, il y en a d'autres, simplement officieux, qui existent dans tous ceux de civilisation inférieure au profit de ceux de civilisation supérieure afin d'intervenir, soit pour protéger leurs nationaux, soit pour maintenir l'État existant qui fait l'objet de la convoitise de tous. La Turquie, par exemple, a été souvent dénommée: l'homme malade. Tous les États européens convoitent sa succession pour s'en emparer, et d'ailleurs, pendant sa vie, elle se livre à des actes de violence dangereux. Aussi, maintes fois les grandes puissances sont intervenues, tantôt pour la réprimer, tantôt pour lui venir en aide. C'est ainsi que l'Angleterre et la France l'avaient défendue contre la Russie, que l'Occident a délivré la Grèce, il y a un siècle; qu'il est intervenu dans les affaires de Crète, et souvent aussi dans la rébellion des principautés danubiennes dont il a aidé la sécession. On a vu récemment, lors d'Algésiras, un protectorat collectif du Maroc. C'est un exercice exceptionnel du droit d'intervention généralement réprimé. C'est ainsi que sont nées successivement: la Roumanie, la Bulgarie, la Serbie. Autrefois, les îles Ioniennes, réunies depuis à la Grèce, avaient été constituées, en 1825, par des traités entre l'Angleterre, l'Autriche, la Prusse et la Russie.

Quoiqu'elle soit d'ordinaire comprise dans le protectorat, on doit faire une catégorie à part de quelques États minuscules enclavés dans quelque grande puissance et qu'on laisse jouir de leur autonomie. Ce sont de petits États neutralisés; mais, au lieu de l'être par plusieurs neutralisants, comme nous allons en voir tout à l'heure, ils le sont par un seul. On doit y comprendre le Val d'Andorre, en Espagne; Monaco et Saint-Marin, en Italie. Les puissances voraces ont dédaigné cependant de croquer de si petits morceaux; elles ont voulu faire croire à la protection des faibles. Il s'agit d'une neutralité unilatérale.

Il existe, beaucoup au-dessus, une neutralisation plus générale, dans l'intérêt surtout de l'État neutralisé et qui est consenti par l'ensemble des puissances supérieures pour en garantir l'indépendance intégrale. Elle s'applique à la Suisse, à la Belgique et au Congo, au Luxembourg. La neutralité de la Suisse a été garantie en 1825 par les représentants des puissances, et celle de la Belgique, en 1831, par une convention entre cinq États. Ces pays ne devront faire la guerre à aucune d'entre elles et, par contre, on ne devra pas attenter à leur indépendance.

Ces États sont tenus à une neutralité perpétuelle; le but principal est d'assurer aux puissances neutralisantes l'éloignement réciproque des points stratégiques importants, et de se garder les unes les autres par l'interposition d'un État inoffensif. C'est ce qu'a voulu la neutralisation de ces deux pays : la Belgique et la Suisse. L'État neutre jouit du bienfait de la loi perpétuelle, mais il a le devoir de ne pas violer non plus cette neutralité, il ne peut pas conclure d'alliances offensives, mais seulement une défensive et, dans ce cas seulement, une alliance. Cette neutralité doit exister même vis-à-vis des États non garants, Il doit refuser de donner passage aux troupes.

Une dernière classe des États subordonnés est celle des États de l'Orient qui vivent sous le régime des Capitulations. Il s'agit d'un droit d'intervention dans les affaires d'un État pour protéger ses nationaux, particulièrement en Orient, des sujets des puissances chrétiennes. Ceux-ci échappent à la juridiction locale et sont jugés par leurs consuls ; ce régime et son origine remontent à 1535, il fut convenu entre la France et la Porte, entre François Ier et Soliman ; la dernière convention fut faite par Louis XIV. Le domicile des Français est inviolable, ils sont affranchis des impôts des indigènes, ont la liberté du commerce intérieur. La France avait même le monopole de la libre navigation. Elle protégeait tout individu de religion catholique; elle pouvait acquérir la propriété refuséeaux autres étrangers. Sous l'ancien régime, les Français groupés sous leurs consuls constituaient même une nation spéciale, exigeant des conditions particulières pour l'admission de nouveaux membres; elle possédait les trois pouvoirs ordinaires : députés, assemblée générale et consul ; les premiers sont encore élus. Maintenant, les consuls sont prédominants avec des attributions comme juges au civil, au criminel et au commercial ; ils reçoivent les actes de l'état civil et les actes notariés. Plus tard, les autres grandes puissances obtinrent des capitulations, comme la France. Celles-ci sont devenues européennes. La France n'a plus le monopole que de la protection religieuse.

Le régime des capitulations s'étend en dehors de l'empire ottoman, il s'applique à tous les pays connus sous le nom des Échelles du Levant et de Barbarie ; ce sont tous les pays baignés par la Méditerranée et appartenant au nord de l'Afrique ; en Égypte seulement, l'immunité de juridiction a été diminuée par l'introduction des tribunaux mixtes.

Dans l'Extrême-Orient, le régime des capitulations a été aussi en vogue, mais a disparu peu à peu. Il subsiste en Perse, à Mascate, à Siam, en Corée, en Chine ; il a disparu au Japon.

Tels sont les États dont l'autonomie a été altérée et qui sont sous la dépendance ou la garantie d'un ou plusieurs autres.

Nous commencerons notre étude sociologique par les États en situation d'autonomie normale ; nous continuerons par ceux en situation d'interdépendance, et nous finirons par ceux de dépendance, en réunissant les deux derniers sous un seul chapitre.

II. — *Des États autonomes dans leur organisation externe (composition, actes évolutifs, autonomie, personnification, représentation à l'étranger).*

Nous avons déjà étudié l'État, son origine vis-à-vis de ses sujets, sa consistance interne, envisagée au regard des individus qui la composent, dans le droit constitutionnel; il s'agit maintenant du même considéré au dehors, tel qu'il va entrer en contact avec les autres entités de même nature, c'est-à-dire avec les États étrangers. Ici encore, si l'habitude n'était contraire, il faudrait faire de nouveau la même distinction; envisageons d'abord l'État dans sa constitution, non plus interne, mais externe, pris dans ses rapports entre les autres, l'une formant, pour ainsi dire, le droit internationnal constitutionnel, l'autre le droit international administratif.

Le premier, le droit international constitutionnel, comprend : 1° les différents actes évolutifs successifs de la vie internationale de l'État, son origine et sa naissance, ses unions, sa filiation, ses maladies, sa mort; 2o sa consistance, ses sujets distincts de ceux d'une autre nation et qui le composent, et le sol qui lui sert de base; enfin, l'autonomie qui est la conclusion, impliquant certains droits irréductibles et se manifestant dans le principe de non-intervention : 3° la personnification, ou, si on le préfère, l'incarnation de l'État dans le souverain ; 4° la représentation de celui-ci, à son tour, par des agents du pouvoir, ambassadeurs et consuls.

Le second est relatif aux rapports de l'État, non plus avec les simples citoyens, comme dans le droit constitutionnel, mais avec les autres États, il comprend : 1° les diverses sortes de liens entre ceux-ci ; 2° les objets auxquels ces liens s'appliquent.

Dans la première catégorie, nous comprenons les droits entre États résultant : 1° de la nature même ou de l'équité, se traduisant le plus souvent dans des coutumes : 2° du consentement résultant des traités; 3o de simples faits naturels productifs de droit.

Dans la seconde catégorie, nous comprenons les objets sur lesquels ces droits internationaux peuvent porter. Ils renferment, à leur tour: 1° ceux appartenant en propre à telle nation; 2º ceux qui n'appartiennent à aucune; 3º ceux qui appartiennent par indivis à une ou à plusieurs; 4o les intérêts communs qu'il y a lieu de régler ensemble.

Après le fond, la forme, laquelle s'applique à tous et qui ici consiste dans ce qu'on appelle la diplomatie.

1º *Actes évolutifs de la vie d'un État.* — Ces actes sont adéquats à ceux du *cursus vitæ* de chaque citoyen. Les États, comme ceux-ci, naissent, vivent, s'unissent, se reproduisent, meurent, quelquefois ressuscitent (c'est la seule différence).

Cela semble entraîner la théorie organiciste et nous croyons, en effet, que l'État à une vie réelle distincte, mais il suffit qu'il n'y ait là qu'une comparaison saisissante, si elle est de nature à faire mieux comprendre. En effet, comme l'individu, l'État semble avoir ses cellules, ses membres différenciés, les phases de sa vie. C'est comme tel que nous devons le considérer en ce moment.

Il s'agit d'abord de la naissance, c'est-à-dire de la formation des États. Les modes de naissance sont multiples. Le premier est la formation lente d'un agrégat autour d'un noyau d'intensité supérieure et d'un poids qui attire vers lui toute l'ambiance. C'est ce qu'on a pu constater pour la fondation de Rome qui est devenue ensuite l'empire romain, à la suite de conquêtes, il est vrai, mais d'abord à celle d'annexions naturelles. Il s'agit dans ce cas d'une croissance analogue à celle du corps. La formation est alors insensible et comme par alluvion. C'est ainsi d'ailleurs que la nation est sortie du clan; on avait cru aussi que le clan était sorti de la famille, mais, comme nous l'avons démontré, le contraire est probable; plutôt, le clan est-il une famille artificielle, composée sur le modèle de la famille naturelle. On sait que deux clans se sont unis par des mariages, pratiquant entre eux l'exogamie croisée, puis ils se sont confondus; enfin, plusieurs clans ont composé la tribu, puis la nation, et celle-ci s'est constituée en État intégré. L'enlèvement des Sabines en fut un épisode.

Une autre cause plus tardive, mais plus fréquente,

à savoir la conquête, non point celle qui a eu lieu plus tard, dans la suite de l'histoire, qui asservit totalement les individus d'une nation et les anéantit comme tels, mais celle qui finit par en souder plusieurs ensemble. Mais alors il y a eu déjà des États, c'est l'un d'eux qui est supprimé. La conquête est donc un moyen impropre de formation d'un État. Il en est de même des annexions, violentes ou pacifiques ; elles n'ont pour résultat que de faire passer un territoire d'un État à l'autre, les deux préexistant déjà.

La naissance d'un État, qui semble cette fois bien réelle, résulte de la sécession, en se séparant, d'un État déjà formé, pour en constituer un nouveau, cela se produit lorsqu'une colonie devient indépendante. Il y en a de nombreux exemples. Un des plus importants est la proclamation d'indépendance des États-Unis d'Amérique se séparant de l'Angleterre. De la même façon, le Mexique et toutes les Républiques du Sud et du Centre de l'Amérique se sont détachées de l'Espagne et du Portugal pour former de nouveaux États. Le Canada a déjà accompli en grande partie cette sécession. L'Australie, la Nouvelle-Zélande sont sur le point de le faire. L'Inde a des tendances séparatistes et chez nous d'assez marquées se manifestent en Algérie. Mais, dans tous ces cas, cette formation n'est pas le résultat d'une création, mais plutôt d'une filiation ; c'est la naissance par génération.

Au contraire, il y a création ou naissance spontanée lorsqu'un pays qui formait une nation, mais non un État, s'affranchit du joug étranger d'un État hétérogène, par exemple, la Grèce et plusieurs des principautés danubiennes : Roumanie, Serbie, Bulgarie.

Une autre cause de naissance des États, et la plus importante de toutes, produit un autre groupe. Il s'agit non plus des contingences et des cas historiques où un État a pris naissance, mais des causes mêmes de cette naissance. Or, ces causes plus éloignées, ces causes premières, peuvent se ramener à celles-ci : 1° la cause géographique, 2° la cause généalogique ; 3° la cause conventionnelle ; 4° la cause dynastique.

La cause géographique est la plus ancienne. On est d'abord entre voisins, les autres peuples, même de races identiques, sont éloignés par les migrations, on ne peut les rejoindre. Mais les voisins sont plus forts que nous, ou nous plus forts qu'eux, ou la force est égale. Dans le dernier cas, il y aura fusion entre les deux, conquête par l'un ou par l'autre. Il sera difficile de l'éviter. D'ailleurs, nous pouvons être enfermés dans la même île ou par les mêmes chaînes de montagnes. On peut citer, comme exemple, la Suisse. La nature du sol et son relief ont causé une solidarité d'intérêts entre les cantons qui appartiennent cependant à trois nations différentes, et cette solidarité a fondu ces peuples en un seul. Le fait ressort bien ici, en raison de la différence des races, mais on le retrouve ailleurs. Les nécessités de la défense nationale résolvent de la même façon la fixation des frontières par un grand fleuve, une haute chaîne de montagnes. S'il y a, sur une rive ou sur un versant, des membres épars d'une autre nation, la nature les exproprie de leur nationalité et ils n'ont qu'à repasser la frontière.

La cause généalogique, ou tout au moins ethnologique, est, au contraire, fort tardive. A l'origine, la guerre et la conquête dominent tout, elles ne peuvent d'ailleurs que détruire les peuples, ou en empêcher la formation, non faire naître un État. Une foule de nations sont tenues sous le joug, elles ne sont pas seulement subordonnées, elles n'existent pas comme États. Mais, sous la chaleur de la civilisation, elles prennent conscience de leurs différences de race, de caractère, d'intérêts, d'avec le peuple dominant, et elles revendiquent leur indépendance en cette qualité. On leur répond, au nom de la science, qu'il n'y a pas de race pure, qu'il n'y a même pas de race du tout, tellement elles ont été brassées et rebrassées par les événements de l'histoire. Elles répondent avec leur instinct que, s'il n'y a pas de races, il y a des nations qui

sont comme des races ; que des races secondaires se sont
peut-être formées ; qu'en tout cas, il s'élève, par un ciment
historique, une race idéale, que, ce qui le prouve, c'est la
différence des langages, que c'en est le réactif certain ; et alors,
pratiquement, la question de nationalité devient une question
de langues. En tout cas, à force de persévérance, en revendi-
quant à tout instant leur autonomie, soit par la paix, soit
par la guerre, elles finissent par l'acquérir. De ce moment,
un nouvel État prend naissance. Nous retrouverons ce
sujet un peu plus loin, nous le discuterons au point de vue
de savoir quel en est l'avenir ; ici, nous constatons le droit
des nationalités comme cause importante.

La cause contractuelle est aussi d'époque moderne ; on en
voit encore peu d'applications. On peut cependant interpréter dans ce sens le passage de l'état unitaire à l'état fédératif,
car alors, une nation se démembre en plusieurs qui ont une
existence distincte. Quant à la Savoie qui a voté son annexion
à la France, il y a bien eu consentement, mais pas de nouvel État, elle n'a fait que passer d'un État à l'autre.

Une dernière cause générale est la cause dynastique. Elle
a régné autrefois presque partout, mais surtout dans l'Europe
du moyen âge, en raison de l'habitude des souverains de
démembrer leur empire ou leur royaume entre leurs enfants.
Dans la dynastie mérovingienne et dans la carolingienne,
ce n'était pas l'aîné qui succédait au père pour l'ensemble du
pays ; celui-ci était partagé entre tous, comme une ferme, ce
qui empêchait beaucoup les progrès que l'autorité centrale
aurait pu faire. L'empire de Charlemagne est immédiatement divisé ainsi. Il en fut de même de celui de Charles-
Quint. Dans l'antiquité, ce fut l'empire d'Alexandre, qui
fut réparti, non, il est vrai, entre des enfants, mais entre
des généraux, pour ainsi dire, les légataires du maître.
On aurait pu en dire autant de celui de Napoléon Ier, en
France, s'il eût persisté.

Un autre mode, à la fois de naissance, pour l'un, de filiation,

pour l'autre, c'est la colonie. Cette colonie est bien la fille
de la métropole, mais c'est une fille qui devient tôt ou tard
ingrate et qui veut se séparer de ses parents. Du reste, c'est
sa vocation, dès qu'elle est parvenue à sa pleine maturité.
Toutes les colonies en viennent là, et prudente est la métropole, lorsqu'elle ne l'empêche pas. A cet égard, par exemple,
l'Angleterre s'est assagie; elle avait cherché à empêcher les
États-Unis d'acquérir leur indépendance. Elle semble maintenant consentir à donner elle-même une grande autonomie,
puisqu'elle a tenté de constituer l'Australie en fédération.
L'Espagne, au contraire, de nos jours, s'y est vainement
opposée, lorsqu'il s'est agi de Cuba. Tandis que, tout à l'heure,
il s'agissait d'une filiation dynastique, il s'agit d'une filiation
nationale.

Telles sont les modes et les causes de naissance des États.
Il existe aussi, comme chez les individus, des croissances et
des décroissances. C'est ainsi qu'un État d'étendue très
exiguë peut se développer par des conquêtes ou des
annexions successives jusqu'à englober le monde alors
connu tout entier. C'est nommer l'Empire Romain, circonscrit d'abord légendairement par le mur que sautait si facilement Rémus, et qui eut la fortune que l'on sait. Non seulement il a conquis, mais il s'est assimilé toute l'Europe et
l'Asie occidentale, sans compter l'Afrique, ne laissant dehors
que des barbares. Et, dans notre temps aussi, il a eu sa longue
survivance idéale par influence. Souvent un petit État
s'accroît ainsi au détriment des autres. La France n'est
d'abord que l'Ile-de-France; l'Espagne n'est que la Castille.
D'autres États, au contraire, décroissent et restent en cette
situation, ou disparaissent tout à fait. Carthage fut absorbée par
l'Empire Romain. En général, les deux mouvements sont
solidaires, mais pas toujours.

L'état civil des États, avant d'aboutir à leur mort, rencontre en chemin, pour ainsi dire, leur mariage, et après la
génération ci-dessus décrite, leur décrépitude. Le mariage

consiste dans la réunion de plusieurs États auparavant isolés.
Nous avons nommé la fédération, par exemple, celle de la
Suisse où un grand nombre de cantons, autonomes d'abord,
se sont réunis, il y a là une sorte d'union polygamique. Souvent aussi, un État se joint à un seul autre État, par
exemple : la Hongrie à l'Autriche, la Norvège à la Suède,
de sorte que ces États vont par paire. Sans doute, ils se
détachent parfois plus tard, comme, de nos jours, la Suède
et la Norvège, l'Autriche et la Hongrie, c'est le divorce. Il
y a souvent de simples tentations d'union, des sortes de fiançailles, par exemple, dans la triplice, entre l'Italie, l'Allemagne et l'Autriche. Le mariage peut être un peu forcé,
comme en un certain moment, entre la France et la Russie
despotique, mais c'est le cas de beaucoup de ménages de
raison.

Enfin, la mort des États intervient, mais après une
période généralement de décrépitude qui est leur vieillesse, à
moins qu'il n'y ait mort violente par des entreprises de leurs
voisins. Il suffit à cet égard de mentionner *l'homme malade*,
malade depuis longtemps, la Turquie auquel on administre
tant de remèdes de la part des grandes puissances de l'Occident. Le médecin lui tâte le pouls de temps en temps, successivement des morceaux s'en détachent : la Bulgarie, la Serbie,
la Roumanie ; il s'épuise, il diminue, il a cependant une belle
vieillesse, grâce à la jalousie des grandes puissances prêtes à le
déchirer d'un coup de bec, et grâce aussi à l'esprit moderne
qui cherche à le pénétrer et à le galvaniser entre les mains
des Jeunes Turcs. On a vu jadis la même longévité dans
l'empire d'Orient situé à la même place, il y a là apparemment
un terrain qui conserve ; sans le coup de grâce des Osmanlis,
il serait peut être encore debout. Ce coup de grâce fut donné
plus tôt à l'empire d'Occident par les barbares, plus expéditifs enfouisseurs. Beaucoup d'États, en effet, ont péri par la
violence subite. Un des plus frappants exemples est celui de la
Pologne, tombée à la fois sous les coups de trois envahisseurs.

A la différence des hommes, des États morts ressuscitent-ils ? C'est difficile, même pour eux. On en voit pourtant des exemples : les Pays-Bas. L'Italie, elle aussi, était morte, pour ainsi dire, divisée en simples provinces, sans union entre elles et occupées en partie par l'étranger. De même, les provinces danubiennes. L'Espagne tout entière est une race ressuscitée, après avoir été tuée par les Maures.

Telle la vie successive des États, bien semblable à celle des individus.

N'oublions-nous pas leur pathologie. Oui, elle existe, et même leur traumatisme. Les États sont sujets à toutes les maladies non pas seulement aux internes, mais aux externes, celles qui les rendent faibles vis-à-vis des voisins. Elles sont la conséquence de discordes intérieures, d'affaiblissement de natalité, d'émigration exagérée, d'ignorance, d'intolérance religieuse. Quant au traumatisme, il résulte de guerres antécédentes, d'indemnités à payer ensuite, d'amputations de provinces.

2° *Composition de l'État.* — Nous entendons ici la constitution de l'État, autant qu'elle intéresse l'État en lui-même, autant surtout qu'elle l'intéresse dans ses rapports avec les autres et qu'elle sert à déterminer ses limites.

L'État consiste essentiellement en deux éléments, le sang et le sol : *sanguis et solum.* Les deux réunis sont nécessaires, par exemple, pour résoudre à quelle nationalité appartient tel individu. Ils ont presque une égale importance, quoique au fond la race semble prépondérante, c'est le sol qui constitue plus visiblement un État.

Le sang est un élément qu'on pourrait contester, quand il s'agit de la nationalité, puisqu'il n'y a pas de race pure, mais nous avons expliqué que les mélanges peuvent créer une race nouvelle, et qu'en outre, il y a race créée par la civilisation commune entre des éléments non homogènes. Du reste, il ne peut souvent fonder à lui seul un État. Par exemple, les Juifs constituent une nation et même une race, mais ils ne

peuvent constituer un État, tant qu'ils restent épars. Au
contraire, les Allemands qui occupent aussi bien l'Allemagne que l'Autriche constituent deux États. L'élément
sang peut donc s'éliminer quand il s'agit de l'État lui-même
et non de ses nationaux, là il devra reparaître.

Le sol est, au contraire, essentiel. Autrefois, on disait : la
France, au lieu de dire : les Français ; c'était plus exact, car
la France renferme des provinces peu ou point françaises ;
de même, l'expression de Russie est plus exacte que celle de
Russes, et surtout celle de Turquie, plus exacte que celle de
Turcs. C'est le sol, le pays, qui constitue l'État. Les sujets
sont tout ce qui est englobé par le sol.

Les frontières ont rapport aux deux éléments à la fois,
celles géographiques sont relatives au sol, et on sait quelle
est leur importance ; il est utile de les avoir géographiques,
marquées par les accidents de terrain, comme dans un bor-
nage, mais cependant, si elles entraînent trop de familles
du côté où se trouvent les étrangers, le principe du sol va
se trouver contrebalancé par celui du sang. Une transaction
doit alors intervenir entre ces deux principes, à moins que
l'un ne soit rendu prédominant par la volonté des habitants.

Mais c'est encore à un autre point de vue qu'il y a lutte
entre le sol et le sang. A-t-on la nationalité de ses parents
ou celle du sol où l'on est né ? Ici, c'est l'inverse, c'est le
sang qui décide dans tous les États principalement. C'est le
jus soli qui l'emportait en droit féodal et pendant la Révolution ; il domine encore dans le centre et le sud de l'Amérique, par l'influence de l'immigration.

D'autres peuples cumulent les deux principes, en déclarant
nationaux ceux qui naissent de nationaux à l'étranger ou
d'étrangers sur le territoire : tel est notamment le système
de l'Angleterre et des États-Unis. Enfin, d'autres États
admettent d'autres variétés ; par exemple, la France, qui a pour
base le *jus sanguin* et admet, surtout depuis les lois de 1889
et de 1893, beaucoup d'exceptions au profit du *jus soli*, dans

le but d'éviter un trop grand nombre de gens sans patrie.

A ces deux éléments venant en première ligne de la Constitution des États et de la détermination de la nationalité, il faut ajouter le consentement. Nous l'avons indiqué déjà, lorsqu'il s'agit de l'État lui-même où il se manifeste par le vote. Quant à la nationalité, elle consiste dans la nationalisation, d'une part, dans l'abandon de la nationalité de l'autre. L'abandon n'a pas besoin d'être accepté ; il constitue un de ces droits individuels, irréductibles par la société, comme celui d'aller et venir. Il s'y joint, en général, une émigration. Le mouvement contraire s'accompagne d'une immigration, il doit être accepté par l'État nouveau.

3 *De l'autonomie des États et de leurs droits irréductibles.* — L'État formé dans sa constitution extérieure a désormais, vis-à-vis de tous, une autonomie, accompagnée d'une inviolabilité, comme s'il était une personne humaine. C'est un des principes les plus avérés du droit international. Il est conforme à la sociologie des groupes humains organisés et aux principes qu'arbore la doctrine de l'organisme ; même si l'on rejetait celle-ci, il serait à son image. Quelles doivent être les conséquences de ce principe ? Elles ont été déduites par tous les juristes du droit public. Ce sont les mêmes que celles de l'individu, à savoir : 1° le droit de conservation, même s'il en résulte un dommage pour autrui ; c'est la nécessité, analogue au cas du pain volé devenu classique dans le droit pénal ordinaire ; dans ce but, on peut restreindre l'émigration, s'il en résulte un dépeuplement nuisible ; de même on peut empêcher la sortie des objets d'art ; 2° un droit, qu'il est à peine nécessaire d'énoncer, de défense et de sûreté ; on controverse, si pour cette cause on peut empêcher les armements d'un voisin, et aussi celle de savoir si l'on peut faire obstacle à son trop grand développement, ici doit se placer la question de l'équilibre européen ; c'est un des procédés que nous étudierons au chapitre des moyens d'empêcher la guerre ; 3° le droit à la liberté, ce qui donne la facilité de

choisir son genre de gouvernement : république ou monarchie, d'entrer en révolution sans qu'un autre État inter-
vienne, de légiférer comme on l'entend, de soumettre à sa
juridiction l'étranger qui se trouve chez nous, le droit de
refuser d'être soumis aux tribunaux des autres pays ;
4° le droit à l'égalité ; quelle que soit leur grandeur respective,
mais plutôt en droit qu'en fait, les grandes puissances occidentales s'arrogent des pouvoirs supérieurs ; 5° le droit d'être
respecté dans sa dignité et sa propriété ; 6° le droit de libre
commerce, sauf celui, plutôt encore de principe que de fait,
du système de la porte fermée de la part de l'autre nation.
En effet, vis-à-vis d'une nation moins civilisée et qui s'obs-
tine à ne pas entrer en relations commerciales, comme l'ont
fait longtemps la Chine et le Japon, les puissances de
l'Europe ont exercé une pression en cas de besoin ou les
ont contraintes même par une guerre. C'est une question
importante du droit international que celle de la porte
ouverte et de la porte fermée.

Tel est le tableau très abrégé des droits d'existence,
d'expansion et de défense de chaque État, avant qu'il soit
encore question entre eux de rapports spéciaux sur tel ou tel
sujet, en cas de traité, d'indivision, de communication ou de
conflit, lorsque chacun se renferme encore dans sa tour
d'ivoire, c'est-à-dire dans son autonomie et sa simple inviolabilité.

Une idée qui guide et domine toutes les autres et qui a
pourtant donné lieu aux plus vives controverses, est celle de
la non-intervention. Si l'on admet un État à intervenir dans
les affaires intérieures de l'autre, c'en est fait de l'autonomie et souvent même de l'existence de celui-ci ; mais
cependant, comme partout, il y a de nombreuses distinctions
à faire qui évoquent plusieurs principes sociologiques, lesquels interfèrent. L'intervention a lieu soit dans les affaires
intérieures d'un État, par exemple, pour lui imposer telle
forme de gouvernement ou telles institutions politiques; soit

dans les affaires extérieures, par exemple, pour lui imposer ou lui interdire telle ou telle alliance, ou pour prendre parti entre deux États en litige. Dans la doctrine, il y a eu longtemps désaccord, même quant au principe ; actuellement, la non-intervention l'emporte définitivement.

L'intervention se produit sous plusieurs formes : il y a l'intervention politique ou dynastique ; l'intervention pour l'équilibre entre les États, celle pour protéger ses nationaux, celle pour imposer les droits de l'humanité, celle pour concilier ou faire triompher l'un des deux États en conflit, celle pour sa propre conservation.

Une des interventions les plus prohibées est celle dans un but politique ou dynastique ; et cependant, ce cas a été l'un des plus fréquents dans l'histoire. Un des plus remarquables a été celui de la Sainte-Alliance lors de la Révolution française ; elle était illégitime, puisqu'elle avait pour but de rétablir un régime imposé en France, mais elle avait été provoquée par une déclaration de la Convention, en 1792, laquelle offrait secours à tous les peuples qui voudraient recouvrer leur liberté. Au contraire, l'intervention afin d'empêcher des actes d'inhumanité est permise, mais encore faut-il distinguer ; par exemple, s'il s'agit de meurtre ou de cruautés, on peut, dit-on, intervenir, mais non, s'il s'agit seulement de faire cesser l'esclavage ; que s'il s'agit de ses nationaux opprimés, on peut intervenir, d'une manière plus large : on voit combien ces distinctions renferment de nuances. De même, s'il s'agit de ses coreligionnaires. D'autre part, on doit intervenir, si un peuple invoque notre secours pour défendre son indépendance ou pour secouer le joug ; c'est ce qui a eu lieu pour la Grèce qui a dû sa délivrance à l'intervention de la Russie, de l'Angleterre et de la France. Plus tard, la Russie intervint entre Mahomet-Ali, vice-roi d'Égypte, et le sultan ; c'est enfin à l'insurrection de la Bosnie et de l'Herzégovine appuyée par les Serbes et les Monténégrins, en 1876, et secourue par l'Europe, que les États danubiens durent

leur indépendance. On admet aussi l'intervention, en cas de
sécession, d'un pays qui n'a été réuni à l'autre que par la
force ; par exemple, la Lombardie à l'Autriche, la Belgique
à la Hollande. On voit combien les solutions sont variées et
que c'est le plus souvent l'intérêt pur et simple qui décide.
Même un État intervient souvent pour garantir ses créances
pécuniaires ou celles de ses nationaux, surtout dans les pays
encore barbares ou déjà en décrépitude, et alors on perçoit
certains revenus pour assurer la garantie.

L'intervention est moins suspecte et moins injuste quand
elle se fait par plusieurs pays qui se concertent.

Il faut y joindre un cas spécial, c'est l'intervention pour
cause d'équilibre européen. Lorsqu'un État veut trop
s'agrandir, il devient une menace pour tous les autres; il
faut l'arrêter; et, s'il risque de s'annexer un État faible,
défendre celui-ci. Si l'on se borne à ce rôle, le résultat est
heureux et juste, quoique souvent mal mesuré. En effet,
c'est un des moyens d'assurer pour l'avenir la paix. Mais on
le dépasse et surtout on forme arbitrairement de nouveaux
pays. C'est ce qui est advenu plusieurs fois en Europe, dans
les traités de Westphalie, d'Utrecht et de Vienne. Le second
était dirigé contre l'ambition de Louis XIV. La Sainte-
Alliance, après la défaite de Napoléon Ier, tailla toute l'Europe,
sans aucun égard à la géographie ou aux affinités des
peuples, de la façon la plus arbitraire et dans ce but. C'est
d'après ces règles que, dans le Congrès de Berlin en 1878,
on partagea une partie de la Turquie. C'est aussi sous ce
prétexte qu'eut lieu le partage de la Pologne entre trois
puissances oppressives. Ce principe a un heureux résultat,
celui de maintenir la paix temporairement, mais il est
souverainement injuste par ailleurs. Il a donné lieu depuis
encore à la Duplice et à la Triplice par la voie des alliances
qui l'établit indirectement, mais il y a des moyens plus
équitables et plus efficaces de pacifier.

Telle est, dans ses grandes lignes, cette question de la

non-intervention. La sociologie n'est pas moins embarrassée que le jurisconsulte et l'homme d'État devant les difficultés inextricables qu'elle soulève. Nous ne pouvons que constater et essayer d'interpréter socialement. L'autonomie est un principe qu'il ne faut pas léser; mais le besoin de la paix et de l'humanité assurée par un autre pays, quand elle ne l'est pas par celui qui devrait le faire, en est un autre non moins sacré, et les deux concourent quand il s'agit de secourir une nation qu'une autre attaque par brigandage. N'est-ce pas un devoir d'empêcher chez l'autre ce qui peut réfléchir contre nous? N'est-ce pas un droit? En réalité, on n'a jamais suivi aucun principe et on ne peut en suivre aucun; tant que la justice n'aura pas été établie, en Europe, par exemple, par le ressort d'une fédération européenne, tous les efforts pour obtenir autrement la paix, aussi bien que l'équité, seront vains. C'est ce qui arrive souvent en sociologie comme ailleurs; certains problèmes ne sont pas solubles d'eux-mêmes, ils ne le sont que par la solution d'un ou plusieurs autres.

Au point de vue psychologique, la non-intervention absolue est extrêmement malaisée. Est-il nécessaire, par exemple, d'attendre les premiers coups pour agir? il sera trop tard. On a vu un État grandir auprès de soi, celui de Charles-Quint, de Napoléon Iᵉʳ, comment se borner à rester chez soi, on sent un besoin d'équilibre, mêlé d'un peu de jalousie, et la Révolution qui provoquait la rébellion des peuples n'obéissait-elle pas à un mouvement réflexe?

4° *La personnification d'un État,* mieux son incarnation, en quelque sorte, semble une nécessité, une extériorisation naturelle. Tant qu'il reste un être abstrait, une entité, on peut encore l'apercevoir du dedans où l'on peut tâter tous ses rouages, mais on ne l'aperçoit pas du dehors. « L'État, c'est moi, » disait Louis XIV, il exprimait une vérité; même quand ce n'est pas exact vis-à-vis des sujets, cela le reste toujours vis-à-vis des étrangers. Mais cela l'est d'abord, comme nous l'avons prouvé dans l'une de nos monographies (1), même à l'intérieur.

Dans une monarchie, surtout une théocratique, mais même dans celle appuyée seulement sur la théorie du surhomme et de l'hérédité, cela se conçoit. Le monarque est l'oint du Seigneur; chez les hommes non religieux, c'est le surhomme ou l'Hercule, ou si l'on descend de ces hauteurs, c'est lepur sang. A l'un ou à l'autre de ces titres, il est vénéré, presque adoré. Il y a là un véritable fétichisme, d'autant plus que, comme du fétiche, on attend de lui des grâces. On ne lui parle qu'avec crainte. Un autre motif s'y joint, c'est qu'il incarne l'État qui n'était jusqu'alors qu'une entité, le fait voir, toucher, en possède la majesté, la force. De même que chez l'ancienne noblesse, le Roi et la France, c'était tout un, on n'aimait pas l'une sans l'autre; de même, à l'avènement au trône, le patrimoine du monarque et celui de l'État se confondaient intimement. Sans cette incarnation, chez les peuples peu civilisés, la Société n'aurait pas eu une grande force cohésive. N'est-il pas constaté qu'en France, au moyen âge, lorsque Jeanne d'Arc parut, il n'y avait pas de patriotisme proprement dit, on était pour tel roi (de France) ou pour tel roi (d'Angleterre); ce fut le royalisme qui créa peu à peu le patriotisme.

Dans les Républiques, on ne conçoit plus cet état aussi facilement. Le Président est issu du peuple par une création directe. Comment peut-on vénérer sa propre création ? C'est que l'habitude est prise. Et puis le fétichiste n'adore-t-il pas le bois qu'il façonne, sauf à le briser, si l'idole ne le contente plus.

Ce n'est pas tout; pour lui aussi, le Président, image du Roi, n'est pas seulement le Président, il est l'incarnation de l'État, d'une entité, et le respect pour l'État profite au Président davantage, parce qu'il est en chair et en os. Longtemps on

_____

1. *Du Fétichisme social.*

l'a représenté à cheval et en costume de général, plus
viril, plus président. Aussi, les plus irrespectueux respectent le
Président de la République, quelque chétif qu'il puisse être,
comme le représentant d'une grande force. De temps à autre
on le sort en procession. Dans ses voyages, il est entouré,
acclamé.

Voilà l'incarnation de l'État à l'intérieur, mais à l'extérieur, c'est plus nécessaire et plus complet. Tandis qu'à
l'intérieur, la force sociale n'est pas représentée par le souverain seul, mais aussi par d'autres, les sénateurs, les députés
qui en sont indépendants et qui participent à son prestige; à
l'extérieur, les autres puissances ne veulent voir que lui seul,
il faut qu'elles n'aient affaire qu'à un : elles ne s'informent
pas de ses ministres, l'unicité du chef est nécessaire. Sans
doute, ce n'est pas ce chef qui traite les affaires, surtout
lorsque le régime est celui de cabinet, mais c'est lui qui
incarne l'État. Aussi assistons-nous de plus en plus à ces
cavalcades de chaque souverain d'un bout de l'Europe à
l'autre.

Cette représentation de l'État a pour corollaire l'inviolabilité du souverain en certains pays étrangers, lequel ne peut
être recherché, suivant une doctrine d'ailleurs contestée,
même pour un crime de droit commun, un meurtre, parce
qu'il n'est pas justiciable de tribunaux étrangers. A plus forte
raison n'est-il pas soumis aux juridictions du pays pour
les procès civils, à moins pourtant qu'il ne l'aurait été alors
même qu'il n'aurait pas quitté ses États ; que s'il est cité en
raison d'engagements par lui contractés, la question est controversée. Il faut d'ailleurs pour cela être reçu solennel-
lement et non incognito.

De même que le souverain incarne à l'intérieur l'État,
mais est représenté par ses ministres, puis au-dessous d'eux,
par tous ceux qui participent à la puissance publique et
qui dirigent la politique, de même vis-à-vis de l'étranger, il
doit être représenté par une série de hauts fonction-

naires, mais surtout par des ambassadeurs et des consuls. Ils ont cet avantage d'être nombreux et surtout de résider dans le pays même où il faut être représenté.

Les règles concernant ces représentants sont établies en détail par le droit administratif, mais ici les principes sociologiques ne sont plus en jeu, nous ne les soumettrons qu'à un examen rapide.

Il existe principalement deux classes d'agents diplomatiques : les ambassadeurs et assimilés et les consuls ; on peut dire que les uns sont politiques et les autres administratifs et commerciaux. Les premiers se subdivisent en ambassadeurs et en ministres et envoyés, suivant le rang de la puissance où on les accrédite. Ces derniers se distinguent, suivant que leur mission est perpétuelle ou temporaire. L'État qui reçoit peut refuser telle ou telle personne. Le titre des pouvoirs est la lettre de créance.

L'ambassadeur ou ministre a pour rôle d'observer ce qui se passe et d'en informer son gouvernement par des rapports, de présenter et de négocier des conventions, de protéger ses nationaux. Il est inviolable, comme son souverain, à moins qu'il n'ait provoqué des actes contre la sûreté de l'État, qu'il ne soit par sa faute ou par son délit exposé à un danger ou qu'il n'ait pas agi en sa qualité. Aucune poursuite criminelle ne peut être intentée contre lui et on ne peut l'arrêter, à moins qu'il n'ait commis, les armes à la main, un attentat contre le souverain. Cette immunité est énorme, car elle pourrait aboutir à l'impunité complète. Ce qui est le plus exorbitant, c'est qu'elle s'applique même à la famille, aux domestiques et à la suite. Il y a, en outre, l'immunité civile. Même l'hôtel qu'il habite jouit du droit de franchise, on ne peut y faire ni arrestation, ni perquisition, mais, par contre, le ministre doit livrer le coupable qui viendrait s'y réfugier et autoriser sa recherche, mais on peut y pénétrer de force pour la recherche de ce coupable. Un droit non moins grave, c'est la juridiction du ministre sur les personnes de sa suite, maintenant il ne peut plus, en cas de crime, que faire arrêter et enquêter, mais non juger.

Ces privilèges semblent exorbitants. Les motifs qu'on en donne sont surtout d'utilité pratique ; le ministre a besoin de toute son indépendance pour protéger efficacement. En principe, il représente son État qui est déjà inviolable. Au point de vue de l'histoire, cette immunité ne date que du xviiᵉ siècle, elle s'est étendue partout. Nous pensons qu'il y a un grand inconvénient au droit d'asile ; il existait dans beaucoup de pays au moyen âge et correspondait à ce qu'est le droit de grâce, il a disparu d'ailleurs. Quant à l'immunité personnelle pour lui et les siens, elle est excessive ; il est vrai qu'il y a, suivant les cas, danger de jugement trop sévère ou d'impunité. N'y aurait-il pas lieu de créer alors un jury mixte composé pour moitié de jurés de chacun des deux pays ?

Les consuls sont très différents des ambassadeurs. Simples administrateurs créés d'abord seulement pour les besoins du commerce, ils protègent aussi leurs nationaux. Ils sont doublés d'un chancelier qui remplit à son tour les rôles multiples de greffier, d'huissier et de notaire. Ils sont comme on le sait, officiers de l'état civil, délivrent des passeports, des légalisations, tiennent le registre matricule des nationaux, s'occupent de la rapatriation, font la police sanitaire, etc. Dans les pays hors chrétienté, leurs attributions s'élargissent singulièrement, ils ont sur les nationaux une juridiction répressive, alors un tribunal consulaire est institué et juge les délits correctionnels. Ces attributions existent, non seulement dans les pays du Levant, mais en Chine et au Japon. Ils sont juges aussi des nationaux en matière civile et commerciale. Ils ne peuvent être poursuivis par les tribunaux des pays que pour les faits qualifiés crimes. Hors chrétienté, leur personne et leur domicile sont inviolables, ainsi que leur famille.

La représentation de l'État à l'étranger se trouve ainsi for-

tement organisée. Elle l'est à deux degrés, dans les pays
ordinaires et dans ceux hors chrétienté. On leur a donné le
nom d'exterritorialité; l'hôtel, le personnel et l'agent diploma-
tique sont censés situés dans leur propre pays, c'est une fic-
tion légale, comme il y en a tant. Elle ne serait d'ailleurs
pas nécessaire, il s'agit, en réalité, de la garantie d'autonomie de l'État qui se transmet d'abord au souverain, puis par
lui aux ambassadeurs et aux consuls.

CHAPITRE XXI

Droit international, dans les rapports d'un État autonome avec les autres États

La distinction que nous avons faite entre ces deux branches du droit international déterminateur est nouvelle. Le constitutionnel comprend, comme dans le droit national, ce qui, abstraction faite de tous rapports entre États, comme là-bas entre citoyens, constitue la Société, l'État lui-même. Seulement dans le constitutionnel ordinaire, il se constituait à l'intérieur, tandis qu'ici à l'extérieur, il en est de même pour l'administratif international que nous abordons maintenant et qui s'occupe des relations effectives de l'État constitué avec les autres États.

Il s'agit successivement : 1° des causes de naissance ou d'extinction des droits ; 2° des droits eux-mêmes de propriété ou de créance, et des objets sur lesquels ils portent.

1°. Causes de la naissance et de l'extinction des droits entre États

Comme dans la législation civile on acquiert ici un droit soit *re*, c'est-à-dire par un fait matériel, joint ou non à une intention, soit *consensu*, par un accord. Ce dernier peut être exprès ou tacite ; exprès, c'est le contrat qui se réalise ici dans le traité ; tacite, c'est l'usage. Une troisième cause, mais qui se rapproche beaucoup de la dernière, c'est l'équité. Nous ne traiterons que de la *res*, fait matériel, et des traités.

Le *res*, le fait matériel s'applique presque uniquement à l'acquisition et à la perte du territoire vis-à-vis d'un autre État. Son mode d'emploi est l'occupation. A l'origine des nations, ce fut le seul ; le sol étant libre, il appartenait au premier occupant ; aujourd'hui, il s'agit de la colonisation.

Ce droit existe, non vis-à-vis des indigènes soumis ou expulsés, c'est alors la conquête, mais vis-à-vis des autres nations qui voudraient s'approprier le même territoire. Ce qui est essentiel, c'est qu'il faut une prise de possession effective, il ne suffirait pas d'avoir découvert un pays sans y débarquer, ni même d'y avoir mis seulement le pied, et surtout cela ne suffit pas, parce qu'on s'est établi sur un territoire, de revendiquer sans limites tout l'ensemble du pays ; cependant, dans les compétitions entre Européens, on a admis le droit à une certaine bande en prolongement, c'est l'*hinterland*. A cet égard, les conflits sont intéressants entre les puissances colonisatrices. Il y en a eu de célèbres entre la France et la Belgique à propos du Congo. La conférence de Berlin en 1855 trancha en partie les différents en principe ; il faut que l'État qui veut occuper une région ou y établir son protectorat en fasse part aux autres États, et qu'en outre, il y établisse une force suffisante, pour réellement occuper. Quant à cette occupation, elle peut être faite au nom de l'État par un corps expéditionnaire ou par des particuliers organisés par l'État.

La prescription n'existe pas en droit international, l'histoire est trop transparente.

Un autre mode d'acquisition *re*, c'est la conquête. Mais vis-à-vis de l'État conquis, elle n'a aucune valeur, non plus que vis-à-vis des autres ; cette violence n'est pas un titre.

La seconde cause d'acquisition ou de perte d'un droit est le traité, soit formel, comme nous l'avons dit, soit tacite, l'usage.

L'usage constitue, au moins en partie, ce qu'on a appelé la *comitas gentium*, et aussi, d'autre part, le droit des gens, qui s'applique cependant plus particulièrement en cas de guerre. On sait quelle influence en droit privé l'usage a déjà sur le commerce, c'est que celui-ci est souvent international. En droit civil, sous le nom de coutume, il a même dominé avant toute loi positive.

Le point initial est de savoir qui a le droit de faire les traités, le roi ou l'empereur, seul ou avec autorisation du Parlement, mais cela rentre dans le droit national. En France, aujourd'hui, le Président négocie et ratifie les traités; mais ceux de paix, de commerce, ou engageant les finances de l'État, ou relatifs à l'état des personnes et aux droits de propriété des Français à l'étranger, de même que toute cession ou échange de territoire, doivent être ratifiés par une loi. En Allemagne, il faut pour les affaires communes à l'empire le consentement du Conseil fédéral et du Reichstag En Angle-terre, la ratification du Parlement n'est exigée que pour les traités modifiant les tarifs de douane, le territoire, les lois en vigueur, ou qui créent des charges pour l'État. En Autriche, le Parlement ratifie, quand il s'agit de charges à créer sur l'État. Aux États-Unis, il faut l'autorisation du Sénat. En Suisse, c'est le pouvoir fédéral qui décide. Comme on le voit, on divise les traités en deux catégories, suivant l'impor-tance de leur sujet, il y a partout une certaine hésitation. Cependant, le traité est bien affaire d'exécutif ou d'adminis-tratif. Ici encore il y a immixtion du législatif, à moins que ce traité n'entraîne une charge budgétaire, car le Parlement a la décision du budget.

D'autres puissances peuvent adhérer aux traités; d'ailleurs, on en voit souvent de conclus entre un grand nombre d'États, notamment la Convention de Genève de 1866 et celle de Saint-Pétersbourg de 1868 sur les engins de guerre. Les traités sont temporaires ou perpétuels, c'est-à-dire ayant le vœu de la perpétuité, ils survivent aux changements de gouverne-

ments. Ce qui est défectueux en eux, les États étant autonomes, c'est l'absence des garanties, la seule directe est la
guerre. Il y en a d'indirectes, les otages, la remise d'une
ville ou d'un territoire, l'occupation militaire (comme autrefois les garnisaires en droit fiscal); enfin, on peut avoir la
garantie d'autres puissances.

Les traités spéciaux seront envisagés par nous plus loin en
même temps que les droits auxquels ils s'appliquent. Les généraux sont ceux de paix que nous retrouverons dans le droit
probateur, ceux d'alliance, soit offensive, soit défensive, de
neutralité, de protection, de cession de territoire, de commerce, d'union douanière. Celui de cession de territoire est
particulièrement intéressant. Il s'agit de savoir si le consentement des deux parties suffit, ou s'il ne faut pas y joindre
l'assentiment des habitants du territoire cédé. Autrefois, cette
condition n'avait jamais été envisagée, et cependant les cessions
ont été fréquentes, même à prix d'argent, elles sont aussi gratuites. En 1803, par exemple, Bonaparte vendit la Louisiane aux
États-Unis pour 60 millions, et les États-Unis en 1868 ache-
tèrent l'Amérique russe. Mais le consentement fut obtenu
par Napoléon III, au moyen d'un plébiscite en 1860 pour
l'annexion de la Savoie. Parfois, l'option n'est plus qu'individuelle sur la conservation de la nationalité.

Ce qui fait la faiblesse des traités, c'est comme nous l'avons
dit, l'absence de sanction directe, tandis que les contrats
entre particuliers en ont une. Aussi, dès qu'une nation en a
la force, si le contrat est désavantageux, surtout un traité
de paix, elle le rompt de sa propre autorité. Rien de plus
fragile, de plus éphémère, et en présence de cette instabilité
qui éclate partout, on peut se demander : le droit international est-il un droit? Dans l'âpre concurrence pour la vie
entre les nations, les traités sont de simples trêves.

2º Objets des droits entre États

Ce sujet contient aussi en partie le contenu aux contrats dont nous venons de parler, mais ces droits existent aussi en dehors de tous contrats. Nous ne nous occupons plus maintenant de la source des droits.

Il faut distinguer ceux sur les choses matérielles, faisant l'objet d'une propriété commune ou individuelle ou d'un usage commun, sans appartenir à personne, avec tout ce qui en dépend, et ceux sur les choses immatérielles d'intérêt commun. Dans la première catégorie, il faut ranger par exemple : ce qui concerne le domaine terrestre, aquatique ou aérien, dans le second : l'extradition, la propriété artistique ou littéraire, les mesures sanitaires, etc.

A. — *Droits sur les choses matérielles*

Ici encore il faut faire des subdivisions. Il s'agit : 1º du territoire national, terrestre, fluvial, maritime ou aérien; 2º du territoire plus ou moins nécessairement international, soit à titre de propriété, soit à titre de servitude, et des objets qui s'y rattachent ; 3º du territoire, surtout maritime ou aérien, qui n'appartient à personne et est à l'usage de tous, enfin de ce qui en dépend.

Première catégorie. — *Le territoire national.* — Il y a lieu de distinguer les trois règnes de ce territoire, c'est-à-dire : le terrestre, le maritime, et le fluvial et l'aérien, de les délimiter et d'établir leur caractère.

Le territoire terrestre appartient d'ordinaire à un seul État, autrement, il y a *condominium*, ce qui est rare; parfois aussi, il y a des coprotectorats. Il existe enfin de simples servitudes : obligation de livrer passage, de détruire des forteresses, ou réserve d'un droit de pêche, comme celui au profit des Français à Terre-Neuve.

Le territoire aquatique est maritime ou fluvial. Le second ne devient intéressant en droit international que quand il s'agit de fleuves d'intérêt commun. Quant à la mer, il ne s'agit pas ici de la haute mer qui appartient à tout le monde, mais de la mer territoriale appelée aussi côtière ou adjacente. Sagit-il alors d'une vraie propriété ? En tout cas, elle n'est pas complètement exclusive, l'État devra admettre les autres nations à passer, c'est ce que l'on appelle le passage inoffensif, parce que la mer territoriale est le prolongement de la haute mer; les autres États y conservent la juridiction pleine sur leurs navires de guerre, et atténuée sur les navires de commerce. La situation n'est plus entière. Une autre difficulté est relative à son étendue. Les jurisconsultes ne peuvent bien s'entendre; pour les uns, c'est la portée du canon, le critère est incertain, car la portée varie sans cesse; suivant d'autres, c'est une étendue fixe, la lieue marine ou de 5.556 mètres; suivant d'autres, c'est la limite de l'horizon visuel; suivant d'autres enfin, toute l'étendue d'eau où l'on peut trouver le fond avec la sonde. Une autre controverse porte sur la question de savoir de quel point il faut partir pour mesurer cette étendue; pour les uns, c'est de celui où la mer devient navigable; suivant d'autres, c'est de l'endroit laissé à découvert par les basses marées; suivant d'autres encore, il s'agit de ce qui dépasse le terrain couvert par le plus haut flot de mars.

Dans ce domaine, l'État côtier a seul certains droits, notamment ceux de cabotage et de pêche, il exerce la police douanière, procède à la visite des bâtiments soupçonnés de contrebande, etc., veille à la police sanitaire, par contre, protège la sécurité, réprime la piraterie, porte secours en cas de naufrage. A ce propos, au point de vue du droit dynamique, il est curieux de rapporter ici une institution barbare qui créait jadis aux riverains une sorte de droit sau-

vage sur les bateaux étrangers ou autres naufragés. C'était
le droit d'épave, exercé par les habitants, dits naufra-
geurs; ils s'emparaient de tout ce que le bateau contenait et
du bateau lui-même. Cette sinistre coutume est restée célèbre
dans certaines provinces, notamment en Bretagne ; par
exemple, à Audierne dans les Cornouailles, Pleubien dans le
Tréguier, Plougernan, Kerlouan, Guisseny, Plouescat dans
le Léon, enfin, l'île de Sein, à l'extrémité du Finistère ; sur
la terre ferme, cette région a reçu le nom de Lan ar Paganis,
la terre des Païens. D'ailleurs, pour ces peuplades, il n'y a
pas de distinction entre l'étranger et l'ennemi. Ils attendent,
vu leur pauvreté, le naufrage, comme un des événements les
plus heureux et ils le provoquent. Ils allument des feux
pendant la tempête, pour attirer le navigateur, ils établissent
des vigies sur toute la côte pour guetter le sinistre. Le
butin est partagé entre eux et porte le nom de *penzé*. Pour
mieux attirer et faire échouer sur les récifs, ils attachaient
une lanterne à la tête d'un taureau, une corde passant des
cornes de l'animal à l'une des jambes de devant, de sorte
qu'à chaque pas la tête se baissant et se relevant faisait
osciller la lanterne qu'on pouvait prendre pour le fanal d'un
bâtiment agité par le tangage.

A côté de la mer territoriale se trouvent les mers intérieures, comme la mer Caspienne, mais elles ne deviennent
intéressantes que lorsqu'elles sont indivises. Enfin, au même
ordre d'idées se rattachent les ports, rades et baies. Leur
situation est un peu différente et ce sont plutôt des mers
nationales, au lieu d'être simplement territoriales. Le droit de
passage inoffensif n'existe plus, chaque État a le droit de
fermer ou d'ouvrir ses ports, pourvu que la mesure soit
générale et s'applique à tous les autres. Il y a aussi des
conventions internationales qui ont des conditions spéciales, par exemple, ferment certains ports aux navires de
guerre. Quant aux ports militaires, ils sont toujours
fermés.

Le territoire aérien forme une troisième catégorie qui prend en ce moment une énorme importance. Jusqu'à présent, ce domaine était considéré comme libre, ainsi que la haute mer ; l'aérostation en l'absence de dirigeables était trop incertaine et l'aviation n'existait pas. Aujourd'hui, en raison de leur développement, la question naît, elle s'applique aussi à la télégraphie sans fil. Faut-il assimiler l'aéronautique à la navigation ? Y a-t-il une atmosphère territoriale, de même qu'il y a une mer territoriale? D'abord, l'État aurait un droit de police jusqu'aux plus hautes plantations possibles, cela fait partie du sol ; et aussi des plus hauts mâts télégraphiques pouvant les surmonter. Où bien, faut-il aller jusqu'à la portée des armes à feu? Mais cet espace est énorme. On avait proposé une zone de 1.500 mètres au delà de laquelle la navigation aérienne serait complètement libre, l'espionnage n'était plus alors à redouter. Dans cette sphère à déterminer, les règles seraient les mêmes que pour la mer territoriale. Quant à l'atterrissement à l'étranger, elles seraient aussi les mêmes que pour l'entrée dans les ports. Telles sont les diverses opinions qui avaient été émises; mais elles n'ont plus de valeur en présence des progrès récents et inopinés des aéroplanes. Maintenant, c'est l'avenir, mais un avenir proche qui s'entrevoit.

Cette question est différente en temps de paix et en temps de guerre. Dans le second cas, elle est peu difficile à résoudre, si ce n'est vis-à-vis des neutres. L'aéronautique offre les plus grands dangers à l'ennemi, cependant le vol doit être permis au-dessus de lui pour les belligérants; mais comme manœuvre hostile, absolument comme le bombardement et le tir, il est certain qu'on arrivera à lancer aussi de là des projectiles. De son côté, l'État voisin envahi répondra par les armes à feu. Ce sera un combat terrible, mais c'est la guerre, et ce sera d'ailleurs peut-être un moyen de parvenir à son abolition. Il s'agira de le réglementer, comme on règlemente celle-ci. Mais en temps de paix, quel sera l'espace de l'atmosphère territoriale et quels seront les effets de cette fixation ?

L'espace de cette atmosphère est difficile à fixer jusqu'à ce que l'aviation ait pris son plein développement. Il devrait, ce nous semble, s'étendre aussi loin que l'espionnage est possible, car en temps de paix le critère des armes à feu ne saurait avoir de réelle importance. Quant à l'atterrissage, il pourrait avoir lieu partout, sauf dans des endroits interdits; ce serait ceux où l'on s'approcherait ainsi de la terre de manière à pouvoir espionner une forteresse ou un champ de manœuvres donné. En temps de guerre aussi, ces précautions pourraient être prises envers les neutres, car autrement ces derniers peuvent renseigner l'ennemi. Il pourrait d'ailleurs sur ce point intervenir des traités ; car on peut avoir plus ou moins à craindre, suivant qu'il s'agit de telle ou telle puissance.

Que si la défense était faite, quelle serait la sanction ? Une réparation sans doute de la part de l'État qui serait coupable ou qui répondrait du coupable, et s'il était nécessaire, cela deviendrait un *casus belli*, comme les autres agressions.

DEUXIÈME CATÉGORIE. — *Le territoire plus ou moins international, soit à titre de copropriété, soit à titre de servitude et des objets qui s'y rapportent.* — Cette catégorie comprend : 1° les mers enclavées dans les territoires et les détroits qui les font communiquer avec la pleine mer ; 2° les canaux maritimes ; 3° les fleuves internationaux.

1°. Les mers enclavées avec leurs détroits de communication, ou mers fermées, peuvent l'être de tout point, mais aussi plusieurs États peuvent être situés sur leurs rives, alors la navigation est libre pour tous. Si les deux rives d'un détroit appartiennent à un seul État et sont dominées par ses batteries, elles sont possédées par lui seul, mais si elles donnent accès à une mer ouverte, il y a assimilation à la mer territoriale,

il ne peut soumettre à aucun péage ; parfois il y a neutralisation convenue entre plusieurs États: mer Baltique, mer
Noire, mer de Behring ont donné lieu à de nombreuses conventions. La première aujourd'hui est ouverte en temps de paix
à tous les navires ; en temps de guerre on a voulu souvent les
fermer, mais les Puissances en ont empêché La mer Noire fut
jadis entièrement possédée par la Turquie. Plus tard, il
intervint diverses conventions internationales, en dernier
lieu, le traité de Berlin de 1878, d'après lequel la mer et les
détroits sont ouverts à la marine marchande de tous les pays,
mais fermés aux marines de guerre, sauf le droit pour la
Porte d'appeler les puissances amies.

2° Les canaux maritimes unissant deux mers libres sont
libres comme la mer elle-même et les détroits. On peut citer
le canal de Suez, qui est régi par un traité de 1888, lequel le
déclare ouvert en temps de guerre et de paix à tout navire de
guerre ou de commerce, et ne pouvant jamais être l'objet
d'un blocus ; en temps de guerre, certaines précautions sont
prises en ce qui concerne les navires de guerre.

3° Les fleuves internationaux sont ceux qui traversent le
territoire de plusieurs États. En droit romain, c'étaient choses
nullius ; au moyen âge, choses féodales ; ils appartenaient
aux seigneurs qui les grevèrent de droits de passage. Le
congrès de Vienne déclare la liberté de la navigation sur
tous ces fleuves communs à plusieurs, sauf la perception de
droits par les États riverains et l'entretien par eux ; c'est le
régime du passage inoffensif ; cette liberté s'arrête au point de
non-navigabilité. En temps de paix, elle profite à toutes les
nations, cependant la navigation de port à port semble pouvoir
être réservée. Les États riverains ont d'ailleurs le droit de
réglementer. Les grands fleuves internationaux sont en
Europe : le Rhin, le Danube, l'Escaut, l'Elbe ; en Afrique :
le Congo, le Niger ; en Amérique, surtout l'Amazone.

TROISIÈME CATÉGORIE. — *Le territoire (maritime) non sus-*
ceptible d'appropriation privée. — La pleine mer, et les objets

qui s'y rapportent : les navires. — Il faut distinguer : 1° la pleine mer elle-même ; 2° les navires qui s'y rapportent.

La pleine mer est libre en principe, elle ne peut devenir la propriété de personne. C'est en vain que divers peuples auraient voulu se l'en approprier : les Vénitiens sur l'Adriatique, les Espagnols sur l'Océan Pacifique, la Grande-Bretagne sur toutes les mers, sous le règne d'Elisabeth. Il y a seulement des restrictions. Grotius avait écrit un livre intitulé : *Mare liberum*, Charles Ier d'Angleterre réclama de la Hollande le châtiment de l'auteur et fit écrire une réponse intitulée : *Mare closum*. Cependant, en cas de guerre, les neutres voient leur liberté restreinte dans l'intérêt des belligérants. Les conséquences sont la liberté de la navigation, celle de la pêche, l'établissement de la protection des câbles télégraphiques sous-marins. Des règlements particuliers préviennent les collisions, les abordages.

D'autre part, la piraterie est interdite depuis longtemps, elle est même sous la surveillance de toutes les nations ; depuis elle a entraîné la suppression, en cas de guerre, de la course qui n'était en réalité qu'une piraterie particulière, quoique faite avec beaucoup de courage souvent et même de patriotisme, témoins Surcouf et beaucoup d'autres. On peut citer un Breton peu connu, mais véritablement un héros, Cornic, qui accomplit des prodiges de valeur contre les Anglais ; il naquit à Morlaix en 1731, et fut aussi remarquable par ses faits d'armes et sa science que par l'ingratitude de ses compatriotes. C'était un corsaire. Quant à la piraterie, elle a toujours été réprouvée. La police de la haute mer donne lieu à de nombreuses mesures : 1° la vérification du pavillon qui s'exerce même en temps de paix, pour assurer la sécurité au navire de guerre contre le navire marchand ; 2° le droit de visite au profit du même, mais seulement en temps de guerre, sauf le cas de soupçon de piraterie.

Les navires eux-mêmes jouissent de la liberté comme la haute mer, mais il faut qu'ils se rattachent à une nation, sous peine d'être des pirates ; ils doivent posséder un titre de nationalité à bord et un pavillon, qu'ils soient de guerre ou de commerce. En France, il faut que le navire soit français d'origine, c'est-à-dire construit en France ou dans ses colonies, que la propriété en appartienne à des Français, et que les officiers et les trois quarts de l'équipage soient Français, sans quoi il ne peut porter le pavillon, seulement il y a des exceptions.

Les navires étrangers, contre le paiement d'un droit, ont été admis à la francisation, les étrangers peuvent être propriétaires par moitié. Une fois ces conditions remplies, tout navire de guerre ou de commerce en pleine mer reste autonome et ne dépend que de son propre État, il ne subit pas la visite, sauf le cas de piraterie. Nous avons vu que cette situation est modifiée, lorsque le navire se trouve dans les eaux territoriales d'une autre nation.

B. — *Droits pour de simples intérêts communs*

En général, lorsqu'il ne s'agit que de droits immatériels des États et d'intérêts communs, c'est une convention spéciale qui sert de règle ; parfois pourtant l'usage général peut suffire, mais toujours imparfaitement. A défaut, chaque État est libre.

Ces traités peuvent se ranger dans les catégories suivantes :

1° Ceux de caractère politique, à savoir : d'amitié, d'alliance, de protectorat, de fixation de limites, de cession de territoire et d'annexion ;

2° Les économiques : traités de commerce, d'union douanière, monétaires, de poste, télégraphe et téléphone, de propriété industrielle, littéraire et artistique, de poids et mesures, de transport par chemin de fer, de conventions agricoles ;

3° Ceux faits dans un but de sécurité et d'humanité,

l'extradition, l'esclavage, la traite des blanches, les conventions sanitaires, la protection des travailleurs.

Nous-ne pouvons entrer ici dans le détail de l'exposé et
de la critique de ces objets, ce qui dépasserait l'étendue de
notre travail, malgré leur vif intérêt. Beaucoup d'entre eux
d'ailleurs dépassent le domaine du droit international où ils se
rencontrent seulement dans leur ramification.

Tel est le droit déterminateur international à son état
statique.

Quant à la forme de ce droit et à sa procédure, ils consistent surtout dans la diplomatie qui est le procédé de
paix.

La diplomatie est la procédure du droit déterminateur
à son état statique, c'est celle qui en est en vigueur pendant la paix et qui a pour but non de régler les conflits qui
ont déjà éclaté, ce qui rentre dans la procédure du droit
probateur, mais de maintenir dans une situation de bon accord,
de conserver le cérémonial qui est comme la Civilité des
nations et, comme celle-ci, empêche les heurts, de fixer
d'un commun accord les limites des frontières, et de conclure des traités; l'étendue de la présente étude ne nous permet pas de nous en occuper davantage.

CHAPITRE XXII

SOCIOLOGIE DU DROIT INTERNATIONAL PROBATEUR ET DU DROIT SANCTIONNATEUR

Du droit probateur à l'état pacifique : arbitrage et à l'état violent : guerre.

Nous sommes toujours à l'état statique, c'est-à-dire à l'état présent, tel qu'il existe dans les États civilisés.

Mais il faut noter tout de suite que, tandis qu'ailleurs l'état actuel est ainsi normal, pacifique, et sinon parfait, au moins satisfaisant, ici c'est tout autre chose, on se croirait à un état ancien, violent, et l'on critiquerait comme fausse la présente rubrique. Cela est pourtant la réalité. Ce qui règne aujourd'hui, c'est une survivance dont nous allons retrouver tout à l'heure l'état ancien et complet, mais qui ne disparaîtra que dans l'avenir. En un mot, la seule preuve du bon droit en matière internationale ne s'administre point devant un tribunal constitué, au moyen d'arguments, de dispositions législatives et de témoignage, mais entre les deux nations autonomes à coups de canon, comme autrefois en droit privé entre deux plaideurs, à coups d'épée. Le droit public est en retard sur le droit privé. Ce dernier ne connaît le duel que comme une survivance rare. Le droit international ne connaît guère que le duel international, la guerre.

Lorsqu'un conflit éclate entre deux États, aucun supérieur commun, s'il s'agit d'États autonomes, ne peut se porter leur juge, à moins qu'ils n'y consentent, ce qui est rare, surtout si le sujet de conflit est important ou vital; alors il en viennent aux mains, jusqu'à ce que l'un deux cède, ce qui est scellé par un traité de paix avantageux pour le vainqueur, ou à moins que l'une des deux nations ne disparaisse, car, comme pour le duel, il y a des guerres au premier sang, il y en a d'autres à mort.

Ces guerres, d'abord sans mesure, comme nous le verrons tout à l'heure au dynamique, ont été ensuite restreintes par certaines règles et circonscrites entre certaines personnes ; elles sont aussi précédées de certaines tentatives de conciliation, mais tout cela est souvent transgressé ou échoue, et la guerre apparaît dans toute sa hideur, celle de boucherie.

Il faut distinguer plusieurs sortes de guerre :

1° La guerre *étrangère* et la guerre *civile*, seulement la seconde ne ressortit pas au droit international, mais au droit national;

2° La guerre, suivant le champ et le genre d'exercice qui lui donnent d'autres règles et d'autres moyens: la guerre *terrestre*, la guerre *maritime*, la guerre *aérienne*;

3° A terre, la guerre en rase *campagne* et celle de *forteresse*;

4° La guerre aux *frontières* ou d'*invasion* et la guerre *lointaine*;

5° La guerre *offensive* et la *défensive*. Il est fort difficile de distinguer l'une de l'autre, car l'offensive en apparence peut n'être que défensive. On se défend d'avance en présence d'un danger certain. Cette distinction est importante. La guerre au moins virtuellement défensive est la seule légitime.

La guerre, lorsqu'elle a atteint son but, celui d'inférioriser un État, se termine par la paix à des conditions plus ou moins dures ou par la conquête. Elle est suspendue par la trêve. Au fond, le traité n'est lui-même qu'une trêve, car le vaincu

ne le respecte que tant qu'il ne peut faire autrement. Déjà de
nos jours on s'efforce : 1° d'empêcher la guerre non encore
déclarée, par divers essais; 2° de la rendre moins cruelle, tant
qu'elle dure. Nous examinerons ces essais.

Après ces préliminaires, nous devons étudier au point de
vue sociologique : 1° les règles de la guerre, tantôt différentes suivant qu'il s'agit de la terrestre de la maritime ou
de l'aérienne, tantôt identiques ; 2° les efforts faits d'ores
et déjà pour la rendre moins cruelle ; 3° ceux tentés pour
l'empêcher. Nous commencerons par les derniers, ceux faits
pour empêcher la guerre.

Depuis longtemps déjà les peuples civilisés ne commencent plus la guerre, comme un massacre ou un acte de
vengeance privée, sans se prévenir, ce n'est pas une vendetta,
c'est un duel, et dans un duel, on trouve des préliminaires
obligés. Ici, il y a la déclaration de guerre. Mais auparavant
même, comme en droit privé, existe une tentative de conciliation. Parfois, les États négocient entre eux, c'est le rôle
de la diplomatie; si l'entente directe est trop difficile, les
États alors en un certain nombre se réunissent en congrès,
c'est ce qui a lieu dans les Congrès célèbres de Vienne, d'Aix-
la-Chapelle, de Berlin et récemment d'Algésiras. Quelquefois, un autre État offre ses bons offices, c'est la médiation,
c'est ainsi qu'en 1867, l'Angleterre empêcha la guerre entre
la France et la Prusse au sujet du Luxembourg. Enfin, les
deux États en conflit peuvent convenir d'arbitres qui
décident entre eux pacifiquement de la question en litige,
ils promettent de se soumettre à leur sentence. Ce système de
l'arbitrage actuel a produit souvent de bons résultats, et il
est difficile que l'État qui vient d'admettre une juridiction se
révolte contre la sentence. Les Grecs déjà soumettaient leurs
différends à des villes alliées. Les États italiens s'en remettaient
à des jurisconsultes de Bologne. Dans le siècle dernier, l'affaire
de l'Alabama est restée célèbre et comme le type de l'arbitrage
actuel. Il s'agissait (1862) d'un conflit entre l'Angle-

terre et les États-Unis. Un tribunal arbitral de cinq
membres fut constitué et condamna, en 1872, la Grande-
Bretagne à payer une somme de quinze millions cinq cent
mille dollars en or, ce qui fut fait.

Il s'agissait là d'une somme importante, mais d'une
simple question d'argent; est-il probable que, s'il se fût agi
du démembrement d'une province ou d'une question d'honneur, ou de l'empire des mers, il en eût été de même? Non,
on voit donc que le moyen est limité. Puis, le conflit
étant né, n'est-il pas à craindre que l'une des deux nations
se refuse à se soumettre par amour-propre?

Elle le ferait peut-être plus facilement, si elle en était
convenue d'avance pour tous les litiges qui pourraient
naître à l'avenir et dont on ne connaîtrait pas l'importance.
Ce serait plus facile encore, si en même temps on avait constitué d'avance un tribunal international, non imposé sans
doute, mais qui voulût bien se charger de tous ces procès.
C'est le point auquel nous sommes parvenus aujourd'hui.
Enfin, le tout serait plus facile si ce tribunal avait fixé
d'avance et avant tout procès les règles d'après lesquelles
il s'astreindrait lui-même à statuer.

De nos jours et récemment on a réalisé cette situation
dans une certaine mesure. Le procédé de l'arbitrage préconstitué est ancien, on en relève un en 1238, entre les
villes de Venise et de Gênes, en 1291 entre les cantons
suisses, en 1516 entre la Suisse et François Ier, en 1418
entre les villes de la Ligue Hanséatique, mais ce sont des
apparitions sporadiques. Nous retrouverons plus loin le vaste
projet d'Henri IV. De nos jours et à partir de 1848, ils
reparaissent de plus en plus nombreux, au moins une tren-
taine, quelques-uns entre les grandes nations, celui de
Washington de 1890 entre les Républiques sud-améri-
caines, c'est-à-dire 100 millions d'hommes, et celui entre
la France et l'Angleterre et la France et l'Italie.

D'autre part, un tribunal international a été institué qui

s'offre comme juge préconstitué aussi, mais sans s'imposer, c'est celui de la Haye, nommé Cour permanente d'arbitrage, institué par la Convention de La Haye de 1899, corroborée par la seconde Convention en cette ville de 1907.

Enfin, cette conférence de La Haye en 1907, comme la précédente, ne s'est pas contentée d'offrir sa juridiction et d'organiser sa procédure, elle a édicté un certain nombre de restrictions à l'exercice de la guerre, pour l'adoucir.

Elle n'a pas encore fait œuvre législative pour la fixation du droit international.

Tous ces efforts sont très utiles. En même temps des Congrès nationaux et internationaux ont été fondés qui réunissent les pacifistes; des sociétés en grand nombre, reliées entre elles, ont apparu, toute une littérature pacifiste est née ; enfin, on a formé un Congrès interparlementaire qui se compose de députés de toutes les nations.

Malgré ces progrès incontestés, la question du pacifisme est loin d'être résolue. Il existe deux points surtout des plus difficiles :

1º La plupart des États importants n'ont pas fait de traité d'arbitrage préconstitué.

2º Ceux qui en ont conclu y ont inséré une clause qui peut rendre tout le reste vain. Ils exceptent les litiges d'ordre politique, ceux touchant : 1º aux intérêts vitaux ; 2º à l'indépendance ; 3º à l'honneur ; 4º à l'intérêt des tierces nations. Une seule exception est justifiée, celle de l'indépendance. Quant aux autres, elles sont fort élastiques, même l'honneur, car il devient parfois chatouilleux. Que signifient d'ailleurs les intérêts vitaux ? Ce sont autant de points en ignition où la guerre peut se rallumer tous les jours.

3º Les États pourront se trouver liés ainsi peut-être, mais il y a des nations qui ne sont pas des États. La carte de l'Europe est illogiquement et injustement tracée. Beaucoup de peuples restent dans la situation de peuples conquis. La paix n'est pas durable, s'ils n'ont pas satisfaction.

4° Ce n'est pas la guerre seule qu'il faut empêcher, mais un désastre presque aussi grand, la paix armée qui est ruineuse. Or, avec un simple contrat des États qu'ils n'exécuteront que s'ils le veulent, on ne peut désarmer. Il est vrai qu'on a proposé le désarmement partiel. Mais quelle duperie et quel danger !

5° Enfin toute sanction manque. Un contrat qu'un citoyen n'exécutera que s'il le veut, est-ce un contrat ?

Nous sommes donc encore pleinement sous le règne de la guerre.

Devons-nous y rester ? La guerre est-elle juste, utile, inévitable? Quelques-uns l'estiment encore utile, mais peu nombreux sont ceux qui soutiennent cette absurdité. Dire qu'elle est juste, c'est prétendre, comme chez les barbares, que chacun doit se faire justice à soi-même. Est-elle inévitable? Oui, si l'on s'en tient au moyen scientifique que nous venons d'indiquer, mais nous établirons sous la rubrique de l'État, qu'elle peut être supprimée, ainsi que la paix armée.

Qu'elle soit cruelle au premier chef, même aujourd'hui, nul ne le conteste, et ruineuse, nul n'y contredit. Nous nous contenterons de quelques chiffres.

Aujourd'hui en Europe, les budgets de guerre montent à environ 6 milliards. Jean Lagorgette constate dans son ouvrage, *le rôle de la guerre*, que le coût annuel de la guerre et du militarisme en Europe s'élève à 15 milliards, sans compter déjà les dettes amorties, les dégâts et le produit du travail ainsi détourné, et il s'agit seulement des charges en temps de paix. Suivant Jean de Bloch, la guerre franco-allemande de 1870 aurait coûté 12 milliards 875 millions, celles de Napoléon Ier 25 milliards, celles cumulées du dernier siècle 123 milliards, la guerre de sécession aux États-Unis 50 milliards; il évalue les dommages indirects de la guerre de sécession à 50 autres milliards. Les comparaisons du budget de la guerre avec l'ensemble du budget, donneraient pour la France 62 o/o, pour l'Angleterre 74 o/o.

La dette publique provenant presque entièrement des indemnités de guerre et expéditions s'élèverait pour la France à 31.024.000.000, pour l'Angleterre à 15.876.000.000.

Les pertes d'hommes se chiffreraient au XIX° siècle par 13 millions. La bataille de Waterloo aurait fourni une perte totale de 60.000 hommes tués sur le champ de bataille, celle de Sébastopol 30.000, celle de Solférino 60.000, la guerre franco-allemande aurait fait périr 365.000. Naturellement, ces chiffres ne peuvent être qu'approximatifs, mais combien énormes !

Non seulement la guerre est ruineuse et meurtrière, mais elle est cruelle au dernier chef.

On y voit s'accomplir des instincts de cruauté et de sadisme qui dépassent, même aujourd'hui et de la part des civilisés, tout ce qu'on peut imaginer ; leurs tristes héros auraient leur vraie place en Cour d'assises. Sans doute, jadis elle fut plus impitoyable encore, mais elle est toujours une époque de crimes permis. Le meurtre, les tortures, le vol, le viol lui font escorte. Lors de la guerre d'Espagne sous Napoléon Ier, le siège de Saragosse est resté encore célèbre ; sur 100.000 personnes, 54.000 ont péri, et Lannes écrivait à l'empereur : « C'est une guerre qui me fait horreur. » Dans la guerre du Transvaal, on employait la balle dum-dum, qui s'y amincit depuis le culot jusqu'au sommet où le plomb est laissé à nu ; dès lors, elle s'écrase sur un obstacle existant, ce qui lui donne une grande force, d'où des blessures épouvantables, elle s'épanouit en des formes irrégulières, broie les tissus, se divise en éclats. Notre campagne de Chine, sans compter tout le reste, a été suivie du plus effronté pillage. Nous ne rappellerons pas la guerre du Palatinat sous Louis XIV, parce qu'il s'agit d'une autre époque et du point de vue dynamique, nous rappelons seulement les paroles typiques, par lesquelles le duc de Luxembourg encourage ses troupes aux pillages des villages de Bodegrave et de Swammerdam : « Allez, mes enfants, pillez, tuez, vio-

lez, brûlez, et s'il se peut faire quelque chose de plus violent
et de plus exécrable, n'y manquez pas, afin que je voie que
je ne suis pas trompé du choix que j'ai fait de l'élite des
troupes du Roi, et que vous répondiez à l'honneur que
Sa Majesté vous fait de se servir de vous dans une guerre
qu'elle ne fait que pour étendre sa gloire et sa puissance jusqu'au bout du monde ». Quelle élite !

Nous n'ajoutons pas de commentaires, nous avons voulu
seulement constater ce qu'est la guerre, quels sont ses
effets.

Une différence existe cependant entre la guerre ancienne
et la guerre actuelle. C'est un principe que J.-J. Rousseau
a eu l'honneur de formuler un des premiers. La guerre se
faisait de peuple à peuple, elle ne se fait plus, au moins en
principe, que d'État à État, c'est-à-dire que la population
ne faisant pas partie de l'armée, ce qui comprend les
femmes et les enfants, n'est pas atteinte, mais ce principe est
loin d'être toujours observé.

Nous venons de voir que les essais pour supprimer la
guerre tentés par les institutions nouvelles à ce destinées
n'ont pas encore réussi. Elles ont en même temps poursuivi
un autre but, celui, en attendant, de l'adoucir, et sur ce
point, les efforts ont été récompensés. Ce n'est pas que le
meurtre diminue, les engins nouveaux l'augmentent, mais
on en atténue la cruauté. C'est ainsi que la convention de
Genève, en 1864, a réalisé de grands progrès dans ce sens
pour le traitement des blessés surtout; de même, les deux conventions de La Haye de 1899 et de 1907 interdisant certains
projectiles, l'emploi de balles dum-dum, le bombardement
des villes et des villages, les coutumes de la guerre sur terre,
les explosifs lancés par les ballons.

Lorsque tous les essais faits pour empêcher la guerre ont
échoué, quelles sont ses règles? Elles sont nombreuses et
certes fort utiles, tant que la guerre subsiste, pour la rendre au
moins égale et loyale, autant que possible. Il faut distinguer

sous ce rapport les trois sortes de guerre : terrestre, maritime et aérienne.

Nous ne pouvons entrer dans les détails, car ils ne sont pas sociologiques, ils ne sont même pas juridiques, mais seulement pratiques, inspirés par la seule nécessité d'humanité pour les autres, afin qu'on l'ait pour nous, car on ne saurait bien régler l'injustice flagrante, nous nous bornerons donc à énumérer ces règles en en faisant ressortir quelques-unes. En tout cas, cela constitue un effort nouveau pour la modérer et l'arrêter.

1° *Guerre terrestre.* — Le commencement est la déclaration qui permet de se défendre et transforme l'assassinat en un duel ordinaire. A partir de ce moment, on est prévenu ; les sujets résidant chez l'ennemi ont le temps de se rapatrier. Autrefois leurs biens étaient confisqués, ils ne le sont plus, de même les navires. Mais les relations commerciales sont interrompues. L'effet des traités est suspendu, à moins qu'ils n'aient été faits précisément en vue de la guerre.

Les lois de la guerre ne sont pas inscrites dans un code international. Cependant l'Institut de droit international en a rédigé un manuel officiel, en 1880.

Les armées étaient primitivement la nation entière en armes ; plus tard, au moyen âge, ce furent des mercenaires ; au siècle dernier, ceux appelés par le sort, avec faculté de se racheter ; aujourd'hui le service est universel et obligatoire, mais pour une période d'activité de deux ans en temps de paix. Elles comprennent une partie forcée d'active et une de réserve, et une autre de volontaires. Elles sont seules belligérantes, à moins que la levée en masse n'ait été ordonnée, les autres restent hors la guerre, pourvu que, par leur agression, citoyens ils ne se transforment pas en combattants.

Les moyens de combat sont limités ; on interdit les armes empoisonnées, par exemple, les projectiles explosifs, le meurtre par trahison ou celui d'un soldat qui est désarmé.

Certaines ruses de guerre sont permises, non les autres. On doit observer la foi jurée. Enfin, les espions peuvent opérer, mais à leurs risques et périls. Dans les sièges, l'assiégeant doit permettre aux habitants inoffensifs de quitter la ville. En bombardant, on doit épargner les hôpitaux. Il faut traiter les prisonniers de guerre avec humanité et soigner les blessés. Voilà des exemples. La convention de Genève règle une foule de points. Pour pouvoir négocier des traités de paix ou des trèves, on donne des sauf-conduits, les parlementaires sont inviolables. Les conventions de guerre ou cartels portent sur tous ces points ainsi que sur l'échange des prisonniers, enfin sur les capitulations.

A l'intérieur des pays envahis, on doit respecter les non-combattants, on a le droit de faire des réquisitions, surtout de denrées et de corvées, même d'argent : par abus, ce sont souvent des contributions prélevées.

La guerre se termine souvent par une conquête, totale ou partielle, par une indemnité de guerre, garantie même par une occupation temporaire. Un traité de paix en fixe les conditions.

2° *Guerre maritime.* — Celle-ci dans ses règles est plus compliquée. Elle a cette supériorité que de fait elle se limite davantage aux habitants, mais elle a ceci de spécial, d'où ils résulte de grandes difficultés, qu'elle met nécessairement en l'éveil des puissances neutres. Par ailleurs, plusieurs de ses procédés sont beaucoup plus sévères encore.

C'est ainsi que dès la déclaration de guerre, la jurisprudence anglaise permet l'embargo, c'est-à-dire le droit de s'emparer des navires ennemis se trouvant dans les eaux territoriales, mais ce droit est abandonné. L'usage des torpilles est plus terrible que celui des canons à terre, puisqu'elles détruisent d'un coup les navires les plus puissants. Le bombardement sur terre ne peut avoir lieu que contre les places fortes : ici il atteint même les ports de commerce et les villes qui ne se défendent pas. Les auxiliaires sont à terre les corps-francs et on s'en est plaint souvent, parce qu'ils n'étaient pas soumis à la discipline ordinaire et vexaient les habitants, mais dans la guerre maritime, les corsaires sont plus redoutables pour les propriétés privées des nationaux de l'ennemi qui, d'après le principe reçu, devraient être respectées. Ils ont le droit de s'emparer des vaisseaux marchands de l'ennemi, et de leur contenu; et, poussés par l'appât d'un gain énorme, ils leur font une guerre acharnée. La course a été abolie en 1856, mais le droit de capture existe encore au profit des vaisseaux de guerre; il y a quelquefois, mais rarement, des traités contraires. La justice de cette dernière différence est fort critiquée, la réponse est que le navire de commerce est pour une nation un élément de puissance qu'il faut affaiblir ; cependant on viole ainsi le principe qui veut que la guerre ne soit pas faite contre les citoyens.

La guerre met en cause les droits et la situation des tiers, c'est-à-dire, des neutres. Sans doute, ils restent en dehors du combat, mais il faut éviter qu'ils donnent un secours indirect à l'un ou à l'autre. Ils ne doivent faire aucun acte de ce genre, ni envoyer de troupes, ni de vaisseaux, ni enrôler, ni fournir des armes ou un matériel de guerre, tout en laissant à leurs sujets la faculté de le faire, ni aider par subside ou emprunt, ils doivent interdire le passage aux troupes, mais non le droit d'asile ; le passage des navires n'est pas interdit. Les neutres ont à leur tour des droits; ils peuvent exiger qu'aucune opération n'ait lieu sur leur territoire, que leurs sujets soient respectés, que leur commerce reste libre.

Mais c'est sur ce dernier point, et surtout lorsqu'il s'agit du commerce maritime, que des atteintes légales sont faites aux droits ordinaires des neutres, en raison du droit qu'ont les navires de guerre d'un belligérant de s'emparer d'un navire de guerre ou de commerce de l'ennemi et de ses marchandises. Comment savoir si le navire rencontré en mer appartient à l'ennemi ou à un autre ? Comment décider si la marchandise est celle de l'un ou de l'autre? Lorsqu'on le sait,

trois principes sont en vigueur, relativement au navire et à
son contenu : 1° si des marchandises neutres sont transportées sur des navires ennemis, d'après la déclaration de
Paris, de 1856, on ne peut saisir; 2° si des marchandises
ennemies sont transportées sur des navires neutres, on ne
peut saisir non plus ; on ne saisit que les marchandises enne-
mise sous pavillon ennemi. Mais, une exception est faite pour
la contrebande de guerre, c'est-à-dire pour les secours en
armes et objets similaires au profit de l'autre belligérant.
Comment saura-t-on si le navire est ennemi, ou si la marchandise l'est, ou si elle consiste en contrebande de guerre?
Par le droit de visite. Et si, à la visite, on s'aperçoit de la
fraude, ou si le navire se refuse à la visite, on pourra s'en
emparer, ainsi que de la cargaison, ce sera la prise maritime. Lorsque la légitimité en est contestée, c'est un tribunal
du bellégérant capteur qui décide, compétence très critiquée,
mais qui paraît nécessaire.

3° *Guerre aérienne.* — La guerre aérienne est seulement
celle de l'avenir, car si les dirigeables et les aéroplanes ont
accompli de grands progrès récents, ils n'ont pas prouvé
qu'ils pouvaient se mouvoir librement dans la direction
voulue, ni porter de grands poids, ni lancer des projectiles,
mais le présent fait augurer de l'avenir. Les aéroplanes
peuvent déjà s'élever à 2.700 mètres, porter plusieurs pas-
sagers, échapper aux dangers venus de la terre lorsqu'ils
dépassent une altitude de 500 mètres, apercevoir clairement
ce qui se passe sur le sol ennemi, l'intérieur des forts et
des camps, le mouvement des troupes, ce sont les meilleurs des éclaireurs. En mer, ils peuvent voir dans l'océan,
transparent jusqu'au fond, et entre deux eaux, les torpilles,
et prévenir les vaisseaux à temps, mais il leur reste le
moyen à trouver de prendre leur élan de sur le navire et de
pouvoir atterrir au milieu des flots [1]. La guerre maritime

---

1. Depuis que ces lignes sont écrites, ce moyen semble avoir été
découvert.

et la terrestre seront donc de ce fait transformées, mais en
outre, il naîtra une guerre aérienne des aéroplanes entre
eux et entre les aéroplanes et les dirigeables. Sans doute alors
il sera édicté des règles pour cette guerre, comme pour toutes
les autres, il serait prématuré de les prévoir. Mais un résultat
sociologique bien plus important éclate déjà, c'est que les
autres guerres deviendront impossibles dans les conditions
où elles existent et que, d'autre part, une guerre aérienne,
par ses surprises, sera une guerre d'extermination.

Tel est l'état de guerre, le seul système probateur certain en droit international à son état actuel et statique ; quelquefois, avant qu'il commence, des conciliations parviennent à
l'empêcher. On pourrait encore ranger parmi ces moyens
les simples représailles, mais ce sont réellement plutôt des
sanctions.

En réalité, on ne peut appeler la guerre un état normal,
c'est la survivance d'un état antérieur violent.

II. — *Sociologie du droit international sanctionnateur*

Tout à l'heure il s'agissait, en cas de conflit sur l'existence ou la transgression d'un droit comme en un véritable
procès, sous la forme antique et survivante d'un duel,
d'un jugement de Dieu, où chacune des parties est pré-
venue des coups qu'elle va recevoir, et peut les parer et les
rendre. Ici, c'est autre chose. Il s'agit d'une agression
unilatérale, soit surprenant l'ennemi avant toute lutte, soit
sanctionnant le droit après la victoire.

Un des modes de sanction ainsi infligée précède la guerre
proprement dite ; elle constitue les représailles et la rétor-
sion. Cette dernière correspond à ce qu'a été le talion dans
le droit privé, elle ne consiste pas en mesures sanglantes,
mais prive d'un avantage en compensation. Les représailles
vont au delà, elles infligent un mal par une action de force,
ou s'emparent des personnes ou des choses qu'on prend en

gage, ou qu'arrête à titre d'otages, pourtant cet état ne constitue pas la guerre. Un autre moyen employé est le blocus pacifique. Telle est la sanction unilatérale contre un État qui a violé ses obligations.

La guerre elle-même n'est ni une vengeance, ni une sanction, c'est un duel. Mais le duel fini, lorsque l'ennemi est hors d'état de se défendre, la sanction unilatérale reparaît. Parfois elle est convenue plus ou moins librement, c'est le traité de paix, mais souvent aussi elle est totalement imposée, il ne s'agit pas du massacre ou de la réduction en servitude, ou du moins alors la mesure de la sanction est de beaucoup dépassée, ce fut pourtant la sanction primitive. Mais la conquête totale qui a longtemps prévalu existe encore, par exemple, dans le partage de la Pologne, ou après la révolte des Boers. La conquête peut n'être que partielle : l'enlèvement de la Lorraine et de l'Alsace après la guerre de 1870 ; du Schleswig-Holstein, après la guerre prusso-danoise. Elle peut se borner à la prise des ports. Parfois, elle est négative lorsqu'on défend d'élever des forts ou de dépasser tel chiffre de troupes. Enfin, elle se double souvent d'une indemnité de guerre (les 5 milliards payés par la France à l'Allemagne). Nous verrons plus tard que, lorsqu'il s'agit des États fédéraux, c'est l'exécution fédérale qui suit la décision, comme, en droit individuel, la saisie et l'expropriation forcée font suite au jugement de condamnation.

———

CHAPITRE XXIII

SOCIOLOGIE DU DROIT INTERNATIONAL A L'ÉTAT DYNAMIQUE

C'est celle qui résulte de ce droit, non plus pris au moment de l'état actuel, mais à tous ceux de son histoire dans son évolution. Ici nous trouverons, surtout pour le droit probateur, moins de différence avec le droit actuel, ce dernier ne consistant guère qu'en une survivance atténuée.

Droit déterminateur. — A ce point de vue, la situation ancienne présenterait des différences importantes, quoique de certains côtés il n'y ait guère de progrès; par exemple. c'est encore la conquête qui fait la base de la formation des États.

Mais, tandis qu'aujourd'hui les traités sont devenus fort nombreux, réglant beaucoup de matières d'intérêt commun : l'extradition des coupables, les postes, les télégraphes, la circulation internationale, les poids et mesures, la propriété individuelle, tout cela n'était convenu que vaguement et que par l'usage seul, avec d'incessantes difficultés et sans cohésion, il en résultait que les pays restaient fort isolés en droit et en fait.

L'étranger était considéré comme l'ennemi (*hostis*), il était totalement hétérogène. On n'avait aucune pitié pour lui et cela expliquait dans une certaine mesure les férocités de la guerre, on ignorait son langage, sa religion, ses mœurs, sa littérature, on n'avait jamais visité son pays et on ne l'aurait pu qu'à force de frais et de préparation.

Aujourd'hui, il n'y a plus de frontière, l'étranger séjourne chez nous, et nous chez lui. Ce n'est plus l'abandon, la loi ne le met plus hors la loi, la mentalité est changée, la sociologie suivra. L'étude des langues étrangères était nulle, elle est ordonnée officiellement.

Dans presque tous les pays, l'étranger pouvait commercer, mais n'aurait pu devenir propriétaire du sol. Cette barrière tombe peu à peu aujourd'hui. On peut recueillir sa succession.

Des tarifs de douane presque prohibitifs écartaient de l'entrée les produits étrangers, ils sont abaissés ou détruits. La production mondiale tend à se répandre partout. L'agriculture est ainsi solidaire, le commerce aussi, la finance encore plus, car toutes les Bourses du monde correspondent télégraphiquement et téléphoniquement, elles oscillent sans cesse synchroniquement ; auparavant, cette solidarité était totalement absente. Bien plus, les capitalistes, les petits rentiers, n'avaient jamais prêté un centime aux autres États, ils leur donnent une bonne partie de leurs capitaux et dès lors sont intéressés à leur prospérité. Les ports de la Chine et du Japon, ces pays si importants, étaient fermés au commerce ; à présent, ils ne le sont plus.

Les États étaient hétérogènes entre eux par leur Constitution politique, et d'ailleurs, presque tous, étant monarchiques, étaient attirés vers la guerre par leur honneur et leur intérêt. Aujourd'hui, il y a sans doute des monarchies et des républiques, mais les deux sont constitutionnelles, souvent parlementaires et par conséquent, peuvent s'entendre sans obstacle intérieur.

Le principe de non-intervention est maintenant reconnu généralement ; il empêche les guerres de coalition les plus terribles ; autrefois, c'était le principe contraire qui prévalait, chaque nation s'immisçait dans les affaires des autres.

Droit probateur. — Aujourd'hui encore, les querelles entre

les nations n'ont de solution normale que par la guerre,
comme autrefois, mais le succès des démarches faites pour
l'empêcher est plus fréquent, jadis l'arbitrage était rare,
on se battait sous des prétextes futiles et par pure ambition.

Mais ce qui est plus important, c'est que la guerre ne se
fait plus entre les mêmes. Autrefois, elle existait des
citoyens d'une nation aux citoyens d'une autre, tout le
monde était dans la mêlée et exposé à être tué; le plus
paisible habitant pouvait l'être; la victoire et surtout le sac
d'une ville avaient pour résultat de passer tous les citoyens
au fil de l'épée, par surcroît régnaient le vol, le viol,
l'incendie. La guerre ne se fait plus qu'entre les deux armées.
Le récit des guerres anciennes, si on l'enseignait dans l'histoire, ferait reculer d'horreur morale, tandis que celui des
guerres présentes fait reculer, mais seulement, d'horreur
physique.

De nombreuses mesures d'humanité ont été prises au
profit des blessés, des prisonniers, en cas de siège, de bombardement, de soldats mis hors de combat; autrefois, rien de
tout cela n'existait, le vaincu était à la merci du vainqueur,
le dénouement normal était l'égorgement, le reste formait
une faveur.

Sur mer, la course est abolie, elle était en pleine vigueur;
plus anciennement, la propriété privée n'était pas respectée,
même sur terre.

Une indication importante doit être tirée de l'histoire
du droit. Nous verrons tout à l'heure que dans l'avenir,
même dans le présent, l'existence de la guerre est non seulement à la fois une cruauté, un malheur et une absurdité.
En a-t-il toujours été de même, l'état guerrier a-t-il été une
nécessité jadis, et même a-t-il eu un rôle utile?

On sait qu'Auguste Comte a observé que le militarisme a
partout précédé le mercantilisme, mais c'est une constatation et non une conclusion. Au contraire, le darwinisme

semble bien proclamer la nécessité de la guerre, comme instrument de progrès, au moins dans le passé, à titre de forme
de la lutte pour l'existence emportant la sélection ; du moins,
c'est l'application faite sur ses théories sous le nom de darwinisme social. Cependant, si le darwinisme naturel est vrai, cela
n'entraîne pas la vérité du darwinisme social, car dans la guerre
ce sont les meilleurs physiquement qui se battent et qui
périssent, tandis que les infirmes restent pour les remplacer.
Mais la guerre dans le passé peut se comprendre à d'autres
points de vue. D'abord, parce qu'il était impossible de l'empêcher. Si actuellement aucun État ne veut entendre la sagesse,
à plus forte raison jadis, quand les mœurs étaient plus barbares.
Puis, c'est à la guerre de conquêtes qu'on a dû la formation
des premiers États, qui, une fois constitués, ne la permettaient
plus qu'à l'extérieur, tandis qu'auparavant la guerre interne
régnait entre chaque élément. L'empire romain, le plus belliqueux de tous, à force de conquêtes engloba le monde civilisé
et put fermer le temple de Janus ; la paix se fut perpétuée s'il
eût pu s'assimiler peu à peu les barbares. Tous les grands
empires, ceux de Charlemagne, de Charles-Quint, de Napoléon, violents d'abord, en venaient à la paix générale.
Telle est la distinction des royaumes qui se battent pour les
frontières et des empires qui le font pour l'absorption du
monde connu.

La guerre a donc pu avoir à l'origine un rôle utile, mais
ce rôle avait depuis longtemps cessé après la formation des
grands États, comme la France, l'Angleterre, cependant, ainsi
que d'habitude, les survivances sont longues dans l'histoire et
hors de toute mesure.

Droit sanctionnateur. — Les rétorsions et représailles
étaient les mêmes, mais beaucoup plus cruelles. La plus
grande différence est dans la sanction après la guerre. A
l'origine il n'y a qu'un dilemne, le massacre ou l'esclavage.
C'est la source de la servitude antique. Sur l'esclave on conserve son droit de vie et de mort qui n'est que retardé.

En notre ère, il n'en est pas de même, et le christianisme a fait abolir ce premier esclavage.

Mais l'esclave devint un serf. En outre, dans tous les temps, la victoire était suivie de la conquête totale ou partielle, qui succède encore, mais plus rare. A chaque fois, le vainqueur déchirait un lambeau de province, les habitants étaient inférioisés, pressurés, souvent même on les expulsait et on colonisait le territoire. Auparavant, on se livrait à un vaste pillage, donnant toute licence aux troupes.

SOCIOLOGIE DU DROIT INTERNATIONAL A L'ÉTAT SCIENTIFIQUE

C'est celle de l'avenir, autant que le prolongement du passé et du présent peut la faire prévoir.

Ici, nous devons réunir le droit déterminateur, le probateur et le sanctionnateur un moment, sauf à les distinguer ensuite, parce que tout se tient, suivant nous, dans la réforme à accomplir. Il s'agit de substituer à l'état actuel de guerre et de paix armée un régime régulier et permanent de paix où l'on puisse résoudre pacifiquement tous les conflits. Nous avons déjà envisagé ce desideratum, il s'agit de l'obtenir maintenant.

Suivant certains, la guerre est désirable; suivant d'autres, elle est inévitable, nous ne nous arrêterons pas à discuter ces deux doctrines. Il est certain que jusqu'aux vingt dernières années on n'avait pas songé sérieusement à son abolition, ses partisans étaient tout-puissants et convaincus. Depuis, les efforts se sont multipliés, et la littérature pacifiste est abondante, nous y renvoyons et nous nous restreignons à l'essentiel.

Dans l'histoire, le projet d'Henri IV est resté célèbre. C'était le moyen de la fédération qu'il proposait sous le nom de Grande République chrétienne des nations européennes, elle était composée de 15 États dirigés par un

Conseil général de 68 plénipotentiaires. Il avait d'ailleurs été précédé par celui de Podiebrad, roi de Bohême en 1464, qui proposait de régir l'Europe par un parlement de rois et qui recueillit l'adhésion de Louis XI; auparavant encore, au XIIIᵉ siècle, Jacques d'Arteveld avait imaginé dans ce but une fédération européenne des communes. D'autre part, des publicistes isolés, mais illustres, soutinrent la même cause : Emeric Crucé en 1623 demandant une diète de toutes les nations siégeant à Venise et faisant exécuter ses jugements par la force; Grotius, l'abbé de Saint-Pierre avec la même organisation, Bentham, Kant, Fichte, Schelling, Fourier, Auguste Comte, avec sa grande fédération de l'Europe occidentale dirigée par un comité de trente savants. Il est à remarquer que ces précurseurs de l'idée pacifiste proposent tous le même moyen, non pas l'arbitrage, ni actuel ni préconstitué, mais la fédération européenne. Au contraire, de nos jours, c'est l'arbitrage qu'on organise.

Maintenant, le moment semble mûr. En effet, une préparation intense a été faite, et malgré des résistances l'opinion est préparée. Nous avons noté les divers points de contact survenus entre les nations, et qui atténuent leur hétérogénéité réciproque. Ils peuvent être augmentés encore. Nous indiquons les suivants : la préparation scolaire, pour inspirer l'horreur de la guerre; l'emploi du journal, du roman, du théâtre, de l'enseignement de l'histoire, surtout de l'histoire vraie, dans le but de l'idée à répandre; l'inviolabilité de la vie humaine; la répression du duel; l'influence maternelle; la nécessité du referendum pour la déclaration de guerre, l'unification des poids et mesures, celle des lois surtout commerciales, l'établissement d'une langue seconde internationale, la concession de droits aux étrangers à l'intérieur du pays, la reconnaissance du droit des nationalités, les arbitrages, les alliances, l'établissement de la fédération interne ou au moins du fédéralisme. Lorsque tout cela aura été obtenu, la paix définitive viendra d'elle-même, les peuples n'auront plus trace de chauvinisme, et leurs gouvernements devront céder. D'ailleurs, l'habitude déjà prise de l'arbitrage actuel ou préconstitué, en se développant, agira aussi.

Cependant, la difficulté n'est pas vaincue, même alors, car il ne s'agit pas seulement de l'abolition de la guerre, mais il faudrait aussi celle de la paix armée, car tant que celle-ci subsiste, l'autre restera toujours possible. Ce ne sont d'ailleurs que des préparations.

Mais des faits tout récents viennent pousser plus rapidement à l'abolition de la guerre, ce sont les suivants :

1° Grâce à la découverte de nouveaux engins et au perfectionnement des anciens, cuirassés, torpilles, canons, etc., l'état de paix armée, au point de vue financier, devient désastreux et l'état de guerre le serait encore plus. Tous les grands États : France, Allemagne, Angleterre, Russie courent à la banqueroute, ce n'est qu'une question de temps, en raison de la paix armée, et le combat finira, non faute de combattants, mais faute de finances ;

2° Les excès des armements et de l'intensité de la guerre rendront celle-ci impossible, les armées s'extermineront à distance, et cette fois, le combat cessera faute de combattants. Le dernier coup sera porté par les aéroplanes et les dirigeables, après leur perfectionnement. L'attaque à l'improviste rendra toute défense impossible, et les nations devront s'entendre devant la guerre centuplée, comme elles s'entendent devant le choléra ou la peste ;

3° Enfin, un autre facteur acquerra une force nouvelle. Nous voulons parler de l'antimilitarisme. Certes, nous sommes loin de l'approuver. Une nation attaquée doit se défendre, et ses enfants ne peuvent pas l'abandonner; d'ailleurs, c'est leur propre intérêt et dans ce but la préparation est nécessaire. Mais en présence du retard des gouvernements des

États à supprimer la guerre, lorsque cela ne dépend que de
leur volonté, on comprend le mouvement antimilitariste qui
n'est que la pression d'en bas qu'ont faite toutes les révolutions et dont les résultats sont ensuite acceptés. Sans doute,
si ce mouvement ne venait que d'une seule nation, il serait
aussi funeste qu'inefficace, mais s'il se produisait à la fois
ou successivement chez chacune des grandes, il aboutirait à
la paix, car c'est souvent par les moyens les plus mauvais
et les plus violents qu'on réussit le mieux.

Maintenant, quel sera l'aboutissement ? Quel est le procédé
définitif et efficace pour abolir la guerre et la paix armée ?

Là-dessus, les esprits sont divisés. Il existe deux systèmes
absolument différents.

Le premier, le plus généralement accepté aujourd'hui,
c'est celui de l'arbitrage préconstitué, avec l'organisation
d'une Cour de justice internationale chargée de régler
tous les conflits, sans lois d'ailleurs préalablement fixées.
D'après les partisans de ce système, on ne peut obtenir
davantage, mais cela suffit. Tous les États feraient
une telle convention, et le litige né, la Cour instituée à la
Haye déciderait, tout le monde obéirait à sa sentence sans
contrainte. Ce mode est le seul qui respecte complètement
l'autonomie des nations qu'aucune ne consentirait à sacri-
fier davantage. La raison finira d'ailleurs par l'emporter,
mais il ne faut rien brusquer. Quant à la Cour d'arbitrage,
elle se composerait des représentants des divers États. Reste
seulement controversée la question de savoir si les délégués
des États seraient d'un nombre égal pour chaque État ou
d'un nombre proportionné à la population de l'État.

Ce système aurait l'avantage d'être opportuniste, de ne pas
déranger les habitudes, mais est-il efficace ?

Il le serait un peu davantage si le tribunal commun était
en même temps une sorte d'Assemblée législative, c'est-
à-dire, s'il créait d'avance une sorte de code de droit public
international que toutes les nations devraient adopter et

d'après lequel il jugerait ensuite chaque conflit. Quelques-uns ont admis cette addition et même introduit une juridiction d'appel.

Mais aucun des partisans de l'arbitrage préconstitué n'a voulu que les décisions pussent s'exécuter par la force.

Dans ces conditions le système de l'arbitrage préconstitué ne nous semble pas fournir le résultat nécessaire.

D'abord, il ne peut procurer que la suppression de la guerre et non celle de la paix armée ; or, celle-ci est aussi désastreuse que l'autre et d'ailleurs y ramène presque forcément.

Puis, les traités faits jusqu'à ce jour excluent, comme nous l'avons vu, non seulement les cas où l'autonomie, mais ceux où les intérêts vitaux, l'honneur ou l'intérêt des tiers sont en jeu ; or, on peut toujours prétendre se trouver dans ces cas d'exception ; dès lors, l'arbitrage ne vaut plus que pour les litiges sur des questions secondaires.

Enfin, et c'est là le point essentiel, dès qu'une nation sera condamnée, elle pourra se refuser à l'exécution, et si c'est une grande puissance, personne n'osera l'y contraindre ; d'ailleurs, si l'on s'y décidait, comme la nation récalcitrante est restée armée, ce serait une conflagration générale.

Le second système que nous avons préconisé ailleurs et que nous croyons seul vrai a été moins soutenu, c'est celui de la fédération extérieure, celui des États-Unis d'Europe. Il prend, en effet, pour modèle cette grande République, de même aussi la fédération suisse. Tous les États de l'Europe d'abord, du monde entier plus tard, ne formeraient, en conservant leur autonomie intérieure, qu'un vaste gouvernement fédéral. Pour le bien comprendre, il n'y a qu'à envisager le mécanisme de la Constitution suisse. Chaque canton administre comme il le veut, mais n'a qu'une simple milice, une sorte de gendarmerie pour sa défense intérieure ; il n'entretient point de relations directes avec les gouvernements étrangers. Au-dessus existe un gouvernement fédéral composé d'une Chambre législative, d'un tribunal, d'un pouvoir exécutif et d'une force armée, le tout fédéral.

Si un conflit naît entre les cantons, il est porté devant le pouvoir fédéral, qui décide souverainement et qui, en cas de résistance, fait respecter sa décision au moyen de l'exécution fédérale. Il appartient à l'assemblée législative fédérale d'établir les règles d'après lesquelles on décidera dans chaque cas particulier. Dans beaucoup de fédérations américaines, il y a même une capitale fédérale qui ne fait partie d'aucun canton et qui est environnée d'un territoire fédéral.

C'est un tel système qui serait appliqué exactement dans d'immenses proportions. L'Europe tout entière, par exemple, serait une grande Suisse. On y établirait un territoire fédéral qui pourrait consister dans un des petits États déjà neutres : Belgique, Hollande ou Suisse elle-même. Là seraient situés : 1° un parlement fédéral qui serait composé des délégués de toutes les nations et qui rédigerait un code de lois internationales, c'est-à-dire, de celles appelées à régir les différents États, ainsi que de celles réglant les intérêts communs entre eux, comme le font aujourd'hui les traités d'intérêt public ; 2° un tribunal fédéral, délégué aussi, qui statuerait sur les litiges actuels ; enfin 3° une armée fédérale qui serait chargée de l'exécution fédérale contre les récalcitrants. La France, l'Angleterre, l'Allemagne, seraient pour la fédération, ce que les cantons de Genève, de Zurich et de Berne, sont pour la Suisse.

La seule difficulté serait de savoir dans quelle proportion chaque État déléguerait pour former le gouvernement fédéral. Si c'est d'après la population, les grands États emportent tout ; la pondération manque, et entre ces masses le conflit risque de redevenir violent ; cependant il faut remarquer qu'ils n'auraient plus d'armées, mais seulement une milice. Si chaque État envoie le même nombre, comme il y en a de très petits, ce sont eux qui deviennent les arbitres de la destinée et on peut les corrompre. Ce problème, avec une autre portée, s'est déjà présenté devant d'autres États fédérés,ils le résolvent en créant deux Chambres, recrutées l'une d'après la population, l'autre d'après le nombre des États; seulement elles délibèrent séparément, ce qui serait ici sans issue. On pourrait recourir à ce procédé, en le modifiant.Chaque État aurait des délégués d'après sa population,auxquels on adjoindrait, pour chacun, un autre nombre fixe, sans égard à cette population ; tous délibéreraient ensemble.

Quant à l'armée, les États-Unis nous fournissent le modèle, il n'y aurait qu'une armée fédérale qui serait établie sur le territoire fédéral, elle se composerait des contingents des diverses nations.

Il n'y aurait plus de paix armée, plus de dépenses de guerre, sauf l'entretien de la petite armée fédérale et des milices. Cette armée pourrait rester peu nombreuse, parce qu'en cas de besoin, elle serait soutenue par les milices des divers États.

En somme, la transformation serait la suivante :

1° *Droit international déterminateur :* plus de représentants diplomatiques de puissance à puissance, plus de traités. Une assemblée législative fédérale fait des lois fédérales qui remplacent les traités; elle légifère sur les règles qui décideraient les conflits éventuels.

2° *Droit probateur :* plus de guerres, tous les litiges soumis à un tribunal fédéral.

3° *Droit sanctionnateur :* la décision rendue est exécutée de gré à gré, ou de force, par le gouvernement fédéral au moyen d'une armée fédérale entretenue sur le territoire fédéral.

4° *Relations avec les puissances en dehors de la fédération.* Il n'y en aura plus lorsque la fédération sera devenue mondiale. En attendant, c'est le gouvernement fédéral avec ses trois membres, pouvoir exécutif (y compris l'armée) : Parlement et tribunal qui en est chargé.

SECTION II

SOCIOLOGIE DU DROIT INTERNATIONAL
ENTRE ÉTATS DÉPENDANTS, INTERDÉPENDANTS
OU DE PÉNÉTRATION RÉCIPROQUE

CHAPITRE XXIV

I. — ENTRE LES ÉTATS DÉPENDANTS

(Les États dépendants, non formés ou dispersés)

Nous avons, au commencement, en établissant les différences entre l'État autonome, l'État dépendant et l'État
interdépendant, indiqué la nomenclature des États dépendants et leurs diverses catégories. C'était une simple constatation. C'est ici le lieu d'y revenir au point de vue sociologique,
en renvoyant au commencement, quant à leur état juridique.

Nous avons indiqué les divisions suivantes : l'État tributaire
ou vassal, l'État sous protectorat, individuel ou collectif, l'État
de garantie internationale, l'État neutralisé, l'État placé sous
le régime des capitulations, soit d'interventions constantes,
soit de protectorat. Il faudrait y ajouter la situation de nation
conquise vis-à-vis du conquérant ou de tribus barbares
vis-à-vis des civilisées.

Le droit commun et normal, c'est l'autonomie, c'est

toujours elle qui doit prévaloir en cas de doute. La distribution hiérarchique entre les États est l'exception, de même qu'entre les citoyens, les diverses dépendances.

Cependant, ce n'est que l'évolution qui développe l'autonomie des États.

La première relation entre eux, c'est celle accomplie par la conquête. Elle est absolue, elle aboutit à l'esclavage, souvent au transport en masse des vaincus chez le vainqueur ou à l'expulsion du vaincu de tout sol cultivé. Cela peut advenir en pleine civilisation. Alors, il n'y a plus deux États, mais absorption par un seul.

La subordination commence par la situation de tributaire. On laisse au vaincu son territoire et sa liberté, mais tous les ans, il doit fournir une somme considérable. Pour en assurer le recouvrement on peut prendre des otages ou intervenir dans l'intérieur du pays pour percevoir l'impôt.

Ensuite commencent des rapports plus intimes entre deux ou plusieurs États, et qui supposent un état de civilisation plus avancé, c'est toujours cependant le parasitisme ethnique; tout à l'heure, c'était le prédatisme. Dans l'État protecteur, on voit peu à peu le parasité, de plus en plus absorbé, dépérir, sans cependant disparaître, jusqu'à l'absorption complète et lente par l'annexion.

Cette protection peut être collective et non plus individuelle, c'est celle que les grandes Puissances ont exercée sur l'Homme malade. Elles ont pour but aussi de préparer l'absorption, mais, au moyen d'un partage préalable, chacune emportera son morceau du cadavre dont on ne précipite cependant pas la mort, au contraire, parce qu'on craint la lutte acharnée pour avoir chacun un lambeau de sa chair.

Toutes ces subordinations d'États entre eux sont de différents degrés, mais d'une même direction, celle de faire dévorer tôt ou tard, en tout ou en partie, l'État faible par un ou plusieurs États forts. C'est le protectorat qui est

surtout cet instrument perfide. Il avait été beaucoup employé
par les Romains, c'étaient des bûcherons qui enfon-
çaient le coin dans le bois avant de le fendre. Il l'a été
dans les temps modernes par toutes les nations, surtout par
les Anglais. En général, on en fait usage, soit envers les
peuples encore sauvages, soit envers ceux qui sont en déca-
dence, qu'on n'ose pas encore conquérir, parce que cela
demanderait une trop grande dépense de forces, mais qui vont
s'affaiblir dès lors suffisamment.

S'il s'agit de nations tout à fait hétérogènes, c'est-à-dire
de civilisation, non pas nulle, mais tout à fait autre, comme
celles de Islamiques ou celles de la Chine, c'est la situation
créée par les capitulations qui prévaut, il s'agit alors de
protéger et de gouverner nos nationaux résidant en ces pays.

Si, au contraire, il s'agit de peuples homogènes avec nous,
mais très faibles, et qu'ils soient situés entre deux grandes
puissances, c'est pour les protéger cette fois qu'on agit;
il est vrai que si leur intérêt est plus direct, c'est le nôtre surtout qui est en jeu, puisqu'on évite par là les tamponnements.

C'est ainsi la protection d'un plus civilisé, contre un
moins civilisé, et d'un plus faible contre un plus fort qui
cause une hiérarchisation. Quand celle-ci est poussée jusqu'au bout, on aboutit à la conquête.

Il faut ajouter, sans sortir du même ordre d'idées, aux
États dépendants par hétérogénéité, les races et les peuples
qui vivent séparés et juxtaposés aux nations civilisées dans les
colonisations de celles-ci, mais qui sont plus ou moins en
connexion avec elles et en état d'infériorité. Nous renvoyons à
ce sujet à la rubrique des colonies, mais nous devons cependant le mentionner ici. Telle est, en Algérie, la situation des
Français vis-à-vis des Arabes, au Maroc, vis-à-vis des
Berbères, dans l'Annam vis-à-vis des races indigènes.
Quoique la civilisation de ces peuples ne soit pas nulle, elle
est cependant hétérogène et devenue inférieure. Mais c'est
surtout dans les rapports des nations européennes colonisantes

avec les noirs indigènes, que cette situation se produit. Les
nations de gens de couleur souvent ne sont pas absorbées
elles sont seulement voisines et entrent en contact de
dépendance. Ce sont des États, tantôt barbares, tantôt
sauvages. Ils ont ceci de particulier que les blancs les considèrent parfois comme en dehors et au-dessous du genre
humain et ne craignent pas de se livrer à des cruautés à
leur égard. Il y a quelques années, de tels actes émanant
de militaires français furent dénoncés, et après enquête, on
n'a jamais connu la vérité exacte, mais il est certain que
des actes contre l'humanité avaient été commis.

L'atrocité de la conduite des Européens au Congo et au
Soudan est un fait incontesté. Les faits rapportés par
M. Vigné d'Octon dans son ouvrage : *La Gloire du Sabre*, n'ont
pas été démentis. La traite des nègres officiellement abolie y
est en pleine vigueur, 1.300 mains furent, paraît-il, coupées au
Congo à des hommes vivants. A un jeune garçon on fit
avaler de force le bouillon d'une tête humaine et un certain
Gaud resté célèbre fit incinérer vivante une femme, il fit
aussi exploser un nègre en lui introduisant une cartouche de
dynamite dans le rectum. Ce fut au Soudan un carnage
sans nom. La cause en est qu'on a l'habitude d'envoyer dans
la colonie tous les déchets de la métropole, souvent des
officiers batailleurs qui veulent acquérir ainsi à bon marché
des décorations et de l'avancement, et même se font un véritable sport de la chasse à l'homme. Il en a été de même
des Anglais, ils ont, en outre, l'habitude de repousser dans
l'Hinterland les indigènes condamnés ainsi à y mourir de
faim sans secours.

La dépendance des États eut certainement dans l'évolution la place la plus ancienne. Une grande partie d'entre eux
est tributaire d'abord des autres, ou se trouve dans les
divers liens qui manifestent une infériorité. Ceux-ci se
relâchent peu à peu, puis chacun devient autonome. Le
premier état n'a pas toujours été sans utilité ; une nation

trop faible, ou d'une civilisation trop imparfaite, est ainsi comme couvée par une autre pendant le temps nécessaire, mais l'évolution peut avoir une autre conclusion, quand l'intérêt du peuple dominant est surtout l'absorption.

En raison, cette dépendance est-elle justifiée? Les États ne devraient-ils pas être autonomes, ou tous interdépendants? Pourquoi y aurait-il ainsi une inégalité de droit entre eux? Il n'y en a plus entre simples citoyens. Autrefois, il en existait une très grande. Est-ce que le même progrès ne devrait pas s'accomplir entre les États? Il y en a sans doute de mieux doués ou de plus civilisés, mais qu'importe! Il ne doit pas plus exister de surétats que de surhommes. Nous avons vu ailleurs, à propos du principe des nationalités, qu'il ne doit pas y avoir non plus de surnations.

Il est cependant bien difficile d'affirmer que certaines nations ne doivent pas guider les autres au nom de la civilisation, quand l'écart est trop grand sous ce rapport entre elles, et cela, dans l'intérêt tant du dominant que du dominé. Les peuples peu avancés sont comme des mineurs et doivent être tenus en tutelle jusqu'à ce qu'ils soient adultes. Mais la tutelle peut devenir oppressive pour le mineur, le pouvoir paternel lui-même, elle peut être aussi dans l'intérêt exclusif du tuteur. C'est ce qu'il faut empêcher. Comment l'obtenir? Cela est beaucoup plus difficile, car ici, entre le peuple mineur et le peuple tuteur, il n'y a pas de Conseil de famille, ni aucune autre autorité.

Ce qui serait juste, ce serait précisément la création de ce Conseil de tutelle, en substituant à l'autorité d'un seul État tuteur celle de plusieurs États. Des amorces existent déjà de cette idée; elles consistent dans l'intervention des autres puissances, comme cela s'est souvent produit pour l'Empire Ottoman.

Il faut joindre à la catégorie des États inférieurs, à côté des États non civilisés qui, en regard de la civilisation occidentale, n'ont pas droit au rang de véritables États, une

tout autre catégorie, celle des États de peuples civilisés qui
ont été détruits, de manièreà neplus compter comme États,
quoique leurs nations soient fort vivaces. On peut citer
notamment le cas de la Pologne, rayée de la liste des nations,
de la Bohême subalternisée, etc.

Enfin, apparaît en dernier lieu la nation qui, non seulement, ne forme plus un État, mais n'a plus de territoire
et vit dispersée, comme les Juifs l'ont été lors de la conquête de Babylone, comme ils le sont redevenus aujour'hui.

II. — Entre les États interdépendants ou fédérés

L'interdépendance est beaucoup plus importante. Tandis
que la dépendance ne fera que décroître, à mesure que la
civilisation s'avancera, puisqu'il y aura moins de guerres et
moins d'hétérogénité, l'interdépendance grandira de façon à
absorber tous les États isolés et à aboutir à une fédération
mondiale, avec la paix qui en est la conséquence.

Nous avons indiqué plus haut les différents cas et les
divers degrés d'interdépendance entre les États. Ces liens sont
entre eux, ce que les sociétés sont entre les divers individus,
des sociétés ainsi de plus en plus étroites. Ils répondent également à ce que sont les unités concentriques dans le droit
constitutionnel. Les États peuvent, comme les individus, rester
isolés ou s'unir. Ces unions forment des liens de plus en
plus resserrés, puisqu'ils aboutissent à une confusion, à un
État unitaire. D'autre fois, cependant, le mouvement est
inverse et ils se dissocient. L'association et la dissociation
forment entre eux un mouvement continuel.

Nous avons établi ces divers liens de condensation. La
progression est toujours la même. On passe d'une raré-
faction complète, de la dissociation, à un lien de plus en plus
fort, de la simple alliance, union momentanée et instable,

au lien d'État fédéral, et enfin à l'unitarisme; mais souvent aussi, si l'on ne parvient pas à cette condensation totale, on commence à se dissocier et l'État unitaire descend d'un échelon à l'État fédéral proprement dit.

Nous n'avons à étudier ici, dans un intérêt sociologique, que l'État fédératif.

Le lien fédératif entre des États différents, de manière, non à les confondre en un seul, ce qui serait une simple annexion, mais à opérer cette union par la mise en commun de certains organes essentiels, correspond à ce qu'est, dans le monde biologique, ce que l'on appelle les colonies d'animaux par exemple, des corallières. On sait qu'elles sont portées sur la même tige et ont un tube digestif commun, sur lequel s'épanouit chaque individu qui conserve bien son existence distincte et un fragment de son autonomie. De même, l'État fédératif est un agrégat de plusieurs États solidarisés, ils ont une existence extérieure absolument commune et une autre intérieure restée propre, la tête aussi est la même pour tous, c'est le district ou la capitale fédérale.

Les États fédératifs appartiennent, comme tels, au droit international, parce qu'ils sont distincts, malgré ce lien intime, et que ce droit concerne les rapports entre États, plus ou moins resserrés. Dans ce droit, ils confinent, comme nous l'avons vu, au système des États confédérés, où il n'y a aucune partie utile devenue commune, mais seulement un lien externe, et plus loin, aux États simplement alliés. Ils sont analogues aussi à ceux qui ont entre eux un lien non plus de subordination, mais de simple coordination. Mais, d'autre part, ils se rapprochent tellement des simples provinces du droit national qu'on pourrait aussi les considérer comme faisant partie de ce dernier droit. En effet, une province presque autonome ressemble singulièrement à un État dont l'autonomie s'efface. Il y a des régimes provinciaux, par exemple, celui de l'Autriche, qui en simulent singulièrement un fédératif. Cependant, ce qui les distingue essentiellement, c'est que la province n'a le plus souvent, au moins d'une façon directe, qu'une fonction administrative et non une fonction politique ; d'autre part, elle a souvent un Conseil, mais point un double conseil, un Parlement. Il y a ainsi entre les diverses provinces un lien non point de province à province, ce qui fait une sensible différence, mais de province à État, ce qui constitue la tutelle administrative. Celle-ci est donc, entre provinces, un lien analogue à celui de la fédération entre États.

Dans la sphère politique, il est d'ailleurs certain que sous le régime fédéral, des États reliés semblent bien plus encore des provinces très autonomes que des États. Aux États-Unis, par exemple, ce qui frappe nos regards, c'est bien plus l'ensemble fédéral que nous considérons comme une seule nation, que chaque État envisagé séparément. En outre, lorsqu'il est question d'introduire le fédéralisme, nous n'entendons pas le lien à établir entre deux États aujourd'hui étrangers l'un à l'autre, mais, au contraire, une certaine dislocation de notre bloc territorial, de façon à former des provinces ayant plus d'autonomie.

Le fédéralisme est donc à la fois intérieur et extérieur. Dans sa formation, il peut porter, soit d'un côté, soit de l'autre. Les cantons suisses étaient isolés l'un de l'autre, avant de se réunir en une fédération, laquelle se resserre de plus en plus ; au contraire, le Mexique et même le Brésil formèrent un seul État, avant de se diviser en plusieurs États fédérés.

Le principe fédératif, entièrement inapprécié de pays comme la France, où même il semble étrange, est d'un usage courant dans beaucoup d'autres. Nous trouvons surtout subtil et difficile à pratiquer cette distribution des attributions entre le gouvernement fédéral et celui de chaque État, habitués que nous sommes à centraliser à outrance et à simplifier. D'après quelle tendance générale les divers États sont-ils fédératifs ou unitaires ? Nous verrons bientôt leur distribution à cet égard. Mais notons tout de suite une pola-

risation certaine. Les monarchies ont une tendance à l'unitarisme, les Républiques en ont une au fédéralisme, soit
qu'elles l'aient immédiatement adopté, soit qu'elles l'acquiè-
rent tôt ou tard. C'est ainsi que toutes les monarchies européennes sont unitaires, sauf l'Allemagne; et même la fédération de celle-ci marche-t-elle vers l'autoritarisme et
d'ailleurs la proportion entre les États fédérés y est déme-
surée. Au contraire, la plupart des Républiques du Nouveau-Monde, depuis le Dominion jusqu'à l'Argentine, et en
Europe, la Suisse sont fédératives. La France seule fait exception, mais on peut attribuer son unitarisme à ce qu'elle a été
longtemps monarchique.

Nous avons constaté la même répartition, lorsqu'il s'agit
de gouvernements constitutionnels, possédant ou non le
régime parlementaire, dit de cabinet.

On peut en conclure, au moins provisoirement, que le
parlementarisme et l'unitarisme sont le fait des monarchies
constitutionnelles actuelles ou des anciennes monarchies,
tandis que le non-parlementarisme et le fédéralisme sont
celui des républiques.

Les États fédératifs sont aujourd'hui : 1° l'Allemagne; 2° la
Suisse, en Europe; l'Autriche est seulement provincialiste,
quoique ses provinces, atteignant parfois l'importance d'États,
aient une tendance sécessionniste; et en Amérique, le Canada,
les États-Unis, le Mexique, le Venezuela, le Brésil et la
République Argentine. Des tentatives en ce sens, qui probablement aboutiront, ont eu lieu dans les colonies anglaises
en Australie, en Nouvelle-Zélande. Au cours de l'histoire,
des fédérations ont existé, qui ont disparu, notamment,
la République des Provinces-unies, dans les Pays-Bas. Enfin,
dans l'antiquité, on peut retrouver des fédérations, mais
bien différentes, dans leur constitution, des modernes; en
Grèce, la ligue achéenne et la ligue étolienne; en Italie, la
confédération étrusque et celle de la Grande-Grèce.

Avant de synthétiser et d'examiner au point de vue socio-

logique le principe fédératif et la consistance de cette institution, nous devons en étudier quelques modèles.

Les fédérations de l'antiquité ont été nombreuses en
Grèce, on cite les suivantes : quatorze peuples de l'Épire,
la Thessalie, la Messénie, l'Acarnanie, la Doride, la Pho-
cide, les deux Locrides, l'Élide, l'Arcadie, la Béotie, etc.,
mais le caractère de ces ligues est mal connu, celui des
Ligures l'est davantage et a été décrit par Strabon. De plus
vraies naissent après la conquête macédonienne, savoir : la
ligue achéenne et la ligue étolienne. Dans la première, il y a
un congrès ou assemblée générale des peuples confédérés; on y
trouve un Sénat représentatif, une autre ; la Gérousie, le
peuple et des magistrats fédéraux; les États petits ou grands
y participent également, les simples citoyens votent. Cette
assemblée fait aussi fonction de tribunal fédéral ; elle dirige
toutes les affaires extérieures, conclut les traités, déclare la
paix et la guerre. Il existe un chef du pouvoir fédéral, c'est
le stratège; il a un droit de vote et représente vis-à-vis de
l'étranger. Toute sécession est interdite, cependant les villes
restent autonomes. Cette ligue était aristocratique, une autre
similaire, l'étolienne, fut, au contraire, démocratique.

Dans l'Italie ancienne, la fédération des Étrusques est
certaine. Il y avait chez eux une diète nationale qui, seule,
avait le droit de déclarer la guerre et de la terminer. Les
villes de la grande Grèce furent souvent aussi fédérées.

En 1579, lorsque les Pays-Bas eurent conquis leur indépendance, il se forma entre les sept provinces du Nord une
fédération. L'organe fédéral consista dans les États généraux ;
chaque province en possédait à tour de rôle la présidence
pendant une semaine. Elle avait une voix égale à celle des
autres, malgré l'inégalité en étendue, la majorité l'emportait ; mais pour les affaires très graves, paix ou guerre,
acceptation de nouveaux membres, modification de la Constitution, on exigeait l'unanimité. A côté des États généraux
se trouvait le Conseil d'État composé des gouverneurs des

provinces et de douze autres membres nommés par elles,
proportionnellement cette fois, de sorte qu'ici les États
n'étaient plus également représentés, ils n'étaient pas liés
par le mandat impératif, à la différence des autres, et avaient
tout le pouvoir exécutif. Enfin, le chef était le stathouder.
On voit aussi figurer en certaines matières le droit de
veto de chaque État. L'autonomie des provinces était
très forte et rapprochée de la situation des confédérations·
·d'États.

Maintenant, il s'agit des fédérations en vigueur, d'abord·
de celle des États-Unis qui peut servir de modèle.

Le Pouvoir fédéral a le droit exclusif de guerre, de léga-
tion, celui de conclure les traités, il représente seul à l'étranger, aucun État ne peut traiter lui-même. A l'intérieur,·
le Congrès dispose des troupes, légifère en matière militaire, il peut lever des impôts, mais uniformes dans toute·
l'étendue du pays, et sauf le droit de chaque État d'imposer
des contributions à son profit. Il exerce le pouvoir législatif
sur le territoire fédéral, peut admettre dans l'Union des nouveaux États, intervenir dans les affaires pour assurer une constitution républicaine, protéger contre tou te invasion et toute
violence intérieure ; il défend de battre monnaie, de faire des
lois rétroactives ou des bills *d'attainder*. D'autre part, la Constitution défend certains actes au pouvoir fédéral : les restrictions à la liberté de conscience, de parole ou de presse, au
droit de réunion ou d'association, à la liberté personnelle,
rétablissement de l'esclavage, refus du droit de vote sous
prétexte de race ou de couleur. Comme principe général, la compétence de chaque État est la règle, et celle·
de la fédération, l'exception, sauf en matière internationale.

Le pouvoir législatif fédéral des États-Unis se compose
d'un Sénat et d'une Chambre des représentants. La dernière
est nommée tous les deux ans par les citoyens de la confédération. Le Sénat se compose de deux sénateurs par État

nommés pour six ans par la législature de chacun; chacun d'eux a une voix, mais l'État n'en a qu'une, de telle sorte que, si les deux sénateurs du même sont en désaccord, leurs voix s'annulent; il se renouvelle par tiers tous les deux ans. Chaque Chambre vérifie ses pouvoirs. Au moins une fois an, les deux Chambres s'assemblent en Congrès, autrement elles siègent séparément. Elles ont les mêmes attributions législatives. Il faut pour une loi la majorité dans chacune. L'assentiment du Sénat est nécessaire pour la nomination des grands fonctionnaires. Le Président et le Vice-Président sont nommés pour quatre ans par une élection à deux degrés ; les électeurs sont les législatures des divers États. Le Président a, comme nous l'avons vu, une autorité personnelle ; il n'y a pas de gouvernement de cabinet. Il a un droit de veto suspensif qu'on ne peut vaincre que par une majorité des deux tiers. Il existe aussi un pouvoir judiciaire fédéral, qui est compétent pour tous les litiges naissant de la constitution et des lois des États-Unis, des traités, de ce qui concerne les ambassadeurs ou les consuls, pour ceux d'amirauté ou de juridiction maritime ; pour les contestations où les États-Unis sont partie, celles entre deux ou plusieurs États, entre un État et les citoyens d'un autre État, entre les citoyens de divers États, entre ceux du même État concernant des terres, en vertu de concessions faites par d'autres États, entre un État ou ses citoyens et des États, ou sujets étrangers ; enfin, elle est chargée d'interpréter la Constitution.

Quant à la revision, le droit d'initiative appartient à la fois au Congrès et aux États particuliers. Si c'est au Congrès, il faut la majorité des deux tiers dans chaque Chambre ; si c'est aux législatures des États, celles-ci s'adressent au congrès. Dans tous les cas, la révision doit être ratifiée par les législatures des trois quarts des États ou par des Conventions formées dans les trois quarts d'entre eux.

Il faut noter ce qui concerne le district fédéral.

Presque partout, une petite partie du territoire et une ville
spéciale ont été destinées à être capitales fédérales. Il s'agit
d'abord de ne pas s'exposer à la jalousie de tous les autres,
puis de ne pas créer une hégémonie au profit de l'un des
États, inconvénient qui existe en Allemagne, par exemple.
Le Congrès aux États-Unis avait souvent changé de rési-
dence, d'abord à Philadelphie, puis à New-Jersey, puis à
New-York, puis de nouveau à Philadelphie, jusqu'à création
d'une capitale spéciale : Washington. Les autres États
d'Amérique ont agi de même. Au contraire, l'Allemagne et la
Suisse n'ont pas de district fédéral. D'autre part, les États-
Unis ne se composent pas seulement des États et d'un district
fédéral, mais aussi de territoires dont le peuplement n'est
pas encore terminé et qui forment comme des colonies intérieures. Il en est de même dans les autres États fédéraux
du Nouveau-Monde. Les territoires n'ont pas de constitution
spéciale ni de pouvoir, c'est le Congrès qui légifère pour eux,
mais ils ont le droit d'envoyer un représentant à la Chambre
des députés. Le pouvoir de la Confédération et celui des États
n'ont pas toujours des limites infranchissables; sans qu'il y
ait conflit, ils ont chacun leurs partisans : les centralistes et
les fédéralistes.

Les autres États fédératifs de l'Amérique ont une constitution fédérale analogue. Souvent la forme fédérative n'a pas
été pour eux initiale. Le Mexique forme 28 États, plus
1 district fédéral et 2 territoires. La distribution des pouvoirs
est à peu près la même entre la Fédération et les États. C'est
en 1823 que le Congrès remplaça l'empire par une république fédérale, les provinces étaient transformées en États,
plus 4 territoires. Onze ans plus tard, les centralistes
l'emportent, et en 1843 une constitution centraliste est votée;
en 1847 un Congrès rétablit la constitution fédérale. En
1857, les fédéralistes l'emportent. C'est celle de 1857 qui
est en vigueur.

Après beaucoup de vicissitudes, le Venezuela est régi par la

Constitution fédérale de 1853, il y a 9 États, plusieurs ont le droit de se réunir entre eux. La Constitution est la même, mais le pouvoir fédéral est plus étendu, il organise les postes et télégraphes, sanctionne les codes nationaux, exige que les États s'organisent suivant les principes démocratiques, électifs, fédéraux, représentatifs, et de responsabilité, qu'ils reconnaissent l'autonomie de la commune, qu'ils établissent le scrutin direct et secret, la gratuité et l'obligation de l'instruction primaire et même artistique et industrielle. Enfin, il vote toutes les lois d'intérêt général qui lui semblent nécessaires, ce qui est très élastique. Il y a un territoire fédéral. La Haute-Cour fédérale a une compétence pour casser tout acte du pouvoir fédéral portant atteinte aux droits des États, pour juger les crimes ou délits politiques ou de droit commun contre le Président de la République, les ministres, etc., trancher pour les conflits entre fonctionnaires d'États différents, et ceux entre les lois des États. En dehors se trouve la Cour de cassation qui a la même juridiction pour des faits s'accomplissant à l'intérieur de chaque État et, en outre, pour les conflits entre juges d'États différents. La Constitution peut être revisée sur la demande des États particuliers ou de la Fédération, mais pour cette revision, il faut une majorité des deux tiers.

La République argentine hésita entre le régime unitaire et le régime fédéral, les partisans de chacun étant très ardents. C'est la constitution fédéraliste du 20 septembre 1860 qui est en vigueur. Elle se compose de 4 États et de 9 territoires. La Constitution fédérale est la même, cependant les provinces ou États peuvent conclure des traités particuliers pour l'administration de la justice, des intérêts économiques et des travaux d'utilité publique. Par contre, le Pouvoir fédéral a le droit de rédiger un Code civil, un Code de commerce, un Code pénal et un Code des mines, tandis qu'aux États-Unis ces codes sont différents dans chaque État; de même il peut légiférer sur la naturalisation, la faillite, régler le com-

merce maritime ou terrestre, établir un système de poids
et mesures, de télégraphie, créer de nouvelles provinces. Il
exerce le pouvoir législatif sur le district fédéral et sur les territoires. La capitale fédérale, mais provisoire, est Buenos-Ayres.

Le Brésil, après avoir formé un Empire, est une République
fédérative depuis 1891. La fédération est similaire de celles
ci-dessus décrites. Elle comprend 20 États ; la distribution
entre la fédération et les États y est à peu près la même ; le
pouvoir fédéral est indépendant en matière financière, il jouit
seul des droits de douane, des produits des Postes et Télégraphes, et centralise les impôts fédéraux. Il légifère sur le
droit commercial, le criminel et la procédure de justice fédérale ; il édicte en matière de poids et mesures, crée des
banques d'émission, fixe les limites des États entre eux. Il
peut intervenir dans les affaires intérieures de ceux-ci pour
repousser une invasion étrangère, ou celle d'un État par
l'autre, pour maintenir la forme républicaine et fédérative, pour rétablir l'ordre dans les États sur la requisition de
leurs gouvernements, pour assurer l'exécution des sentences
fédérales. Mais les États conservent la plénitude des attributions, en ce sens qu'ils ont toutes celles qui ne sont pas con-
férées à la fédération par un texte. Le pouvoir fédéral s'organise comme ci-dessus, sauf sur ces points importants : les
sénateurs ne sont pas nommés par les législatures des États,
ni même d'après le mode fixé par ces législatures ; ils le
sont au suffrage universel direct, comme la Chambre
des Députés. L'initiative de la révision de la constitution
appartient à la fois au Congrès et aux États. Il y a demande,
lorsque la révision est acceptée par les deux tiers des législatures des États ou par les deux tiers des membres de chaque
Chambre. La décision définitive n'appartient pas aux États,
ni à aucune Convention spéciale, mais au Congrès ; il faut,
après trois discussions, la majorité des deux tiers des voix
dans chaque Chambre ; elle n's pas besoin d'être approu-
vée par les États.

En Europe, nous ne décrirons le gouvernement fédéral que pour la Suisse. Dans ce pays, il n'y avait d'abord que quelques cantons et quelques ligues formées entre eux. Il s'agissait surtout de se défendre contre les ennemis du dehors. Les treize cantons formaient plutôt une Confédération d'États qu'un État fédéré. Chacun pouvait passer séparément des traités avec les puissances étrangères, mais l'emploi de la force dans les conflits entre cantons était interdit.

Par ailleurs, l'autonomie était complète, sept cantons avaient une constitution aristocratique et les autres une démocratique. Chacun envoyait deux représentants à une diète commune. Celle-ci n'était pas permanente. En 1798, la Suisse prit la forme unitaire, les cantons perdirent leur souveraineté. Napoléon donna, en 1803, une nouvelle constitution fédérale par l'acte dit de médiation ; l'action du pouvoir fédéral était augmentée. La diète se composait d'un député par canton, chaque canton avait une voix, sauf les plus grands qui en avaient deux. Le canton directeur changeait chaque année. C'était toujours l'un des plus grands. Un nouveau pacte fédéral eut lieu en 1815. Il en fut voté un autre en 1848, qui resserra beaucoup le lien fédéral ; enfin, on aboutit à celui du 26 mai 1874, en vigueur aujourd'hui. La fédération se resserre de plus en plus et aboutit à un véritable État fédéral. C'est le pouvoir fédéral qui fait les traités ; cependant les cantons peuvent en conclure sur les objets d'économie politique, de voisinage et de police, les rapports diplomatiques n'existent que pour la fédération. Les affaires militaires passent entièrement à celle-ci. Elle pourvoit à elle-même, à ses dépenses par les produits de sa fortune, des péages, des postes et télégraphes, des poudres, enfin par la contribution des cantons qu'elle règle, mais elle n'a pas le droit d'établir des impôts directs. Elle peut contracter un emprunt. Cette Constitution étendait la compétence fédérale à une partie du droit civil et du commercial, aux lois sur la capacité civile, la propriété littéraire et artistique, la pour-

suite pour dette et la faillite, tout ce qui est relatif au commerce et aux contrats mobiliers, l'assurance contre les maladies et les accidents, la protection des dessins et modèles, la
matière des travaux publics, les chemins de fer, la surveillance des routes et ports, la chasse et la pêche, la législation
ouvrière, le monopole de l'alcool. En vertu de ces attributions, la fédération a promulgué un Code des obligations,
un de la faillite, et récemment un Code Fédéral, pour 1912:

La Fédération s'immisce dans les affaires des cantons, en
donnant à leurs citoyens certaines garanties : égalité devant
la loi, droit de libre établissement partout, liberté de
conscience, droit au mariage, liberté de la presse, droit
d'association, en un mot, tout ce qui compte dans les libertés
nécessaires. Aux cantons eux-mêmes elle garantit leur territoire, leur souveraineté, leur constitution, les attributions
de leurs autorités. Ceux-ci doivent lui demander la garantie
de leur Constitution, ce qui est un contrôle; pour cette
garantie il y a des conditions générales, à savoir la forme
républicaine, démocratique, représentative ; elle doit être
acceptée par le peuple, et pouvoir être revisée, si la majorité
des citoyens le demande.

. Les organes de la Fédération consistent dans: l'Assemblée fédérale qui comprend le Conseil national et le Conseil
des États, le tribunal fédéral, et le peuple tout entier dans
ses votations par referendum. Les deux Chambres de ce Parlement possèdent les mêmes attributions. Les membres du
Conseil national sont nommés par tous au suffrage direct et
universel. Le Conseil des États se compose de deux députés
élus par chaque canton qui détermine son mode d'élection.
Les deux Conseils siègent séparément, sauf pour l'élection
des membres du Conseil fédéral, du tribunal fédéral, et
des hauts fonctionnaires, pour l'exercice du droit de grâce
et pour les conflits de compétence. Les deux Conseils, outre
les lois, ont des fonctions exécutives : ils prennent des
mesures pour la sûreté extérieure, l'indépendance et la

neutralité de la Suisse, les traités de paix et les déclarations
de guerre, la garantie des constitutions cantonales, l'intervention pour l'ordre public, les comptes de l'État. Ils
élisent les membres du Conseil fédéral et du tribunal fédéral, vérifient les Constitutions cantonales au point de vue
de leurs rapports avec la Fédérale, tranchent les conflits
entre les autorités fédérales et statuent sur les réclamations
contre le Conseil fédéral. Le Conseil fédéral, à son tour, a
la fonction exécutive; il ne s'agit donc pas d'une autre
Chambre législative, c'est un Directoire. Il se compose de
sept membres. Nous venons de voir comment il est nommé, il
ne peut en être pris plus d'un membre dans chaque canton.
Il a un président et un vice-président nommés pour un an,
parmi ses membres, mais par l'Assemblée fédérale. Ce
président est celui de la Confédération, il est rééligible. Chacun
de ses membres dirige un des départements des affaires
fédérales (comme nos ministres). Il a l'initiative des lois,
comme les membres des Chambres. C'est lui qui est
chargé des relations extérieures. Au-dessus se trouvent les
fonctionnaires fédéraux dont il nomme la plupart. Le tribunal fédéral est choisi par les deux Conseils réunis. Il statue
tantôt en première instance, tantôt en appel, des tribunaux
cantonaux. Ce n'est pas un tribunal de cassation, mais d'appel, il juge au répressif les infractions aux lois fédérales
avec le concours de jurés fédéraux, s'il s'agit de crimes de
haute trahison, de révoltes contre les autorités. Ce tribunal fédéral connaît aussi des conflits de compétence entre
les autorités fédérales et les cantonales, des différends entre
les divers cantons.

La revision de la Constitution fédérale peut être réclamée,
soit par le Conseil national et le Conseil des États réunis,
soit par l'un des deux seulement, soit par 50.000 citoyens;
dans les deux derniers cas, on soumet au peuple la question
de savoir s'il y a lieu de reviser, et en cas d'affirmative, les
deux Conseils sont renouvelés pour rédiger une Constitution,

laquelle est soumise ensuite au peuple et aux cantons, il lui
faut alors la majorité des citoyens et celle des États. L'institution de la revision partielle ne peut plus être exercée
par un seul des deux Conseils isolés ; si les 50.000 citoyens
la proposent, ils peuvent rédiger un projet complet, et
alors ce projet doit être soumis directement tel quel au vote,
des citoyens et des cantons, sauf aux deux Conseils le droit
d'opposer dans un certain délai un contre-projet ; les péti-
tionnaires peuvent ne faire qu'une demande sans rédiger un
projet complet et alors pendant un an les deux Conseils ont
le droit de décider s'ils souscrivent ou non aux vœux admis.
Dans le cas de l'affirmative, ils préparent un projet qu'ils
soumettent au vote ; dans le cas contraire, le peuple est
appelé à voter sur le vœu : s'il l'approuve, les Conseils
préparent un projet et le soumettent au vote populaire et
aux cantons, il faudra alors l'approbation de la moitié des
citoyens et de la moitié des cantons.

Tel est le mécanisme compliqué et ingénieux qui fonctionne facilement dans la Confédération en Suisse.

Dans ce pays si connu sous plusieurs rapports, deux institutions concourent : le gouvernement fédéral et le gouvernement référendaire. Le second entre de plus en plus dans les
mœurs, car en aucun cas la Suisse ne renoncerait aux votations populaires par voie de referendum. Le régime fédératif
est plus discuté. Entourée des gouvernements unitaires de
l'Europe, la Suisse doit subir l'influence de l'ambiance. Ce
qui a été ressenti surtout, c'est l'inconvénient de législations
diverses sur un territoire si restreint ; aussi, l'unification législative se poursuit activement, tandis qu'elle est nulle aux
États-Unis. Le Code civil est devenu unique, sur tous les
débris des codes cantonaux, un Code pénal fédéral se
prépare, beaucoup d'autres lois sont unifiées. Sans doute,
l'unité législative n'est pas destructive de l'autonomie de
chaque canton, mais il y fait une certaine brèche. Ce qui
maintient l'autonomie cantonale, c'est le relief géogra-

phique et surtout les variétés des idiomes qui rendent un régime unitaire très difficile.

L'Allemagne offre le spectacle d'un grand pays monarchique fédératif. Nous ne pouvons exposer en détail le système adopté. Il est moins à étudier pour deux raisons : 1º c'est un État fédératif sans équilibre; la Fédération n'exige pas, il est vrai, des provinces égales, et malgré les villes fédérales, supporte les capitales là où il n'y a pas de ces villes, mais cependant ses provinces ne doivent pas être disproportionnées, et quand elles le sont, on leur donne des voix égales au Conseil des États. Ici la grandeur est irrégulière, la Prusse emporte tout dans la balance, en même temps et par là même elle a l'hégémonie complète. La capitale Berlin est capitale pour tous ; 2º le but politique visible est la réduction de l'autonomie des États qui doit disparaître tôt ou tard, comme autrefois en France, elle amène peu à peu la réunion à la couronne, elle rend le fédéralisme une sorte de survivance ; 3º l'unification des codes n'est pas seulement commencée, mais terminée de toutes parts, les lois politiques et administratives restent seules distinctes ; 4º la Fédération et les États manquent de cohésion quant au régime politique, l'Empire est constitutionnel et parlementaire, les élections sont démocratiques et au suffrage universel, chaque État est plutôt, au contraire, aristocratique. Les fédérations ci-dessus décrites avaient prescrit l'uniformité en imposant dans tous les États la république et la démocratie. L'intérêt national au milieu des grands États unitaires pousse à l'unitarisme, comme à une concentration défensive et offensive. Cependant les États du sud manifestent encore une certaine autonomie.

Quant à la Constitution fédérale, elle est dans cet Empire analogue à celles que nous avons exposée. Le Parlement fédéral consiste aussi en une Chambre des députés, le Reichstag nommé au suffrage universel par tous les Allemands et le Conseil fédéral ou Bundesrath, choisi par les législatures de chaque État. Les représentants de chacun d'eux ont mandat impératif, ce qui est curieux, celui-ci étant rejeté d'ordinaire par la politique classique ; il en résulte qu'ils doivent voter dans le même sens, tandis qu'aux États-Unis, leurs votes peuvent être différents. Il faut l'assentiment des deux Conseils pour toute loi d'empire. Le bundesrath a, en outre, des attributions politiques et administratives. Le troisième organe est le tribunal fédéral. Enfin, au-dessus apparaît l'empereur avec son chancelier, lequel peut déclarer seul la guerre et qui a, en matière législative, un droit de veto.

Les matières fédérales en Allemagne, par opposition aux autres, sont fort étendues, elles comprennent : 1° ce qui concerne l'indigénat, sauf en Bavière, le droit de bourgeoisie, les passeports et la police des étrangers, l'exercice d'une profession, la colonisation et l'émigration ; 2° les douanes, le commerce et les impôts applicables aux besoins de l'Empire, le sel, le tabac, les eaux-de-vie et bière, le sucre ; 3° le système des banques ; 4° le brevet d'invention ; 5° la propriété des œuvres de l'esprit ; 6° la protection du commerce allemand à l'étranger, de la navigation et les consulats ; 7° les chemins de fer et canaux ; 8° la navigation sur cours d'eau communs à divers États ; 9° les postes et télégraphes ; 10° la foi due aux actes authentiques ; 11° l'organisation militaire et maritime ; 12° les règlements de la médecine et de l'art vétérinaire ; 13° la presse et le droit d'association ; 14° enfin et surtout, la législation commune sur le droit des obligations, le droit pénal, le droit commercial, le change et la procédure. Il a été fait de ces derniers droits une large application, comme nous l'avons dit.

En présence d'une telle extension des matières fédérales, l'État marche rapidement vers l'unitarisme.

En dehors de ces États fédératifs de plein fonctionnement s'en trouvent d'autres s'en rapprochant de deux manières différentes.

Les uns sont des colonies éloignées de la métropole,

devenues par là et par des circonstances historiques, obligées
de s'organiser dans une demi-autonomie, la métropole elle-
même favorisant cet effort. Alors, sauf le gouverneur
fourni par la mère-patrie, elles ont des organes distincts,
consistant en un Parlement local et aussi en un lien fédéral
unissant les diverses provinces. Un tel état est nécessaire
davantage, si les provinces sont d'origine et de langues
différentes. C'est ce qui arrive notamment au Canada devenu
fédératif sous le nom de Dominion. D'autres colonies sont
en route vers ce stade, dont elles ont déjà ébauché l'esquisse.
On peut citer, dans ce sens, la Nouvelle-Zélande et surtout
l'Australasie. La situation coloniale favorise singulièrement
cette conversion, c'est bien elle qui a été l'origine du régime
fédératif des États-Unis eux-mêmes.

D'autres États se rapprochent du régime fédératif, sans y
atteindre tout à fait ; ils sont restés encore au rang de simples
provinces, mais ils possèdent des conseils provinciaux très
puissants qui valent presque des États autonomes. Telle est
la situation de l'Autriche. Par exemple, la Bohême, avec ses
tendances séparatistes, est un pays (land), telle est l'expression employée, bien distincte de la Provinz, qui a son caractère et son gouvernement tout spéciaux. Elle est, comme les
autres pays, régie par une diète propre, auprès de laquelle
l'empereur a seulement un représentant. Elle ne peut faire de
lois, mais une foule de règlements ; seulement elle ne possède
qu'une seule Chambre, et n'est pas, comme dans les pays
fédératifs, représentée près de l'empereur par un Conseil spécial de délégués des États. En sociologie, on pourrait
comprendre l'Autriche dans les pays fédératifs, sinon en
législation ; tandis qu'ailleurs on reste en marche vers
l'unitarisme, ici on s'avance vers le fédéralisme, voire vers
la sécession.

Enfin, dans d'autres pays, sans être parvenu encore vers le
fédéralisme, des tendances fédéralistes très marquées se sont
fait jour, c'est ce qui est advenu en Espagne. Les fédéralistes

espagnols sont nombreux, ils ont même réussi à faire proclamer pendant plusieurs jours la république fédérative.
Pendant longtemps, les provinces de ce pays ont vécu
isolées ; plusieurs ont même conservé leurs coutumes spéciales
ou *fueros;* les mœurs, les langues (provinces basques)
sont différentes.

Le monde civilisé se partage, comme nous l'avons vu
entre le fédéralisme et l'unitarisme, non certainement par
parties égales, puisque l'unitarisme règne dans la plus grande
partie de l'ancien continent, mais cependant sans une grande
inégalité. Il est donc intéressant de rechercher ses inconvénients, ses avantages et son avenir tout particulièrement.

Les inconvénients sont sérieux, et aux yeux d'un Français qui le connaît peu et qui préfère ses institutions, ils
sont de nature à rebuter. On a peine à comprendre pourquoi
ce dualisme entre la Fédération et les États. N'est-ce pas une
complication inutile? Car il est aussi facile, en fait de lois,
de légiférer pour tout le pays et de gouverner partout de la
même manière, en prenant seulement la précaution de ne
centraliser pas trop, d'administrer de près. N'y a-t-il pas
grand avantage à posséder une loi uniforme ?

Dans notre pays, c'est avec peine qu'on a réuni les
diverses provinces pour obtenir l'unité nationale. Pourquoi
détruire et retourner en arrière ? D'ailleurs, la fédération
peut entraîner un grand danger ; celui de la sécession, surtout lorsqu'il surgit des dissidences politiques. Si l'Irlande, si
la Pologne devenaient des États, ne se détacheraient-elles
pas bientôt de l'Angleterre et de la Russie? D'ailleurs, elle
favoriserait la réaction politique ; témoins les Girondins, les
guerres de la Vendée. Deux motifs surtout semblent péremptoires, le fédéralisme est contraire au sens de l'évolution. La
Suisse, l'Allemagne semblent se diriger vers l'unitarisme,
certaines Républiques de l'Amérique ont passé et repassé de
l'une à l'autre. L'unité de la législation est un grand bienfait
qui serait diminué par un tel régime : il s'étend même aux

lois politiques. Pourquoi rétablir ces douanes intérieures, intellectuelles? Enfin, l'expérience a prouvé que la fédération et les États ne peuvent rester chacun dans leur domaine respectif circonscrit; la Fédération ne devrait avoir à s'occuper que des relations avec les pays étrangers, elle usurpe toujours une foule d'autres attributions, de telle sorte que la limite de compétence entre elle et les États devient tout à fait flottante.

Il est facile de répondre à ces objections. Tout d'abord, le mouvement centraliste en France, par exemple, a été fort utile, mais c'était pour briser certaines résistances qui n'existent plus ; au contraire aujourd'hui, ce serait un mouvement inverse qui serait nécessaire pour empêcher une congestion à la tête du pays. Sans doute, la législation doit être unifiée; mais avant son adoption définitive, comme nous le verrons, il pourrait y avoir avantage à des essais régionaux. La sécession n'est plus à craindre, au moins chez nous, et si elle avait lieu dans certains autres pays où il y a oppression, ce serait justice. L'argument tiré des tendances réactionnaires des fédéralistes est purement contingent et d'ailleurs faux. Au contraire, ce sont les Républiques qui sont généralement fédéralistes et les monarchies centralistes. La loi est trop flottante, dit-on, entre les compétences, et cette objection est plus sérieuse, mais on peut la détruire, ce qui serait facile, en fixant des limites exactes, uniformes. Quant à la marche de l'évolution, elle est contraire à celle prétendue. Toutes les Républiques du Nouveau-Monde ont un goût fédéraliste de plus en plus marqué. Le Brésil, le Mexique, le Canada avaient commencé par la forme unitaire, et ont adopté la fédération ; elles y tiennent comme à un progrès évident pour eux. Quant à l'Allemagne, nous avons vu que ce n'est pas une fédération normale. Enfin, la Suisse a des partisans très ardents des deux systèmes.

Les avantages restent donc et ils sont fort nombreux. Tout d'abord, dans les esprits au moins, l'évolution est en ce sens. L'Angleterre englobe cette thèse dans son impérialisme, vou-

lant fédérer ses colonies entre elles-mêmes. En France, on
parle sans cesse de décentralisation et de provincialisme. La
littérature s'en mêle, les Félibres ont ressuscité la poésie
locale et les patois, les folkoristes se sont mis aussi à l'œuvre.
D'autre part, le fédéralisme s'accorde surtout avec le régime
républicain et ils se consolident mutuellement. La Suisse
est en Europe à la fois le pays républicain et le fédéraliste
par excellence. Un tel régime a le grand avantage d'assurer
la stabilité, en empêchant un coup d'État, aussi bien qu'une
révolution éclatant dans la capitale, ou en lui tirant toute
efficacité. Il protège, d'autre part, toutes les minorités contre
les oppressions majoritaires, car il est impossible que dans
quelques provinces les rôles ne se trouvent pas intervertis.
La chute des deux Républiques françaises unitaires en est
une preuve. Plus de brumaire désormais, ni de décembre ;
plus de pronunciamientos militaires. Le Parlement central
est à l'abri d'un coup de main, puisqu'il se verrait chez nous
remplacé de suite par beaucoup de petits Parlements. Si une
province a des griefs à faire valoir, à qui s'adressera-t-elle
sous le régime actuel? Sa voix sera vite étouffée par le pouvoir central, surtout s'il y a des différences ethniques, comme
entre l'Irlande et l'Angleterre ; la première attendra longtemps son home-rule ; il n'y a de remède que la sécession ;
au contraire, si elle est en fédération, elle fera valoir ses intérêts dans le Conseil des provinces, chacune d'elles n'aura plus
le même intérêt à lui être hostile. Que si de petits États ne
sont pas fondus en un ensemble unitaire, ils seront souvent en
guerre incessante, l'histoire le prouve, il en sera autrement,
dès qu'ils seront entrés en fédération amicale. Dans la
Turquie d'Europe, il y a une foule de peuples qui ont
secoué le joug : Grecs, Bulgares, Serbes, Macédoniens,
Monténégrins, Roumains, Albanais. Ils devraient se soutenir, ils se détestent par rivalité; et si la Turquie était
plus forte, elle en profiterait pour les mettre à néant. Ils ne
pourraient être sauvés que par une confédération serrée entre

eux. De même, un peu plus au Nord, tous les peuples qui composent l'Autriche-Hongrie. Ils se disputent sans cesse : Allemands, Hongrois et Slaves de toute origine. Ils n'auraient qu'à se confédérer pour s'entendre.

Le fédéralisme rend seul possibles certaines institutions sociales, par exemple, le gouvernement direct, facilite le gouvernement référendaire dont nous avons vu plus haut certains bienfaits ; un gouvernement unitaire d'un grand pays, c'est une bien grosse machine tout d'une pièce à manier ; avec la fédération, c'est plus aisé, et les Assemblées populaires deviendraient elles-mêmes possibles.

Un tel régime multiplie les foyers intellectuels et surtout les rend plus accessibles. En France, sous ce rapport, tout se concentre dans la capitale, il n'y a de science et d'art que là. Dans un pays voisin c'est tout le contraire, il n'y a pas de capitale intellectuelle, mais beaucoup de centres universitaires. C'est que le fédéralisme empêche que tout ne se porte à la tête et fait dériver dans chaque membre une part de vie.

En matière d'améliorations législatives, le fédéralisme produit un effet précieux. Il permet d'en faire l'essai sur un terrain limité, pour se rendre compte de sa viabilité et de leur utilité. Si l'épreuve est défavorable, on l'arrêtera et elle ne se sera pas étendue aux autres États fédérés. Ce procédé peut être employé, même dans un État unitaire, mais moins facilement. Nous avons vu qu'aux États-Unis on a mis en honneur la loi dite à option. Le pouvoir central l'édicte, avec faculté à chaque État de s'en servir, ou non. Le système ainsi modifié est encore préférable ; en outre, il tient compte des besoins et du caractère de chaque province.

Le fédéralisme a un autre emploi international, important dans les pays habités par des races distinctes, chacune en petit nombre, et souvent enchevêtrées les unes dans les autres, ce qui est fréquent en Autriche-Hongrie, où parfois la moitié d'un district est slave et l'autre allemand.

Il permet de ne pas soumettre l'un et l'autre : chacun sera autonome, ce qui ne l'empêchera pas de se réunir à l'autre dans la confédération.

Mais ce ne sont pas là les plus grands bienfaits du système fédératif. Le plus précieux de tous, c'est de mener peu à peu à l'avènement définitif de la paix entre les nations. L'œuvre commence par l'intérieur pour se répandre ensuite au dehors, puis il agit encore d'une façon indirecte, avant d'abolir directement la guerre. A l'intérieur, il empêche la création d États puissants formant un seul bloc ; sans doute, il y a d'énormes États fédérés, les États-Unis, par exemple, mais ils se composent d'une foule d'États de grandeur réduite, ne formant pas masse. Or, c'est ce choc de deux masses qui presque involontairement met le feu aux poudres ; les unités multiples différenciées n'auront plus le même but d'ensemble, ils n'auront pas non plus l'ambition qui arme un grand État et ses chefs, il pourrait même devenir indifférent alors à certaines provinces de s'agglutiner à tel ou tel conglomérat, car partout son autonomie serait consacrée.

En effet, nous en aurions une application près de nous dans le cas de l'Alsace-Lorraine. Si le régime fédératif était en vigueur à la fois en France et en Allemagne, l'acuité de cette question serait moins grande, au moins pour les Alsaciens ; ils formeraient un État quasi-autonome ; se relieraient seulement à une hégémonie : ils auraient bien une préférence toujours, mais toute oppression aurait disparu, il n'y aurait plus là une occasion perpétuelle de revanche, ni plus d'obstacle concret à la paix. De même, si la Pologne avait son autonomie certaine, que lui importeraient la Russie, l'Allemagne, l'Autriche ! L'indifférence gagnerait les pays fédérants euxmêmes ; possédant si peu effectivement, ils n'auraient plus grand intérêt à se battre. Les monarchies ou les Républiques unitaires recherchent bien plus vivement les conquêtes.

D'autre part, alors c'est bientôt fait de déclarer la guerre ; si ce n'est pas un chef de l'État, le monarque, qui la déclare, c'est un Parlement central sous une rapide impulsion. Dans une fédération, on pourra exiger que chaque État consente; s'il en est ainsi, même en fait, comment pourra-t-on compter sur son contingent? De là des retards qui rompent l'élan. La réflexion mécaniquement a le temps de s'accomplir.

Par le fait même de la confédération, il ne peut y avoir de lutte armée d'un État confédéré à un autre État de la même confédération, voici donc la paix intérieure assurée; si ces États avaient été non fédérés, la guerre eût pu éclater entre eux, c'est donc un profit net d'humanité. Mais c'est aussi une coutume utile au pacifisme. On s'habitue, en cas de conflit, à trouver des tribunaux, non seulement de citoyen à citoyen, mais d'État à État. Plus tard, quand ce sera de fédération à fédération que le conflit éclatera, on sera accoutumé à recourir à des arbitres, à un tribunal; on n'aura plus d'avance les armes à la main, et la fédération intérieure aura au moins préparé à la médiation, à la transaction, pour l'extérieur et même à un tribunal mondial à constituer. La fédération appelle la fédération, de même que la concentration appelle la concentration.

Nous avons vu que les autres conflits extérieurs seraient aussi empêchés entre petites nations divisées de races différentes qui se jalousent. Jamais on ne fera cesser leurs querelles (Autriche-Hongrie, bassin du Danube) que précisément en les confédérant.

Mais l'effet de la fédération intérieure est surtout puissant, en ce qu'il a pour conséquence dernière la fondation de la fédération extérieure qui, suivant nous, est le seul moyen efficace de fonder la paix. C'est celui, du reste, proposé par tous les grands hommes qui au cours de l'histoire ont été les propagandistes de l'idée pacifiste. Ils ne se sont pas arrêtés à l'arbitrage international préconisé de nos jours, ils ont été jusqu'à ce qu'on a appelé depuis les États-Unis d'Europe. L'idée en est fort simple. Le fédéralisme intérieur a réalisé, aussi bien et mieux que l'unitarisme, la paix intérieure et de plus, il a accoutumé, si on le prend pour modèle, à la paix extérieure. Il suffirait d'en créer un entre toutes les nations, pour que la paix y fût fondée de même. L'Europe tout entière ne serait que la Suisse élargie à proportions énormes.

Le premier qui eut cette idée fut Podibrad, roi de Bohême, né en 1464. Il voulait constituer un grand tribunal international devant lequel tous les États pourraient porter leurs plaintes. Il envoya dans ce sens une ambassade à Louis XI, dont il reste encore en tchèque une curieuse relation.

Il suppliait celui-ci, en sa qualité de roi très chrétien, de convoquer une assemblée de rois et de princes ; cependant il ne s'agissait que d'un tribunal international et non d'une fédération complète.

Henri IV eut un plus vaste plan. L'Europe avec ses royaumes héréditaires : France, Espagne, Angleterre, Suède, Danemark, Lombardie ; ses cinq dominations électives : Pologne, Hongrie, Bohême, Turquie, Papauté ; ses quatre républiques : Venise, Gênes, Florence, Suisse et les Pays-Bas aurait formé une vaste République, avec un Conseil supérieur des députés de chaque nation, et une division par langues, toute langue française formant aussi un groupe avec la France. Il comptait dans ce but sur l'alliance des protestants des autres pays.

Enfin Napoléon Ier, après ses conquêtes, avait conçu la même idée ; il avait placé ses frères sur divers trônes de l'Europe, Louis en Hollande, Jérôme en Wesphalie, Joseph à Naples, Murat en Espagne, de Beauharnais à Francfort, sa sœur Pauline à Guastalla ; c'était une amorce ; plus tard dans l'acte additionnel il s'exprima, sincèrement ou non, sur la fédération : « Nous avons pour but, dit-il, d'organiser un grand système fédératif européen. »

Cette fédération serait, suivant nous, possible, elle ne serait sans doute que fragmentaire, les pays de même race et de même langue se réuniraient; puis elle s'étendrait à l'ensemble du genre humain, serait la confédération mondiale.

III. — *Sociologie de Droit international entre le pouvoir temporel et le pouvoir spirituel*

Il s'agit encore ici d'un droit international, tantôt de deux États juxtaposés, tantôt de deux États subjectivement infraposés. Il faut distinguer si la religion ne dépasse pas les limites du territoire, s'il s'agit d'une religion en quelque sorte hénothéiste se confondant avec la nation, ou si elle les dépasse, s'il s'agit d'une religion cosmopolite ou catholique, en tout cas internationale.

Dans le premier cas, on peut douter, et c'est la controverse entre les auteurs, qu'il y ait un droit international religieux, car alors religion et État tendent à se confondre; c'est ce qui avait lieu en Judée, à Rome, même en Grèce, où le culte ne dépassait pas les limites du pays. Que si dans ce cas le spirituel reste distinct du temporel, il a un domaine très distinct et la cloison est étanche. Enfin l'état des esprits peut être tel que la croyance ne soit pas un fait général. D'autre part, plusieurs religions peuvent s'y exercer à la fois, et il est hors de la compétence de l'État de choisir entre elles pour l'imposer ou même pour la préférer. Dans ces conditions, les complications qui peuvent survenir ne font plus partie de la sociologie internationale, ni même du droit public national, mais doivent être comprises dans la dernière partie de ce livre traitant du conflit entre le droit individuel et le droit social qui aboutit à la liberté religieuse. Sans doute, il y a encore tendance réciproque à absorber, et même l'absorption est plus fréquente au profit du pouvoir temporel. Que s'il y a rébellion dans ce cas de l'un des pouvoirs, c'est une lutte pour ou contre les. libertés intérieures nécessaires.

Le résultat est identique, si la même religion est internationale d'une façon restreinte, c'est-à-dire si elle n'est pas centralisée à l'extérieur, mais partout également répandue sans grande cohésion. C'est ce qu'on observe dans le bouddhisme, le protestantisme, qui ont bien le vœu d'ubiquité, mais dont les fidèles n'ont pas entre eux un lien. étroit, ou sont divisés en un grand nombre de confessions différentes : luthérianisme, calvinisme, antitrinitarisme, etc.

Il en est autrement lorsqu'une religion est internationale,. non seulement dans le sens qu'elle est répandue dans plusieurs pays, mais dans celui qu'elle a une concentration,. une hiérarchie, un chef visible. C'est le cas notamment du catholicisme, c'est là aussi que sont nés les plus graves conflits entre le spirituel et le temporel, et qu'ils ont été assimilés à ceux du droit international. Le Souverain Pontife, non seulement a possédé au nom de l'Église des États, c'est-à-dire, une souveraineté politique avec un territoire, pour ainsi dire, fédéral chrétien, mais il entretient encore des ambassadeurs dans la plupart des États. Dès lors, un certain. droit ecclésiastique international existe.

Mais ce droit n'en est encore qu'au premier degré, c'est-à-dire très faible, et même on peut contester son existence. rationnelle, si l'on est non-croyant. Aussi, ceux qui n'appartiennent à aucun culte l'ont rejeté en France. Dans ce pays. il n'existe plus en droit actuel à l'état statique. Mais cela n'empêche pas qu'en droit dynamique il a longtemps. existé et qu'à ce titre, au moins, le sociologue doit en retenir l'étude. Il suffit de rappeler le sacte des rois, la. querelle des investitures, la lutte entre le Sacerdoce et l'Empire.

Mais aujourd'hui, pour les non-croyants, c'est un chapitre qu'il faut tout entier effacer, il s'agirait de rapports,

non entre le temporel et le spirituel, mais entre le temporel
et le néant. Les croyants sont d'opinion diamétralement
contraire, il s'agit pour eux de ce qu'il y a de plus important; la société d'outre-tombe possède l'intérêt suprême, la
terrestre est tout à fait secondaire et doit se soumettre
entièrement à l'autre.

Cependant, parmi les systèmes dits matérialistes ou
agnostiques, il y en a un qui accorde au pouvoir spirituel
autrement organisé, il est vrai, autant d'importance que le
catholicisme : il s'agit de la religion d'Auguste Comte.

Par contre, les croyants ne se bornent pas à revendiquer
pour l'autorité religieuse extérieure le parallélisme ou l'autonomie vis-à-vis du pouvoir temporel. Les uns exigent
squ'il y ait une religion seule reconnue par l'État, les confessions différentes étant persécutées ou tout au moins prohibées;
c'est ce qui eut lieu sous l'empire romain, en Chine, au
moyen âge catholique, sous Louis XIV, en Angleterre sous
l'influence du clergé anglican, les autres, qu'il y ait une religion d'État préférée et subventionnée seule par lui.

L' « Église libre dans l'État libre » est la formule de tolérance réciproque qui apparaît et s'éclipse alternativement.

Le droit international ecclésiastique est au second degré
lorsqu'il devient contractuel, c'est-à-dire convenu entre
l'Église et l'État, au moyen des concordats qui répondent aux traités ordinaires du droit international. Ces
concordats sont très nombreux. Parfois ils ne sont que partiels et tacites. On cite en France ceux de Léon X et de
Pie VII. Ils deviennent souvent la source de nouveaux conflits.
Les Pragmatiques sanctions sont dans le même ordre d'idées.
Des régimes concordataires existent ou non, dans tous les
pays d'Europe et ils sont fort variés. Nous ne pouvons
les étudier ici. Ils forment des liens sociologiques complexes.

Ce qui est grave, c'est que c'est l'existence du lien sociologique qui est elle-même en question.

QUATRIÈME PARTIE

SOCIOLOGIE DES LIMITES ET DES RAPPORTS ENTRE LE DROIT PUBLIC ET LE DROIT INDIVIDUEL

CHAPITRE XXV

L'individu et la société resteront toujours deux antagonistes, car leur définition même est contraire. Pour être en société, le premier doit nécessairement aliéner une partie de sa liberté ; souvent, par contre, il acquiert l'égalité qu'il n'avait point naturellement, mais pas toujours, et il ne gagne pas parfois à l'échange, la solidarité est puissante, mais se montre faible, cependant, ce peut être un avantage sérieux ; mais ce qu'il gagne certainement, c'est une sécurité plus grande que celle qu'il ne pourrait se donner à lui-même, cette sécurité s'applique tant à sa personne qu'à ses biens. Donc, comme tout contrat synallagmatique, le contrat social procure des avantages et exige des sacrifices ; dans certaines situations, il est léonin, lorsque les membres riches s'attribuent à peu près tout, mais il peut aussi être équitable ; il le devient en tout cas de plus en plus.

Dans ce contrat, tacite le plus souvent, mais qui n'en est pas moins réel, qu'est-ce que l'individu va mettre ? N'est-il pas des droits individuels qu'il doit en tout cas se réserver ? Pour

être mieux nourri, il faudra consentir à perdre totalement sa
liberté, à devenir esclave. Est-ce que c'est valable ? Si oui,
il aura bientôt cédé tous ses droits pour le plat de len-
tilles biblique et, moyennant un moment de satisfaction, se
sera rendu malheureux pour toujours. C'est son affaire, dira-
t-on ! Oui, mais cela regarde aussi ses descendants. A-t-il le
droit de les faire déchoir ainsi ? Et même, quant à sa personne,
est-ce que tel homme est toujours identique à lui-même,
est-ce que celui d'aujourd'hui est tout à fait celui de demain ?

Il y a peut-être des droits irréductibles, inaliénables qu'on
a bien la faculté de suspendre un moment, ou en partie,
mais pour les reprendre ensuite. Autrement c'est le pacte
de Faust avec Satan, du héros du drame de Shakespeare avec
Shylock devenu célèbre, ou celui du prolétaire pour le
salaire de famine. On peut bien se prêter, mais on ne doit
pas se vendre à la société.

Cependant, durant de longues périodes, cette vérité a été
obscurcie. Un homme libre pouvait, à Rome, se vendre
comme esclave, plus tard le serf engageait ses services pour sa
vie ; en matière religieuse, on le fait par des vœux perpétuels,
on traite avec Dieu sur sa liberté, sur ses biens et sur son
corps. Des principes nouveaux ont déclaré nulles toutes
ces conventions et on a dressé le catalogue de tous les droits
individuels inaliénables à n'importe quel prix, par la déclaration, en France, de 1789, la déclaration des Droits de
l'homme. Il faut bien dire : de l'homme et non du citoyen,
car ces droits appartiennent à tous, même à ceux privés des
droits politiques.

La société conserve sans doute le droit de demander
beaucoup de sacrifices, et des plus lourds, à l'homme, en compensation des avantages procurés, mais les droits réservés
de celui-ci sont inviolables ; si elle veut y toucher, on peut
résister sans autres formes de procès et, en effet, presque
toujours ces formes sont impossibles, l'insurrection devient,
suivant le mot célèbre, le plus saint des devoirs.

Ce principe est celui qui a été mis en lumière dès les premiers jours de la Révolution française, mais la constitution anglaise l'avait déjà proclamé, et J.-J. Rousseau, le champion de l'individualisme, l'avait déclaré nettement. L'idée démocratique qui l'a mis de plus en plus en lumière et tout le XIXe siècle qui en est issu ont été individualistes. Plus récemment, la doctrine collectiviste, qui accorde à la société un pouvoir prééminent et même absorbant, semble l'avoir diminué et peut-être tout à fait infériorisé. Nous rechercherons si c'est une simple apparence ou la réalité.

De nos jours, en France, une vaste ligue a été fondée qui a pour but de mettre en pratique cette idée de l'autonomie de l'individu et de venir à son secours toutes les fois que la société se montre oppressive à son égard. C'est la ligue des Droits de l'homme née à propos de la fameuse affaire où toutes les forces sociales étaient soupçonnées de s'être coalisées pour condamner un innocent, où tout au moins pour maintenir sa condamnation après des preuves données d'une innocence qui a d'ailleurs été reconnue judiciairement plus tard. Quoi qu'il en soit, ce fut le point de départ. On résolut d'opposer à toutes ces oppressions sociales une résistance, non plus de l'individu isolé, mais de l'individu soutenu par une association pouvant exercer des influences et avancer les frais nécessaires. Plus exactement, l'exercice était double, il s'agissait de réagir contre les faits concrets atteignant un individu et aussi de combattre les lois attentant d'une manière générale, cette fois, aux droits individuels. C'est, il est vrai, ce que jadis, dans le roman de Cervantes, Don Quichotte avait voulu faire avec le succès que l'on sait. Mais le don quichottisme n'est-il pas sublime et si rare? Cette ligue ne pourrait donc mériter que de grands éloges. Elle eût atteint plus au moins son but, si des passions politiques n'avaient trop limité son domaine et si elle s'était occupée de protéger les individus contre la société, quel que fût leur parti.

L'individualisme a une grande importance sociale, mais il a ses racines psychologiques dans la mentalité où nous devons l'examiner quelques instants.

L'homme, s'il est un animal social, a aussi, d'autre part, un certain goût pour l'isolement ; s'il descend volontiers dans la mêlée humaine, il rentre aussi dans sa Tour d'Ivoire. Si les uns d'ailleurs se hiérarchisent socialement plus facilement, d'autres sont réfractaires. J.-J. Rousseau l'était, lorsqu'un peu emphatiquement, il voulait retourner à l'état de nature. L'état sauvage, par illusion d'optique, quoiqu'aussi par pose, a parfois paru de tous le meilleur.

Si telle est la disposition des individus, elle se retrouve aussi particulièrement dans certaines religions ou philosophies, chez certaines races, en certains habitats, et parfois cet esprit est poussé aux plus extrêmes limites. Citons-en quelques exemples.

Il y a des religions tout à fait individualistes, tandis que la plupart tiennent surtout à leur lien social particulier. Dans deux branches de la même le parallélisme est fort net, c'est entre le catholicisme et le protestantisme. Le premier se nourrit d'autorité, d'instinct hiérarchique et d'obéissance voulue ; le second revendique le droit d'examen et n'admet pas d'intermédiaire indispensable entre l'homme et la divinité. De même, certaines races sont particulièrement et notoirement individualistes: les anglo-américaines, leur devise est le *self government*. Se gouverner par soi-même, quoi de plus individuel ; n'être gouverné ni d'en haut, ni d'en bas, ni divinement, ni démocratiquement, ne mettre de soi que le tout à fait indispensable, se donner, mais se reprendre à chaque instant ! Dans ce cas, on trouve partout sa patrie, on la porte avec soi, on est vite explorateur, hardi marin ; on est accompagné partout par soi-même, un moi, qui se dédouble, pour ainsi dire, et cela devient héréditaire. Enfin, les différents habitats poussent aussi à cette différence. Le montagnard, l'insulaire, l'isolé par des obstacles matériels, doublent cet isolement d'un autre mental.

Muni d'un tel caractère, on le fait valoir partout. On a moins recours à la protection sociale que ne le font les autres ; d'ailleurs, n'est-on pas souvent loin de cette protection et ne faut-il pas y suppléer ? C'est ce qu'on fait sans phrase. De là, la vengeance privée, et aussi la vengeance publique exercée par chaque citoyen au moyen du lynchage. Si l'on n'ose s'aventurer aussi loin de peur de la société, tout au moins, en écartant ou en aidant le ministère public, exerce-t-on l'accusation devant les tribunaux pour tous les crimes moins révoltants, quoiqu'ils ne nous concernent pas. Si l'on doit être jugé soi-même pour un acte qu'on aurait commis, va-t-on se soumettre à l'intervention sociale ? Peut-être, mais difficilement ; on veut au moins son juge à soi, point son supérieur, ni son inférieur, son égal ; c'est le jugement par les pairs, simples citoyens comme nous: et si on nous les refuse, nous saurons les remplacer, d'accord avec notre adversaire, et nous nous servirons du duel, c'est-à-dire de notre épée et de la sienne, corps à corps, seul à seul.

Cet esprit domine aussi la politique générale, et c'est là qu'elle cherche son application plénière et sa dernière exagération. L'individualiste ne saurait se soumettre au vote de la majorité, quel que soit ce vote; il veut être, aussi lui, représenté, en proportion, sans doute, mais représenté. Quelquefois, il va plus loin et trop loin. Qu'est-ce que voulait par moments Jean-Jacques ? C'est ce que par malheur pour elle voulut la Pologne, le *liberum veto*, il fallait l'unanimité.

Tel est l'individualisme. Il trouve devant lui le sociétarisme et même le socialisme qui vont faire dominer la société sur l'individu et parfois étouffer l'individu par la société. Dépourvu de ses droits peu à peu, celui-ci finit par devenir anonyme. Il n'a plus de nom patronymique, ni de prénom ; mais un matricule comme le prisonnier, comme le soldat, ce n'est plus que tel numéro de telle rue, de telle ville. Mais il est bien rare que cette victoire soit si absolue de part et d'autre. En général, c'est la société qui domine ; seulement les réserves au profit de l'individu sont ce qu'on appelle les libertés nécessaires.

Ce n'est pas seulement l'individu proprement dit, celui en chair et en os, et indivisible, qui s'oppose ainsi à la société, c'est tout groupe individuel.

Cela contient : 1° l'individu ; 2° la famille, 3° l'association volontaire.

La famille a, sous ce rapport, un caractère qui fut mal compris tout d'abord. On établit cette trilogie : individu, famille, État ou société organisée. Dans ce système, la famille était le développement de l'individu, de même qu'à son tour la société était le développement de la famille. Les faits observés sont venus contredire d'abord ceux constatés dans la sociologie animale. Loin d'être l'embryon de la société, la famille par couples y est contraire, des animaux s'en contentent. Ce n'est que parmi ceux qui pratiquent la promiscuité que les sociétés se forment. Chez les sauvages, elles naissent du clan qui n'est qu'une famille artificielle. La famille s'opposera donc, nous le verrons, comme l'individu, à la société, les conflits seront même nombreux. L'association libre à son tour s'opposera à la grande société. Elle est l'œuvre de l'individu, et le prolongement de la famille qu'elle remplace souvent. La société lui est parfois antipathique, cherche à l'étouffer, parce qu'à l'origine et de nos jours encore c'est avec parcimonie qu'elle lui accorde l'existence légale.

Il y a donc une trilogie dans l'individuel : 1° l'individu ; 2° la famille ; 3° l'association volontaire. Nous devons examiner le tout successivement à l'état statique, à l'état dynamique et à l'état scientifique.

A. — ÉTAT STATIQUE

1° L'individu

Nous avons à étudier :

1° Le minimum des libertés ou des autres droits individuels nécessaires ;

2° Les emprises du droit social sur le droit individuel ;

3° Celles du droit individuel sur le droit social ;

4° Le droit individuel absolu ;

5° Le droit social absolu (collectivisme) ;

6° La conciliation du droit absolu et du droit individuel.

1° *La nature et le minimum des droits individuels.* — Les droits nécessaires qui doivent rester en principe à tout homme sont de plusieurs sortes : physiques, intellectuels, familiaux, économiques, politiques.

Les droits individuels physiques sont ceux qui garantissent la personne contre toute lésion et toute contrainte, ou qui lui permettent de réagir contre elles. Les actes contraires sont ceux qui attenteraient à l'intégrité physique ou à la liberté.

Le droit de chaque homme à son intégrité physique lui donne celui à la vie, à l'absence de blessures ou de tourments, en un mot, à l'inviolabilité. C'est en vertu de ce droit que le meurtre, les coups et blessures sont interdits, et que le lésé peut invoquer la légitime défense ou la provocation. C'est en vertu du même principe qu'il ne peut être, de par la société, au moins dans certaines doctrines, privé de sa vie ; enfin qu'il ne peut s'en priver lui-même par le suicide, quoiqu'il puisse y avoir controverse sur ce point. C'est en vertu du même principe aussi que la femme a droit à son honneur physique, et que les peines sociales ou lois qui pourraient y faire atteinte sont exclues. Enfin, la légitime défense peut se prolonger en défense retardée ou vengeance privée.

Le droit à la liberté de se mouvoir s'analyse en liberté individuelle, *l'habeas corpus*, qui la protège contre l'emprisonnement, celle d'aller et venir, que contredit l'interdiction de séjour et l'obligation du passeport; celle de voyager à l'étranger et même de changer de nationalité ou de se fixer dans un autre pays (naturalisation, émigration et immigration).

Le droit à la vie familiale et sexuelle comprend celle du mariage (sans condition de caste, de classe) celle du divorce, celle du dégagement de tous vœux contraires.

Le droit économique comprend celui aux diverses espèces de propriété, matérielle ou immatérielle, littéraire, industrielle, artistique; il exclut les vœux perpétuels de pauvreté; il comprend aussi la liberté de l'industrie et du commerce.

Le droit d'indépendance comprend l'interdiction de la servitude, du servage, des vœux d'obéissance, d'engagement à vie de ses services et, par conséquent, envers l'État, de l'entrée dans des fonctions trop onéreuses ou trop longues, notamment le service militaire pour une période excessive.

Le droit de suppléer à la société, lorsqu'elle manque à ses fonctions ordinaires, et par conséquent, celui de la remplacer au point de vue répressif par la vengeance privée, le lynchage ou la poursuite pour autrui.

Le droit politique d'être représenté soit totalement, soit proportionnellement, dans la délégation d'État, ou de délibérer soi-même en gouvernement direct et celui de ne jamais aliéner son droit constituant en choisissant un monarque héréditaire. Il comprend aussi celui de prendre part, au moins dans un minimum d'intervention, au pouvoir représentatif, soit par un referendum, soit par un droit de pétition. Il faut y joindre la liberté de réunion. Quant à celle d'association, nous la rencontrerons plus loin dans un autre groupe.

Le droit a des facultés intellectuelles irréductibles, à la liberté de conscience et à celle du culte, la liberté de la presse, celle de choisir la direction religieuse de l'instruction.

Le droit à l'inviolabilité et au secret du domicile, surtout pendant la nuit, la loi positive le proclame par des dispositions expresses.

Le droit, au secret de la correspondance.

Le droit avec le devoir corrélatif, au secret professionnel.

Le droit à la liberté de l'industrie et du commerce.

Le droit à l'existence qui se manifeste par celui au travail ou à l'assistance publique ou, à défaut, au prélèvement nécessaire.

Ce dernier droit a donné lieu à de vives controverses, il est cependant indiscutable ; la théologie ancienne, si respectueuse pourtant du droit de propriété, avait reconnu à l'individu celui, en cas d'extrême misère, de s'emparer de la subsistance entre les mains de quiconque. La société bourgeoise conteste la légitimité même de cette atteinte minima. Mais des publicistes modernes l'ont proclamée de nouveau : Victor Hugo, Zola, par exemple, pour le vol d'un pain ; un magistrat bien connu s'en est fait avec fracas une réclame dans ses jugements. Enfin, l'école socialiste et avec elle le gouvernement lui-même en 1848 ont reconnu le droit au travail. Rien de plus exact et de plus juste. L'individu a le droit naturel et inaliénable de vivre ; il doit fournir en échange son travail, pourvu qu'on ne lui impose pas un salaire de famine. S'il est incapable de travailler en raison de maladie ou d'âge, il a le droit d'être entretenu par la société. A défaut, il peut renier l'existence de celle-ci et agir comme si elle n'existait pas.

Tels sont les droits individuels que le droit social ne doit pas entamer. Aucune Constitution ne peut prévaloir contre eux. Leur déclaration est insérée souvent dans la Constitution elle-même pour en marquer les limites. Mais il n'y a pas violation, lorsqu'il en a été fait abus de ces droits, et que cet abus est ensuite réprimé par des peines.

Un de ceux qui ont donné lieu aux solutions les plus
diverses et même les plus contraires, c'est la liberté de la
presse. Elle est généralement accordée dans de faibles
limites par les monarchies absolues, augmentée par les
parlementaires, à peu près complète dans les démocraties.
La conciliation entre le droit individuel et le droit social y
est fort difficile. En France, sous l'ancien régime, aucun
livre ou journal ne pouvait être imprimé sans une approbation préalable, c'était la censure. Abolie en 1791, elle
reparut sous le premier Empire, une loi de 1814 la main-
tint jusqu'en 1819, une de 1822 la rétablit ; la charte de
1830 l'abolit, la Constitution de 1848 la confirma ; le second
Empire rétablit la censure jusqu'en 1868, aujourd'hui elle
est supprimée

2° *Emprise du droit social sur le droit individuel.* —
Mais, si le droit individuel est inviolable en théorie, et si sous
la législation actuelle en France, il l'est à peu près en fait,
il n'en est pas moins vrai que ces deux droits ne restent
pas toujours parallèles, mais qu'ils se heurtent souvent et
s'emboîtent l'un dans l'autre, comme sous le gouvernement
de cabinet, le législatif et l'exécutif ne sont pas seulement
juxtaposés, mais se pénètrent mutuellement. Quelquefois il
y a là un agencement savant et justifié, mais aussi parfois
une usurpation.

Une des emprises les plus connues est celle sur la propriété. Elle exigerait de longs développements qui ne sauraient trouver leur place ici. Il y en a de directes et d'indirectes, les unes ont lieu moyennant une juste indemnité,
les autres sans indemnité et par une sorte de confiscation.

Les atteintes à la propriété faites par l'État sont de
nature pénale, d'intérêt public ou administratif, et enfin
d'intérêt politique.

Celles de nature pénale n'existent plus, mais ont été fort
usitées. Il s'agit de la confiscation générale, comme répression de certains délits. C'était souvent plutôt politique,

mais sous couleur de justice. La confiscation spéciale en
est un vestige.

Celles d'ordre administratif ou d'intérêt public constituent ce que l'on appelle l'expropriation pour cause d'utilité publique, en général, pour la confection des grands travaux publics : elle s'attaque à la propriété immobilière.
Elle a eu naturellement lieu toujours ; mais sous l'ancien
régime, en France, c'est le souverain qui expropriait ; il
réglait arbitrairement les indemnités par ses intendants, et
ne les payait pas toujours, n'étant pas aussi généreux que
Frédéric de Prusse le fut envers le meunier de Sans-Souci.
C'est l'Assemblée constituante qui réagit dans sa Constitution
en exigeant cette indemnité ; la loi de 1810 donna une
garantie en établissant une compétence judiciaire et en exigeant que l'utilité fût déclarée par une loi. La création des
chemins de fer en a beaucoup augmenté la fréquence. La
loi de 1841 avait accru les garanties encore, en faisant régler
l'indemnité par un jury. Seulement, il est certaines expropriations qui se font sans indemnité, surtout lorsque la dépossession est insensible : on peut citer le cas de la servitude
de reculement. Enfin, on doit tenir compte de la plus-value
occasionnée par les travaux pour la déduire de l'indemnité
due. Tel est la loi. La légitimité de cette emprise sur le
droit individuel ne peut être contestée, quoiqu'elle soit grave.
Cependant la lésion ne porte guère que sur la valeur d'affection, par exemple, du foyer de famille, et elle est compensée
par une majoration très forte de l'estimation de la
valeur vénale, trop forte même, car la société va se trouver
lésée à son tour, en payant, en général, deux ou trois fois plus
cher qu'il ne faudrait, la propriété acquise ainsi. C'est que,
quoique l'expropriation de ce genre fonctionne depuis longtemps, le préjugé de l'inviolabilité absolue de la propriété
protégée par un tabou existe encore, et que, d'ailleurs, on a
choisi pour juges des jurés bourgeois, par conséquent, tous
propriétaires expropriables à leur tour, pour estimer la

propriété. Est-ce que pour eux, elle n'est pas inestimable ?

D'abord, il ne s'agissait que de la nécessité publique; plus tard, la loi a dit : l'utilité, mais c'était toujours une utilité matérielle. Le principe va s'étendre. Il ne s'agit plus seulement désormais de construire canaux, chemins vicinaux et chemins de fer, mais d'irriguer, ou, au contraire, de dessécher, de défricher, de planter, de bâtir, de tout ce qui peut profiter à la collectivité ; l'intérêt artistique pourra suffire, celui de conserver des monuments de souvenir historique ou de valeur esthétique.

On pourra, d'autre part, exproprier non plus administrativement, mais politiquement, et cette fois presque toujours sans indemnité. On exproprie ainsi de la vie : condamnation en Angleterre de Charles Ier, en France de Louis XVI (on ne peut prétendre que le droit commun fût en question), de la fortune (confiscation des biens de la famille d'Orléans), de la liberté (captivité de Louis XVI et Louis XVII, des Girondins), de la patrie (ostracisme qui frappait Aristide, bien avant l'exil qui frappa Charles X). C'est toujours ce qu'on appelle les raisons d'État qui expliquent ces exclusions.

On alla plus loin encore et, ce qui est curieux, c'est une autre expropriation pour cause d'utilité politique, celle qui a confisqué les biens de classes entières de citoyens, non par application d'une pénalité quelconque, mais par suite du danger existant ou prétendu pour la patrie. En France, l'histoire en présente plusieurs. Les protestants sont expropriés de leurs fonctions, de leur état civil, par la révocation de l'Édit de Nantes, les émigrés et le clergé le sont sous la Révolution française de tous leurs biens confisqués au profit de la nation, enfin il y a quelques années, les religieux non-autorisés ont subi aussi non la confiscation proprement dite, mais la dispersion de tous leurs biens, non au profit de l'État, si ce n'est que subsidiairement, mais ces biens n'en étaient pas moins perdus pour eux. Plus récemment encore, le clergé séculier a été exproprié à son tour de son traitement servi par l'État et de ses immeubles. Toutes ces expropriations ont eu lieu sans indemnités adéquates. Elles ont entraîné partiellement l'émigration du territoire.

C'est surtout l'expropriation pour cause d'utilité politique qui doit frapper l'attention du sociologue. Nous ne cherchons pas ici si elle est légitime. Elle lèse évidemment le droit individuel, mais est-ce en vertu d'un droit collectif supérieur? Quoi qu'il en soit, sa réapparition au milieu d'une société pacifiquement réglée est singulière. On ne peut la comparer qu'à la comète qui vient tout à coup traverser le monde planétaire soumis à des règles fixes, ou aux laves du volcan qui déchirent les strates superposées pour parvenir au sol. Il en est de même de la révolution. C'est que ces expropriations en masse sont la conséquence d'un état semblable à cette dernière. Ce qui est fort singulier, c'est l'indifférence de ceux qui ne sont pas intéressés dans le moment par ces faits, mais en sont menacés à leur tour dans l'avenir. La confiscation des biens d'émigrés était admise par le clergé, lorsqu'il eut reçu sa pension concordataire, et récemment, lorsqu'on frappa les ordres religieux, il crut qu'il ne serait pas atteint. Pourtant la succession fut rapide. La bourgeoisie s'est réjouie de tout cela, mais trouve bon de s'excepter, sans s'apercevoir du collectivisme grandissant qui la guette et lui prépare une expropriation politique plus vaste et aux yeux de ceux qui l'accomplissent aussi justifiée.

Il est d'ailleurs à remarquer qu'autant l'expropriation pour cause d'utilité publique est entourée de garanties et compensée par une indemnité exagérée, autant celle pour cause d'utilité politique est privée de toutes, souvent même de mesures transitoires et d'indemnité.

Si l'on ne tient pas seulement compte de l'état actuel, mais aussi des amorces de l'état futur et des prétentions élevées sur l'avenir, nous verrons que la doctrine collectiviste préconise l'expropriation pour utilité politique, au profit de l'État, de l'ensemble de toutes les propriétés privées, comme instruments de production.

En dehors de ces deux grandes expropriations pour cause d'utilité publique et d'utilité politique, il en est un certain nombre d'autres qui portent tantôt sur des droits matériels acquis, tantôt sur des moyens d'acquérir, tantôt sur des facultés ou des droits intellectuels. Nous allons les parcourir. Ils constituent autant d'emprises.

Une emprise importante est celle sur la propriété des mines. Rien de si incertain que la question de savoir qui en est propriétaire en pur droit. Les Romains les attribuaient au propriétaire de la surface et si l'on suit l'esprit général des législations, telle doit être la vraie solution. Il ne pourrait y avoir un certain doute qu'entre elle et celle qui les attribue à l'inventeur, car il les a en quelque sorte créées, en les découvrant ; tout au moins devait-il y avoir partage entre eux. Dans l'ancien droit, les mines furent usurpées par les seigneurs, puis par le roi. L'Assemblée constituante en 1790 prit une solution mixte. Le propriétaire du sol en eut la propriété qui lui fut restituée ainsi ; en outre, il pouvait seul les exploiter quand elles étaient à moins de 100 pieds de profondeur et au delà, il avait la préférence sur tous les autres, avec le consentement et sous la surveillance de l'État, mais elle limitait la durée des concessions à cinquante ans. D'après la loi de 1810 et les lois subséquentes, ce droit est enlevé au propriétaire lui-même, et concédé par l'État dans un décret pris en Conseil à qui peut le mieux exploiter, sans autre cause de préférence. La concession est perpétuelle et distincte de la propriété du sol, même si le concessionnaire est le propriétaire de celui-ci. La déchéance peut être prononcée en cas d'insuffisance d'exploitation. Le concessionnaire doit une redevance proportionnelle, au maximum de 5 o/o, et une autre en raison de la surface kilométrique, le tout à l'État ; il doit aussi une indemnité à l'inventeur et enfin une redevance au propriétaire du sol. On voit que dans l'esprit du législateur la question de propriété est restée indécise et qu'il a transigé avec lui-même. En réalité, la propriété dépend bien de celle du sol, mais l'État l'exproprie, ainsi que le droit possible de l'inventeur, pour cause d'utilité publique.

Il aurait pu aller plus loin, devenir lui-même propriétaire de la mine, la faire valoir, profiter de ses produits en payant une indemnité en capital. C'est ce que réclame aujourd'hui, avec ou sans indemnité, la doctrine collectiviste.

Tous les citoyens doivent contribuer aux charges de l'État au moyen de l'impôt, chacun en proportion de ses revenus. Cette proportion exacte est rarement observée, mais elle devrait l'être; en outre, cet impôt ne doit pas tarir la source de la fortune ni détruire ses instruments, et ne doit porter que sur les revenus. Dans ces limites le citoyen ne fait que payer par l'impôt une prime d'assurance pour garantir sa vie et ses biens et cette prime est toujours proportionnelle aux choses assurées. Tout au plus doit-il accepter que l'impôt ne porte pas sur ceux de ses concitoyens qui ne possèdent que ce qui est rigoureusement nécessaire pour vivre. Alors le droit individuel s'emboîte exactement dans le droit collectif.

Ce qui dépasse cette charge est une emprise fiscale du droit social sur le droit individuel et doit être coté comme tel. Nous ne voulons pas dire par là que ce soit injuste, car une emprise peut être juste, mais il y a certes empiétement. Elle se fait de deux manières, par l'impôt sur le capital et par l'impôt progressif global sur le revenu. Dans le premier, la société pense que des individus sont trop riches, tandis que d'autres trop pauvres, qu'il ne faut pas que les fortunes s'élèvent excessivement, qu'alors le plus souvent cette fortune est mal exploitée ou prodiguée ou accumulée sans profit. Elle attend l'ouverture d'une succession pour mettre son plan à exécution. De là des droits de 20 et 25 o/o qui menacent

sur le capital les successions entre non-parents. C'est là une
expropriation. Ce n'est pas tout; dans le même ordre
d'idées, en voici une autre plus directe. La succession française est recueillie par les parents jusqu'au douzième degré.
C'est sans doute une parenté éloignée, mais on a voulu conserver le bien dans la famille, aussi loin que possible. Or, il est
question delimiter ce droit jusqu'au degré de cousin. A défaut,
c'est l'État qui hériterait, il y aurait déshérence. Cette innovation serait une emprise de la plus haute importance.

D'autre part, l'impôt proportionnel changé en impôt progressif constitue pour la différence une emprise sur l'individu, puisqu'il a pour résultat et pour but de diminuer
ses ressources dans une quotité qui dépasse sa part proportionnelle. Si l'on exagère la progression, elle peut arriver
au même résultat que l'impôt sur le capital que nous venons
de décrire.

L'État fait une autre emprise en monopolisant, soit à son
profit, soit au profit de personnes choisies par lui, mais qui
en recueillent directement le bénéfice, des fonctions qui n'ont
rien de commun avec la puissance publique et qui constituent des industries que l'individu aurait pu exploiter.

Les cas de monopole à son profit sont nombreux et il
faut y ranger plusieurs administrations financières, par
exemple, qui n'ont pas pour but seulement de percevoir un
impôt, mais aussi de rendre un service corrélatif, ainsi
l'administration des postes, télégraphes et téléphones, et de
même celles des monnaies et médailles, des tabacs, de la
poudre, des allumettes. On peut y ajouter maintenant les
chemins de fer construits ou rachetés par l'État, notamment
chez nous l'Ouest-État.

Il est certain que tous ces services ou plusieurs d'entre
eux ont été et pourraient être rendus par les compagnies
privées, d'aucuns prétendent même qu'ils le seraient plus
avantageusement que par l'État, ce qui est fort douteux.
Dans l'intérêt public celui-ci doit centraliser et régulariser, ce

n'est pas dans son seul intérêt financier. Quoi qu'il en soit, ces services sont de compétence et de droit individuel ; sans doute, l'État pourrait y faire concurrence aux individus, mais ici, il les exclut, il se concède un monopole, il y a donc véritable emprise.

Cette emprise existe encore d'une autre manière sur l'industrie et le commerce, c'est lorsque l'État concède un monopole, non à lui-même, mais à des sociétés privées. Ce qui forme emprise ici, ce n'est pas la concession du droit, mais le monopole exprès ou virtuel qui y est ajouté. Ces monopoles sont nombreux, ils attentent souvent, dans un but utile, à la libre concurrence. On peut citer celui d'émission de billets donné à la Banque de France, celui d'exploitation aux compagnies des chemins de fer, celui des mines et tant d'autres. Si ces concessions n'existaient pas, ces services publics rémunérés seraient livrés à la libre concurrence et feraient partie de l'industrie privée, or, ils lui sont soustraits, absolument comme services lucratifs accaparés par l'État lui-même.

Une des emprises les plus importantes qui ait été faite par l'État, à certaines époques, sur le droit individuel, c'est le monopole, qu'il s'est souvent attribué, de l'instruction publique : primaire, secondaire et supérieure. Sans cette attribution, chacun enseigne et est enseigné, comme il l'entend, au triple point de vue de la quantité, de la qualité de l'instruction et de sa direction. Cela se conçoit. Je désire que mon enfant n'ait qu'une instruction primaire, ou j'en veux une supérieure ; je préfère qu'elle soit donnée par telle personne ou telle autre, je veux enfin qu'elle soit religieuse, ou non.

L'État n'a pas à s'en occuper, il a seulement le droit d'exiger que chacun ait un minimum d'instruction et que celui qui enseigne en ait la capacité garantie. Le profit qui revient à cette profession peut être recherché par tous sans exclusion et aussi l'idéal particulier et le progrès moral qu'il en attend. Mais l'État a empiété ici encore, en France notamment, et cela non seulement sous l'empire de telle idée politique, mais sous celle de telle autre contraire. Le monopole de l'instruction réclamé aujourd'hui n'est donc ni une monstruosité, ni une nouveauté. Il remonte au premier Empire. Bonaparte en 1806 créa l'Université impériale qui accapara l'instruction à tous les degrés, elle eut à la tête un grand maître. Sous la Restauration, l'Université conserva son monopole. La charte de 1830 promit la liberté de l'enseignement, mais ne donna que celle de l'enseignement primaire, celle de l'enseignement secondaire fut accordée par la loi de 1850, dite loi Falloux, et celle de l'instruction supérieure, par celle du 15 juillet 1875. Quant à la collation des grades, elle est restée, sauf pendant une courte période pour l'enseignement supérieur, entre les mains de l'État. On voit donc que le point de départ n'a point été la liberté, mais le monopole ; qu'au contraire, c'est celui-ci qui s'est affaibli peu à peu sous l'empire d'idées libérales.

Aujourd'hui, cependant, c'est au monopole qu'on voudrait revenir. C'est sous l'empire d'idées politiques et surtout d'ordre religieux. L'enseignement, après avoir été entre des mains congréganistes et en avoir été arraché, est, dit-on, au moins, entre des mains cléricales, l'enseignement, couvert du nom d'enseignement libre, fait une rude concurrence à l'État, et ce qui est plus grave, est animé de principes subversifs pour la Société qu'il est du droit et du devoir de l'État d'arrêter. Ce qui est fort curieux, c'est que précisément ce qui était subversif autrefois est devenu ce qu'il faut conserver, la nouvelle arche sainte, et que ce qui était l'arche sainte jadis est devenu subversif. On brûle ce qu'on a adoré, on adore ce qu'on a brûlé, on brûle surtout, ce sont les revirements de l'histoire. Nous n'avons pas à apprécier, nous constatons. Cette emprise est d'une haute actualité.

Une autre emprise analogue est celle faite sur la liberté religieuse, une des plus vitales, et sur celle du culte qui en est la conséquence. La situation naturelle consiste dans la séparation absolue des Églises et de l'État, sans qu'il y ait entre eux aucun concordat. Dans le cours de l'histoire, c'est sans doute l'Église qui a fait sur l'État de fréquentes emprises, mais il s'agit alors de l'Église, non des fidèles individuellement. Ici, il s'agit de la liberté individuelle qui ne doit pas être restreinte. Cependant, elle l'a été souvent. On a été poursuivi, pour telle religion ou son culte. Les païens ont persécuté les chrétiens, les catholiques les protestants, et ceux-ci leurs sectes dissidentes; mais, en réalité, cette persécution n'eût été que platonique, si l'État ne lui avait prêté sa main. En le faisant, il usurpait sur le droit individuel. Quelquefois, la persécution se restreint à exclure des emplois civils, soit ouvertement, soit secrètement, en tenant compte de notes, de fiches, de délations qui interdisent tout avancement dans ces emplois.

Une emprise, très légitime cette fois, du droit social sur le droit individuel, c'est celle qui se réalise dans la détention préventive en cas de soupçon de crime. Sans doute, la liberté voudrait la conservation du *statu quo* jusqu'au jugement, et c'est lui que l'*habeas corpus* du droit anglais voulait protéger, mais une utilité évidente est en sens contraire, le coupable pourrait échapper par la fuite, et la sécurité de l'individu, de la victime, se trouverait compromise; mais on doit maintenir cette emprise, dans les plus étroites limites, sous peine d'usurpation. Les législations modernes s'y efforcent. On peut même mettre le prévenu au secret, mais ce pouvoir redoutable a été restreint à son tour. Une emprise non justifiée résulta longtemps des lettres de cachet, sous un prétexte d'utilité sociale. Cependant, la liberté individuelle se trouvait ainsi annulée; aussi, l'une des premières conquêtes de la Révolution fut celle de la suppression de la Bastille. D'autres pays ont les leurs, notamment la Russie.

Une autre emprise s'adresse aux facultés intellectuelles, il s'agit des entraves à la liberté de la parole et de la presse. En

droit naturel, sauf la diffammation contre les particuliers qui
doit être réprimée, ou l'excitation à la révolte, toutes les opinions doivent se dire et s'imprimer librement ; mais souvent l'État contredit à cette liberté, d'abord d'une manière
répressive, en poursuivant pour des opinions contraires aux
siennes politiquement et moralement, puis en cherchant à les
empêcher d'une façon préventive par la censure. Un tel régime
existe encore en Russie, la liberté avait été suspendue chez
nous en 1852, elle est soumise encore à des entraves, car les
opinions antimilitaristes sont toujours poursuivies ; le *credo* a
moins d'articles, mais il en conserve que la prison sanctionne
toujours. On a vu des romans et des pièces condamnés pour
immoralité, que la moralité cite maintenant comme modèles.

La justice administrative, telle qu'elle existe surtout, est
une emprise sur la justice ordinaire qui est le for commun et
naturel des citoyens, puisqu'elle constitue l'État juge lui-
même des litiges existant entre lui et les citoyens ; nous ne
reviendrons pas sur ce sujet que nous avons traité déjà.

Le droit individuel de pétition qui est le minimum de
participation retenu par le citoyen aux affaires publiques
est souvent aussi méconnu ou empêché par des obstacles

Il en est de même du droit naturel de libre accusation des
coupables, qui, dans notre législation, par exemple, est retiré
aux citoyens, pour être exclusivement attribué au ministère
public.

Que si l'on considère le droit historiquement et si l'on admet
que la propriété fut d'abord entièrement indivise dans le clan
ou la famille, et que la propriété privée ne naquit que plus
tard par une usurpation insensible, alors il y aurait là une
emprise souveraine du droit individuel sur le droit collectif
que nous allons noter tout à l'heure, et il en résulterait que
celle de l'État sur l'individu contenue dans l'expropriation
pour cause d'utilité publique ne serait qu'un retour vers une
situation ancienne, c'est un fait appartenant à la rubrique
suivante.

Mais un autre qui appartient bien à la présente, c'est l'existence du système féodal. Au moment où il prit naissance, la propriété privée était déjà constituée, mais c'était la propriété des vaincus, celle qui la remplaça fut celle des vainqueurs. Elle le fit insensiblement en France, mais d'une manière officielle en Angleterre, dans le *Doomsday book* de Guillaume le Conquérant. Dès lors, la terre appartint aux seigneurs en raison de leurs fonctions, non de la spoliation seule, et par conséquent pour un motif social ; la possession était héréditaire, mais non absolue ; elle tombait sous le coup de la commise, c'est-à-dire d'une condition résolutoire, si le contingent militaire n'était pas fourni ou les autres conditions remplies. Le féodalisme était la reprise par la société d'une certaine portion de la terre qui lui avait été arrachée par une emprise faite par l'individu.

3° *Les emprises du droit individuel sur le droit social.* — Nous venons tout à l'heure de signaler la plus importante, c'est celle précisément qui a constitué toute la propriété individuelle, laquelle n'existait pas encore. Tout était indivis et appartenait à l'État. Le régime féodal n'est qu'une des phases postérieures et sporadiques de ce régime, il a existé non seulement en France, mais à la Nouvelle-Calédonie, en Polynésie, à Madagascar, en Abyssinie, en Chine, au Japon. De même qu'au point de vue personnel, Louis XIV pouvait dire : l'État, c'est moi, de même au point de vue du domaine le Mikado était le propriétaire de tout l'Empire, il concédait à titre de fiefs à de grands vassaux, ceux-ci en arrière-fiefs à d'autres de second rang ; ce processus à duré jusqu'en 1867. En Chine, il en a été de même jusqu'à 255 avant notre ère. En Abyssinie, le souverain a encore le domaine éminent, et le fief fait retour au décès.

Souvent aussi, c'est en l'absence de toute féodalité et dès les temps les plus anciens, que l'ensemble des biens reste indivis. La propriété appartient au clan ou à la commune. De Lavelaye, dans ses ouvrages, en a retracé l'histoire fort inté-

ressante et il manifeste le regret que cet état ait disparu aussi
complètement : « Je n'hésite pas, conclut-il, à dire qu'il existait
autrefois deux institutions qu'il eût fallu conserver : l'autonomie communale et la propriété communale. Les politiques
ont travaillé à détruire la première, les économistes à faire
disparaître la seconde, faute énorme qui empêchera partout
l'établissement des institutions démocratiques. » Il cite de
nombreux exemples. En Suisse, on observe bien le passage de
la propriété de la commune, de l'*allmœnd*, à la propriété privée.
D'abord, la terre indivise, le marken, est la propriété du clan,
on jouit en commun du pâturage et de la forêt, pour la
coupe du bois, le gibier et le bétail ; lorsque la culture
commence, on sort de l'indivision pour la terre cultivée,
mais cette propriété divise n'est que temporaire et au plus
viagère, parce qu'il faut récompenser le travail par un certain nombre de récoltes. Cependant, quelques-uns conservent
leur part qui devient héréditaire. Voilà le point de départ
de l'usurpation de l'individuel sur le social. Pour le surplus,
chacun avait de la tourbe ou du bois de chauffage, du bois
de construction, un pâturage d'été, un coin de terre labou-
rable pour soi, il avait droit à 45 ou 80 ares, il fallait pour
cela descendre d'une famille qui y avait droit elle-même
depuis un siècle. Les règlements remontent au xv° siècle,
le mode de distribution diffère dans chaque commune,
ils sont très divers. Cette commune ne se confond pas
d'ailleurs avec la commune politique. Les Arabes, comme chacun sait, sont aussi sous le régime de la propriété indivise,
tandis que les Kabyles pratiquent la propriété individuelle.
La propriété du village est aussi celle du Mexique, l'habitation
et l'enclos attenants sont seuls propriétés privées. En Chine,
la terre était partagée entre tous ceux qui étaient capables
de culture, de vingt ans à soixante ans. Les *deças* de
Java sont devenus célèbres. Le *mir* ou commune russe est très
connu, la *zadruga* serbe y est conforme. Les chefs de famille
ayant à leur tête le *starosta* se réunissent pour régler toutes

les affaires, il sont assistés d'un Conseil. Chaque habitant a
droit à une part égale des terres, parfois la culture est commune, mais le plus souvent il y a un allotissement tous
les trois ans, le plus ordinairement aujourd'hui, tous les neuf
ans. Ce sont les paysans qui décident, avec un *quorum* de
moitié d'entre eux, mais il faut la majorité des deux tiers
pour dissoudre la communauté ou pour une répartition nouvelle. La maison (*isba*) et le jardin forment une propriété
individuelle, cependant on ne peut les vendre qu'avec autorisation. La répartition se fait par un tirage au sort, auquel
tous les paysans assistent, mais les pâturages et les forêts ne
sont pas partagés. Le père de famille obtient autant de parts
qu'il a d'individus avec lui. Chaque couple marié a un lot,
c'est l'unité du travail L'assemblée décide de l'époque de
la moisson. Chaque tête de plus donnant droit à un lot, il
en résulte une invite à l'accroissement de la population.

Ces exemples suffiront pour montrer l'antiquité et l'universalité de la propriété collective à une époque où la
privée ne consistait qu'en meubles, en la maison et en un
champ annexe. La propriété privée du droit individuel s'est
donc constituée tout entière par une usurpation sur la propriété collective.

Le collectivisme actuel s'empare de ces exemples pour
réclamer le retour à cette propriété collective. Un des
grands obstacles est le paiement d'une juste indemnité, mais
ceux qui ont fondé la propriété privée sur la propriété
collective en avaient-ils payé une? D'autre part, on affirme
que la propriété individuelle est plus favorable à la bonne
culture que la propriété indivise. Cela est vrai, mais en est-il
de même lorsqu'il y a allocation temporaire, ou une concession, sous condition de bien exploiter, comme dans les mines?
Cette circonstance ne stimule-t-elle pas puissamment, au
contraire, à plus de rendement de la propriété ?

Une autre emprise plus récente, mais d'une nature absolument malfaisante, qu'on ne peut accuser d'usurpation,

parce que c'est le droit social qui s'est livré lui-même, c'est celle qui résulte de la vénalité des offices. Toute fonction de l'État est par définition hors du commerce, surtout celle qui comporte participation à la puissance publique. Transmettre cette fonction héréditairement, la vendre et en faire par conséquent une propriété privée est une mainmise de l'individu sur ce qui n'appartient qu'à la société. Cette mainmise est plus hardie que celle qui a constitué la propriété individuelle.

Cette vénalité des offices a atteint les charges de judicature, celles d'officiers de l'armée et de la marine, les offices dits ministériels; ce sont ces derniers seulement qui le sont maintenant chez nous, nous ne nous occuperons que d'eux.

Ces offices sont ceux-ci de notaires, d'avoués, d'huissiers, commissaires-priseurs, de greffiers. Nous n'étudierons que les trois premiers. Le notariat est fort important, il fait participer directement à la puissance publique, rend un document authentique, sert de preuve aux actes les plus graves, par exemple, aux testaments. Il a besoin de toutes les garanties de capacité et de probité. Aussi, nulle part, ailleurs qu'en France, les études de notaires ne sont dans le commerce, les notaires sont des fonctionnaires. En France, il en est autrement, ce sont des marchands d'authenticité, ils en vendent au public pour deux sous, comme les épiciers deux sous de sel. Pour deux sous, que dis-je! Le moindre de leur geste ne coûte pas moins de dix à vingt francs! Mais ce n'est pas une question seulement de dignité, les résultats sont des plus funestes. Les notaires achètent très cher leur office, et comme cependant l'État les surveille encore du coin de l'œil, ils dissimulent par une contre-lettre une partie du prix. Il leur faut ensuite obtenir, de toute manière, la compensation d'un prix exagéré. Ce qui doit étonner, c'est qu'après cela le plus grand nombre d'entre eux ne prenne pas le chemin de la Cour d'assises.

Quant aux avoués, aux huissiers, il en est de même,

sauf que la puissance publique est moins en jeu, mais le fait de la vénalité fait monter d'une manière énorme les frais judiciaires déjà si écrasants.

Aussi un mouvement se dessine-t-il, invitant l'État à racheter les offices ministériels qu'il n'aurait jamais dû vendre. Mais celui-ci est trop besogneux pour y songer, s'il faut payer une indemnité. Cependant, si la propriété a été originairement le vol, suivant le mot humoristique de Proudhon, c'est bien ici sans doute.

Dans un autre ordre d'idées, l'emprise du droit individuel sur le droit social s'accomplit en matière criminelle par le duel, la vengeance privée et le lynchage.

Par une convention tacite et dans l'intérêt de la paix en cas de lésion criminelle, la victime a remis à la société le droit de lui faire obtenir une indemnité, de la venger par la punition du coupable, et même si elle a été non directement attaquée, mais témoin d'un crime, celui de lui accorder une protection indirecte par la punition de ce crime. C'est ce que la société fait d'ordinaire. Mais elle peut négliger son devoir et la victime reprend son droit, ou autrement celle-ci est infidèle à ce contrat et usurpe elle-même sa propre défense.

Cela se produit d'abord dans le duel. On ne veut pas aller devant les tribunaux pour ne pas rendre publiques des situations délicates, ou un instinct aristocratique entre personnes du même rang les porte à régler leurs querelles entre elles ; alors elles emploient le duel. La société embarrassée sent qu'il n'y a pas là un acte délictueux, mais une simple usurpation. Elle se tait.

Dans une autre situation sociale, on pense qu'il est injuste de courir un tel risque, car on pourrait devenir une seconde fois victime. On préfère se venger soi-même. Ce n'est pas non plus un délit, mais une usurpation ; la société le sent et acquitte. D'ailleurs, elle est souvent en faute ; ses peines ne sont pas topiques, ou elle ne poursuit pas, ou ses sanctions sont dérisoires.

Enfin la société est absente, un crime se commet sous nos yeux, le criminel échappera, nous nous faisons les vengeurs de la victime inconnue, nous lynchons le coupable.

Dans un cas tout particulier et fort curieux sous ce rapport, on a pu se demander avec doute s'il y a emprise par la société ou emprise par l'individu. Il s'agit de la propriété littéraire et artistique. Il semble bien qu'il y a création, et quoi de plus naturel et de plus légitime que la propriété sur sa propre création, sur ce qu'on a, pour ainsi dire, tiré du néant? Si l'on suit cette idée logique, cette propriété est absolue, dure perpétuellement et passe aux héritiers, plus que toute autre. Si l'État veut s'en emparer dans l'intérêt de la société, il doit procéder et il l'a fait sans doute par voie d'expropriation pour cause d'utilité publique, il paiera alors une juste indemnité. Mais l'histoire dément ce processus.

La propriété de ce genre n'existait pas en France avant 1789, toutes les œuvres tombaient de suite dans le domaine public; c'est seulement à partir de cette époque que leur propriété devint de plus en plus individuelle et pourtant jamais d'une manière complète, car elle n'est pas perpétuelle. Quelle interprétation faut-il donner de ces faits?

C'est que partout on a commencé par la propriété collective, seulement celle-ci s'est convertie en propriété individuelle plus tôt pour les meubles et instruments, plus tard pour le sol, plus tard encore pour les choses immatérielles et les productions de l'esprit. Cette conversion est, pour ces dernières, de date récente, et alors il n'y a pas emprise de la société sur l'individu, lorsqu'elle limite la durée du droit, mais malgré l'apparence contraire, emprise de l'individu sur la société, en détachant du collectif un bloc nouveau de propriété privée.

4° *Le droit individuel absolu.* — Le droit individuel peut ne pas se contenter de ces emprises sur le droit social, mais rejeter celui-ci tout entier, il veut désormais régner seul, c'est l'exagération, l'omnipotence. Il en est ainsi dans l'ordre politique, la plus forte expression de cet état d'esprit, c'est le *liberum veto*. L'individu non seulement ne veut pas se courber devant le nombre majoritaire, mais il ne se contentera pas même de ce que son parti sera représenté proportionnellement à son nombre. Il voudra, dans les délibérations, l'unanimité. C'est ce qui tenta d'abord J.-J. Rousseau, et ce qu'il ne sacrifie qu'au besoin d'ordre social. C'est aussi ce qui fut la perte de la Pologne. Il est vrai que de très faibles minorités sont parfois plus intelligentes que les majorités écrasantes. Il n'y en avait que cinq au Corps législatif en 1870 pour déconseiller la guerre. Et « quand il n'en serait qu'un, je serai celui-là », a dit orgueilleusement Victor Hugo. Les génies sont souvent solitaires. Cependant, il n'y aurait pas ainsi de gouvernement possible. Le surhomme n'y peut suffire.

Dans l'ordre des idées économiques, c'est le système anarchiste qui tient le même langage. Autant le collectivisme rend absorbant le pouvoir social, autant ce dernier l'exclut. Tout reste indivis, c'est la prise au tas.

5° *Le droit social absolu.* — Dans la lutte avec l'individu, c'est cette fois ce droit qui triomphe entièrement jusqu'à éliminer toute autonomie de ce dernier.

Une première victoire, mais partielle, est remportée lorsque les minorités sont exclues de la représentation politique et qu'on suit simplement la loi du nombre ; en effet, la représentation proportionnelle est une des libertés nécessaires, et ce qui frappe une minorité frappe à plus forte raison l'individu qui en fait partie.

Cependant, par principe ou par tactique, le parti collectiviste, lorsqu'il est lui-même une des minorités, réclame plutôt la représentation de ces minorités. C'est ce que nous voyons au moment actuel.

Une seconde manifestation du droit social absolu, éliminateur de l'individu, c'est la doctrine collectiviste quant aux biens, à leur appropriation et à leur répartition. Cette doctrine est trop connue pour que nous ayons à insister.

6° *Conciliation du droit social absolu avec le droit individuel et réciproquement du droit individuel absolu avec le
droit social.* — Ce qui est au-dessus de toute controverse,
c'est que le droit individuel et le droit social ne doivent pas
s'éliminer l'un l'autre totalement. C'est ce que les écoles
extrêmes ont senti et elles ont essayé la conciliation. Notamment la doctrine collectiviste prétend que son système favorise en fin de compte les progrès de l'individualisme. Est-ce
vrai, soit dans le collectivisme pur, soit dans le collectivisme
mitigé?

Dans le collectivisme pur, qui semble absorber cependant tout à fait l'individu, lequel devient un numéro de la
société, l'individu ne disparaîtrait cependant pas ; au contraire,
il serait épuré, exalté, étant désormais débarrassé de tout ce
qui n'est pas lui et réduit à sa valeur propre, qui est sa valeur
véritable. L'individu entouré de sa famille, de ses biens, de
l'héritage qu'il reçoit et qu'il transmet est comme un métal
précieux enfoui dans son minerai ; on ne peut distinguer ce
qu'il est par lui-même ; au contraire, tirez-le de cette gangue,
il brillera du plus vif éclat, s'il a de la valeur ; dans le cas
contraire, il ne profitera plus de ce qui n'est pas lui. Or
le collectivisme dénude l'individu de ce qui lui est étranger,
donc fait mieux ressortir l'individualisme.

Nous pensons que cette assertion repose sur un faux
emploi de mots. Il ne faut pas confondre *personne* avec *individu.* La personne se compose sans doute uniquement de ce
qui reste, tout ce qui est externe étant enlevé, elle est indépendante du patrimoine, de la race, de l'hérédité même, et
il est bien vrai que le collectivisme dégage et met en relief
la personne elle-même, en la dépouillant de ses accessoires,
dont deux importants sont la propriété privée et la transmission héréditaire. Mais la personne n'est pas l'individu.
En est-il de même de l'individu et par conséquent de l'individualisme ? L'individu se compose, non de la personnalité
seule, mais de ce qui l'entoure pour la compléter. L'individu

est telle personne appartenant à telle race, possédant tels
biens, composant telle famille, ayant tels avantages ou tels
désavantages qui ne sont pas communs à tous les autres
dont elle peut s'isoler. C'est l'homme qui peut s'enfermer,
quand il le veut, dans sa tour d'ivoire, ou à son gré en sortir,
qui aimera à se passer de tous les autres, lorsqu'il le
pourra, et se créera son univers. Est-ce l'homme du collectivisme qui reçoit à chaque instant sa part faite, qui
ne peut surtout jamais devenir le surhomme, puisque ce
serait là le principal crime de lèse-société? L'individu, à la
différence de la personne, ne peut donc que décroître par le
collectivisme absolu. Le fait seul qu'il ne peut transmettre
sa succession limite son autonomie, son individualité.
D'ailleurs le collectivisme est une symbiose sociale et jamais
on n'a pu établir que l'être en symbiose soit plus individuel
que l'être libre.

En est-il autrement, lorsqu'il s'agit du collectivisme
mitigé et des diverses sortes de socialisme ? Évidemment,
l'individualité n'est plus absorbée, elle redevient libre, à
mesure que le collectivisme se desserre, c'est une question
de degrés. On sait qu'une telle doctrine se contente de
socialiser les instruments de production, y compris le capital
et la terre, mais laisse à chacun le produit de son travail
et ce que lui a distribué la société, avec la faculté ou non
de se reconstituer un capital permanent ou temporaire,
suivant les écoles. L'individu reparaîtra alors pour cette
jouissance et disparaîtra pour le reste, ou ce qui revient au
même, son individualisme restera pour partie.

Mais il est inexact de dire que le collectivisme, de quelque
degré qu'il soit, qui exalte la personne, exalte l'individu,
c'est confondre deux choses fort différentes.

Maintenant vaut-il mieux que la société absorbe l'individu
ou que celui-ci réfractaire résiste à la société, ou faut-il
conserver l'indépendance de chacun avec des emprises réciproques, c'est une tout autre question, que nous n'aurions

pas ici assez d'espace pour discuter. Nous croyons que chacun
des éléments antagonistes résiste énergiquement à s'annuler,
que l'homme, ce qu'on voudrait parfois, répugne à devenir
une simple cellule sociale et qu'il préfère la société à la
symbiose, et tout en s'agglomérant, se coordonne et se subor-
donne ; il reste cependant cristallisé à part, plutôt que de se
fondre tout entier. La personnalité a, sans doute, le plus
de grandeur et de prix, mais elle devient fragile et ténue
sans le contrefort de l'individualité, qui, par ses accessoires,
la protège contre la poussée trop forte de la masse. Ce qui
n'empêche pas de calculer différemment, suivant les tempé-
raments et les idées, la part plus ou moins forte qu'il faut
faire à chacun de ces éléments.

D'ailleurs, il y a là une question de premier ordre que
nous examinerons d'ensemble, à la fin du chapitre.

2° *La famille*

L'individualisme ne comprend pas seulement l'individu,
mais aussi la famille. Celle-ci, nous l'avons dit, n'est point
l'embryon de la société, mais, au contraire, le prolongement
de l'individu. Cependant, on ne peut nier que la société
n'imite ensuite la famille en beaucoup de points, ne serait-
ce que par cette appellation de père, souvent donnée au
monarque, et par elle l'absolutisme qu'il a partagé avec lui.
Cependant la société n'est pas née de la famille, mais du
clan, unité tout autre, et où l'origine commune, si elle a
existé, est perdue dans le souvenir. L'exemple tiré de la
sociologie animale est convaincant. Les animaux qui vont par
couples, les monogames, ne dépassent point la famille qui
leur suffit et ne constituent pas de sociétés ; au contraire,
ceux qui vivent en promiscuité forment des réunions éphé-

mères ou durables ; les animaux sociaux supérieurs, comme les abeilles, ont un régime destructif de toute famille.

Ce qui nous intéresse ici, c'est l'autonomie de la famille vis-à-vis de la société. Il y a en elle tout un gouvernement intérieur, assez despotique envers ses membres, le citoyen romain eut le droit de vie et de mort sur sa femme et ses enfants ; ailleurs, chez les Slaves, règne, au contraire, une sorte de république familiale. La famille a ses dépendances chez certains peuples, ses esclaves, ses clients. C'est une vraie puissance. Le père est libre chez lui, on dira plus tard : le charbonnier est maître dans sa maison ; c'est l'expression la plus énergique de la famille. Elle peut, dans certaines circonstances, tenir tête à l'État, mais l'État aussi s'apprête à la combattre, tant en luttant contre son autonomie, qu'en venant au secours des personnes qu'elle contient dans son sein et qu'elle opprime, c'est surtout de cette dernière façon qu'elle agit. Voici, en effet, le conflit.

Le père prétend conserver chez lui un droit absolu sur femme, enfants et esclaves. Le droit romain vient déjà au secours de ceux-ci, limite l'autorité du père, commence à affranchir l'enfant et la femme ;

Le père prétend être le seul pontife en sa maison, le pontife de sa religion ancestrale ; l'État institue à côté et au-dessus sa religion nationale, ses grands dieux ;

Le père a sur l'enfant une puissance qui dure toute sa vie ; la société l'émancipe à un certain âge ;

Le père empêcha longtemps l'enfant de se marier sans son consentement, il marie même sa fille malgré elle ; la loi limite ce pouvoir ;

Le père possède le droit de correction sur l'enfant et les autres attributs de puissance. Il peut être la cause de ses malheurs par ses cruautés, par la mauvaise éducation qu'il lui donne, par l'instruction qu'il lui refuse, par les crimes dont il se rend capable sur sa personne ; il ne s'en occupe que dans son propre intérêt, l'employant dès son très jeune âge

à des travaux exténuants pour lui, le livrant même à la
débauche. La société intervient, d'abord très faiblement,
garantissant l'enfant seulement contre les pires excès, puis son
intervention devient plus fréquente. Elle oblige à l'envoyer
à l'école, surveille les enfants victimes ou moralement aban-
donnés, déclare déchu de la puissance paternelle ;

Le père prétend que ses biens, après sa mort, iront à qui il
le veut, le législateur crée une réserve. Il veut, au contraire,
que sa race hérite au degré le plus éloigné. La société
restreint à tel degré, d'une façon de plus en plus étroite ; elle
peut abolir toute succession qui ne soit pas en ligne directe.

Un des conflits les plus fréquents entre les pères de
famille et la société concerne l'instruction. Le père veut bien
faire instruire, quand cela ne nuit pas à ses intérêts
immédiats, mais refuse, si le travail de l'enfant, même
pénible, lui est utile. La société crée alors l'obligation scolaire. Le père regimbe, invoquant son droit supérieur et par
son obstination rend la loi peu efficace. Mais il s'agit bientôt
d'autre chose : sous l'empire de quelle idée religieuse et phi-
losophique l'instruction serait-elle donnée ? Le père veut
imposer sa direction, la société la sienne. Laquelle pré-
vaudra ? Y aura-t-il un monopole d'enseignement ?

Dans certains pays, l'État prévaut décidément, l'autorité
paternelle est presque abolie. À Lacédémone, l'enfant était
arraché à sa famille dès sa naissance, soumis à une épreuve
qui décidait de sa vie ou de sa mort, élevé, aux frais de
l'État, par l'État, instruit et exercé dans l'intérêt de sa patrie
pour laquelle il devait mourir à l'occasion, marié à l'épouse
que l'État lui choisit dans un intérêt anthroposociologique.

L'antagonisme entre la famille et l'État se manifeste
jusque dans la controverse sur l'origine et la nature de la
propriété. Elle était sans doute indivise avant d'être appro-
priée, mais indivise, appartenait-elle à l'État ou à la famille ?
L'État, la nation n'existaient pas, mais on trouvait en face
l'un de l'autre la famille et le clan ou village. Cette propriété

antique était-elle familiale ou étatique. On ne le sait pas. Suivant les uns, la familiale naquit par suite de la répartition des biens communs entre les membres du clan ; suivant les autres, au contraire, la familiale aurait précédé et elle ne serait devenue communale que par les réunions de plusieurs familles.

Telle est l'autonomie familiale, ainsi que les droits individuels de la famille opposés à ceux de la société. Ils font en ce moment grand bruit, et on oppose à l'État plus souvent encore la famille que l'individu lui-même.

Mais il est fort remarquable que ce ne soit pas seulement entre la famille et l'État, les deux antagonistes, que le débat historique existe ; la société, dans certaines situations, cherchant à s'arroger une partie du pouvoir paternel, en prend aussi en partie les charges, lorsque le père indigent fait temporairement abandon de sa paternité à l'État, mais le conflit s'établit aussi entre le père et l'enfant d'une manière réciproque, c'est-à-dire que la famille se desserre, augmentant l'indépendance de chacun de ses membres, ce qui accroît l'autonomie de l'individu. A l'origine, l'individualisme est profondément atteint par ce qu'on peut appeler le familialisme. Si, d'une part, l'enfant ne peut avoir de propriété propre, sinon un pécule, le père n'est aussi chez bien des peuples que le chef et l'administrateur d'une fortune indivise : tout appartient plutôt à la famille qu'à lui-même. Il ne peut disposer de rien après sa mort, car la venue des descendants absorbera toute la succession. Ce n'est que plus tard qu'on lui donne le droit de tester, dans certaines limites, parfois le droit absolu, comme chez les Anglo-Américains. Alors l'individu se dégage complètement de la servitude familiale et l'individualisme s'exalte au plus haut point. Dans ce sens, et c'est ce que les socialistes ont représenté, les droits de famille et parmi ceux ci les droits de successions n'exaltent pas l'individualisme proprement dit. On peut objecter que cela n'est exact que de la réserve. De même dans l'ordre politique, c'est la dynastie qui enveloppe d'abord le souverain, celui-ci est surtout l'étalon royal chargé de transmettre le pouvoir, peu à peu celui-ci devient individuel et non plus dynastique.

3° Les associations

Les sociétés plus distinctes de l'individu que de la famille ont acquis de nos jours une bien plus grande puissance, tellement que leur force balance celle de l'État lui-même, parce qu'elle se corrobore d'une fortune immense qu'elles emploient à leur gré et qui les rend très influentes.

Il faut distinguer les différentes sociétés. Le classement peut se faire d'après : 1° leurs éléments et leur but ; 2° leur caractère plus ou moins volontaire ; 3° leurs rapports avec la grande société ; 4° la cohabitation, la dispersion ou la contrainte de leurs membres.

Quant aux éléments, on distingue les sociétés de personnes ou associations, celles de capitaux ou sociétés chrématiques, celles-ci ont un but seulement matériel, tantôt d'ailleurs cherchant seulement à éviter des pertes, tantôt voulant réaliser des bénéfices ; enfin celles à la fois personnelles et chrématiques sont surtout les communautés religieuses, de telle sorte que les sociétés privées forment une trilogie : associations, sociétés, communautés.

Les sociétés se divisent ensuite d'après leurs rapports avec la grande Société, qui tantôt les règle, tantôt les prohibe. La plus simple intervention consiste à les soumettre à la publicité, et par conséquent, à interdire les sociétés occultes ; une plus grande, à les soumettre à une autorisation préalable ; une autre plus énergique leur interdit certains actes sans autorisation. Une autre enfin leur est, au contraire, favorable, elle leur donne certains privilèges, en les reconnaissant d'utilité publique et en les assimilant presque à la grande. Enfin, s'il s'agit d'un service très important, très utile, l'État va jusqu'à la concession d'un monopole, c'est ce qui a eu lieu chez nous pour les chemins de fer, le Crédit foncier, la Banque de France.

Une autre division a trait à la clandestinité. Celle-ci est tout à fait exclue dans les sociétés qui publient leurs statuts et leur bilan, d'autres se contentent de publier les statuts; d'autres sont tout à fait clandestines; d'autres, comme certaines communautés religieuses, vont jusqu'à la claustration.

Une autre division distingue entre les sociétés qui entraînent la cohabitation avec confusion des patrimoines et toutes les autres.

On voit combien les sociétés sont variées. Elles sont douées d'une force extraordinaire, souvent égale à celle de l'État et peuvent mettre la puissance de celui-ci en péril. Mais elles conservent toujours le caractère de prolongement de l'individu, avec son énergie qu'elles multiplient. Aussi leur conflit avec l'État est-il fréquent, surtout pour certaines sortes d'entre elles.

C'est, en effet, la puissance des sociétés qui a produit ces miracles de l'industrie et ces entreprises de travaux qui seraient restés impossibles, même pour la grande Société, mais nous n'avons à nous occuper ici que de ce qui peut tenir celle-ci en échec.

Ce sont d'abord les trusts, ces immenses sociétés d'accaparement qui réunissent entre leurs mains tous les produits d'une espèce, pour les revendre ensuite à un prix centuplé à leur profit. Par ses lois, l'État tâche d'y faire obstacle, mais comme ces sociétés sont mondiales, il y réussit peu.

Ce sont ensuite les grandes compagnies de capitaux, surtout avec monopole qui, en vertu de leur acte de concession, peuvent empêcher toutes les améliorations et arrêtent le progrès, comme l'ont fait souvent les compagnies de chemins de fer, seulement l'État a sur elle un droit de commise.

Les associations à but idéal entrent aussi souvent en lutte, mais moins avantageusement, à moins qu'elles ne soient aux mains de sociétés religieuses auxquelles nous arrivons.

C'est entre l'État et les communautés religieuses qui joignent le cohabitat à la fusion des patrimoines que la lutte la plus vive s'est engagée, tous les intérêts individuels se coalisent derrière celles-ci, contre l'État. Aussi, à diverses reprises, après les avoir laissées grandir, elle les dépouille à son profit, moins encore par convoitise, car leurs propriétés ont une plus grande valeur d'utilité que vénale, que par crainte de prédominance. L'histoire renferme une longue succession de ces usurpations de l'État et il est juste d'ajouter que de leur côté les communautés avaient beaucoup usurpé sur les individus. C'est donc souvent ainsi un voleur qui dépouille un autre voleur. Les communautés favorisées par les fidèles se sont fait, partie par les économies qui résultent de leur vie en commun, partie par le bénéfice d'industrie qu'elles exercent au moyen d'auxiliaires à bon marché, partie enfin par les legs nombreux de membres ou d'amis riches, une fortune considérable. Le milliard des communautés avait récemment chez nous éveillé la convoitise, mais on n'avait pas observé la différence entre la valeur d'usage et celle d'échange, et que ce patrimoine tomberait en poussière au seul contact du plein air, de sorte qu'on ne pouvait aboutir qu'à une dispersion. C'était d'ailleurs assez pour le but du législateur.

Cependant cette autonomie a été souvent défendue. Où doit s'arrêter de ce côté le droit de l'État et aussi le droit adverse ? Nous n'avons pas à le rechercher. Nous devons constater d'après l'histoire qu'il n'y a pas de limite précise.

Dans cette lutte, on ne peut dire absolument qu'il y ait emprise de l'État sur les droits individuels en général, car

il prétend venir au secours précisément de l'individu qui
aurait été lésé par la société privée dont il est membre ou
avec laquelle il a des intérêts contraires, de sorte qu'il serait
en définitive un libérateur, de même qu'il le serait en limitant le droit absolu de la famille, mais au profit de l'enfant.
Il y aurait ainsi des autonomies, des individualités concentriques, s'enveloppant les unes les autres, et la plus compréhen-
sive serait oppressive de celle qui l'est moins. En tout cas, il
est juste de séparer les droits de l'individu de ceux de la
famille et des sociétés privées, au lieu de les opposer en bloc
à ceux de l'État, comme si elles ne formaient qu'un tout
indivisible et parfaitement d'accord entre soi. C'est ce dont
les individualistes n'ont pas toujours assez tenu compte.

Au lieu d'entrer en conflit, souvent l'État entre, au contraire, en alliance avec les sociétés privées et rehausse leur
situation, de telle sorte que celles-ci deviennent mixtes entre
la société individuelle et l'État. Il y là une transition entre
l'individu et la société.

Ces situations mixtes sont à deux degrés : les établissements publics, au degré le plus élevé, et les établissements d'utilité publique. Les premiers sont des organes
généraux de l'État, qui en ont été détachés pour être
spécialisés. Le but est une sorte de décentralisation administrative et, en outre, l'assurance que les fonds destinés
seront réellement appliqués.

C'est la loi qui fixa ces principes et le Conseil d'État qui
l'admet. Cette reconnaissance donne la personnalité juridique,
le droit d'avoir un patrimoine dont l'existence concédée peut
être révoquée. Les établissements peuvent être chargés de la
gestion d'un service public et ont des ressources propres,
mais leur personnalité est limitée à leur but, ils sont
soumis au contrôle administratif et ne peuvent faire aucun
acte sans autorisation. Telle est la situation en France des
établissements d'instruction publique, primaire, secondaire
ou supérieure, de l'Institut, du Collège de France, du Con-

servatoire des Arts et Métiers et de plusieurs autres, autrefois et avant la séparation de l'Église et de l'État, les fabriques et les menses, les chapitres et les séminaires, beaucoup d'établissements de l'assistance publique, les grands musées nationaux, les Chambres d'agriculture et de commerce, les associations syndicales autorisées, les caisses gérées sous le contrôle de l'État, caisses d'épargne, de retraites pour la vieillesse y étaient compris.

A un degré restreint plus rapproché des autres sociétés privées se placent les établissements d'utilité publique ; néanmoins, ces sociétés restent privées, mais fonctionnent pour l'utilité générale et ont la personnalité civile. Parmi elles se trouvent en France beaucoup de congrégations religieuses. Ces sociétés peuvent faire tous actes, sauf qu'elles ne sauraient acquérir d'immeubles que ce qui est nécessaire pour parvenir à leur but, elles ne peuvent accepter de dons et legs qu'avec autorisation. En font partie les congrégations s'occupant d'assistance publique, les sociétés scientifiques et littéraires, les caisses d'épargne ordinaires, les syndicats professionnels, etc.

B. — ÉTAT DYNAMIQUE

Cet état résulte suffisamment de plusieurs des incursions que nous venons de faire dans l'histoire. Résumons-les seulement.

Il semble bien qu'en se tenant à l'époque historique, ce n'est point l'extension ou l'universalité du droit de l'individu qui a précédé, mais, au contraire, le droit social. Cela semble peu naturel, puisque l'individu a forcément précédé la société, mais cela est : Ce n'est qu'à la chaleur de la société que l'individu s'est développé. Ceci est incontestable si l'on se place au point de vue économique. L'homme

isolé ne peut guère se livrer qu'à la pêche ou à la chasse, il
ne peut se défendre contre les animaux féroces. La société
apparaît comme aide nécessaire, mais elle fait acheter cher
son intervention. Partout, sans exception, la propriété collective a précédé la propriété individuelle, celle-ci s'est
développée lentement dans beaucoup de pays à une époque
où il est question de la supprimer ailleurs, elle n'existe pas
encore.

Au point de vue pénal, il semble bien qu'au contraire,
c'est le droit individuel qui a précédé, puisqu'il n'a plus
que des vestiges dans la vengeance privée : le duel, le lynchage, mais cela n'est pas tout à fait exact, car, si la vendetta
est très ancienne, elle est collective et solidaire entre
toute la tribu de l'offensé contre toute celle de l'offenseur ;
le lynchage s'exécute en réunion, le duel est purement
individuel, mais aussi il n'est pas primitif, il naît plutôt
des défaillances de la justice sociale.

La propriété littéraire, industrielle, en un mot, intellectuelle, va fournir une nouvelle preuve à l'appui ; on croirait qu'elle est née absolue et que peu à peu la société, en
ayant besoin, en a exproprié dans un intérêt public,
et l'a fait tomber dans le domaine de tous en la limitant
à trente ans, par exemple ; c'est le contraire qui est vrai.
D'abord, il n'y eut pas de droit intellectuel du tout. Les
œuvres de nos grands auteurs du xvii⁰ et du xviii⁰ siècle
tombaient, aussitôt nées, dans le domaine public, et les
lettrés seraient sans doute morts de faim, s'ils n'avaient trouvé
sur leur chemin des Mécènes. C'est, en France, la Révolution qui a fait sortir l'œuvre du domaine public et a donné
un droit individuel, d'abord fort limité et tout en tenant ce
droit sous l'étroit règlement de l'État. Par une loi du 19 juillet 1793 pour les écrivains, les compositeurs de musique, les
peintres et dessinateurs, elle concéda un droit absolu pendant
la vie et un temporaire après la mort pour les héritiers et
concessionnaires. Les lois de 1810 et 1854 portent à trente

ans à partir du décès de l'auteur ou de la veuve de l'auteur, si elle lui a survécu, les droits des héritiers. Une loi de 1856 a prorogé à cinquante ans à partir du décès. La violation de ce droit constitue le délit de contrefaçon.

De même pour les inventeurs de nouveaux procédés industriels. Ils peuvent s'assurer la propriété exclusive au moyen du brevet d'invention, depuis la loi de 1884 le délai ne peut excéder quinze ans. Les marques de fabrique et de commerce ont été admises, ainsi que les raisons de commerce, en vertu de la loi de 1857. On voit que la propriété intellectuelle s'est établie peu à peu et pas d'elle-même, qu'elle est un don de la société et qu'ici encore on a commencé par l'indivision sociale, car la chute dans le domaine public n'est pas autre chose.

La liberté de l'industrie et du commerce qui semble si naturelle a été d'abord, elle aussi, dans l'indivision, avant de devenir individuelle, sans doute, il ne s'agissait pas de l'État, mais des corporations fermées, comme l'attestent les maîtrises et jurandes.

La liberté de conscience et de culte est loin aussi d'être originaire. Il n'y avait dans un État qu'une religion dominante et oppressive, tantôt le judaïsme, tantôt l'islamisme, tantôt à son tour le christianisme, sans que la moindre divergence fût permise. La liberté de conscience, encore si fragile, est la pénible conquête des siècles.

Ainsi, partout la marche de l'évolution a été la même. On a passé du droit social au droit individuel, de l'État à l'individu.

Mais dans ces derniers temps l'évolution n'a-t-elle pas rebroussé chemin ? La société, qui avait successivement perdu du terrain devant l'individualisme, n'en reconquiert-elle pas tous les jours ?

Le fait est certain, on ne peut que le constater sûrement. Les institutions nées de l'individu y conspirent elles-mêmes par le caractère colossal qu'elles prennent et qui en fait tellement de petits États, que leur collectivité égale presque celle du grand État lui-même. C'est ainsi que les grandes sociétés financières, les trusts, sont comme des essais de collectivisme, cela a été depuis longtemps remarqué et la doctrine socialiste l'invoque en faveur de sa propre possibilité. Un ou deux degrés de plus, dit-elle, et la socialisation est accomplie. On lui objecte, il est vrai, qu'il existe un tel résidu de propriétés individuelles, que ce résultat sera pour longtemps empêché. D'autre part, l'État s'ingère de plus en plus par sa réglementation dans les affaires privées, mais cela n'est vrai encore que de l'interventionnisme.

Par ses institutions de prévoyance, mises à la charge de tous, il grève la classe des riches des besoins d'abord les plus impérieux, puis des autres des classes laborieuses. Il fait déjà, par des impôts très élevés sur les successions, de véritables prélèvements sur la classe bourgeoise lors des décès, sans parler des impôts sur le revenu qui, lorsqu'ils deviennent progressifs, peuvent s'élever suivant la volonté arbitraire du législateur.

On peut donc dire qu'ici encore le système de Vico se vérifie, on revient en un sens à l'état primitif, car il est vrai qu'un certain collectivisme a partout régné à l'origine; mais cet état nouveau est analogue, mais non identique à celui du commencement. L'identité, du reste, n'était pas possible avec un état d'une société plus complète et de civilisation en progrès.

C. — État scientifique

Quelle sera la marche de l'avenir dans cette lutte entre l'individu et la société?

Il y a évidemment dans l'opinion et aussi dans le caractère des divers peuples, deux tendances antithétiques : l'une voulant exalter l'individu et le dégager de plus en plus de la tyrannie sociale, l'autre, au contraire, estimant que l'individu ne vaut que par la société et doit s'effacer devant elle. Il y a place aussi pour une troisième idée qui se fait jour, celle non seulement de concilier l'individualisme avec le socialisme, mais par un miracle de justice et de savoir-faire celle d'exalter précisément l'individualisme par le socialisme.

Les deux premiers systèmes sont simples et bien connus. Si l'on consulte l'individualiste pur, il refusera tout pouvoir à la Société, sauf ce qui est nécessaire pour assurer sa propre sécurité et sa subsistance. En politique, il est un libéral, en économique, un classique ne connaissant que la loi de l'offre et de la demande, aussi bien pour les capitaux que pour le travail qu'il considère comme libre. Dans l'ensemble il est tolérant, mais se refuse à toute solidarité. Il a les vertus d'épargne, bourgeoises et égoïstes, mais celles-là seulement.

Si l'on consulte le socialiste à son degré supérieur, c'est-à-dire le collectiviste, il donne à la société tous les pouvoirs et n'accorde à l'individu que le droit de subsister avec la ration qui lui est accordée, mais pour lui-même seulement, lui refusant la faculté de reconstituer un capital et surtout celui de le transmettre à son décès. En politique il est plutôt jacobin; en économique il a instauré une doctrine nouvelle qui supprime la loi de la concurrence et la remplace par le règlement prévu de la production sur la consommation et qui donne au travailleur sa part de la plus-value de l'objet supérieure au salaire, supposant la fixation actuelle de ce salaire comme non volontaire; dans l'ensemble, il n'est pas tolérant, mais il met en pratique la solidarité forcée. Il touche le tuf des idées démocratiques et a les vertus prolétariennes d'un altruisme réflexe.

Les peuples d'origine anglo-américaine, avec leur humeur spéciale que l'on connaît, tiennent pour le système de liberté; individualistes, ils cherchent à remédier aux défauts de l'égoïsme et de l'isolement excessif qui en résultent, par des associations libres, le mutualisme, les sociétés de pro-

duction et de consommation, les trades-unions de toutes
sortes. Ceux d'origine latine, au contraire, oscillent entre
une propriété absolue et autoritaire, dérivée du vieux droit
romain, et un régime contraire, mais autoritaire aussi, de
collectivisme absolu.

Entre les deux extrêmes, se range le système socialiste
proprement dit, distinct à la fois de l'individualisme classique
et du collectivisme, ou socialisme outrancier: c'est le socialisme mitigé, qui a donné lieu à plusieurs procédés particuliers.
On peut en citer comme exemple celui qui a été formulé par
Rignano dans un remarquable ouvrage: *Un Socialisme en
harmonie avec la doctrine libérale.* Il reproche au collectivisme d'être impuissant à la tâche de pouvoir équilibrer la
production et la consommation, équilibre qui se produit
automatiquement dans l'école classique. Il lui reproche,
d'autre part, comme effet de son refus de toute transmission héréditaire, et de toute reconstitution de capital entre
les mains de particuliers, de détruire le goût de l'épargne et
l'incitation au travail. Il lui reproche enfin de dépouiller
les capitalistes actuels sans indemnité, ce qui serait inique,
ou avec indemnité, ce qui serait ruineux pour la société, sans
compter la perturbation résultant d'une brusque expropriation.
Il propose de desserrer cette doctrine trop rigide, de la rendre
ainsi viable en pratique et en même temps non seulement de
conserver une part à l'individualisme, mais même de rendre
cet individualisme plus intense que l'individualisme pur.
D'autres procédés ont été aussi proposés dans le même sens.

Voici quel serait le sien. Ce serait une sage répartition du
capital au décès, qui en serait le ressort principal. Les détenteurs et accumulateurs de ce capital n'en seraient dépouillés
que dans la personne de leurs descendants, et cela graduelle-
ment pendant un assez long espace de temps, sans une
indemnité, il est vrai, mais de manière à rendre cette perte
insensible. A la mort de l'accumulateur actuel, sa succession
serait recueillie pour un tiers ou pour telle autre quotité à

fixer, par l'État, et pour le surplus, par son héritier, comme
un capital ordinaire. Le premier héritier, à son tour, joui-
rait de ces valeurs transmises et de ce qu'il pourrait accumuler par son travail, ce qui formerait dans son patrimoine
comme deux parties distinctes. A son décès, son propre héritier
recueillerait dans la première partie seulement le tiers, et
dans la seconde, les deux tiers, le reste reviendrait à l'État.
Enfin, à la troisième transmission héréditaire, l'État aurait la
totalité de la première classe de biens, les deux tiers de la
seconde, le tiers de la troisième ; le troisième héritier recueillerait le surplus. Il en résulterait qu'une grande masse de biens
particuliers serait collectivisée, ce qui ferait à l'État un
domaine suffisant pour supprimer l'impôt et pour distribuer en
jouissance temporaire ou en location, suivant les cas, des biens
aux prolétaires ; que, d'autre part, ces biens ne pourraient
s'accumuler au delà d'un certain chiffre entre les mains des
particuliers, mais s'écouleraient à mesure de cette désaccumu-
lation insensiblement, comme une eau dont le niveau peut
s'élever un moment, mais baisse toujours par un déversoir régulier, qu'enfin chacun pourrait posséder un capital avec les
avantages qui en résultent pour l'individu et pour la société,
notamment l'équilibre automatique entre la production et la
consommation, l'incitation au travail et à l'épargne, l'augmentation de la richesse privée et publique ; de même que le
brevet d'invention n'est accordé que pour un temps, le
système constituerait une sorte de brevet d'accumulation
partielle du capital à durée temporaire. Quant à ce qui
concerne l'exaltation de l'individualisme, elle résulterait de
ce que la propriété deviendra de plus en plus individuelle
vis-à-vis de la famille, l'individu fera donc son effort surtout à son profit et non à celui d'une famille absorbante
dont il ne serait qu'un des chaînons, il ne travaillerait cette
fois que pour lui-même.

Un tel système de demi-socialisation est fort ingénieux ;
il évite de faire de la société une sorte de caserne dans

laquelle l'individu est reclus, et il répond aux objections les plus graves élevées contre le collectivisme, mais il ne répond pas à toutes, par exemple, aux suivantes :

1° Il prétend que l'homme le plus altruiste tient à ses enfants, peut-être à ses petits-enfants, mais pas à ses descendants au delà, et, par conséquent, s'il peut transmettre jusque-là son altruisme, son instinct héréditaire sera pleinement satisfait. Est-ce bien sûr? L'héréditarisme ne se fonde pas uniquement sur l'affection, mais sur le désir de se voir reproduit anthropologiquement dans un descendant à un degré quelconque. La transmission bornée au second et au troisième degré ne sera plus alors satisfatoire et adéquate à l'instinct;

2° Même limite au premier et au second degré; la transmission de la succession ne sera plus complète, mais bornée à une quotité. Cependant, ce n'est pas ainsi limitée que se fait la transmission du caractère, des maladies, de toutes les tares même de la famille; la transmission intégrale du patrimoine ne devrait-elle pas faire compensation?

3° L'incitation à l'épargne ne serait-elle pas fortement diminuée, si une partie de cette épargne passait à son décès à l'État, d'autant plus qu'elle peut y tomber tout entière, si l'ayant droit a perdu ce qui lui était revenu patrimonialement, dont il faudra faire prélèvement à son décès?

4° Même en limitant à une fraction la part d'hérédité accordée à l'État, il en résulterait une confiscation partielle. Or, une confiscation est-elle légitime? On objecte, nous le savons, l'impureté des modes d'acquisition de la propriété; violence du conquérant, violence féodale ou exactions; dons et legs extorqués par la terreur religieuse ou autre, vente à faux poids dans le commerce, gains illicites, jeux, spéculations, exploitations du travail, tous griefs parfaitement exacts. Cependant, ce patrimoine mal acquis a

profité à d'autres mains honnêtes qui l'ont obtenu par transmission, et alors de quel droit les en prive-t-on sans indemnité, même à leur mort? Cette question est restée sans
réponse. Sans doute, la bourgeoisie n'aurait pas trop à se
plaindre, elle qui a exproprié jadis la noblesse et le clergé,
sans plus d'indemnité et de scrupule. Mais est-ce là une
raison complète?

5° L'accumulateur, il est vrai, conserverait un peu de
goût pour l'épargne, s'il n'était pas réduit aux bons de
travail et s'il pouvait obtenir un certain droit de capitalisa-
tion, mais ce droit, loin d'exalter son individualisme, le lui
procurerait-il aussi intense que dans l'état actuel?

6° Comment un état de socialisation ainsi mitigé met-
trait-il entre les mains des prolétaires les instruments du
travail, y compris le capital, d'une façon assez complète?

7° Comment laisserait-il une concurrence suffisante pour
équilibrer la production et la consommation?

8° Comment assurerait-il une juste répartition des produits entre les diverses capacités et les divers besoins, alors
que l'état actuel montre combien l'attribution des fonctions
sociales entre les individus est déjà injuste.

Telles sont les objections graves qui restent contre le
socialisme mitigé.

Cependant, il faut reconnaître que la situation individualiste actuelle de la société est souverainement inique,
surtout avec l'accumulation extrême des capitaux dans les
mêmes mains. Ce fait avait frappé vivement H. Spencer
qui avait proposé un système fort ingénieux. Chacun, à
son décès, pouvait transmettre tout entier son patrimoine:
seulement, il ne pouvait le faire au même pour plus d'une
certaine somme. Ainsi, les accumulations extrêmes avaient
une limite, sans entraîner aucune confiscation.

On objecte, il est vrai, qu'il n'en résulte pas alors de

mise de ressources entre les mains de l'État au profit du prolétariat. Mais se trouverait satisfait cet instinct qui s'indigne
de l'inutilité des trop grandes fortunes et de l'oisiveté de
tant d'individus, nuisibles à eux-mêmes et à tous. Il importe,
en effet, dans l'intérêt tant de tels gens que des autres, que
chacun travaille et qu'il ne croupisse pas dans l'opulence.
Ce n'est point là jalousie démocratique, mais dignité
humaine. Dès lors, ne serait-il pas juste d'assigner une
limite à l'accumulation des capitaux ? C'est dans ce sens
qu'a eu lieu déjà l'interdiction du partage trop inégal
entre descendants et surtout de l'attribution à un seul
d'un bien de famille inaliénable. Ne faudrait-il pas aller
plus loin dans cette voie ?

Cela suffirait-il et ne serait-il pas expédient qu'il fût constitué au profit de l'État un patrimoine considérable, le dis-
pensant désormais de faire subir aux citoyens le joug si
vexatoire de l'impôt et lui permettant de relever le prolétariat de l'infériorité fatale de laquelle il ne peut sortir par
ses propres forces ?

N'est-il pas excessif de transmettre la succession, au delà
d'un certain degré, à des personnes pour lesquelles il n'existait
aucun lien d'affection, et le lien anthropologique abstrait
très affaibli à cette distance est-il une cause suffisante de
cette transmission héréditaire ?

Doit-on se borner à faire supporter les charges sociales
proportionnellement aux revenus et ne doit-on pas les faire
supporter progressivement ?

Enfin faut-il aller plus loin et malgré les objections ci-
dessus, doit-on admettre un socialisme, soit absolu, soit
mitigé, comme étant meilleur en soi, ou meilleur pour une
classe, plus mauvais pour l'autre, mais meilleur en somme
que le système individualiste actuel?

Est-il juste, d'autre part, d'accorder une prime au travailleur paresseux ou incapable, en l'égalisant à l'autre et en

le dotant aux dépens du capital et du travail antérieur épar-
gné et consolidé intimement confondus et qu'il est impossible de distinguer ?

Telles sont les questions qui se pressent en foule à propos
des rapports et des conflits entre le droit public social et
les droits individuels irréductibles, questions que nous n'avons
pas à résoudre ici.

TABLE DES MATIÈRES

PREMIÈRE PARTIE

SOCIOLOGIE DU DROIT PUBLIC CONSTITUTIONNEL

SECTION I

Sociologie du Droit constitutionnel de l'État

SECTION II

DEUXIÈME PARTIE

Sociologie du Droit public administratif

SECTION I

Sociologie du droit administratif de l'État

SECTION II

TROISIÈME PARTIE

Sociologie du Droit public international

SECTION I

Sociologie du droit public international
entre les États autonomes

SECTION II

Sociologie du droit international entre États dépendants, ou interdépendants, ou de pénétration réciproque

QUATRIÈME PARTIE

SOCIOLOGIE DES LIMITES ET DES RAPPORTS ENTRE LE DROIT INDIVIDUEL ET LE DROIT PUBLIC

Imp. de la librairie V. Giard et E. Brière, 16, rue Soufflot, Paris.